国際海洋法の
現代的形成

田中則夫

東信堂

まえがき

　私たちの敬愛する友人であり国際法の研究仲間であった田中則夫龍谷大学教授は、2014年11月12日に逝去された。田中則夫教授は、優れた国際法の研究者としてだけでなく、国際法学会評議員会副会長、世界法学会理事長をはじめさまざまな学会の理事や評議員を歴任し、また母校龍谷大学で法務研究科長や副学長を務めた。彼のあまりにも早い逝去は残念でならない。田中教授は、龍谷大学で故・高林秀雄教授の下に国際法の研究を始め、海洋法研究を受け継いで、論文「深海海底の法的地位──『人類の共同財産』概念の現代的意義──」を皮切りに、深海底制度、外国軍艦の無害通航権、生物多様性と海洋保護区など海洋法の研究では日本を代表する国際法研究者として活躍するとともに、「慣習国際法の成立要件－再考」など国際法の法源論や条約当事国の条約目的を阻害しない義務の研究などで常に学界に大胆に問題提起し、議論をリードする論文を世に問うてきた。また、『ベーシック条約集』および『国際環境条約・資料集』の編集代表、編者として、学界に地味ではあるが貴重な貢献をした。さらに、外務省海洋室（「海洋法及び海洋問題に関する研究会」）、日本水路協会「大陸棚延長に関する国際情報発信研究会」、日本海洋協会、日本国際問題研究所「海洋法制研究会」の委員として海洋法実務にも貢献した。同時に、「平和主義の射程」「周辺事態法批判」など平和問題でも積極的に発言してきた。

　私たちはそうした田中教授の研究業績を回顧し、世に伝えるとともに、彼と同時代を共に生き国際法研究に携わった仲間として、田中教授の追悼論文集を企画する委員会を設置した。委員会は、できれば田中教授の業績の代表的なものを収めた遺稿集と彼を追悼する論文集の全2巻で構成される追悼論文集を刊行したいと考えた。本書は、その第1巻にあたるもので、田中教授がこれまで書きあげてきた諸論文をまとめて1冊の本に編集し直した論文集である。冒頭で触れたように田中教授の学問的

関心は、深海底制度の研究を中心に広く海洋法全般に及ぶとともに、それを起点として、慣習法論や条約法論、さらに日本の平和をめぐる実践的な国際法課題にも及んでいった。彼の残した豊富な業績は、巻末の「田中則夫先生　略歴および主な業績」で示した通りであり、この業績の中から何をどのように本書に収録するかについて、委員会では何度も討議を重ねた。その結果、本書は、彼の執筆順序とは別に、二編と三部の構成にすることとし、全部で13本の論文を第1章から第13章に整理して収録した。第Ⅰ編は海洋法をテーマとし、次の三部構成とした。第1部「国連海洋法条約と海洋法の形成」には、海洋法の歴史的・構造的特質ならびに国連海洋法条約の下で発展してきた現代海洋法秩序の構造的特質について田中教授の研究視点および方法を示した二つの論文を収録した。続く第2部「深海底制度の成立と展開」には、彼の生涯の中心的研究対象であった深海底制度に関する五つの論文を収録している。読者は、深海底制度がどのようにして誕生し、どのような発展を遂げてきたのかをこれらの論考を通じてリアルに理解することができるであろう。続いて第3部「海洋生物多様性と海洋保護区」では、田中教授が最近海洋法の新たな発展を示す分野として注目していた海洋生物多様性と海洋保護区の問題について検討した二つの論文を収録した。他方、第Ⅱ編では広い意味での法源論をテーマとする彼の四つの論文を収録している。田中教授は、海洋法研究を進めるにつれて、海洋法規範の動態的変動が、国際法の定立問題、特に慣習法や条約法の領域にも重要な問題提起をしていると考え、従来の慣習法理論の再検討とともに条約交渉過程における誠実原則の問題についても注目すべきことを世に問うた。海洋法を通じて国際法の構造転換を見据えようとした彼の国際法研究を示す重要な論考として本書に収めた。

　本書に収録された論文は、1978年から2013年までの35年間にわたって書かれた論文であり、書かれた時代の変化とともに問題状況も変化している。そこで本書に収録された論文の「初出および原題一覧」を掲げた。さらに「あとがき」においては、収録された論文が田中教授の研究のどの

ような特色を示すものかについて編者が理解するところを書きとめている。本書の編集にあたっては、章構成、注記の仕方、表現方法をはじめ全体の構成について統一をはかるために原論文の表現等を一部委員会によって変更した部分あるいは締約国数など現時点での状況を編者注として追加した部分がある。それらの詳細については、「凡例」で示した。また読者の利便を考えて「索引」を付した。

本書は、田中教授の1周忌には献呈したいと考え、第2巻にあたる追悼論文集とは別に刊行を急いだ。本書の編集にあたっては、「索引」の作成と事務局の作業について立命館大学の西村智朗氏、「田中則夫先生　略歴および主な業績」の資料検索と調査について中部大学の加々美康彦氏および龍谷大学の山田卓平氏、龍谷大学法科大学院ローライブラリアンの中村有利子さんに援助を頂いた。心よりお礼申し上げたい。

最後になったが、厳しい時間的制約の中にもかかわらず、1周忌に間に合うように刊行することができたのは、東信堂の下田勝司社長、そして向井智央氏の献身的なご努力のおかげである。委員会一同東信堂関係者の方々に、厚くお礼を申し上げたい。

2015年11月7日
　　　　松井芳郎、富岡仁、坂元茂樹、
　　　　薬師寺公夫、桐山孝信

国際海洋法の現代的形成／目次

まえがき　i
凡例　xi
略語一覧　xiii

I　海洋法　3

第1部　国連海洋法条約と海洋法の形成　5

第1章　国連海洋法条約にみられる海洋法思想の新展開……7
――海洋自由の思想を超えて――
1　序論的考察　7
2　海洋の自由に対する批判およびその自由との決別　11
　(1)　200カイリ排他的経済水域（EEZ）の制度　11
　(2)　深海底制度　19
　(3)　群島制度と海洋汚染防止制度　26
3　海洋自由の思想を超えて　32

第2章　国連海洋法条約の成果と課題………………………37
――条約採択30周年の地点に立って――
1　国連海洋法条約とその実施協定の現状　38
2　現代海洋秩序の国際法構造　39
　(1)　国連海洋法条約以後の海洋秩序形成過程の全般的な特徴　39
　(2)　漁業資源の保存と管理――一般、地域・魚種別レベルでの多様な展開――　43
　(3)　海洋環境の保護および海洋生態系・生物多様性の保全――問題別、地域レベルでの多様な展開――　47
3　海洋境界画定をめぐる紛争解決に関する国際裁判所の貢献　54
4　海上での安全確保および領海での外国船舶通航規制の課題　58
　(1)　海賊および武装強盗　58
　(2)　領海での外国軍艦等の通航規制について　60

5　海洋生物多様性の保全と持続可能な利用の課題　63
　　(1)　国連海洋法条約の制定過程では認識されなかった課題　63
　　(2)　諸国および国際諸機関の対応──海洋保護区の設定による対応の事例──　63
　　(3)　国家管轄権外の海洋生物多様性の保全と持続可能な利用の課題　64
　6　おわりに　67

第2部　深海底制度の成立と展開　　71

第3章　大陸棚の定義と限界画定の課題………　73
──トルーマン宣言から国連海洋法条約へ──　73
　1　はじめに　73
　2　トルーマン宣言と大陸棚の定義　75
　3　大陸棚条約における大陸棚の定義　78
　4　国連海洋法条約における大陸棚の定義──第76条の成立──　81
　　(1)　第3次国連海洋法会議における審議経過　82
　　(2)　大陸棚の定義条項の構造と特色　87
　5　大陸棚の限界画定の課題　91
　　(1)　大陸棚限界委員会の任務と手続　91
　　(2)　大陸棚限界委員会の実際と今後の課題　94
　6　おわりに　98

第4章　深海底の法的地位…………　100
──「人類の共同財産」概念の現代的意義──　100
　1　はじめに──問題提起──　100
　2　伝統的海洋国際法における公海海底の法的地位　103
　　(1)　初期の議論──海底トンネルと定着漁業をめぐって──　103
　　(2)　大陸棚制度と「公海自由の原則」　111
　　(3)　深海底の開発と「公海自由の原則」　116
　3　現代海洋国際法における深海底の法的地位の確定へ──深海底制度の必要性──　122

  4 むすび 129

第 5 章 深海底の法的地位をめぐる国際法理論の検討……132
  1 はじめに──検討視角── 132
  2 Common Heritage of Mankind（CHM）原則をめぐって 138
   （1） 諸国による CHM 原則の位置づけ 139
   （2） 学界における理論状況 147
  3 条約レジームの一般的拘束性をめぐって 155
   （1） 一般的拘束性の否定 157
   （2） 一般的拘束性の主張 171
  4 おわりに──問題点と課題── 182

第 6 章 国連海洋法条約第 11 部実施協定の採択 …………188
  1 はじめに 188
  2 実施協定の採択の経緯 189
  3 実施協定の概要とその特徴 193
  4 実施協定の採択の手続 197
  5 実施協定の暫定的適用と機構の暫定的構成国 202
  6 実施協定の採択の意義 206

第 7 章 深海底制度の設立・修正・実施………………217
  1 はじめに 217
  2 海底の国際制度の発展過程 219
   （1） 大陸棚制度の設立 219
   （2） 海底トンネルの掘削と定着漁業 220
   （3） 深海底制度の審議の開始と公海自由の原則 222
  3 深海底制度の設立と修正 224
   （1） 国連海洋法条約第 11 部と先進国の反対理由 224
   （2） 先進国の対応と深海底制度実施協定の採択 226
   （3） 実施協定による条約の実質的修正 230
  4 深海底制度の実施 234
   （1） 先行投資保護決議の実施 234

(2) 国際海底機構の活動　236
　　(3) 機構の構成国に関する課題　241
　5　おわりに　244

第3部　海洋生物多様性と海洋保護区　　　245

第8章　国際法における海洋保護区の意義…………………247
　1　はじめに――海洋保護区とは何か――　247
　2　海洋保護区の国際法的基盤　252
　　(1) 一般多数国間条約　252
　　(2) 地域条約　266
　　(3) 主要国の実行――アメリカ・オーストラリア――　275
　3　公海における海洋保護区設定の動向　279
　　(1) 公海海洋保護区の主張――議論の経緯――　279
　　(2) 先行事例　289
　　(3) 法的問題点　292
　4　おわりに――海洋保護区の国際法的インパクト――　299

第9章　国家管轄権の限界を超える海域における生物多様性保全の課題……………………………………………305
　1　はじめに　306
　2　関係する二つの基本条約――生物多様性条約と国連海洋法条約――　307
　3　国家管轄権の限界を超える海域における生物多様性保全の課題の提起――1990年代から2000年代初頭にかけて――　310
　　(1) 1992年の国連環境発展会議から2002年の世界サミット　311
　　(2) CBDの締約国会議における議論――CBD採択（1992年）後から2000年代初頭にかけて――　313
　　(3) UNCLOSの締約国会議における議論――非公式協議締約国会合（2000年以降）の主要な議論――　315
　　(4) 国連総会での議論――2000年以降アドホックWGの設置まで――　317
　4　国家管轄権の限界を超える海域における生物多様性保全に関

する国際法　320
　　（1）漁　業　321
　　（2）海洋統合管理・生態系アプローチ・環境影響評価　324
　　（3）海洋保護区　326
　　（4）海洋遺伝資源と深海底制度　329
　5　むすびにかえて　334

II　法源論　337

第10章　慣習国際法の成立要件 ……………………… 339
――再考――
　1　なぜ、慣習国際法の成立要件を問題にするのか　339

第11章　条約交渉における誠実の原則 ……………… 352
――条約法条約第18条について――
　1　はじめに　352
　2　起草過程　354
　　（1）国際法委員会　354
　　（2）条約法会議　370
　3　国際判例・学説・国家実行　379
　　（1）国際判例　379
　　（2）学説・国家実行　383
　4　おわりに――解釈上の問題点に触れて――　391

第12章　慣習法の形成・認定過程の変容と国家の役割 …… 396
　1　はじめに　396
　2　慣習法理論の性格と最近の特徴的議論　398
　　（1）伝統的な慣習法理論の歴史性とイデオロギー性　398
　　（2）慣習法理論からの決別を提起する最近の議論　399
　3　判例の検討　402

(1) 判例にみる慣習法の認定方法の多様性　402
　　(2) 慣習法の形成・認定過程の変容の意味と背景　412
　4　慣習法の形成・認定過程における国家の位置　418

第13章　現代国際法における法定立過程の「革新」………424
　　　　——深海底制度実施協定採択の方法と手続に関する理論的考察——
　1　問題の所在　424
　2　実施協定採択の方法と手続の特徴　433
　3　実施協定採択の方法と手続の評価——ソーンとチャーニーの見解
　　　——　438
　4　理論的考察　444

　田中則夫先生　略歴および主な業績　453
　あとがき　461
　初出および原題一覧　466
　事項索引　468
　判例索引　472
　条約・国際文書索引　473
　人名索引　477

凡　例

1　基本方針と構成

　本書は、田中則夫教授の主要論文を1冊の著作にまとめたものである。収録論文の初出の時期は1978年から2013年まで35年に及び、発表の機会や初出の著書・雑誌も多岐にわたるために、当然のことながら構成の仕方や表現は論文ごとに相当に異なっていた。そこで、これらを一書にまとめるにあたって編者が必要最小限の変更を加えたが、編集の基本方針は、田中教授がこれらの論文を著作にまとめることができたとすれば——実際に彼は病床でその希望を漏らしていた——、このように変更しただろうということである。

　構成は、「まえがき」および「あとがき」で詳しくふれたように、彼の主な専攻分野だった海洋法と法源論とにわけ、海洋法については3部構成とした。章節別の構成は変えていないが、章節の付番は全体の統一のために一部で変更した。章節のタイトルも原則として初出のままであるが、一部に全体の構成がよりよく理解できるように編者が変更した個所がある。なお、初出の際の論文名と掲載誌等については、「初出および原題一覧」を参照願いたい。

2　本文の記述、表現など

　本書は横書きとしたので、縦書きで書かれた初出論文の文中の数字は、原則として算用数字に置き換えたが、すでに日本語の一部を構成している場合や漢数字が慣用句となっている場合は、漢数字のままとした。ただし、書名や引用文の場合は、原文の表記を変更していない。また、横書きとしたことに合わせて、「右の」を「上の」としたように原文の表現を改めた個所がある。文中の（丸括弧）は著者が使用したものであり、〔亀甲括弧〕は編者による挿入である。

　条約名は公定訳の表記に従い、わが国が批准または加入している条約の条文は原則として公定訳に従った。初出論文執筆時には公定訳がなかったために私訳となっていた条約文についても、その後日本につき効力が発生しているものについては公定訳に改めた。条約や法令における条項の表記は、「第1条2項3号」といった形で、条にのみ「第」を付け、項や号には付けていない。

　国際機構名、条約名等については、章ごとにできる限り初出の箇所でフルネーム（日本語と原文）と略称を入れ、二度目以降は略称で示すことにした（ただし、日本語のみで示したものもある）。欧米人の氏名については、カタカナ表記し、各章ごとの初出の個所で（　）に欧文名を入れた。なお、敬称は「まえがき」と「凡例」

を除いて省略している。

　条約締約国数は原文のままであるが、必要に応じて編者が 2015 年 10 月 1 日現在の締約国数を〔　〕に入れて補った。「今世紀」等の表現も、必要に応じて〔　〕で「今〔20〕世紀」と明示した。なお、ごく例外的であるが数字等で誤植または誤記と思われる誤りがあり、これらは特に断ることなく編者が修正した。

3　注の表記

　注は脚注方式とし、章ごとの通し番号としている。当該の章で既に注記した著書、論文を再引用する場合については、原則として『国際法外交雑誌』の執筆要領に従った。また、田中教授自身の論文が引用されている場合、当該論文が本書に収録されていれば、田中則夫「論文名」『掲載書名』〔本書第Ｘ章〕という形でその旨を記載した。

　頻繁に引用された欧文雑誌等については、「略語一覧」に示す略称を用いた。

　引用の雑誌論文が、後の著書に収録されている場合は、原則として注では収録の著書も併記した。

　なお、編者による補注は、〔編注：　〕という形で示している。

4　索　引

　本書各章の本文に記載された事項、判例、条約・国際文書、人名については索引を作成し、頁を示した。ただし、注で実質的な議論がなされている場合は、その頁も示した。

略語一覧

Annual Digest	*Annual Digest of International Law Cases*
AFDI	*Annuaire français de droit international*
AJIL	*American Journal of International Law*
BYIL	*British Year Book of International Law*
CYIL	*Canadian Year Book of International Law*
CJTL	*Columbia Journal of Transnational Law*
EJIL	*European Journal of International Law*
Geo. Wash. JIL&E	*George Washington Journal of International Law and Economics*
GYIL	*German Year Book of International Law*
HILJ	*Harvard International Law Journal*
HYIL	*Hague Yearbook of International Law*
ICJ Reports	*International Court of Justice, Reports of Judgments, Advisory Opinions and Orders*
ICLQ	*International and Comparative Law Quarterly*
ILM	*International Legal Materials*
ILR	*International Law Reports*
Maine LR	*Maine Law Review*
OD&IL	*Ocean Development & International Law*
ÖZöRV	*Österreichische Zeitschrift für öffentliches Recht unt Völkerrecht*
PCIJ Ser.A	*Publication of the Permanent Court of International Justice, Series A, Collection of Judgments (Recueil des arrêts)*
PCIJ Ser.B	*Publication of the Permanent Court of International Justice, Series B, Collection of advisory opinions (Recueil des avis consultatifs)*
Recueil des Cours	*Recueil des Cours de l'Academie de Droit International*
San Diego LR	*San Diego Law Review*
VJIL	*Virginia Journal of International Law*
Wash. ILJ	*Washington International Law Journal*
YILC	*Yearbook of the International Law Commission*
ZaöRV	*Zeitschrift für ausländisches öffentliches Recht und Völkerrecht*

国際海洋法の現代的形成

I 海洋法

第1部
国連海洋法条約と海洋法の形成

第1章

国連海洋法条約にみられる海洋法思想の新展開
――海洋自由の思想を超えて――

1　序論的考察
2　海洋の自由に対する批判およびその自由との決別
　(1) 200カイリ排他的経済水域(EEZ)の制度
　(2) 深海底制度
　(3) 群島制度と海洋汚染防止制度
3　海洋自由の思想を超えて

1　序論的考察

　国連海洋法条約採択は、新しい海洋秩序の樹立へ向けての「静かな革命」であったともいわれるが[1]、この条約を海洋法の思想史的展開という観点から見た場合、どのような見方ができるのであろうか。
　ながらくの間、海洋秩序の根幹を支えてきたのは、海洋自由の思想であった。日本において海洋法の思想史研究に先駆的に取り組んだ高林秀雄は、「伝統的な海洋制度を基礎づけていたのは、海洋の自由、つまり広大な海洋を万人の自由な使用に開放しておくことが、世界全体の利益に奉仕するという観念であった。これは、自由放任と自由競争がすべての人に最良の結果をもたらすという、資本主義高揚期の思想を表現する

---

[1] UN Dept. of Public Information, *A Quiet Revolution - The United Nations Convention on the Law of the Sea* (1984).

国際制度」であったと指摘している[2]。海洋の自由は、グロティウス（H. Grotius）によって理論的な基礎づけを与えられ、国際法上、公海自由の原則として確立した実定規範であるが、それは同時に、海洋秩序の基本的なあり方を示し続けた、重要な国際法思想でもあった[3]。ところが、海洋自由の思想は、国連海洋法条約によって樹立される新海洋秩序の下では、そうした意味での指導的役割をもはや果たしえなくなったように思う。国連海洋法条約には、海洋の自由に対する批判がさまざまなかたちで反映しており、そのことが、この条約の見逃せない特徴の一つになっている。新海洋秩序の下では、海洋の自由が従来通りのかたちで適用される空間、すなわち公海の範囲が大幅に狭められ、いくつかの新しい海洋制度において、その自由が制限・修正されるか、もしくはその適用が排除された。

　もとより、海洋の自由が批判されたといっても、その自由が根底から否認され、消滅してしまったわけではない。公海の範囲が狭められたとはいえ、国連海洋法条約においては、1958年の公海条約で法典化された制度は、一定の改善が図られながら維持、継承されている。また、海洋の自由に対する批判自体、格別に目新しい現象とはいえず、それは国連海洋法条約の採択過程において、初めて提起されたものでもない。たとえば、1945年の米国のトルーマン宣言に続いて出された、ラテンアメリカ諸国の200カイリ主張、そして、1960年代以降とりわけ顕著になった、領海の外側に漁業水域を設定する一連の動きなど、さまざまなかたちをとって行われた沿岸国管轄権拡張の試みは、海洋の自由に対する批判ないしはその修正という性格をもっていた。1958年の大陸棚条約も、領海外の大陸棚資源に対する沿岸国の主権的権利を承認することにより、伝統的な海洋秩序の二元的構造に例外をもち込んだものといえよう。このように、海洋自由の存在意義はなお失われていないばかりか、海洋の自由に対する批判といっても、とりわけ最近になっての現象ともいえない

---

2) 高林秀雄『海洋開発の国際法』（有信堂高文社、1977年）1頁（はしがき）。
3) 伊藤不二男『グロティウスの自由海論』（有斐閣、1984年）参照。

ことに、留意しておく必要がある[4]。

　しかし、それにもかかわらず、国連海洋法条約に投影された海洋の自由に対する批判に、今あらためて着目しようとするのは、やはりこの条約が、海洋法における海洋自由の思想の位置づけを、かなりはっきりとしたかたちで変更した、最初の一般多数国間条約ではないかと考えるからである。この条約によって樹立された制度のなかには、海洋の自由に対する批判を反映しているといえるもの、あるいは、その自由との決別を意味する新しい考え方に基づいているといえるものがいくつかあり、それらの制度については、個々の制度の対象や内容の違いにかかわらず、海洋自由の思想との対比において、ある程度まとまった分析をなしうるところがあるように思う。

　たとえば、排他的経済水域 (Exclusive Economic Zone: 以下、「EEZ」という) と深海底制度の二つは、そうした制度の代表と考えられる。筆者は以前、富岡仁とともに、海洋法の変革を求める動きが新国際経済秩序樹立の主張とどのようにかかわっているのかを検討した際、距岸 200 カイリまでの海域に資源管轄権を確立しようとする主張と、深海底制度を創設しようとする主張は、一見するとそれぞれはまったく異なった方向での主張、すなわち、前者は主権的権利が及ぶ海域を拡張しようとする主張であるのに対して、後者は主権的権利の否認を前提にした主張であるにもかかわらず、両者は公海自由の原則に対するアンチテーゼという点で共通しており、その限りでは、両者を統一的に見ておく必要性を強調した[5]。

　イギリス・マンチェスター大学のロー (A. V. Lowe) も、1986 年に書いた論文において、われわれとは異なる観点からではあるけれども、200 カ

---

4) 第 2 次世界大戦後の海洋法をめぐる動きについて、高林秀雄『領海制度の研究——海洋法の歴史——［第三版］』(有信堂高文社、1987 年) 211-276 頁参照。
5) 田中則夫・富岡仁「新国際経済秩序と海洋法 (上) (下)」『法律時報』第 54 巻 7 号 (1982 年) 94-96 頁、第 54 巻 8 号 (1982 年) 116 頁。なお次も参照。松田竹男「国際法の民主的変革と参加」長谷川正安編『現代国家と参加』(法律文化社、1984 年) 173 頁、杉原高嶺「排他的経済水域」『新海洋法条約の締結に伴う国内法制の研究』(日本海洋協会、1984 年) 4 頁、ならびに、山本草二『海洋法』(三省堂、1992 年) 33-34 頁。

イリ EEZ と深海底の制度を統一的にとらえ、両者に共通する思想を見いだすことができると述べている。彼は、伝統的な海洋法の下では、国家は海洋資源の開発にあたっては、もっぱら自己の利益を追求すればよく、他国の利益に考慮を払う義務などは負っていなかったが、このような国際法構造は、EEZ と深海底の制度の樹立によって、大きく変えられることになったという。すなわち、国連海洋法条約の関連諸規定を検討するならば、EEZ と深海底における資源開発にあたっては、もはや自己の利益だけを追求することは許されなくなっており、その意味で、海洋資源に対して設定しうる財産権は、「他国に対する責任」という観念を取り込むことによって変化した、と指摘されている[6]。

　ローのこのような指摘は興味深い。ただし、彼の議論には賛同できないところもある。というのは、彼が、伝統的な海洋法の下では、国家は海洋資源の開発にあたり、もっぱら自己の利益を追求すればよかったというふうに述べる場合、念頭に置かれているのは、自国の領海と大陸棚における資源開発のことであって、公海での資源開発（漁業）については何らの言及もない。彼は、領海や大陸棚においては自己の利益だけを追求すればよいという考えは、国連海洋法条約においても、距岸200カイリを超えて広がっている大陸棚の資源開発の場合を例外として、変わっていないと述べている[7]。しかし、EEZ や深海底制度の意義は、領海や大陸棚の制度との対比においてよりも、むしろ伝統的な海洋の自由との対比において考察するのでなければ、明らかにしえないのではないか。筆者としてはそのように、ローの議論には賛同できないところがあるが、しかし彼が、EEZ と深海底の制度には、自己の利益だけを追求することは認められないという新しい思想があると述べている点は、大変重要な指摘であるように思う。

　そこで、ローの指摘をも参考にしながら、EEZ と深海底の制度的特徴

---

6) A. V. Lowe, "Reflections on the Waters : Changing Conceptions of Property Rights in the Law of the Sea," *International Journal of Estuarine and Coastal Law*, Vol.1, No.1 (1986), pp. 4-9.

7) *Ibid.*, p. 10.

を概観しながら、いま少し具体的な考察を行ってみたい。その際、EEZとの関連で、内陸国・地理的不利国の制度にも簡単に言及することにしたい。次節ではほかに、群島制度と海洋汚染防止制度も取り上げることにする。これらの制度にも、海洋の自由に対する批判が投影していると考えるからである。なお、3カイリ主義に代表されるいわゆる狭い領海の主張が否認され、領海の外側の限界が距岸12カイリで統一されるようになったことにも、海洋の自由に対する批判が反映しているといわねばならないが、今回この点は検討の対象とはしない[8]。

　本章では、海洋の自由という用語を多用するが、それは大体において公海の自由と同義のものとして用いている。前者を多用する理由は、それが領海と公海の区分以前から、海洋法の根幹的な思想を示すものとして用いられてきたこと、また、公海自由の原則が確立してからも、引き続きそのようなものとして用いられることが多かったことなどを考慮したためである。

2　海洋の自由に対する批判およびその自由との決別

(1) 200カイリ排他的経済水域（EEZ）の制度

　漁業の自由は、航行の自由とともに、最も古くから確立し、安定的な地位を有する海洋の自由の一つと考えられてきた。第2次世界大戦後、漁業資源の保存の必要が認識されるようになってからは、公海漁業に規制が加えられるようになったが、しかし、そうした規制はあくまで関係国の同意に基づいて行われたのであって、漁業の自由それ自体を否認しようとするものではなかった。すべての国に等しく漁業の自由を認めることが、国際社会における共通の価値を守ることになるとの考えは、20世紀の半ば頃まで疑われることはなかったのである。

---

8) 12カイリ領海に関する規則の合意形成過程についての詳しい分析として、高林秀雄「領海の幅に関する国際合意」『法政研究』第49巻1-3号 (1983年) 143-170頁参照（高林『前掲書』(注4) に第11章として再録）。

すべての国に等しく漁業の自由を認めることは、なるほど形式的な意味ではたしかに平等であったが、実際に、漁業の自由によって利益を受けるためには、その自由を行使する能力を有していなければならなかった。しかし、第2次世界大戦後、国際社会に新しく登場した多数の新興独立諸国は、そうした能力を十分には持ち合わせておらず、漁業の自由を駆使する機会に恵まれなかったばかりか、自国領海の外側の海域においては、海洋の自由が認められているがゆえに、海洋先進国による漁業資源のいわば自由な持ち去りに対して、何らの抗議を行うこともできなかった。国家間の漁業技術に格差が生じてくると、漁業の自由は実際には、海洋先進国にのみ多大の利益をもたらすものでしかないことが、次第に明らかになったといえる。

1970年代に入り、アフリカ諸国が200カイリEEZの提案を行うや否や、その提案が短期間のうちに圧倒的多数の発展途上沿岸諸国によって支持されるようになった背景には、漁業の自由に対する根強い批判があった。すなわち、狭い領海の外側の広大な海域に漁業の自由を適用し続けるならば、実際には著しい不平等を惹起することになるため、沿岸沖合いの資源を開発する権利は、沿岸国に付与する方が望ましく、沿岸沖の海域では漁業の自由の適用を排除すべきであるという批判である。漁業の自由に対する批判は、先にも述べたように、第2次世界大戦の直後から、さまざまのかたちをとって提起されていたのであるが、そうした批判が国際社会の多数の諸国の支持を得て、伝統的に確立してきた海洋法の二元的構造を壊す要因となるには、国際社会の構造変化を待たなければならなかったといえよう[9]。

ところで、EEZの制度は、200カイリまでの海域にあるすべての天然資源を開発するための主権的権利を沿岸国に与え、もっぱら沿岸国の利益のみを考慮しようとする制度なのかどうか。換言すれば、沿岸沖にあ

---

[9] 以上の経過について詳しくは、高林秀雄「二百カイリ資源管轄権の主張」『龍谷法学』第7巻1号（1974年）1頁以下参照（高林『前掲書』（注2）27頁以下に再録）。EEZの概念の登場背景についてはさらに次を参照。小田滋『海洋法の源流を探る』（有信堂高文社、1989年）3-13頁、David J. Attard, *The Exclusive Economic Zone in International Law* (Clarendon Press, 1987), pp. 1-31.

る世界の海洋資源をもっぱら沿岸国の間で分割することをほとんど唯一の目的にした制度なのかどうか。仮にそうした制度だとすると、EEZ は沿岸諸国にだけ利益を付与するためのものとなり、その底流にある思想は、きわめて貧弱な内容しかもたないものということになろう。この点に関しては、国連海洋法条約の関連諸規定を、「文脈によりかつその趣旨及び目的に照らして与えられる用語の通常の意味に従い」(条約法条約 31 条)解釈する限り、EEZ の制度がそうしたいわば狭い目的を達成するためのものであるといえないことは、かなり明確になっていると思われる[10]。確かに、EEZ の提案が行われていた初期の段階では、沿岸国の権利のみが強調される傾向が見られたが、しかし、第 3 次海洋法会議における審議を経て、国連海洋法条約は沿岸国の権利だけでなく、その義務についてもかなり詳しい規定を設けるに至っている[11]。先ほど引用したローが、沿岸国は EEZ において自己の利益だけを追求することはできなくなったと指摘したのは、ほかならぬ沿岸国が負うようになった詳細な義務に着目してのことであった。

　国連海洋法条約によれば、沿岸国は、EEZ 内のすべての天然資源を探査し、開発し、保存し、管理するための主権的権利を有し、人工島の設置と利用、海洋科学調査および海洋環境の保護に関して条約が定める管轄権を行使できる。沿岸国の有する権限は広範な事項に及んでいるが、他方において、沿岸国がさまざまの義務を負うようになっていることも事実である。ここでは特に、生物資源の保存と利用に関して沿岸国が負っている次のような義務に着目しておきたい。すなわち、沿岸国は、EEZ における生物資源の漁獲可能量を決定し、生物資源の維持が過度の漁獲によって危険にさらされないことを、適当な保存措置を通じて確保しなければならない。この保存措置をとるにあたっては、経済上・環境上の関連要因を考慮しながら、最大限の持続的生産量を実現しうる水準に、

---

10) Barbara Kwiatkowska, *The 200 Mile Exclusive Economic Zone in the New Law of the Sea* (Martinus Nijhoff Publishers, 1989), pp. 4-6.
11) 小田滋『注解国連海洋法条約（上巻）』(有斐閣、1985 年) 202-203 頁。

漁獲される魚種の資源量を維持するように行う（第61条）。その上で、沿岸国は、第61条の規定を害することなく、EEZにおける生物資源の最適利用の目的を促進し、そのために、沿岸国は、EEZの生物資源を漁獲する自国の能力を決定し、自国が漁獲可能量のすべてを漁獲する能力を有しないときは、内陸国や地理的不利国に関する規定に考慮を払った上で、漁獲可能量の余剰分の漁獲を他の国に認めなければならない（第62条）。

　EEZの制度においては、特定の魚種の保存や開発に関しても、魚種別に一定の規制が加えられるようになっている。たとえば、二以上の沿岸国のEEZ内に同一魚種または関連種類の魚種が存在する場合、これらの国は、当該魚種の保存および開発を調整し確保するために必要な措置について合意するよう努めなければならず、そうした努力義務は、同一魚種または関連種類の魚種が、EEZとその水域を超えてこれに隣接する水域の双方に存在する場合には、沿岸国とその魚種を漁獲している国に対しても課されている（第63条）。高度回遊性魚種については、沿岸国とこの魚種を漁獲している国は、EEZの内外にわたる地域においてこの魚種の保存を確保し、それらの最適利用の目的を促進するために協力しなければならない（第64条）。遡河性魚種については、この魚種が生まれる河川を有する国は、これらの魚種に対して第一次的な利益と責任を有し、遡河性魚種の母川国は、その保存を確保しなければならない（第66条）。なお、降河性魚種の漁獲は、EEZの外側の限界から陸地側の水域でのみ行われるが、降河性魚種がその生活の大部分を過ごす水域のある沿岸国は、この魚種の管理に責任を有するものとされている（第67条）。こうして、各国は公海において漁業の自由を行使する際にも、以上の諸規定に従わなければならない（第116条）。EEZにおける漁業は、公海漁業をも巻き込んで、さまざまな規制を受ける仕組みになっている[12]。

　ところで、EEZの制度において、内陸国や地理的不利国の法的地位はどのようになっているのか。この点に関しては、まず何よりも、それら

---

12) これらの規定によって公海における漁業の自由も規制を受けることになる。ただし、これらの規定に関する問題点の指摘として、小田『前掲書』(注11) 309-310頁参照。

の国は、国連海洋法条約の下で、同じ地域の沿岸国の EEZ の生物資源の余剰分の開発に、衡平な基礎で参加する権利を付与されたことが注目される。参加の条件と方法については、関係国の間で締結される協定によって定められる。そして、沿岸国の漁獲能力がその EEZ における生物資源の漁獲可能量のすべてを漁獲することができる程度に近づいたときには、沿岸国と他の関係国は、沿岸国の EEZ の生物資源の開発に、同じ地域の発展途上の内陸国または地理的不利国の参加を許す取極を結ぶことについて、協力するものとされた。なお、先進内陸国または先進地理的不利国が生物資源の開発に参加する権利をもつのは、同じ地域の先進沿岸国の EEZ においてだけというふうに規定されている[13] (第 69 条・第 70 条)。

EEZ に関する条約規定の中には、義務の内容が不明確なものや、あるいは義務の不履行の場合にとられる手続が不明な点など、解釈・適用上の問題を残している規定が少なくないといわれている。たとえば、内陸国が沿岸国の EEZ へのアクセスを不当に否認された場合の救済手続が明確ではないといった問題[14]、沿岸国が自国の漁獲能力を決定する場合、外国の資本や技術を導入した上で決定してもよいのであれば、常に漁獲可能量のすべてを漁獲する能力をもつことが可能となり、余剰分の開発を他国に認めることなどありえないのではないかといった問題[15]、あるいは、漁獲可能量についての沿岸国の決定をはじめ、EEZ における沿岸国の主権的権利の行使に関する紛争が、条約第 15 部第 2 節に定める義務的な紛争解決手続から除外されているといった問題など[16]、いくつかあるといわれている。したがって、条約の解釈・適用のみならず、制度の実際の運用に際しても、各国の予想を超える困難な事態が生じることも

---

13) 国連海洋法条約における内陸国・地理的不利国の法的地位についての詳細な研究として、S. C. Vasciannie, *Land-Locked and Geographically Disadvantaged States in International Law of the Sea* (Clarendon Press, 1990) 参照。

14) 小田『前掲書』(注 11) 226 頁、A. V. Lowe, *supra* note 6, p. 9.

15) 小田『前掲書』(注 11) 207-208 頁。

16) 髙林秀雄「排他的経済水域における漁業紛争の処理 (一) (二) (三・完)」『法政研究』第 51 巻 2 号 (1985 年) 255 頁以下、同 3-4 号 571 頁以下、第 52 巻 1 号 (1985 年) 89 頁以下参照。小田『前掲書』(注 11) 207-208 頁。

考えられる。もっとも、そうした種々の問題があることに留意しながらも、さしあたっては、国連海洋法条約における EEZ に関する諸規定の全体を通して、EEZ の思想的な特徴を浮き彫りにすることの方に関心を払いたいと思うのである。

　かつて、領海外の広大な海域においては、漁業の自由を守ることが国際社会における共通の価値を守ることになると考えられていたが、その考え方は EEZ の制度の確立によって否認されたわけであって、このこと自体、明確な思想的転換を示す出来事だといわなければならない。EEZ の制度の下で、沿岸国に広範な権限が付与されていることは疑いないが、しかし他面において、沿岸国は、さまざまな義務とりわけ生物資源を保存し、その最適利用を確保するという面において、いくつかの重要な義務を負っている。それゆえ、沿岸国は、EEZ の生物資源の開発を自己の裁量に基づいて自由に行いうるわけではなく、資源の独占的利用を保障されたわけでもない。EEZ の思想を、沿岸沖合い 200 カイリ水域にある海洋資源の沿岸国による分割・独占というふうに描くとすれば、正確ではないといわねばならないであろう。国連海洋法条約においては、沿岸国は、他国の立場とりわけ内陸国や地理的不利国に認められた権利の実現や、あるいは自国の EEZ における伝統的漁業実績国の経済的混乱を最小限にする必要を考慮しながら、自らの有する権利の行使と義務の履行を行わねばならない仕組みが用意されている、ということはできないのであろうか。

　沿岸沖合い 200 カイリまでの海域にある生物資源に関して、今後は、漁業の自由に基づいて開発の自由競争が奨励されるのではなく、生物資源の保存と最適利用はいかにすれば確保しうるのかという、必ずしも沿岸国の利益にのみ帰着させえない問題が、常に問われざるをえないように思う。EEZ の目的は、まず何よりも、漁業の自由によってもたらされていた、実質的な不平等・不公正を是正し、その上で、漁業資源の保存と最適利用を確保するための有力な方策を提示することにあった。また、EEZ の制度が沿岸国の立場を手厚く保護しようとするものであることは

間違いないが、しかし、他面において、この制度には、沿岸沖合いの漁業資源は沿岸国のためにだけあるという発想ではなく、その資源の保存と最適利用は、内陸国や地理的不利国を含む関係地域の国にある程度共通する課題だという発想がうかがえる。こうして、EEZ における生物資源については、その開発のための主権的権利は沿岸国が保持することを大前提にしながらも、関係する諸国の立場と利益を考慮しつつ、いかにして資源の保存と最適利用を確保するのか。EEZ における生物資源をめぐっては、今後、この課題を追求することなしに、議論を組み立てることは次第に困難になっていくように思われる。

　ところで、ここでは最後に、EEZ の制度に対して当初より提起されてきた、次のような批判について触れておきたい。すなわち、EEZ の制度の確立は、沿岸国による海の囲い込みを許すものであって、世界の有力な漁場が沿岸国の間で分割、独占されてしまうこと、また、したがって、資源が豊かな沿岸沖の海洋利用に関して、沿岸国と内陸国・地理的不利国の間に新たな差別を生みだすものであること、さらに、EEZ の面積は沿岸国が置かれている地理的状況によって決まるために、この制度は諸国の間に公平をもたらさないこと、むしろ実際、広大な EEZ を設定しうる上位国の多くは、広大な海洋に面した長い海岸線を有する海洋先進諸国であるため、この制度の狙いとされた、海洋資源の利用に起因する先進国と途上国の格差の是正という目的は必ずしも達成されないこと、などの批判である[17]。

　沿岸沖合いにある海洋資源の利用と保存について、そのあるべき姿を考えようとした場合、領海外の距岸 200 カイリまでの海域にあるすべての天然資源に対する主権的権利を沿岸国に与えることが妥当かどうか、論議の余地は大いにあろう。広大な海洋に面した長い海岸線を有する国であるかどうか、あるいは、内陸国や地理的不利国であるかどうかは、それぞれの国が国際法の展開を予測して自覚的に選択したものではない。

---

17) EEZ に対する批判を示す文献として、鷲見一夫『二百カイリ水域論』（東京文庫、1974 年）参照。

EEZの制度は、沿岸沖合いの海洋資源の利用に関しては、すべての国の立場を文字どおり公平かつ平等に勘案したものではなく、その意味では差別的、とりわけ沿岸国と内陸国・地理的不利国との間において、差別的であることは否定しえない。広大なEEZを設定できる上位国の多くが先進国であることも事実であって、この制度は海洋資源の利用に起因する南北間の格差の是正に直結するものではないとの指摘も、それ自体まとはずれだとはいえないであろう。したがって、海洋資源の利用のあるべき姿を追求する観点からは、EEZの制度にはいくつかの内在的な制約があるといわなければならない。この制度の将来については、制度の実際の運用をみながら、議論を重ねていく必要があるといえよう。

しかし、最終的に国連海洋法条約に結実したEEZの制度をみると、右の批判の相当部分は緩和されなければならないようにも思われる[18]。すなわち、繰り返しになるが、EEZの制度は、沿岸国の利益のみを保障しようとするものではなく、関係国の立場に一定の考慮を払いながら、生物資源の保存や最適利用の確保をめざそうとするものである。内陸国の立場に関していえば、まず何よりも、もともと国連海洋法条約の採択以前から、内陸国の海洋へのアクセス権をどのように保障するかは重要な懸案事項であった。しかし、この点に関して、国連海洋法条約の第10部は、内陸国の海洋への出入の権利および通過の自由を、これまでにはなかったかたちで明確に規定することにより、その保障に向けて一歩前進を遂げたということができる[19]。また、内陸国および地理的不利国のEEZへ

---

18) EEZの設立によって発展途上国の漁業収益が実際に増加する傾向にあり、海洋生物資源の配分・割当に従来と比べ変化がみられることを、簡単にではあるが指摘するものとして、R. R. Churchill and A. V. Lowe, *The Law of the Sea*, revised ed., (Manchester University Press, 1988), pp. 147-149.

19) 内陸国の海洋へのアクセス権を保障していた多数国間条約としては、1921年のバルセロナ条約(通過の自由に関する条約)、1958年の公海条約、および1965年のニューヨーク条約(内陸国の通過貿易に関する条約)があったが、いずれも、内陸国が通過の自由を付与される場合には沿岸国との間の相互主義に基づくことなど、いくつかの制約的な条件を課していた。国連海洋法条約ではそうした点の改善が図られている。このことを含め、国連海洋法条約の第10部について詳しくは、Office of the Special Representative of the Secretary-General for the Law of the Sea, *The Law of the Sea : Rights of Access of Land-locked States to and from the Sea and Freedom*

のアクセスについては、先ほど見たように、それが権利として保障されたのであって、この点でも、従来そうした国の沿岸国沖合いでの漁業活動の問題が、必ずしもまともな論議の対象になっていなかったことからみれば、一応の前進として評価しうるところがあるといえよう[20]。こうして、EEZ の制度について見る場合には、沿岸国に付与された権利の面からだけで見るのではなく、その義務の面にも着目しながら制度の趣旨を捉えなおし、EEZ の思想を生かす方向で検討を重ねることが、不可欠のように思われる。その際、特に沿岸国が、自国に課せられた義務を誠実に遵守することが必須の前提になることは、いうまでもない。

(2) 深海底制度

200 カイリ EEZ の制度は、海洋の自由とりわけ漁業の自由に対する批判を基礎にして生まれたものであった。これに対して、深海底制度の場合は、海洋の自由に対する批判そのものが、その制度樹立の直接的な契機になったわけではない。この制度は、深海底資源の開発が科学技術の飛躍的進歩によって可能になりつつあった段階で、開発が人類全体の利益となるよう行われることを確保するために、新しい国際制度を樹立すべきだという立法論的な提案を基礎にして生まれてきたものだった。もっとも、深海底制度の根幹をなすのは、深海底とその資源を人類の共同財産にするという原則であって、あとでも述べるように、この原則には、海洋の自由との決別を示す新しい思想が含まれているということがいえ

---

of Transit (Legislative History of Part X, Articles 124 to 132 of the United Nations Convention on the Law of the Sea) (UN, 1987) 参照。なお、S. C. Vasciannie, *supra* note 13, pp. 187-196.

20) UN Dept. of Public Information, *supra* note 1, pp. 28-29. ちなみに、1993 年 2 月末日現在、国連海洋法条約の締約国数は 55 カ国であるが、そのうち、内陸国は 6 カ国、地理的不利国は 8 カ国である。第 3 次海洋法会議参加国の中で、そのうち、内陸国は 26 カ国、地理的不利国は 29 カ国であったといわれている。Myron H. Nordquist (ed.), *United Nations Convention on the Law of the Sea : A Commentary*, Vol.I, (Martinus Nijhoff Publishers, 1985), pp. 72-73. 〔編注：現在の国連海洋法条約の締約国数は 167 カ国、そのうち内陸国は 44 カ国〕ただし、EEZ を設定する最近の国家実行においては、内陸国や地理的不利国の立場に十分な考慮は沿岸国によって払われていないとの指摘がある。S. C. Vasciannie, *supra* note 13, pp. 72-78. 類似の問題点の指摘として、山本『前掲書』（注 5）10 頁参照。

る。実際、深海底資源の開発を公海の自由の一つに加えるべきではないという主張は、深海底制度をめぐる審議の最初の段階から存在していたのであって、そうした主張は深海底制度をめぐる討議を通じて、比較的短期間のうちに多数の諸国が共有するところとなった。このように、深海底制度は、海洋の自由に対する批判そのものから必然的に生まれてきたものではなかったが、その制度の樹立は海洋の自由に対する批判を反映しており、その制度の基礎には海洋の自由との決別を示す思想が横たわっているということができる[21]。

　ふりかえってみると、旧ソ連圏諸国の初期の頃の例外的態度を除けば、審議の当初より、公海自由の原則を深海底に適用すべきであるとの提案が行われたことはなかった。その意味では、深海底制度に海洋の自由を導入する考えは、意識的に排除されていたといえる。高林秀雄は、1970年に、深海底とその資源を人類の共同財産とすることなど、深海底制度の根幹となる原則を明確にした国連総会決議「深海底を律する原則宣言」が一国の反対もなく採択された経過を分析して、次のように指摘していた。すなわち、この宣言の採択は「将来深海海底に設立される新しい国際制度について、伝統的な公海制度とは全く異なったものを採用するという、国際社会の明確な意思を示したものとみることができる」[22]。それでは、諸国はなぜ、深海底への公海自由の原則の適用を排除したのであろうか。その原則の適用を排除するという結論は同じであっても、排除の動機・理由については、諸国家の間に完全な一致があったわけではなかった。すでに周知のことがらではあるが、この点をいま一度確認しておきたい。

　米国など深海底資源の開発技術を有していた先進国にとっては、深海底資源の開発は莫大な投資を必要とし、高度のリスクをともなう事業であるだけに、その開発活動に乗り出すためには、開発を予定する深海底

---

21) この観点からの詳細な分析として、R. P. Anand, *Legal Regime of Sea-Bed and the Developing Countries* (Sijhoff Publications, 1976), Chapter 5 and Chapter 6.
22) 高林秀雄「深海底を律する原則宣言」『龍谷法学』第4巻2号（1971年）14頁（高林『前掲書』（注2）164頁以下に再録）。

の鉱区において他者の参入を排除する、資源開発のための排他的権利を取得する必要があった。深海底鉱区における開発のための排他的権利は、公海自由の原則からは導き出せないものであって、それゆえ、この権利を取得するためにこそ、公海制度とは異なる新しい国際制度が必要だったのである。これに対して、圧倒的多数の途上国が公海の自由の適用を排除しなければならなかったのは、まったく別の理由に基づいていた。つまり、仮に深海底資源の開発が公海の自由とされるならば、そうした開発技術を有しない多数の諸国は何らの利益を受けることもできなくなり、先進国と途上国の格差はますます拡大することになってしまう。それゆえ、そうした事態を招かないようにするとともに、人類の共同財産とされる資源の開発が人類全体の利益となるよう行われることを確保するためには、公海制度とはまったく異なる新しい国際制度を樹立する必要があったのである[23]。

　こうして、深海底における新しい国際制度は、いずれの国にとっても、公海自由の原則を排除した上で、樹立されなければならないものであった。もっとも、先進国は、そのような場合であっても、深海底資源の開発は国または企業によって行われるべきであって、深海底制度の樹立にともなって新しく設立される国際海底機構は、深海底活動を強力にコントロールする任務や権限をもつべきではないと主張していた。先進国は、第3次海洋法会議において、深海底制度は公海自由の原則を基礎にしながら樹立すべきである、といった提案は一度も行ったことはなかったが、しかし、深海底活動を強力な国際的管理の下に置くことには強く反対したのである。他方、途上国は、深海底資源の開発が厳しい国際的な規制を受けることなく、個別の国や企業によって行われることになれば、実際には開発に従事する先進国にのみ多大の利益がもたらされることになり、人類全体の利益はほとんど保証されなくなってしまうと考えた。そ

---

23) 大沼保昭「深海底活動に対する国際法的評価——その総論的考察——」『新海洋法条約の締結に伴う国内法制の研究』第3号 (1984年) 148-153頁、田中則夫「深海海底の法的地位——『人類の共同財産』概念の現代的意義——」『龍谷法学』第10巻3号 (1978年) 129-131頁〔本書第4章〕参照。

して、国際海底機構を中心として、資源の開発をはじめとする深海底活動のさまざまな側面を、強力な国際的コントロールの下に置くことを可能にするような制度の樹立を主張したのである。国連海洋法条約によって樹立される深海底制度が、基本的には途上国の主張を反映したものとなっていることは、あらためて述べるまでもない。

　さて、深海底制度の思想は、深海底とその資源は人類の共同財産である（第136条）という考え方に示されているのであるが、この思想の内容を具体的に考えるためには、深海底制度の次のような基本構造を確認しておくことが必要であろう。国連海洋法条約によれば、まず、国は深海底のいかなる部分またはその資源に対しても、主権または主権的権利を主張しまたは行使してはならず、国または自然人もしくは法人は、条約に従う場合を除くほか、深海底資源に関する権利を主張し、取得しまたは行使してはならない。また、深海底の資源に関するすべての権利は、人類全体に付与されるものとし、（国際海底）機構は人類全体のために行動するものとされている（第137条）。そして、深海底活動は人類全体の利益のために行われなければならず、機構が深海底活動から生じる経済的利益の配分について定めることになっている（第140条）。深海底は平和目的のための利用にのみ開放され、深海底での海洋科学調査は、もっぱら平和目的と人類全体の利益のために行われる（第141条・第143条）。機構は、深海底での活動によって生じる有害な影響から海洋環境を保護するために、条約にしたがって適当な規則や手続を採択する（第145条）。深海底の平和利用の確保や海洋環境の保護は、当然のことながら、人類全体の利益を確保する際の前提になるものといえよう。

　ところで、深海底活動が人類全体の利益のために行われなければならないことについては、いずれの国も異論のないところであるが、問題は、深海底制度において、人類全体の利益を確保するための仕組みはどのように設計されているのか、ということである。この点、国連海洋法条約は、開発から得られる経済的利益の配分を行うだけでなく、次のことをも十分に保証し、または確保することが不可欠であるとの立場をとって

いると考えられる。すなわち、第1に、技術移転を促進することである。機構は締約国と協力して、機構が自ら開発を行う際の実施機関となるエンタープライズや発展途上国への、深海底活動に関する技術の移転を促進し奨励するための措置をとらなければならない（第144条）。第2に、深海底活動への途上国の効果的な参加を、条約の定めるところにしたがって促進することである（第148条）。第3に、生産政策の立案と実施である。機構は、深海底資源と同種の資源を陸上で産出している国の経済を保護することを含め、深海底資源から生産される商品の市場の成長や安定などを促進するための措置をとらなければならない（第151条）。

　深海底活動の波及効果は、単に資源開発によって収益が生み出されることだけにとどまらず、技術の移転、深海底活動への参加、陸上生産国保護のための生産政策などの事項にも及ぶのであって、それゆえ、収益の配分だけでなく、上の諸規定に定める措置が実施・保証されなければ、人類全体の利益を確保する課題は達成されないというのが、国連海洋法条約に示されている考え方であると見なければならない[24]。機構は、こうした考え方に基づいて、深海底活動が人類全体の利益となるよう行われることを確保するために、広範な任務と強い権限を付与されている。たしかに、機構を通じての深海底活動の国際的コントロールなくしては、上の諸措置の実施・保証は困難になるといえよう。深海底資源の開発技術と資本を有する先進国は、深海底制度の審議において、人類全体の利益を確保するという課題に主として経済的な側面からアプローチし、具体的には収益の配分を行うことでその課題が達成されると考えていた。先進国によれば、この考え方は人類の共同財産の原則から導かれるものであって、経済的収益をあげる上で障害となる要素は、極力排除されるべきであると主張されていた。しかし、国連海洋法条約は、そうした考え方を採用しなかったということができる。

---

[24] Cf. Arvid Pardo and Carl Q. Christol, "The Common Interest : Tension between the Whole and the Parts," in MacDonald and D. Johnston (eds.), *The Structure and Process of International Law* (Martinus Nijhoff Publishers , 1983), pp. 652-657.

このようにみると、深海底制度の思想である人類の共同財産の原則が意味するところも、おのずと明らかになっているように思われる。すなわち、この節の冒頭で、深海底制度の基礎には海洋の自由との決別を示す思想が横たわっていると述べたが、国連海洋法条約に定められた人類の共同財産の原則は、深海底資源の開発に関しては、レッセ・フェール的な自由放任・自由競争の原理の適用を排除し、その上で、深海底での活動が人類全体の利益となるように行われるために、その活動を人類全体のために行動する国際海底機構のコントロールの下に置くことを要請するものであって、そして、このような意味において、海洋の自由との決別を示す新しい思想であるということができるように思われる[25]。

なお、周知のように、米国は、海洋法会議の終盤以降、深海底制度の下では先進国に課される義務が厳しすぎるので、国連海洋法条約の締約国にはならずに、独自に開発に乗り出す準備を整えてきた。その際、米国は、国連海洋法条約の締約国にならない限りは、同条約の深海底制度関連規定には拘束されないので、その場合には、深海底資源の開発は公海自由の原則に基づいて行いうるというふうに主張していた。もっとも、米国は、深海底とその資源が人類の共同財産であること自体を否定しているわけではなく、むしろ人類の共同財産の原則を承認した上で、なお公海自由の原則にも依拠することができると考えているようである。つまり、人類の共同財産の原則と公海自由の原則は、必ずしも相互に排他的な関係にあるのではなく、深海底資源の開発を公海の自由として行っても、その収益の一部を国際社会に還元するなど、人類の利益に貢献するような措置をとるならば、その開発は人類の共同財産の原則から逸脱することにはならない、というのが米国の基本的な論理であった[26]。

しかし、この論理に賛同することは困難であろう。第1に、すでに見

---

25) 田中則夫「人類の共同財産の原則について―― 一つの覚書――」『法と民主主義の現代的課題』(有斐閣、1989年) 227-251頁。
26) 深海底制度に関するアメリカの主張と政策の展開過程については次が詳しい。髙林秀雄『アメリカの深海底開発法』(九州大学出版会、1981年)、Markus G. Schmidt, *Common Heritage or Common Burden?* (Clarendon Press, 1989).

たとおり、もともと、先進国と発展途上国の思惑は違っていたものの、深海底開発に公海自由の原則を適用することは好ましくないと考えた点では、大方の諸国の見解は一致していた。1970年の「深海底を律する原則宣言」決議が、将来設立される深海底制度は伝統的な公海制度とはまったく異なったものとすべきであるという前提に立っていたことも、先に見た通りである。人類の共同財産の原則を指導理念として設立された深海底制度は、なによりもまず、深海底活動を国際管理の下に置くことを主眼にしているものであって、実際、大多数の諸国が相当の期間一致して、公海の自由なる考え方の深海底への導入に反対していた事実を軽視することは、適当ではない[27]。

　第2に、国連海洋法条約は、人類全体の利益が確保されたといえるかどうかを判断する際、収益の配分が行われるかどうかだけを基準にしているわけではない。条約は、開発から得られる収益の配分を行うだけではなく、新しく設置される国際海底機構を通じて、深海底活動の管理、その活動への参加、さらには生産制限や技術移転を行うことによって、人類全体の利益の確保をめざしていると見なければならない。深海底制度関連諸規定の全体を見れば、このように見ざるをえないのであって、人類の共同財産の原則には、そうした考え方を支える基本原則としての位置づけが与えられている。したがって、国連海洋法条約で定められた人類の共同財産の原則について見る限り、その原則は、深海底活動に公海自由の原則を適用し、その活動を開発能力を有する諸国にのみ委ねることを、明確に排除するものだといえる。

　もちろん、人類の共同財産の原則から導かれる具体的な制度は、不可避的に国連海洋法条約に定められたような制度にしかならない、というふうにはいえないのであって、その意味で、国連海洋法条約は、人類の共同財産の原則を具体化するにあたって、一つの選択を示したものといわなければならない。政策論ないし立法論として考えた場合、人類の共

---

27) 大沼「前掲論文」(注23) 153-155頁、田中則夫「深海底の法的地位をめぐる国際法理論の検討 (二・完)」『国際法外交雑誌』第86巻3号 (1987年) 12頁、34頁〔本書第5章〕。

同財産の原則と公海自由の原則を整合的にとらえることも、まったく不可能ではなかったであろう。実際、国連海洋法条約の審議過程において、先進国は、人類の共同財産の原則を承認しつつも、できるだけ国家の側に開発の自由裁量権を残したいという立場から、種々の提案を行っていた。深海底活動が人類全体の利益となるよう行われるかどうかの基準を、もっぱら収益の配分にのみ求めるという考え方も、選択肢としてはありえたはずである。しかし、現時点で注目しなければならないのは、国際社会の大多数の諸国は、国連海洋法条約の採択を通じて、そうした考え方をはっきり拒否したということであろう。この条約が示しているのは、深海底活動が人類全体の利益となるよう行われることを確保するためには、少なくとも、その活動への公海自由の原則の適用を完全に排除しなければならないという、新しい思想なのである。

(3) 群島制度と海洋汚染防止制度

　国連海洋法条約は、群島国家と群島水域に関する新しい制度を創設し、海洋汚染の防止に関しても従来にない考え方を取り入れた制度を樹立した。それぞれの制度の対象や内容が異なることはもちろん、それぞれの制度には同じレベルでは比較しえない側面もあり、両者の意義を同一平面で論じることはできない。しかし、これらの制度が樹立されるようになった背景に着目するとき、そこには思想的な面において、ある程度共通するところがあるように思われる。すなわち、これらの制度にも、海洋自由の思想に対する批判が反映している、という意味においてである。EEZと深海底の制度に続いて、これらの新しい二つの制度を取り上げるのは、そうした理由によっている。

　(i) 群島制度

　群島国家や群島水域に関する特別の制度を樹立すべきであるという群島理論は、国連海洋法条約の審議過程においてはじめて提起されたものではない。その理論は、すでに第2次世界大戦以前に提唱されたことがあったし、戦後になっても、フィリピンなどいくつかの群島諸国によっ

て、第 1 次海洋法会議をはじめとする幾度かの機会に、提唱され続けてきた[28]。もちろん、ひとくちに群島理論といっても、その内容には若干の多様性があった。国連海洋法条約においても、群島国家と呼ばれるすべての国をカバーする制度が樹立されたわけではない。条約で樹立されたのは、「全体が一または二以上の群島から成る国」についての制度であって、条約に規定された定義・条件を満たさないその他の群島、たとえば、沿岸群島や外洋群島をもつ大陸国は、新制度の適用対象とはされなかった（第 46 条参照）。

　このように、群島制度が新しく創設されたといっても、従来の群島理論が全面的に受け入れられたわけではないのであるが、しかし、ともかく群島国家・群島水域の制度が海洋制度の一部として正式に取り入れられたこと自体に、本章の問題関心からみて、一定の意義を見いだすことができる。群島理論が従来より提起されていたにもかかわらず、群島制度の樹立に結実しなかったのは、海洋の自由が適用される海域が狭められ、種々の制約をうけることを嫌った海洋先進国の強い抵抗があったからである。群島理論に対する支持は、海洋先進国の主張を凌駕するほどまでには至らなかったといえる。しかし、国連海洋法条約において群島制度が樹立されたことは、それ自体、海洋の自由を旗印にした主張が通用しなくなったことを象徴的に示しており、海洋自由の思想の衰退を群島制度の樹立という面からも窺うことができるように思う。

　群島理論は若干の多様性があるとはいえ、その基本においては次のような特徴をもつ理論であった。すなわち、国家が多数の島から成り立っており、相互の島の間に一定の地理的、経済的、政治的あるいは歴史的な一体性があるような場合、それぞれの島を単独の存在として扱うので

---

28) 群島理論とその展開過程について、香西茂「新海洋秩序と群島制度」『船舶の通航権をめぐる海事紛争と新海洋秩序』第 2 号（日本海洋協会、1982 年）95 頁以下、D. P. O'Connell, *The International Law of the Sea*, Volume I, edited by I. A. Shearer (Clarendon Press, 1982), pp. 237-258 参照。また、国連海洋法条約の群島制度関連諸規定の問題点については、河西直也「『群島国』と『群島水域』の通航制度」『新海洋法条約の締結に伴う国内法制の研究』第 1 号（日本海洋協会、1982 年）77 頁以下参照。

はなく、群島とそこに介在する水域を一体のものとして扱い、領海の幅は群島の外側の島を結ぶ基線（群島基線）から外側に向かって測られるべきだとする理論である。群島制度が認められる以前においては、いうまでもなく、それぞれの島が領海をもったのであって、島と島の間が広い場合にはそこに公海部分が残され、外国は群島の周辺の公海区域において、航行、漁業、上空飛行などの自由を行使できたのである。群島理論はこうした状況への不満から提起されたものであり、群島周辺の海域における外国の自由な行動を規制し、自国の安全保障や経済発展などを確保する目的をもって提起されてきたものだった[29]。

　群島基線の内側の水域、つまり群島水域の法的地位については、過去に提起された群島理論や、あるいは若干の国家実行においても、考え方の完全な一致はなかったが、国連海洋法条約によれば、一応従来から有力であった考え方に基づき、群島水域は群島国家の内水とされる（第49条）。群島水域における外国船舶の通航権や、その上空における外国航空機の通航権をどのようにするのかは、文字通り諸国の利害が深くかかわる問題であったために、第3次海洋法会議では重要な争点の一つとなった。この点については結局、外国船舶は群島水域において無害通航権を有するが（第52条）、それだけでなく、外国の船舶と航空機は、継続的かつ迅速に群島水域および隣接する領海またはそれらの上空を通過するのに適した航路が群島国家によって指定されれば、そこにおいて群島航路帯通航権を与えられることになった。この通航権は、国際海峡における通過通航権に類似しており、群島国家がそのような航路を指定しない場合には、国際航行のために通常使用される航路において行使できるものとされた（第53条）[30]。

　このような群島制度は、海洋先進国と群島諸国との間の妥協に基づくものであって、とりわけ群島諸国の側からみると、十分に満足が得られ

29）香西「前掲論文」（注28）111頁、R. R. Churchill and A.V. Lowe, *supra* note 18, p. 99.
30）群島制度の成立過程をまとめたものとして次を参照。Office for Ocean Affairs and the Law of the Sea, *The Law of the Sea : Archipelagic States* (Legislative History of Part IV of the United Nations Convention on the Law of the Sea) (UN, 1990).

るものにはならなかったといわれている。たしかに、船舶と航空機の通航権に関しては、群島諸国は外国船舶に無害通航権だけが認められると主張したのに対して、海洋先進国の中でも特に米ソ両国が、国際海峡における場合と同様、その軍事戦略上の利害に基づき、12カイリ領海や200カイリEEZの制度を認める代わりに、できるだけ自由な通航権の確保を強く求めた結果、上に見た群島航路帯通航権が認められることになったのである。このように、新しく群島制度が樹立されたといっても、群島諸国の当初の主張や提案がそのままのかたちで受け入れられたわけではない[31]。

　もっとも、新しい群島制度にいくつかの問題点が認められるとしても、かつては公海の自由が適用されていた海域から、当該海域に存在する群島国家に特有の事情が一定考慮され、その自由の適用が当該海域から排除されるようになったことは、やはり大きな変化であるといわねばならない。群島国家は、群島水域での漁業について、外国の漁船による乱獲などの危惧を抱く必要がなくなったばかりか、近年深刻化しつつあった海洋汚染の防止に関しても、実効的な措置をとりうる道が開けたということはいえよう。こうして、限定された意味においてであるが、群島制度の樹立自体、海洋自由の思想に対する批判を反映したものであると見ることができる。

（ⅱ）海洋汚染防止制度

　国連海洋法条約における海洋汚染の防止に関する制度は詳細にして多岐にわたる。他の海洋制度と同様、諸国の間の妥協に基づいて作成された規定も多く、この制度の思想的な特徴を一言でいうことは簡単ではない。しかし、この制度にも、その重要な部分において、海洋自由の思想に対する批判を反映しているといえるところがあり、その観点から評価しうる特徴が備わっている。

　従来、公海を航行する船舶は、原則として、旗国の排他的な管轄権に

31）香西「前掲論文」（注28）117-118頁。

服するだけであって、船舶が公海において国際法に違反する汚染行為を行った場合でも、当該船舶を処罰できるのは旗国に限られていた。このような旗国主義は、海洋を狭い領海と広い公海に二分し、公海においては公海自由の原則を適用するという、海洋法の二元的構造によってもたらされる、いわば論理的な帰結であった[32]。つまり、公海の自由が認められる海域において、その自由を尊重するとともに、海洋の秩序をも維持するという、二つの目的を同時に達成するために考案されたのが、旗国主義にほかならない。しかし、旗国主義の下では、船舶起因による海洋汚染が進行し、世界の沿岸諸国が汚染による被害をさまざまのかたちで受けるようになっても、旗国以外の国は、領海の外側で海洋を汚染する外国船舶に対して何らの管轄権を行使することもできなかった。そのため、汚染防止措置をとることを旗国に任せておくだけの体制では不十分であって、汚染による被害を受ける国も一定の管轄権を行使しうる制度を新たに樹立すべきであるという主張が提起され、多くの諸国の賛同を得るようになったのである[33]。

その結果、国連海洋法条約は、船舶起因の汚染防止に関して、その防止を目的として制定された国際的規則や国内法令を執行するために、旗国のみならず入港国および沿岸国にも一定の範囲で管轄権の行使を認める、新しい汚染防止制度を樹立した。国連海洋法条約によれば、旗国は、汚染防止に必要な法令を制定し、国際的な規則や基準を実効的に執行しなければならず、さらに、自国の船舶の違反が他国によって申し立てられたならば、すみやかに調査を行い必要な手続を開始すべきものとされた（第217条）。汚染防止に関して旗国の負う義務は著しく強化された（第94条・第217条）。次に、寄港国は、外国船舶がその国の内水、領海またはEEZの外側において国際的な規則や基準に違反した排出を行った後に

---

[32] 杉原高嶺『海洋法と通航権』（日本海洋協会、1991年）23-27頁。
[33] 水上千之「海洋汚染防止と国家管轄権の再配分」広部和也・田中忠編『国際法と国内法（山本草二先生還暦記念）』（勁草書房、1991年）442-447頁、富岡仁「海洋汚染防止条約と国家の管轄権」松井芳郎・木棚照一・加藤雅信編『国際取引と法（山田鐐一教授退官記念）』（名古屋大学出版会、1988年）373頁以下参照。

寄港したとき、その船舶を調査して、違反が証拠によって確かめられれば、必要な手続を開始することができる（第218条）。これにより、寄港国の管轄権は公海での排出違反についても及ぶようになった。沿岸国は、その領海またはEEZを航行中の外国船舶が行う自国法令の違反について、手続を開始することを認められた（第220条）。

　このような、船舶起因の汚染防止のために創設された、国家の管轄権行使に関するいわば多元的な制度のうちに、海洋自由の思想に対する批判を見ることができるように思う。このような制度の樹立へと導く流れは、1970年代に入り強められた、領海外の海域でも汚染防止のための管轄権行使を沿岸国に対して認めるべきであるという、沿岸国管轄権拡大の主張によって作られた[34]。当初においては、汚染防止の目的のみのための海域を設定し、そこにおいて沿岸国管轄権を行使しうるという、カナダが先鞭をつけた主張と、200カイリ水域において沿岸国が有する権限の一つとして、汚染防止のための管轄権をあげようとした、EEZの主張に代表される資源管轄権拡大の主張があった。そして、これらのほかに、沿岸国管轄権が及ばない海域において汚染防止規則違反が行われ、その違反船舶が入港してきた場合、寄港国にも管轄権の行使を認めるべきであるとの主張が加わり、第3次海洋法会議における審議の結果、前述のような制度の採択を見たのである。沿岸国管轄権拡大の主張自体、海洋の自由に対する批判を示すものであったが、汚染防止のための管轄権行使を領海の外側の海域においても認めるべきだとの主張、ならびに、公海での違反についても旗国以外の国による取締りの対象とする寄港国管轄権の主張はいずれも、伝統的に認められてきた航行の自由の規制につながる効果をもっていたし、また、公海の自由が海洋汚染をもたらすようなかたちで行使されても、旗国以外の国は何ら有効な手だてをとれないようにしている、公海自由の原則とその帰結である旗国主義への、痛烈な批判を示すものであったといえよう。

---

34) 水上千之「海洋汚染規制に関する国家管轄権の拡大について」『国際法外交雑誌』第76巻5号（1977年）42頁以下参照。

なお、国連海洋法条約においては、寄港国や沿岸国による管轄権の行使が、船舶航行への不当な干渉とならないように、保障措置に関する詳細な規定が設けられており、それらの国による手続の開始については、旗国が手続を開始するのであれば停止されることになるなど、いくつかの制約に服するものとされている（第223条－第233条）。このように、海洋汚染の防止や規制に関しては、基本的には、旗国が重要な役割を果たすことを期待されており、その意味では、旗国の優位とでも呼べる体制がとられているということもできよう。

しかしながら、これをもって、汚染防止のためには旗国主義が最も有効であることが、いわば再確認されたかのように見るとすれば正確ではないであろう。旗国主義の主眼は、領海の外側を航行中の船舶に対する旗国以外の国による管轄権行使を禁ずるところにある。国連海洋法条約において、いくつかの条件付きではあっても、ともかく旗国のほかに、領海の外側の海域における外国船舶の違反行為について、寄港国や沿岸国による管轄権の行使が認められたのは、旗国主義を維持する限りは船舶起因汚染の防止は実効的になしえないことが、はっきりと認識されたからである。この点で、旗国主義は批判されたのであって、その不十分性が証明されたともいえる。もちろん、自国の船舶が汚染行為を行わないよう管理・監督する責任は旗国にあるわけで、その責任を十分に果たさせるために、旗国の義務が強化されたことについても十分な理由があった。すなわち、従来の旗国主義の不十分性を是正し、旗国主義を汚染防止のための有効な手段の一つに位置づけ直す方策として、首肯しうるのである。

3　海洋自由の思想を超えて

以上において、いくつかの新しい海洋制度の特徴を概括的に見てきた。もっとも、個々の重要な論点については、立ち入った分析を行うことがほとんどできなかった。国連海洋法条約に関しては、個々の規定の解釈・

適用上の問題をはじめ、緻密な分析を行うべき問題が多数あるといわねばならず、単に制度の枠組みを概観するだけでは、本来、意味のある考察はなしえないといわなければならない。また、本章では、海洋自由の思想に対する批判に着目したが、そもそも、その批判を反映している制度であれば、たとえどのような内容をもった制度であっても、一律に同じような評価を与えうるとはとてもいえない。さらにいえば、そうした批判がそれ自体として直ちに、新海洋秩序の思想的な基盤になるとアプリオリにいうこともできないであろう。こうして、多方面に及ぶ論証不足の点については、別の機会に掘り下げた分析を行いたいと考えているが、きわめて不十分ながらもとりあえずの考察を進めてきたのは、国連海洋法条約の中にある程度示されている海洋法思想の発展の方向性は、さしあたり巨視的な観点に立って考察可能ではないかと考えていたからである。

　周知の事柄とは思われるが、海洋の自由がすぐれて歴史的な性格をもつ規範であったことを、あらためて考え直してみる必要があるように思う。海洋の自由を確立させた国家実行が、主として、ヨーロッパの近代国家によって展開されたものであったこと[35]、そして、海洋の自由が国際法上の原則として確立した背景に、近代資本主義の下での経済発展の追求・要請という事情があったことは、すでに多くの論者によって指摘されている通りである。たとえば、高林秀雄は、海洋の自由を国際法上確立させた要因として、国際通商を推進するために海の開放を必要とし

---

35) 海洋の自由はグロティウスの理論を基礎として、近代ヨーロッパ諸国の実行を通じて成立したといわれてきたが、アジアでは、古代・中世の時代を通じて航行と通商の自由を認める慣行がすでに確立していたのであって、グロティウス自身、海洋の自由を唱えるにあたり、アジアの慣行から影響を受けたという指摘がある。C. H. Alexandrowicz, "Treaty and Diplomatic Relations between European and South Asian Powers in 17, 18c," *Recueils des Cours*, 1960-II, pp. 238-242, R. P. Anand, *Origin and Development of the Law of the Sea : History of International Law Revisited* (Martinus Nijhoff Publishers, 1983), p. 80. このような指摘はヨーロッパ中心主義的思考への批判としての意味をも有するものであるが、しかし、グロティウスの『自由海論』を見る限り、彼がアジアの慣行を参考にしたといえる根拠は見あたらず、また、グロティウスが海洋の自由を説くにあたって依拠したのは普遍人類社会の法（万民法）であって、特定の地域の慣行ではなかったことなどから見て、必ずしも正確な指摘とはいえないように思われる。

た産業資本の要請をあげていた[36]。高林が、海洋自由の思想は資本主義高揚期の思想であったと指摘していることは、本章の冒頭に紹介した通りである。田畑茂二郎も、海洋の自由は近代資本主義経済を発達させた諸国によって、「いわば、商品交換の自由を保障するものとして、推進し展開せしめられた」と述べている[37]。さらに、小田滋によれば、公海の自由は「交換及び生産における自由競争の保証という社会体制のもとに成立した、歴史的な内容をもったものであ」り、「歴史的には航海や漁業などの利益を保護するものとして、いわば交通もしくは生産の手段としての海洋利用という限定的な目的のために形成されたもの」と説明されていた[38]。

　このような歴史的な性格をもつ規範であった海洋の自由は、ただし、他方ではなお、若干の普遍的性格を付与されている面もある。すなわち、公海自由の原則は消滅したわけではなく、海底電線や海底パイプラインの敷設の自由や上空飛行の自由など、公海使用の自由のいくつかは、公海においてはもちろんのこと、EEZにおいても認められており、その自由を承認することが引き続き国際社会の利益になるとみなされていることを、忘れてはならない[39]。それゆえ、海洋の自由には多面的な性格があるともいえるが、しかし、広大な海洋を諸国の自由な使用に開放しておくことが万人の利益につながるという、海洋自由の思想の根幹にあった考え方は、もはや維持することができなくなっているのであり、まさにこの点において、その思想の実体はすでに空洞化しつつあるとみなければならない[40]。

---

36) 高林『前掲書』(注4) 38頁。また、同「通商の自由と漁業の独占──公海自由の原則の成立過程（二）」『法学（近畿大学30周年記念論文集）』第4巻2号（1955年）166-173頁参照。
37) 田畑茂二郎『国際法（第2版）』(岩波書店、1966年) 235頁。
38) 小田滋「水爆実験と公海制度」『海洋の国際法構造』(有信堂高文社、1956年) 245頁、248頁（小田『前掲書』(注9) 53頁以下に再録）。
39) Cf. Ludwik Gelberg, "The Freedom of the Sea : Common Heritage of Mankind," *Recuiels des Cours*, (1987-II), pp. 329-333.
40) こうした意味で、芹田健太郎が海洋の自由は「死んだ」と述べているのも同じ趣旨であると解される。金東勲・芹田健太郎・藤田久一『ホーンブック国際法』(北樹出版、1987年) 104頁。

法規範の内容や位置づけは、ふつう、その妥当基盤である社会の変化・発展に応じて変わらざるをえない。海洋法の変革も、国際社会の構造変化にともない進められた、現代国際法の構築をめざす努力の一環であった。領海の外側の海域を従来通りに公海とし、深海底を含む公海区域において海洋の自由を適用し続けるならば、多くの国にとって種々の不都合が生じることが明らかとなった。そのため、国連海洋法条約においては、そうした不都合を除去するための工夫が、いくつかの新しい海洋制度の中に、結実しているということができる。本章では、200カイリEEZの制度、深海底制度、群島制度、海洋汚染の防止制度の四つに焦点をあててきたのであるが、そこには共通して、海洋自由の思想を超えようとする、すでに逆流不可能に映る一つの流れを見ることができるように思う。とりわけ、EEZにおける生物資源の開発や、深海底活動に関しては、海洋の自由から導かれていた自由競争原理の適用は否認され、排除された。海洋の自由が、海洋資源開発の分野における自由競争を保障することにより、積極的役割を果たす機会はもはやないものと考えられる。そうした意味では、ローの指摘に示唆されていたように、深海底やEEZといった海域において資源開発を行う場合には、自己の利益のみを追求することは次第に許されなくなってきており、他国の利益あるいは人類全体の利益といったものに考慮を払うことが求められるようになってきている、というべきなのかも知れない。

　ところで、国連海洋法条約の採択後、条約を批准する国のなかに先進国がほとんど含まれていないことや、この条約が発展途上諸国の期待を担って採択されたにもかかわらず、南北間の格差の是正が期待通りに進まない状況が見られることから、第3次海洋法会議は失敗ではなかったかという評価に接することがある。特に深海底制度などは、先進国の条約への参加なくしては稼働しえない性格のものであるため、条約規定の見直しは必至であるとさえいわれている[41]。仮に見直しの議論が行われ

---

41) たとえば、John K. Gamble Jr., "Assessing the Reality of Deep Sea-bed Regime," *San Diego LR*, Vol.22, No.4 (1985), pp. 779-792.

るとしても、何をどういう方向で見直すのかが問われざるをえないと考えられるが、いずれにしても、国連海洋法条約の普遍性を高めるために、できるだけ多くの国の条約参加をいかにして実現するかが、重要な課題になっていることは確かであろう[42]。

　もっとも、第3次海洋法会議が失敗であったかどうか、あるいは、国連海洋法条約が成功を収めるのかどうかといったことは、早計に判断しうる問題ではない。一般的にいって、ある多数国間条約が大きな期待をもって採択されても、その事実から直ちに、採択された条約の主題に関する国際関係が一挙に改善されることには、必ずしもならないであろう。第3次海洋法会議が現代国際法の形成・展開過程において、最も注目された出来事の一つだったことは間違いないが、しかし、国連海洋法条約についていえば、国際法の他の分野で採択される法典化条約などと同様、それを取り巻く国際社会の状況は刻々と変化しており、それゆえ、新海洋法秩序の形成が条約の描く通りに進むのかは、変化する状況を総合的に検討しながら判断していくほかはない。

　上のようなことを述べたのは、最後に次の点を重ねて強調しておきたかったからである。すなわち、国連海洋法条約の将来がたとえどのようになるにしても、その中にある程度明確に示されている、海洋法思想の新しい発展の方向性を無視することは、もはやほとんど不可能ではないかということである。ここでいう、海洋法思想の新しい発展の方向性とは、海洋の自由に対する批判が目指そうとした方向性にほかならず、具体的には、本章で取り上げてきた諸制度の基本枠組に現れている考え方のことである。今後、海洋秩序のあり方をめぐっては、それらの基本枠組を前提にしながら、議論を進めざるをえなくなっているように思う。

---

42) UN Doc., *Law of the Sea*, *Report of the Secretary-General*, A/47/512, 5 Nov. 1992, p. 4.

第 2 章

国連海洋法条約の成果と課題
――条約採択 30 周年の地点に立って――

1　国連海洋法条約とその実施協定の現状
2　現代海洋秩序の国際法構造
　(1) 国連海洋法条約以後の海洋秩序形成過程の全般的な特徴
　(2) 漁業資源の保存と管理―― 一般、地域・魚種別レベルでの多様な展開――
　(3) 海洋環境の保護および海洋生態系・生物多様性の保全――問題別、地域レベルでの多様な展開――
3　海洋境界画定をめぐる紛争解決に関する国際裁判所の貢献
4　海上での安全確保および領海での外国船舶通航規制の課題
　(1) 海賊および武装強盗
　(2) 領海での外国軍艦等の通航規制について
5　海洋生物多様性の保全と持続可能な利用の課題
　(1) 国連海洋法条約の制定過程では認識されなかった課題
　(2) 諸国および国際諸機関の対応――海洋保護区の設定による対応の事例――
　(3) 国家管轄権外の海洋生物多様性の保全と持続可能な利用の課題
6　おわりに

1　国連海洋法条約とその実施協定の現状

　国連海洋法条約 (United Nations Convention on the Law of the Sea: UNCLOS) の締約国数は 165 となった (本章での条約の締約国数は、いずれも 2013 年 1 月 23 日現在)〔現 167 カ国〕[1]。条約の採択時に反対票を投じた四つの国、すなわち米国、イスラエル、トルコ、ベネズエラは、いずれもまだ締約国になっていないが、UNCLOS の基本的で重要な規定の多くは、条約の非締約国に対しても拘束性を有しており、条約自体、普遍性が高い一般多数国間条約となっているとの見方はかなり定着してきている。

　沿岸国管轄権の設定状況について見ると[2]、領海を 12 カイリに設定している国は、米国を含め、140 の沿岸国に達しており、12 カイリ以上の領海の幅を保ったままの例外的な国は、8 カ国ほどに減少した。そして、領海外においては、わずか 3 カ国だけが依然として排他的漁業水域 (FZ) を設定しているが、他の沿岸国のほとんどは、米国を含め、200 カイリの排他的経済水域 (Exclusive Economic Zone: EEZ) を、あるいは地理的事情などで 200 カイリ以内の幅での EEZ を設定するという状況になっている。12 カイリ領海、200 カイリ EEZ が、ほぼ定着したといってよい状況が生まれている。

　深海底制度実施協定について見ると、締約国は 144 となっている〔現 147 カ国〕。UNCLOS の締約国との差は 21〔現 23 カ国〕ある。これら 21 の国は、1994 年の深海底制度実施協定の採択前に UNCLOS の締約国になっていたが、その後、深海底制度実施協定を批准する手続をとっていない国である。条約と実施協定は不可分一体のものとして運用されることになっているため、こうした諸国がなお存在していることは望ましいことではない。それゆえ、国際海底機構の事務総長は、1998 年以降、機構の総会

---

1) Division for Ocean Affairs and the Law of the Sea, Office of Legal Affairs, United Nations, Chronological lists of ratifications of, accessions and successions to the Convention and the related Agreements as at 23 January 2013, available at <http://www.un.org/Depts/los/convention_agreements/convention_agreements.htm>
2) Table of claims to maritime jurisdiction (as at 15 July 2011), available at <http://www.un.org/depts/los/LEGISLATIONANDTREATIES/PDFFILES/table_summary_of_claims.pdf>

に対して行う年次報告において、こうした諸国ができるだけ早く実施協定を批准する手続をとることにより、「それらの国に関し現在存在している不調和 (incongruity) が取り除かれることになる」という表現を用いて、実施協定の締約国になる手続をとるよう要請している[3]。

なお、国連公海漁業実施協定に関しては、締約国は 80 を数えるに止まっている〔現 82 カ国〕が、この協定も、すでに事実上、国連食糧農業機関 (Food and Agriculture Organization: FAO) あるいは各地域の漁業管理機関等が公海漁業の規制や管理を行う場合、UNCLOS に定める原則を具体化した協定であり、常に依拠すべきものとして、一般的な支持を受けているといってよい[4][5]。

2 現代海洋秩序の国際法構造

(1) 国連海洋法条約以後の海洋秩序形成過程の全般的な特徴

UNCLOS 採択後の海洋秩序形成過程の特徴は、UNCLOS をいわば頂点にして、その下に、海洋生物資源、海洋環境および生物多様性の保護・保全という課題に対する取り組みが特に重視され、それらの課題解決に

---

[3] *Report of the Secretary-General of the International Seabed Authority under article 166, paragraph 4, of the United Nations Convention on the Law of the Sea*, 8 June 2012, ISBA/18/A/2, para. 11.

[4] Mary Ann Palma, Martin Tsamenyi and William Edeson, *Promoting Sustainable Fisheries ― The International Legal and Policy Framework to Combat Illegal, Unreported and Unregulated Fishing* (Martinus Nijhoff Publishers, 2010), pp. 61-63.

[5] 米国の動向について触れておくと、2002 年の UNCLOS 採択 20 周年記念行事の際、国連発行文書は「米国はできるだけ早く締約国になる意図をもっていることを、公式の立場として表明している」と述べていた。2007 年に米国上院の外交関係委員会で、賛成 17 対反対 4 という表決で、条約の批准を支持する決定が行われたが、その後、最終の手続に進むことはできなかった。2009 年にオバマ大統領が就任した際、UNCLOS は、優先的に批准されるべき条約の一つに含められていた。しかし、米国議会では、共和党が条約は米国の行動の自由と主権の行使の制約要因になる恐れがあるという理由で反対してきた。もっとも、2012 年に入り、議会の上院で、改めて条約参加に向けた動きが出始めている。都留康子「アメリカと国連海洋法条約──"神話"は乗り越えられるのか」『国際問題』第 617 号 (2012 年) 42-53 頁。Myron H. Nordquist, John Norton Moore, Alfred H. A. Soons and Hak-so Kim (eds.), *The Law of the Sea Convention ― US Accession and Globalization* (Martinus Nijhoff Publishers, 2012), Part I, pp. 17-37.

関する国際条約、国際機関、さらには、いわゆるソフトローに分類しうるさまざまな決議や国際的ガイドライン等々が、従来から存在していたものについては、それらが条約の趣旨に沿う形で再編・強化され、また、新たに必要だと判断されたものについては、新しく採択され構築されるという流れが、弛むことなく拡がってきた点にある。UNCLOS は、その制定過程においては、新たな海洋秩序を構築するにあたっての枠組条約になるといった位置づけが明瞭に与えられていたわけではなかった。しかし、現在では、枠組条約としての UNCLOS の下で、個々の課題ごとに、個別の条約や実施協定が整備されるという認識が、相当程度一般化してきているように思われる[6]。

　もとより、このようにいうとしても、そのことは、UNCLOS 採択後の海洋秩序形成過程が生物資源や海洋環境の保護の課題だけを軸に展開したということをいわんとするものではない。UNCLOS がカバーしている課題は多岐にわたっており、海洋秩序形成過程に関しては、いま少し視野を広げ、綿密かつ具体的な検討を加える必要のあることはいうまでもない。毎年出される「海洋および海洋法」に関する国連事務総長の報告書を見るだけでも、海洋法形成過程の論点が多岐にわたっていることは明らかである。ただし、本章においては、UNCLOS がカバーしている重要問題のすべてに言及することは困難であるため、現代海洋秩序の構造を最も特徴的に表していると思われる問題に絞るかたちで、海洋秩序の構造分析を試みたい。

　こうした観点から、この 30 年間を振り返ると、やはり、UNCLOS 以後の海洋秩序の構築過程においては、海洋環境の保護ならびに生物資源の保存を含む海洋の生物多様性の保全という課題との結びつきが特に強められながら、海洋法の新たな展開過程を見ることができる。

　1972 年の人間環境宣言では、海洋に関連しては、原則 7 で、海洋汚染

---

[6] Shirley V. Scott, "The LOS Convention as a Constitutional Regime for the Oceans," in Alex G. Oude Elferink (ed.), *Stability and Change in the Law of the Sea: The Role of the LOS Convention* (Martinus Nijhoff Publishers, 2005), pp. 9-38.

を防止するための措置をとる必要性が指摘されていたが、それ以上詳しくは、海洋への特段の言及はなかった。その20年後、UNCLOSの採択を真ん中の時期にはさみ、リオ宣言が採択された1992年になると、海洋において解決すべき課題のとらえ方に関して、相当に大きな認識の変化が見られるようになっていた。地球環境の保護に関する新たな基本原則を定式化した文書として重要なリオ宣言は、海洋へ直接詳しく言及してはいなかったものの、同時に採択された「アジェンダ21」は、その第17章において、海洋自体の保護ならびに海洋資源の保護および合理的利用というテーマを立てて、七つの問題領域について、それぞれ詳しく行動計画等を提起した[7]。すなわち、①海洋の統合的管理と持続可能な利用、②海洋環境保護、③公海の生物資源の保全と持続可能な利用、④領海内の生物資源の保全と持続可能な利用、⑤海洋環境の管理および気候変動への対応、⑥地域協力・国際協力の強化、⑦小規模な島嶼の持続的発展である。「アジェンダ21」は、狭い意味での環境問題を扱った文書ではなく、海洋に関連していえば、漁業資源を含む海洋の生物多様性の保全とその持続可能な利用という問題をはじめ、伝統的に論じられてきた海洋汚染防止の問題、さらに、海洋保護の観点から気候変動へ対処する必要性という新しい問題まで、海洋秩序のあり方を検討する場合の問題の所在を多面的に指摘した文書として、重要な位置を占めている。

　同様に、「アジェンダ21」の10年後、2002年の持続可能な発展に関する地球サミットで採択された「実施計画」においては、国家管轄権の内と外の双方の海域を含め、すべての海洋の生物多様性を維持すること、また、「アジェンダ21」にしたがって、海洋の保存と管理を促進するために行うべき諸課題がさまざまなかたちで一層強調されるようになっており、そうした目的を達成するために、生態系アプローチの採用、有害な漁業慣行の撤廃、さらに、国際法にしたがいかつ科学的情報に基づいた海洋

---

[7] Agenda 21 Chapter 17, Protection of the Oceans, All Kinds of Seas, Including Enclosed and Semi-enclosed Seas, and Coastal Areas and the Protection, Rational Use and Development of their Living Resources, available at <http://www.un.org/esa/sustdev/documents/agenda21/english/agenda21chapter17.htm>

保護区のネットワークの確立などが提言されるに至っている[8]。この「実施計画」で強調された、国家管轄権の内外の海域における生物多様性の保全という課題は、さらにその10年後、2012年6月の「リオ＋20」の国連会議で採択された最終文書「我らが望む未来」においても、重ねて強調されている。

　この文書は、「行動の枠組」を記述した箇所で、持続可能な発展にかかわるすべての問題ごと・テーマごとに、現状の認識と今後の課題を指摘しているが、「海洋」についても一定のスペースを割いて、次の諸点を強調している[9]。

　まず、海洋が地球の生態系の不可分かつ本質的な構成要素であり、地球の生態系を維持する上で決定的に重要な存在であること。そして、UNCLOSが、海洋とその資源の保全および持続可能な利用に関する法的枠組を提供しており、この条約が、すべての国によって誠実に実施されることが重要であること。そして、海洋とその資源の保全と持続可能な利用が重要である理由は、貧困の撲滅、持続的な経済の成長、食糧の安全、持続可能な暮らしと適切な労働環境の構築にとって不可欠であるだけでなく、生物多様性と海洋環境を保護し、気候変動の海洋への影響を検討する上でも不可欠だからである。それゆえ、われわれは、海洋と海洋生態系の健康状態、生産性、復元力を保護し、かつ回復させ、現在と将来の世代が海洋の保全と持続可能な利用をなしうるために、海の生物多様性を維持し、そして、海洋環境に影響を与える活動を管理する際には、国際法にしたがって、生態系アプローチ、ならびに、予防的アプローチを効果的に適用しなければならない。

　以上にみた諸文書は、いずれも法的拘束力を有するものではなく、国際条約のかたちに具現化されたものではない。また、各文書の内容は、抽象的で一般的なレベルに止まっているところが少なくなく、それぞれ

---

8) UN Doc., *World Summit on Sustainable Development, Plan of Implementation*, 4 September 2002, A/CONF. 199/20, para. 32, pp. 24-25.

9) UN Doc., *The Future We Want*, A/RES/66/288, 27 July 2012, paras. 158-180.

の文書から、特定の国際法規範の生成や発展を確認できるわけでもない。しかし、UNCLOS の採択以後の一連の議論の流れを振り返ると、海洋ならびに海洋法に関係する課題認識が、海洋環境の保護・保全、海洋生物多様性および海洋生態系の保全というキーワードに象徴される諸課題と特に強く関連づけられながら、展開してきた状況を理解することができる。それらの諸課題の中には、UNCLOS の定めた制度を一層具体化することが求められたものもあれば、UNCLOS の制定過程では十分に認識されていなかった新しい問題も含まれている。

(2) 漁業資源の保存と管理—— 一般、地域・魚種別レベルでの多様な展開——[10]

(i) 一般レベル

漁業資源の保存と管理という問題は、もちろん UNCLOS 以前からの課題であり、それ自体が UNCLOS 以後の海洋秩序の新たな現象といったものでないことは、いうまでもない。しかし、UNCLOS 以後の動向をみると、沿岸国の資源管轄権が承認された EEZ と、漁業の自由が認められる公海という、それぞれ別の制度が適用される二つの海域の区分を超えるかたちで、いわば世界大の漁業資源管理体制とでも呼びうる仕組みが、徐々に整備されてきている動向を見ることができる[11]。

1995 年の国連公海漁業実施協定は、UNCLOS の関連規定の具体化であると同時に、先ほど触れた「アジェンダ 21」を受けてその採択が促進されたものである。この協定の主要な特徴を確認するとすれば、第 1 に、EEZ での沿岸国の保存管理措置と公海での地域漁業管理機関等の保存管理措置との間に一貫性を保つことが求められること、第 2 に、地域的漁業管理機関の加盟国または当該機関が定める保存管理措置に合意する国のみが、ストラドリング魚類資源と高度回遊性魚種の利用機会を有する

---

10) 本章末尾の図「参考図 1　漁業資源の保存と管理」を参照。
11) 猪又秀夫「国際漁業管理の現状と課題——国際レジームの視点から——」『国際漁業研究』第 11 巻 (2012 年) 25-56 頁。

とされたこと、第3に、自国漁船による保存管理措置の遵守を確保し、違反漁船に対する取締りを行う旗国の義務が強化されたこと、そして、第4に、地域的漁業管理機関が対象とする公海水域において、当該機関の加盟国である本協定の締約国は、当該機関の加盟国であるか否かを問わず、本協定の他の締約国の漁船に乗船し検査することが認められたことなどにある[12]。

この協定は、UNCLOS以後の地域的漁業管理機関のプラクティスの基盤ともなっており、その意味では、この協定自体、各地域の漁業管理条約のいわば枠組的な協定としての機能も果たしているという側面もある。これまで、協定の規定に基づく再検討会議が、2006年と2010年に開催され、協定の実効性を高めるための議論が行われてきた。再検討会議や関連する国連総会での議論では、協定の適用範囲を二つの魚類資源に限定しないで、深海底の魚類資源を含め、公海の他の魚種全体に及ぼすことの可能性に関する提言が行われており、他方で、公海漁業を管理する地域的機関の設立が継続的に奨励されるなど、公海漁業の管理体制の確立に向けた議論が続けられている[13]。

UNCLOS採択後のFAOの実践に目を向けると、まず何よりも、1993年のコンプライアンス協定の採択の意義を確認しておく必要がある。この協定も、「アジェンダ21」による要請、すなわち、公海での漁業活動にかかわる保存・管理のルールの遵守を回避するために、自国民が船舶の国籍を変更することを抑止するため、適切な措置を各国がとるべきであるという要請に基づき、その採択が促進されたものである[14]。コンプライアンス協定は、漁船の登録されている国（旗国）に対し、自国漁船による

---

12) Tore Henriksen, Geir Hønneland and Are Sydnes, *Law and Politics in Ocean Governance — The UN Fish Stocks Agreement and Regional Fisheries Management Regimes* (Martinus Nijhoff Publishers, 2006), pp. 11-22.

13) Review Conference on the Agreement for the Implementation of the Provisions of the United Nations Convention on the Law of the Sea of 10 December 1982 relating to the Conservation and Management of Straddling Fish Stocks and Highly Migratory Fish Stocks, available at <http://www.un.org/Depts/los/convention_agreements/review_conf_fish_stocks.htm>

14) Mary Ann Palma, Martin Tsamenyi and William Edeson, *supra* note 4, pp. 60-61.

公海漁業を承認制にすること、また、これらの漁船についての記録を保持し、関連情報を FAO を通じて他の漁業国と交換する体制を整備することなどを義務づけている。

　FAO では、1995 年に「責任ある漁業のための行動規範」が、2008 年には「公海の深海漁業の管理のための国際指針」が、2011 年には「混獲の管理と廃棄の削減のための国際指針」が採択され、さらに、その間の 2009 年には、「IUU 漁業（違法・無報告・無規制な漁業）を防止し、抑止しおよび廃絶するための寄港国措置に関する協定」が採択されている[15]。この最後の協定は、寄港国に対して、外国漁船が入港を希望する場合には事前の通告を求め、入港にあたっては、港の指定、必要な証明書類の携行と提示、漁獲物の陸揚げ等の条件を定め、IUU 漁業に従事しているとの疑いのある漁船に関しては、立ち入り検査等の執行措置をとることを認めるもので、早期の発効が期待されている。

（ⅱ）地域・魚種別レベル

　次に、以上のような一般条約や国際的なガイドラインを踏まえつつ、地域レベルならびに魚種別レベルで、漁業資源の保存と管理の体制を強化しようとする動向についても見ておきたい。

　現存している国際的ないし地域的な漁業管理機関の中には、UNCLOS 採択前から存在しているものも少なくないが、そうした既存の機関であっても、UNCLOS の採択後においては、同条約を含め、上でみた一般多数国間条約や国際的なガイドラインに依拠しながら、そして、UNCLOS 採択後に設立された地域的な漁業管理機関も同様に、それぞれ独自の規制方法を加味しながら、漁業資源の保存と管理の仕組みを強化してきている[16]。

---

15) Mary Ann Palma, Martin Tsamenyi and William Edeson, *supra* note 4, pp. 63-73.
16) 漁業に関する地域的な国際機関および条約の特徴や現況などに関する情報の入手については、日本の外務省および水産庁のホームページからの検索が有用である。たとえば、次を参照。<http://www.mofa.go.jp/mofaj/gaiko/fishery/treaty.htm>、<http://kokushi.job.affrc.go.jp/index-1c.html>

代表的な漁業管理機関について、特に日本が加盟国になっているものを中心に、かつ、設立年を基準に時系列的に見ておくと、たとえば、マグロ・カツオ類をはじめとする高度回遊性魚種を対象としている地域的漁業管理機関としては、全米熱帯マグロ類委員会（IATTC）(1949年)、大西洋まぐろ類保存国際委員会（ICCAT）(1966年)、みなみまぐろ保存委員会（CCSBT）(1993年)、インド洋まぐろ類委員会（IOTC）(1996年)、中西部太平洋まぐろ類委員会（WCPFC）(2004年) などがある。

　また、ストラドリング魚類資源や海底の魚類資源等を対象にしている地域的機関ないしは条約としては、北西大西洋漁業機関（NAFO）(1979年)、北東大西洋漁業委員会（NEAFC）(1982年)、南極海洋生物資源保存委員会（CCAMLR）(1982年)、ベーリング公海漁業条約(1995年)、南東大西洋漁業機関（SEAFO）(2003年) などがある。

　直近の例で見るとすれば、2006年に採択され、2012年6月に発効した南インド洋漁業協定（SIOFA）があり、さらに、2009年に採択され、2012年8月に発効した南太平洋公海漁業資源の保存管理条約に基づき設立された南太平洋漁業管理機関（SPRFMO）もある。また、現在は未発効だが、2012年に採択され、発効が待たれている北太平洋公海漁業資源の保存管理条約（INPFC）があり、この条約が発効すると、太平洋の全域における公海漁業が規制と管理の下に置かれることになる〔2015年7月発効〕。

　個々の地域的漁業管理機関の規制の仕組みや方法は、もとより一律ではないが、一定の共通の特徴というのも、見出しうる段階に入りつつあるように思われる。その特徴は、第1に、それぞれの地域的機関が規制の対象とする海域において、地域的機関加盟国が法的拘束力のある規制を受けることは当然であるが、非加盟国の漁船に対しても、地域的機関が定める規制措置の遵守を強く求める方針がとられている。条約と第3国の関係からいえば、第3国たる非加盟国は、特に公海においては、地域的機関の定める規制措置に拘束される理由はないけれども、しかし、仮に、非加盟国の漁船が規制内容に違反する操業を行った場合には、加盟国が非加盟国との間の貿易関係をストップするなどの対応をとること

により、事実上あるいは実質的に、非加盟国にも漁業規制の措置の遵守を求める方策がとられる傾向が見られる[17]。

　第2に、UNCLOS採択後に新しく設立される地域的機関で特に顕著な傾向だと思われるが、漁業資源の保存と管理を、単に海洋生物資源の枯渇を防ぐという観点からだけでなく、海洋の生態系および生物多様性の保全の一環として位置づけて行うという考え方が強まっていることである。漁業の問題が、いわゆる魚類資源保存の問題だけに限定されず、広い意味での海洋の保護、海洋生態系の保全策の一部に組み込まれつつある点には、十分留意しておく必要がある[18]。

(3) 海洋環境の保護および海洋生態系・生物多様性の保全——問題別、地域レベルでの多様な展開——[19]

(i) 問題別レベル

　海洋環境の保護および海洋生態系・生物多様性の保全という課題に関する国際法の展開過程を簡潔に説明することは、実は至難の業といわねばならない。それほど、この課題に関する国際法の展開は多様でありかつ多彩である。ここでは、国際海事機関(International Maritime Organization: IMO)を中心にした最近の動向を整理し、次に、地域レベルで多様に展開する動きの中でも、特に注目を集めることの多い、地中海と北東大西洋における地域条約の事例に絞って、若干の整理をしておきたい。

　まず、IMOによる海洋環境保護の取り組みの中では、MARPOL (73/78)

---

17) Alexander Gillerspie, *Conservation, Biodiversity, and International Law* (Edward Elger Publishing, 2011), pp. 43-447. Tore Henriksen, Geir Honneland and Are Sydnes, *supra* note 12, pp. 195-210. 田中則夫「地域的漁業機関による非締約国漁船の活動規制」『「海洋生物資源の保存と管理」と「海洋秩序の多数国による執行」(海洋法制研究会第三年次報告書)』(日本国際問題研究所、2001年) 56-67頁。

18) For example, see, UN Doc., *Oceans and the law of the sea, Report of the Secretary-General*, A/66/70/Add. 1, 2011, paras. 90-95 and 16-123; Resolution adopted by the General Assembly on Sustainable Fisheries, 66/68, 2012, paras. 1-21; Kristina M. Gjerde, "High Seas Fisheries Governance: Prospects and Challenges in the 21st Century," in Davor Vides and Peter Johan Schei (eds.), *The World Ocean in Globalisation—Climate Change, Sustainable Fisheries, Biodiversity, Shipping, Regional Issue* (Martinus Nijhoff Publishers, 2011), pp. 221-232.

19) 本章末尾の図「参考図2　海洋環境の保護」を参照。

条約、すなわち、船舶起因の海洋汚染防止条約を通じた取り組みが重要である[20]。UNCLOS の採択後、1980 年代から 90 年代、さらには 2000 年代以降現在までに、油、有害液体物質、危険物、汚水、廃棄物、そして、エネルギー効率の改善を含む排気ガスによる海洋汚染を防止するため、それぞれ順に、附属書の I から VI までを採択し、さらに、各附属書ごとに数度にわたる改正を重ねてきている。各附属書に基づき、船舶の構造設備等に関する基準が定められ、主管庁または認定された団体による定期的な検査の実施、証書の発給、寄港国による監督（ポートステートコントロール）などの規定が定められている。直近の附属書の改正についていえば、地球温暖化対策として、国際海運からの温室効果ガス排出削減が要請されていたが、2011 年に附属書 VI が改正され、今後の造船に対してエネルギー効率改善規制を導入するとともに、全船舶に対して効率的な運航計画を策定することが義務づけられた[21]。

さらに、船舶起因汚染防止の取り組みとして、特に注目されているのは、2004 年のバラスト水管理条約による海洋生態系の保全をはかる動きである[22]。「バラスト（Ballast）」とは、船の安定航行を確保するために積み込まれる「重し」のことで、通常は海水を取り込んで「重し」にするが、船舶が積荷を降ろして帰る場合、「重し」の役割を果たしていた積荷が無くなるので、「重し」のためのバラスト水を取り込む必要が生じる。こうして、外国の港で取り込んだ海水が、自国の港に着いた時に放水されることになるが、問題は、この放水にともない、外国の海で生息していたプランクトンやバクテリアが、縁もゆかりもない異郷の海に放たれ、そこで繁殖し、そこの生態系に悪影響を与えるケースが出ることである。いわゆる外来種の持ち込みによる生態系の攪乱をいかに防ぐか、という問題である。バラスト水の放水は、常時、世界中の海で行われているので、

---

20) Jean Claude Sainlos, "The International Maritime Organization and the Protection of Marine Environment," in Davor Vides and Peter Johan Schei (eds.), *supra* note18, pp. 321 *et seq.*
21) *Ibid.*, pp. 331-334.
22) Davor Vidas and Maja Markovcic Kostelac, "Ballast Water and Alien Spieces: Regulating Global Transfers and Regional Consequences," in Davor Vides and Peter Johan Schei (eds.), *supra* note 18, pp. 371 *et seq.*

その放水の適切な管理はきわめて重要な課題とされている[23]。

　バラスト水管理条約は、船舶にバラスト水処理装置の搭載を義務づけ、寄港国によるバラスト水の検査権限を定めるものである。条約の発効要件が、まもなく満たされるという状況にあるため、現在、各国がこの条約に対応するための方策（国内法の整備を含む）を検討しているところである[24]。

　IMOによる生物多様性の保全に関する取り組みは、これ以外にも多岐にわたっているが、ここではあと一点だけ、IMOがPSSA（Particular Sensitive Sea Area：特別敏感海域）を設定することを通じて、海洋の環境および生物多様性の保全に関する活動の幅を拡げていることについて触れておく。PSSAとは、「承認された生態学的、社会経済的若しくは科学的な理由により、また、国際的海運活動によって損害を受けやすいという理由により、IMOの行動を通じて特別の保護を必要としている区域をいう」と定義されている[25]。IMOは、PSSAの認定基準として、2005年の決議において次の三つを定めた[26]。①生態学的、社会経済的、または科学的な基準の一つを満たしていること、②当該海域が、そこにおける船舶通航の特徴や自然的要素から見て、国際海運活動によって影響を受けやすい脆弱性を有していること、③当該海域でとられる保護措置がIMOによって承認されるものでなければならないことである。PSSAに認定されると、その海域での海洋活動を規制するために、航路指定措置、MARPOL条約に基づく船舶の排出条件および設備条件の厳格な適用、船舶運航サービス（VTS）の設置といった特定の措置がとられることになる[27]。

　現在までに、PSSAとして認定されているのは、本章末尾の図「参考図

---

23) UN Doc., *Oceans and the law of the sea, Report of the Secretary-General*, A/66/70/Add. 2, 2011, paras. 198-204.
24) 大坪新一郎「IMOにおけるバラスト水管理条約に係る議論の最新状況」平成23年9月22日（国土交通省海事局）、available at <http://www.sof.or.jp/jp/topics/pdf/11_10a.pdf>
25) *Guidelines for the Designation of Special Areas under MALPOL73/78 and Guidelines for the Identification and Designation of Particularly Sensitive Sea Areas*, A.927(22), Annex I, para. 1 and Annex II, para. 2.
26) *Revised Guidelines for the Identification and Designation of Particularly Sensitive Sea Areas*, A.982(24), Annex, paras. 4-6.
27) Jean Claude Sainlos, *supra* note 20, pp. 337-338.

2 海洋環境の保護」に示してある 13 の海域である（括弧内は指定された年を示す）。ちなみに、PSSA に指定されている海域には、領海や EEZ のほかに、公海区域を含むものもある。

(ⅱ) 地域レベル

国連環境計画 (United Nations Environment Programme: UNEP) は、各地域での海洋環境保護と海洋生物多様性保全の取り組みについて、その全体像を掌握し、調整する役割を担っている。UNEP の下で、現在、世界の海が 18 の地域に分けられ、それらの地域での海洋環境の保護、海洋生物多様性の保全に関する取り組み状況が定期的に報告され、解決が求められている課題が何かといった点が明らかにされている。18 の地域というのは、黒海、広域カリブ海、東アジア海、東アフリカ（沖）、南アジア海、ペルシャ湾、地中海、北東太平洋、北西太平洋、紅海・アデン湾、南東太平洋、太平洋、西アフリカ（沖）という 13 の地域海計画が構築されているところと、南極、北極、バルチック海、カスピ海、北東大西洋という 5 の連携計画が構築されているところである（本章末尾の図「参考図 2 海洋環境の保護」参照）。

2011 年の「海洋および海洋法」に関する国連事務総長報告によれば[28]、たとえば、南極では、南極協議国会議が、南極地域での特別保護区の管理計画を修正し、また、南極海域への外来種の侵入を防止する取り組みを重視していると報告されている。北極では、北極評議会が中心となって、気候変動が北極地域の環境に及ぼす影響を検討中であるとされ、また、北極の生態系を保護するための作業グループが設置された経緯が報告されている。さらに、たとえば、黒海では、すでに採択され発効している黒海の汚染からの保護に関する条約、ならびに、同条約に対する黒海の海洋生物多様性および景観保全のための議定書が 2011 年に発効することが紹介され、条約に基づき設置されている黒海委員会が、黒海の生物多様性の状態に関する調査を行い、黒海の汚染防止策の検討を続けていることが報告されている。さらに、カスピ海では、カスピ海の海洋環

28) *Supra* note 23, paras. 252-266.

境の保護のための枠組条約の下で 2011 年 8 月には二つの議定書、すなわち、カスピ海の油の汚染からの保護に関する議定書と、環境影響評価に関する議定書が採択されたことが報告されている。

ところで、地中海と北東大西洋における海洋環境保護の取り組みに関しては、他の地域におけるそれと比べて特徴的な点があるので、いま少し立ち入って見ておきたい。まず、地中海における海洋環境保護のための最初の条約は、1976 年の地中海汚染防止条約、通称バルセロナ条約であった。この条約は、その後 1995 年に改正され、現在に至っている。バルセロナ条約は、その後に具体的な仕組みを定める議定書の採択によってその実施が担保される枠組条約としての位置づけが与えられている。これまで、次の七つの議定書、すなわち、①海底開発に起因する汚染防止の議定書(1994 年)、②投棄による汚染防止の議定書(1995 年)、③特別保護区に関する議定書(1995 年)、④陸上に起因する汚染防止の議定書(1996 年)、⑤有害廃棄物による汚染防止の議定書(1996 年)、⑥緊急時の協力に関する議定書(2002 年)、そして、⑦統合的な沿岸海域管理のための議定書(2008 年)が採択されてきた。条約と議定書は、合わせてバルセロナ・システムと呼ばれる[29]。

これらの議定書は、他の地域でも共通に対処される課題、つまり、船舶起因の汚染、陸上起因の汚染、また有害廃棄物の投棄による汚染の防止等の課題解決のためのものであるだけでなく、特別保護区に関する議定書や統合的な沿岸海域管理のための議定書に示されるように、海洋の生態系および生物多様性の保全という課題が、海洋環境保護の課題の不可分の一部であるという認識に基づき、かかる課題解決のための諸規則の整備も行おうとしている点に大きな特徴がある。

たとえば、1995 年の特別保護区に関する議定書[30]は、1982 年の特別保

---

29) Tullio Scovazzi, "Regional Cooperation in the Field of the Environment," in T. Scovazzi (ed.) , *Marine Specially Protected Areas — The General Aspects and the Mediterranean Regional System* (Kluwer Law International, 1999), pp. 81 *et seq.*

30) Protocol concerning Specially Protected Areas and Biological Diversity in the Mediterranean, adopted at Barcelona on 10 June 1995.

護区 (Specially Protected Areas) に関する議定書に代わるものとして採択されたものであるが、1982年の議定書は、特別保護区の代表例である海洋保護区 (Marine Protected Area) の設定に関する最初の条約だった。ただし、1982年の議定書では、海洋保護区の設定は締約国の努力目標とされ、その対象も締約国の領海内に限定されていたのに対して、1995年の議定書では、海洋保護区の目的は海洋の生態系と生物多様性を保全することにあると明記され、地中海の海底を含むすべての海域を対象にして、特別保護区の設定が奨励されている。

地中海では、EEZ が設定されている海域はまれであるため、領海の外側は公海である場合が少なくない。特別保護区が公海部分に及ぶ場合、議定書の締約国ではない第三国との関係が問題となるが、1995年の議定書では、特別保護区の設定が公海部分に及ぶ場合には、第三国または国際組織に対して、当該保護区での規制措置の遵守について「協力するよう要請する」と規定されている (第28条1項)。1999年にフランス・イタリア・モナコは、リグリア海など3国の沖合にひし形の形をした広大海域 (8万7千平方キロ) を海洋保護区に指定し、同海域でのイルカ等哺乳類の採取の禁止等、種々の規制措置をとることを定める協定を締結した[31]。海洋保護区の内、公海部分は53パーセントを占めているが、これまでに他国からクレイムは出されてはいない。

他方、北東大西洋についてみると、1992年の北東大西洋の海洋環境の保護に関する条約、通称オスパール (OSPAR) 条約の下での実行が注目される[32]。この条約は、陸上起因汚染源、海洋廃棄物投棄、沿岸沖汚染源を含め、海洋汚染の原因を包括的に規制対象としており、締約国に対して予防原則の適用を義務づけ、条約の実施機関として OSPAR 委員会を設

---

31) この3国で締結した協定は「地中海における海洋哺乳動物の保護区の設定に関する協定 (Agreement Concerning the Creation of A Marine Mammal Sanctuary in the Mediterranean)」(2002年2月発効)。締結の経緯および協定の内容等については、田中則夫「国際法における海洋保護区の意義」中川淳司・寺谷広司編『国際法学の地平「歴史、理論、実証」』(東信堂、2008年) 666-669頁〔本書第8章〕。
32) OSPAR 委員会の活動については次のサイトが詳しい。< http://www.ospar.org/ >

置している。OSPAR条約の下でも、いくつかの附属書が採択され、分野ごと・問題ごとに規制措置が具体化されているが、地中海の場合と同様、海洋の生態系および生物多様性の保全という課題が、海洋環境保護の課題の不可分の一部となっているという認識に基づき、海洋保護区の設定に関する実行が積み重ねられていることは、注目すべき特徴の一つとなっている（たとえば、1998年に採択された附属書Ⅴ「海洋区域の生態系と生物多様性の保護および保全」参照）。

　OSPAR委員会が2003年に採択した基準によれば、海洋保護区とは「海洋環境の生物種、生息地、生態系および生態学的過程を保存するために、国際法に合致した保護、保存、回復または予防的な措置がとられる海洋区域における海域をいう」[33]。OSPAR条約が適用される海域は、締約国の領海、それに接続して沿岸国の管轄権の下に服する海域に加え、その外側の公海ならびにその下の海底をも含む。これらの海域では、珊瑚礁や深海魚種を含む漁業資源の保護も課題とされてきた。OSPAR条約の下で計画されている海洋保護区には、沿岸国の領域内という限定はなく、公海上での海洋保護区の設定も目指されている。OSPAR委員会は、2000年代に入り、海洋保護区の識別と選定のためのガイドラインを採択し、海洋保護区の設定を促進する体制を整備した。

　OSPAR委員会は、2010年に入り、新たに海洋保護区を六つ設定する決定を行ったが、このうち四つは公海区域に設定された。それらはいずれも、ポルトガルが沖合の公海の海底についてとっている保全措置を補い、隣接海域の生物多様性と生態系を保護することを目的として設定されたものである。さらに、2012年には、アイスランドの中部大西洋に広がる大陸棚の沖合の公海の海底が海洋保護区に設定された。いずれの場合も、設定にあたっては、公海の海底に保護区を設定するが、そのことは「UNCLOSおよび慣習国際法にしたがって、沿岸国、その他の国および国際機関が有する権利と義務に影響を与えるものではない」と明記されていることが

---

33) OSPAR Recommendation 2003/3 on a Network of Marine Protected Areas, OSPAR Commission, Bremen, 23-27 June 2003, Summary Records OSPAR 03/17/1-E, Annex 9.

注目される[34]。公海での海洋保護区の設定と国際法との整合性に関して、一つの認識を示す先例として留意しておくべきであると思われる。

　UNCLOS の採択後、各地域ごとに海洋環境保護の取り組みが進められており、いずれの地域においても、問題を扱う地域的な条約が採択され、条約に基づく地域的な機関があるか、あるいは、少なくとも、関係国の代表者で組織するフォーラム等が設置されている。UNCLOS 採択後 30 年を経て、各地域の状況の把握が相互に可能になりつつあるという点で、海洋環境保護に関する地域的な条約および国際機関のネットワークが構築される段階に到達しつつあるように思われる。

3　海洋境界画定をめぐる紛争解決に関する国際裁判所の貢献

　さて、次に、海洋境界画定をめぐる紛争解決に関する国際裁判所の貢献について取り上げたい。UNCLOS の制定過程では、海洋境界画定の基準をめぐり、等距離・中間線派と衡平原則派が対立した結果、条約の第 74 条および第 83 条では、境界画定は「衡平な解決」を達成するため、国際法に基づき合意により行うものと規定されるに止まった。しかし、実際には、国際裁判所での判例の蓄積を通して、海洋境界画定の「衡平な解決」を図るための基準・方法が、現在ほぼ明確なかたちで確立されるに至ったということができるように思う。UNCLOS 採択 30 周年の地点において、本件に関する国際判例の到達点を、簡潔にではあれ確認しておくことにしたい。

　ちなみに、海洋の境界画定が問題となる海域の事情は単純ではなく、世界の海の地図に照らせば、まったく同じ地理的形状にある海域は二つ

---

34) 2010 年の決定は次の通り。OSPAR Decision 2010/3 on the Establishment of the Altair Seamount High Seas Marine Protected Area, OSPAR Decision 2010/4 on the Establishment of the Antialtair Seamount High Seas Marine Protected Area, OSPAR Decision 2010/5 on the Establishment of the Josephine Seamount High Seas Marine Protected Area, OSPAR Decision 2010/6 on the Establishment of the MAR North of the Azores High Seas Marine Protected Area. 2012 年の決定は次の通り。OSPAR Decision 2012/1 on the establishment of the Charlie-Gibbs North High Seas Marine Protected Area.

としてはないゆえに、海域ごとに地理的な形状等すべての関連事情を考慮に入れて、個別のケースごとに衡平な結果がもたらされるような境界線を引くほかはなく、その意味では、すでに国際司法裁判所（International Court of Justice: ICJ）の北海大陸棚事件判決（1969年）がその点の指摘をしていることに、改めて着目することが有益であるように思われる。つまり、同判決は、第1に、すべての場合にその使用が義務的とされる唯一の境界画定方式は存在しないこと、そして第2に、境界線の画定にあたっては、すべての関連事情を考慮に入れて行うことを指摘していた。海洋境界画定の基準・方法のエッセンスは、すでに示唆されていたように思われる。

　いずれにせよ、UNCLOS以降にICJで出された主要判例を中心に概観しておけば、以下の通りである[35]。まず、1982年のチュニジア・リビア大陸棚事件判決は、同じ大陸棚上で隣接している国の場合には、領土の自然の延長という概念は境界画定の基準とはならないとし、海岸線の方向や形状、島の存在などを考慮した境界線を示した。1984年のメイン湾海域画定事件判決は、大陸棚と漁業水域の双方の境界画定を扱ったもので、境界画定に関する衡平の基準の具体的内容は、係争区域の特徴との関連でしか明らかにならず、境界線は事例ごとに個別に決定されると述べていた。1985年のリビア・マルタ大陸棚事件判決は、大陸棚とEEZの制度の相互の関連性、特に200カイリという距離基準が両者の権原の根拠となっていることを重視しつつ、衡平な解決を達成するためには、関連事情を個別的に考慮する必要があると指摘し、本件では両国間の中間線をベースにしつつ、海岸の長さとの均衡性など関連事情を考慮して、その線を修正する判断を示した。1993年のヤン・マイエン海洋境界画定事件の判決は、およそ350カイリを隔てて向かい合っているデンマークに帰属するグリーンランドとノルウェーのヤン・マイエン島の間の大陸棚とEEZの境界画定を扱ったもので、中間線を暫定線とした上で、衡平

35）以下で紹介する1982年のチュニジア・リビア大陸棚事件判決から2006年のバルバドス対トリニダード・トバゴ海域画定事件までの判決については、江藤淳一「海洋境界画定に関する国際判例の動向」村瀬信也・江藤淳一共編『海洋境界画定の国際法』（東信堂、2008年）3頁以下参照。

な解決を達成するために、海岸の長さ、漁業資源の分布状況、海上の氷の存在などの関連事情を考慮に入れて、中間線を修正し、大陸棚とEEZに共通する境界線を示した。

21世紀に入り、2001年のカタールとバーレーン間の海洋境界画定事件の判決は、等距離線を暫定的に引いた上で、考慮すべき特別の事情の有無を検討することが、これまでの境界画定事件でも採用されてきた方法であると指摘した。ただし、裁判所は、本件では、特別事情としてカタールが主張した海岸線の長さの不均衡についても、また、バーレーンが主張した海洋地勢についても、等距離線を修正する理由にはならないと判断した。2002年のカメルーンとナイジェリア間の海域境界画定事件は、陸上の国境を介して隣接している国同士の間の事件であった。判決は、海洋境界画定に関しては、適用基準や原則などが明らかになりつつあるとし、いわゆる衡平原則／関連事情原則と表現される方法は、領海の境界画定に適用される等距離／特別事情原則に類似しており、まず等距離線を引いた後、関連事情を考慮し、「衡平な結果」に達するよう、必要であれば、その等距離線を修正するというものであると述べ、グリーンランド・ヤンマイエンの事件も、カタール・バーレーンの事件も、同様の方法をとったので、本件でも同じ方法を適用すると判示した。ただし、判決は、海岸線の長さの不均衡を含め、当事国が考慮すべき関連事情として主張したものについて、いずれも採用する必要はないとの判断を示した。

2006年のバルバドス対トリニダード・トバゴ海域画定事件は、二つの向かい合う島国の間のEEZと大陸棚の境界画定が求められたもので、UNCLOSの紛争解決手続に従い設置された仲裁裁判所で、初めて海洋境界画定の問題が扱われたケースであった。判決は、まず第1に、暫定的に両国の間に等距離線を引き、第2に、衡平な結果を達成するために関連事情について考慮し、等距離線を調整する必要があるかを検討した。ちなみに、両当事者も等距離／関連事情原則の適用を求めていた。裁判所は、トリニダード島とトバゴ島の広い海岸正面は、それにともなう海岸の長さの不均衡とともに、これらの正面が係争区域に接しているので、

画定の際に考慮されるべき関連事情になると評価し、等距離線を一部修正する判断を示した。2007年のニカラグア・ホンジュラス間の領土・海洋紛争事件の判決は、隣国同士ではあるが、両国を隔てる岬の地形や河口の地形が複雑であることから、等距離中間線の方式ではなく、両国の向かい合った海岸線の平均的な形状を考慮し、二等分線方式を採用し、具体的な境界を画定した。ただし、二等分線を引くのは距岸3カイリの地点からとし、その二等分線を引く開始点については、両国が誠実に交渉して定めるように判示した。

さて、2009年のルーマニアとウクライナの黒海海洋境界画定事件は、黒海に面する隣国同士の間で争われた。判決は、従来の判例の立場を踏襲し、まず第1に、暫定的な等距離／中間線を引いた上で、第2に、衡平な結果を達成するために、関連事情について考慮し、中間線を調整する必要があるかを検討した。そして第3に、最終的に引かれた境界線の結果、海岸の長さの比率と関連区域の比率の明らかな不均衡のため、不衡平を招いていないかどうかについて、裁判所の裁量(判断)によって検証するとし判示した。判決は、ルーマニアとウクライナの海岸の長さの比率は1対2.8で、関連区域の比率は1対2.1であるので、これは境界線の変更を求めるほど不均衡があるものとはいえないと結論づけた。本判決は全員一致によるもので、個別意見や反対意見が一つも無い、ICJの歴史上初めての判決となった[36]。

ベンガル湾におけるバングラデシュとミャンマーの海洋境界画定紛争に関する国際海洋法裁判所 (International Tribunal for the Law of the Sea: ITLOS) の判決は、2012年3月14日に出されたもので、ITLOSが海洋境界画定事件を初めて扱ったケースである。ベンガル湾に面し隣接している両国の領海、EEZ、大陸棚の境界の画定が求められた。バングラデシュは、ミャンマーとの国境に流れるナフ川の河口から河口付近のバングラデシュ領のSt. Martin's島とミャンマーの陸地との中間線と、二等分線の方法でそ

---

[36] *Maritime Delimitation in the Black Sea* (Romania v. Ukraine), Judgment of 3 February 2009, *ICJ Reports 2009*, pp. 44-46, paras. 115-122.

の線を延長した線を境界線とすべきと主張したのに対して、ミャンマーは、等距離線が衡平な解決をもたらす方法だと主張していた。ITLOS は、問題となっている海域の地理的形状、ならびに、バングラデシュとミャンマーの海岸線の長さのバランスから見て、二等分線法は衡平な結果をもたらさないと判断し、ICJ の黒海海洋境界画定事件の判決にならい、三つの段階を経て境界線を引くことが適切だと判示したのである。すなわち、まず第 1 に、海岸線の長さを考慮した基本的な等距離線を暫定的な線とし、第 2 に、関連事情を考慮した結果、バングラデシュの St. Martin's 島の位置を考慮し、等距離線を修正する判断を示し、第 3 に、この判断が不均衡を招いていないかどうかの検証を行い、検証の結果、再度是正すべき不均衡はないと判示した[37]。

　以上、国際判例の流れを概観してきたが、国際裁判所の判断の方法・基準は、かなりの程度明確になってきたように思われる。境界画定の特定の基準があらかじめ決まっているわけではないが、衡平な解決を達成するためには、個々の海域の事情を個別具体的に考慮するほかはないと判断されるようになっている。具体的には、まず第 1 に、暫定的に等距離・中間線を引いた上で、第 2 に、衡平な結果を得るために関連事情を考慮し、暫定線を調整する必要があるかが検討されている。そして、2009 年の ICJ 判決と 2012 年の ITLOS の判決が共通に、第 3 の検証作業として、そのようにして引かれた境界線について、海岸の長さと割り当てられた区域の広さの比率を検証し、是正すべき不均衡がないかどうかを確かめることが適切だと判断したことが注目されている。今後、この最新の二つの判例が示した方法が定着していく可能性が高まったように思われる。

4　海上での安全確保および領海での外国船舶通航規制の課題

(1) 海賊および武装強盗

---

[37] *Dispute concerning delimitation of the maritime boundary between Bangladesh and Myanmar in the Bay of Bengal* (Bangladesh/Myanmar), ITLOS, Judgment of 14 March 2012, paras. 238-240.

本節では、UNCLOS の下で引き続き今後の課題として位置づけうる二つの問題に簡潔に触れておくことにする。まず、海賊および武装強盗について、IMO の集計によれば、国際社会全体で、2009 年には 406 件、2010 年には 489 件、2011 年には 544 件が発生しており、依然として増加の傾向にあるとされている。2012 年の上半期は 206 件という報告があるが、関係国は引き続き必要な対処を余儀なくされている状況に変わりはない[38]。

2011 年の年間 544 件の地域別の発生件数を見ると、最も多いのは東アフリカ沖の 223 件、次は南シナ海の 113 件、以下インド洋の 63 件、西アフリカ沖の 61 件、南アメリカ・カリブの 29 件、アラビア海の 28 件、マラッカ・シンガポールの 22 件、その他の海域 5 件となっている。IMO によれば、ソマリア沖とインド洋での攻撃は、その多くが公海上で行われているが、他の海域での攻撃の多くは、領海内で停泊中に行われる傾向が強いという。

ソマリア沖の海賊の特徴は、ハイジャックした外洋航行用の大型船を攻撃の母艦として使うので、行動範囲が広いことが特徴の一つになっている。IMO によれば、その結果、攻撃が発生する海域は、ソマリア沖からインド洋やアラビア海に拡がっていると報告されている。安保理は、2008 年以降の毎年の決議により、ソマリアの暫定連邦政府 (Transitional Federal Government: TFG) と協力し、海賊および武装強盗と闘っている諸国と地域的機関に認められた「許可」を延長することを決定している[39]。

これらの決定によれば、ソマリア沖の海賊行為および海上武装強盗に対する闘いで TFG と協力する国は、次のことを行うことが認められる。(a) 関連する国際法に基づき、海賊行為に関して公海上で許容されている活動と両立する方法で、海賊行為および海上武装強盗を抑止するためにソマリアの領海に入ること、(b) ソマリアの領海内で、関連する国際法に基づき、海賊行為に関して公海上で許容されている活動と両立する方法で、

---

38) IMO の集計に関しては、本文の以下の数字を含め、次を参照。A/66/70/Add. 2, *supra* note 23, paras. 70-83; UN Doc., *Oceans and the law of the sea, Report of the Secretary-General*, A/67/79/Add. 1, 2012, paras. 35-39.

39) SC/Res/1846, (2008); SC/Res/1851, (2008); SC/Res/1897, (2009); SC/Res/1950, (2010): SC/Res/2020, (2011).

海賊行為および武装強盗を抑止するために、あらゆる必要な手段を用いることである。

　安保理と国連総会は、海賊および武装強盗による攻撃の取締りと抑止、ならびに、海賊行為を生み出している原因の双方に対する包括的な対応の必要を強調している。海賊および武装強盗から船舶を保護する課題は、その重要性が減少する状況には一切なく、関係国の間での国際協力を通じて、事態の沈静化を図ることが求められている[40]。

(2) 領海での外国軍艦等の通航規制について

　領海での外国軍艦等の通航規制についてみると、管見の限り、実際の国家実行の展開過程で通航規制をめぐる国家間紛争が生じたり、あるいは、通航規制の合法・違法性をめぐる見解の対立が顕著になっているという状況はみられない。その限りでは、この問題をことさらに今後の課題に位置づけることの正当性が問われる余地があるかも知れない。

表　領海での外国軍艦等の通航規制に関する国家実行

W：軍艦　　N：原子力船・核物質その他危険有害物質運搬船舶
＊：UNCLOS 署名・批准時の宣言　　＊のない国：国内法等で規定

地域	No	国名	＊	W	通告・許可等	N	通告・許可等
Africa	1	アルジェリア	＊	W	事前許可		
	2	エジプト	＊	W	事前通告	N	事前許可
	3	モーリシャス		W	事前通告		
	4	カポベルデ	＊	W	通航規制		
	5	サントメ・プリンシペ	＊	W	通航規制		
	6	セイシェル		W	事前許可		
	7	ソマリア		W	事前許可		
	8	スーダン		W	事前許可		
	9	シエラレオネ		W	事前許可		
	10	ジブチ				N	事前許可

---

40) 酒井啓亘「ソマリア沖における『海賊』の取締まりと国連安保理決議」坂元茂樹編『国際立法の最前線』(有信堂高文社、2009 年) 209 頁以下、森田章夫「国際法上の海賊 (*Piracy Jure Gentium*) ——国連海洋法条約における海賊行為概念の妥当性と限界——」『国際法外交雑誌』第 110 巻 2 号 (2011 年) 1 頁以下、山田哲也「ソマリア『海賊』問題と国連」『国際法外交雑誌』第 112 巻 1 号 (2013 年) 30 頁以下を参照。

地域	No.	国名					
Asia/ South Pacific	11	バングラデシュ	*	W	事前許可		
	12	中国	*	W	事前許可		
	13	インド（注：1）	*	W	事前通告		
	14	イラン	*	W	事前許可	N	事前許可
	14	イラン	*	W	事前許可		事前許可
	15	マレーシア（注：1）	*			N	事前許可
	16	オマーン	*	W	事前許可	N	事前許可
	17	モルジブ		W	事前許可	N	事前許可
	18	ミャンマー		W	事別許可		
	19	パキスタン		W	事前許可	N	事前許可
	20	サウジアラビア	*			N	
	21	スリランカ		W	事前許可		
	22	シリア		W	事前許可		
	23	イエメン	*	W	事前許可		事前許可
	24	アラブ首長国連邦		W	事前許可		
	25	バヌアツ		W	事前許可		事前許可
	26	韓国		W	事前許可		
	27	日本（注：2）					
Europe/ North Am.	28	エストニア		W	事前許可	N	事前許可
	29	クロアチア（注：3）	*	W	事前許可	N	航路を指定
	30	デンマーク		W	事前許可		
	31	フィンランド	*	W	現行制度適用		
	32	リトアニア（注：4）		W		N	航路を指定
	33	マルタ	*	W	事前許可		事前許可
	34	モンテネグロ	*	W	事前許可		
	35	ルーマニア（注：5）		W	事前許可	N	事前許可
	36	スロベニア		W	事前許可	N	事前許可
	37	スウェーデン（注：6）	*	W	現行制度適用		
	38	ロシア（注：7）（注：10）					
	39	フランス（注：8）					
	40	ドイツ（注：9）	*				
	41	イタリア（注：9）	*				
	42	オランダ（注：9）	*				
	43	イギリス（注：9）	*				
Latin America/ Carib.	44	アルゼンチン	*	W	現行制度適用	N	通航規制
	45	アンチグア・バーブーダ		W	事前許可		
	46	ブラジル（注：1）	*				
	47	バルバドス		W	事前許可		
	48	チリ	*	W	通航規制		
	49	グレナダ		W	事前許可		
	50	ガイアナ		W	事前通告		
	51	セント・ビンセント		W	事前許可		

注1：EEZ での軍事演習は認めない
注2：核兵器積載船舶の領海通航は無害とはみなさない〈政府答弁〉
注3：軍艦の航行は同時に3隻まで
注4：無害通航は相互主義。核兵器その他の大量破壊兵器運搬船舶の領海通航は認めない

注5：核兵器その他の大量破壊兵器運搬船舶は領海への入域を認めない
注6：事前許可または通告〈併用〉
注7：Wを含む全ての船舶は無害通航権をもつ。事前許可、事前通告は不可。ただし軍艦の航行は同時に3隻まで
注8：W・N・タンカーの領海航行は航路指定
注9：Wを含む全ての船舶は無害通航権をもつ。事前許可、事前通告は不可
注10：1989年：米ソ統一見解＝Wであるとの理由だけで無害通航権が否定されることはない

　もっとも、UNCLOSの制定過程において、外国の軍艦や核物質等危険物積載船舶の無害通航権の有無をめぐり展開された議論は、終息し解決を見たわけでは決してない。むしろ、UNCLOSの第19条さらには第23条に関連して展開されている国家実行を見ると、今後、何らかの事態がきっかけとなり、紛争が発生する潜在的な可能性は否定できないように思われる。

　この問題に関し、現段階で入手しうる情報に基づき、国家実行を調査し、表にまとめてみた[41]。たとえば、外国軍艦の領海通航に関して見ると、事前の許可を求めさせるか、あるいは、事前の通告を求める沿岸国が、まったくの少数派とは必ずしもいえない状況も見られる。実際の紛争が生じない理由が、軍艦を航行させている国が事前の許可や通告を求める沿岸国の領海は通航しないようにしているからなのか、あるいは、沿岸国の求めに応じた対応をしているからなのか。

　この問題のさらなる検討のためには、そうした点に関するより精緻な検証が欠かせないと思われるが、いずれにしても、領海での無害通航権という船舶航行の根幹にかかわる問題に関する国家実行が、なお多様性をもって展開されていることは、引き続き検討の対象とすべき課題ではないかと思われる。

---

41) この一覧は、UNCLOSの署名または批准時における宣言、ならびに、国連法務局海洋法部の提供による領海に関する各国の国内法資料集を参照して作成した。すべての沿岸国の情報に完全にアクセスできてはおらず、掌握できていない国家実行があると思われる。（前頁の表参照）

5 海洋生物多様性の保全と持続可能な利用の課題
(1) 国連海洋法条約の制定過程では認識されなかった課題

　UNCLOS の採択後、海洋生物多様性の保全の課題が、活発に論じられるようになってきた。もっとも、UNCLOS の審議過程では、海洋生物多様性の保全という課題は、十分に認識されてはいなかった。UNCLOS には海洋生物多様性という用語もない。もちろん、条約は、海洋環境保護に関する規則を整備し、その中の第 194 条 5 項において、条約第 12 部に基づいてとる措置には、「希少又はぜい弱な生態系及び減少しており、脅威にさらされており又は絶滅のおそれのある種その他の海洋生物の生息地を保護し及び保全するために必要な措置を含める」と定めるなど、この問題に関し依拠しうる規則があることは確かである。しかし、海洋生物多様性を保全するために有用な方法とされる、海洋保護区を直接に規律する規定はなく、また、あとで述べる海洋遺伝資源という概念も、UNCLOS の制定過程では議論の射程に入ってはいなかった。

　こうした事情は、1992 年の生物多様性条約についても、基本的には変わらない。それゆえ、海洋の生物多様性の保全とその持続可能な利用という課題が国際社会の共通の関心事となって以降、これらの二つの基本条約をどのように生かしていくか、あるいは、補足していくかという議論が活発になり、現在に至っている。

(2) 諸国および国際諸機関の対応──海洋保護区の設定による対応の事例──

　海洋の生物多様性の保全を目的とした国家実行や国際機関の対応は、この 20 年近くの間について見れば、実に多様な展開を示している。たとえば、初期の頃の対応事例であるが、1995 年にジャカルタで開催された生物多様性条約の第 2 回締約国会議は、海洋生態系の保存と持続可能な利用に関するジャカルタ・マンデイトを採択し、海洋の生物多様性を保護するために、生態系アプローチの一環として、海洋保護区の設定を

奨励した[42]。生物多様性条約にも、海洋保護区を直接扱う規定はないが、すでに第2回目の締約国会合において、海洋保護区の設定が、海洋生物多様性の保全と持続可能な利用にとって効果的な手法であることが認められたわけである。

UNCLOS に関連していえば、条約の非公式協議締約国会合 (United Nations Open-ended Informal Consultative Process on Oceans and the Law of the Sea: UNICPOLOS) の設置が決定されたのは、1999年の国連総会決議54/33による。この締約国会合は、2000年6月に第1回会合を開いて以来、毎年1度討議を重ねているが、2003年以降のこの会合の議題は、海洋の生態系の保護、海洋生物多様性の保全、海洋遺伝資源といったテーマが連続して取り上げられており、その討議の中で、海洋保護区の UNCLOS との整合性や海洋保護区を設定する科学的根拠を明らかにする必要性等について、議論が重ねられてきた。そして、国家管轄権の限界を超える海域での海洋保護区の設定に関する議論も、実はその討議の中で提起されてきたという経緯がある。

一部の国や国際機関の動きの若干の事例については、すでに触れたとおりである（本章2の(3)）。諸国の実行、国際機関の実行、さらには、条約の締約国会議等での議論の積み重ね、そして、国連とりわけ国連総会を中心とした場での海洋法に関する議論、それを受けて毎年採択される総会決議、等々の積み重ねの中から生まれてきたのが、海洋の生物多様性をさらに効果的に保全するには、国家管轄権外の海洋生物多様性の保全を図るための検討が不可避だとする議論であった[43]。

(3) 国家管轄権外の海洋生物多様性の保全と持続可能な利用の課題

国連総会決議59/24 は、「国家管轄権の限界を超える海洋の生物多様性の保全と持続可能な利用に関する諸問題を研究するための作業部会

---

42) The Jakarta Mandate, A/51/312, Annex II, decision II/10, para. 12.
43) 田中則夫「国家管轄権の限界を超える海域における生物多様性保全の課題」松田竹男・田中則夫・薬師寺公夫・坂元茂樹編『現代国際法の思想と構造II——環境、海洋、刑事、紛争、展望——（松井芳郎先生古稀記念）』（東信堂、2012年）129頁以下〔本書第9章〕。

(WG)」を設置することを決定した。このWGは、これまで、2006年2月から2012年5月までの間に5回開催されている。現在までの討議を通じて、検討すべき論点については、相当程度明確になりつつあるものの、しかし、特定の方向性や将来の法制度の枠組が明確になったわけではない。

WGでの議論では[44]、公海上での海洋保護区の設定に関しては、その法的な根拠、あるいは保護区内での規制内容等について、統一的な基準が確立していないことが、やはり問題とされている。沿岸国もしくは国際機関が、いわば一方的に公海またはその海底に海洋保護区を設定するとなると、公海自由の原則に抵触せざるをえないという指摘である。

そこで、WGでの討議では、多くの代表が、国家管轄権外の海洋の生物多様性の保全と持続可能な利用のために、海洋保護区を含む海域ごと(area-based)の管理方法の有用性を承認しながらも、やはり明確にすべき問題は、生態学的あるいは生物学的に保護する必要のある海洋区域を識別する科学的な基準、さらには、海洋保護区を選定するガイドラインを定めることだとする議論が続いている。

海洋遺伝資源に関しては、その調査、採取、研究などの活動に適用すべき国際法をめぐり、いわば対極に位置する見解の相違がWGにおいて顕在化している。一方の見解は、公海の下の深海底とその地下にある海洋遺伝資源を対象にして行われる活動は、UNCLOS第11部の深海底制度が適用され、国際海底機構が海洋遺伝資源の活動に対しても管轄権を行使しうるとするものである。この見解によれば、深海底とその資源は人類の共同財産であるとした1970年の国連総会決議2749(XXV)は、慣習国際法の表現でもあるので、深海底の海洋遺伝資源も人類の共同財産として扱われるべきだとされている。

他方、以上の見解に対しては、公海では海洋の科学的調査の自由が認

---

44) WGでのこれまでの討議の概要については以下を参照。第1回会合：UN Doc., *Report of the Ad Hoc Open-ended Informal Working Group to study issues relating to the conservation and sustainable use of marine biological diversity beyond areas of national jurisdiction, Co-Chairs' summary of discussions*, A/61/65, 20 March 2006. 以下、文書番号と日付だけを示す。第2回会合：A/63/79, 16 May 2008. 第3回会合：A/65/68, 17 March 2010. 第4回会合：A/66/119, 30 June 2011. 第5回会合：A/67/95, 13 June 2012.

められており、公海上の船舶から行われる遺伝資源の調査等は、基本的に自由に行いうる活動であるとの見解が対置される。UNCLOS によれば、深海底制度はもっぱら鉱物資源を対象にした制度であって、国家管轄権外の海洋における海洋遺伝資源に関する活動は公海の制度によって規律される。国際海底機構は、海洋の生物多様性に関する任務としては、深海底における海洋環境の保護に関して定める第 145 条の範囲に限定されているという見解である。

　こうした見解の相違に関連しては、国際海底機構がどのような考え方をとろうとしているのかを見ておくことが必要であろう。機構の事務局長は、深海底の生物多様性の保全の必要性が指摘され始めた頃より、慎重かつ柔軟な姿勢を保ってきたように思われる。たとえば、機構は、深海底の生態系に影響を及ぼす可能性のある科学的調査の活動に対して責任を負っているとし、深海底の熱水鉱床の周辺で活動が行われると、生態系に悪影響が出る可能性があるゆえ、鉱物資源に関する活動の規制・管理というのが機構の本来の任務であるとはいえ、深海底の環境を保護するために、海洋遺伝資源を対象とする活動についても、責任ある対応をとらざるをえないと指摘していた[45]。このような基本姿勢は、最近でも変わってはいない。すなわち、機構は、一方で、UNCLOS に基づき、海洋の科学的調査を促進し、奨励する責任を有しており、他方で、深海底の海洋環境を保護する責任を負っていることを繰り返し指摘しており、深海底の生態系の全容を解明するために、継続した科学的調査が欠かせないだけでなく、国連の WG での討議が続いているだけに、機構としてもその作業に貢献しなければならないと述べている[46]。この点では、生物多様性条約の実施過程での議論もフォローし、同条約事務局との連携も密にする必要性も指摘されている[47]。

---

[45] *Report of the Secretary-General of the International Seabed Authority under article 166, paragraph 4, of the United Nations Convention on the Law of the Sea*, ISBA/10/A/3, 31 March 2004, paras. 127-135.

[46] *Report of the Secretary-General of the International Seabed Authority under article 166, paragraph 4, of the United Nations Convention on the Law of the Sea*, ISBA/17/A/2, 13 June 2010, paras. 66-68.

[47] *Report of the Secretary-General of the International Seabed Authority under article 166, paragraph 4, of the United*

いずれにしても、WG の討議では、主要で重要な問題に関しては、なお複数の見解、あるいは、対立した見解が出されている。そうした中で、2012 年の第 5 回目の WG での討議の様子を伝える議長の報告書を見ると[48]、国家管轄権外の海洋生物多様性の保全とその持続的な利用に関する国際法をめぐっては、その認識に一定のギャップが存在していることを認めなければならないことが、昨年の第 4 回までの WG での議論と比べ、より強く指摘されるようになっているように思われる。UNCLOS と生物多様性条約が基本的な枠組条約になるべきことについて異論はないとしても、有力になりつつあるように見える一方の議論は、UNCLOS の下に定立する実施協定の交渉を開始し、国家管轄権外の海洋生物多様性の保全に関する新しい協定を締結する必要があるという議論である。もっとも、他方では、そうした新たな協定の交渉について議論するのは、まだ時期尚早であって、いま少し、科学的な基本情報を含め、対処すべき課題を明確にする作業が重要だとする見解も、引き続き存在している。

6 おわりに

UNCLOS の採択から 30 年が経過した今日、漁業を中心とした海洋生物資源の保存や海洋環境の保護の必要性から、関連する新たな国際規範や国際組織等のネットワークが、グローバルなレベルでも、また、リージョナルなレベルでも、相当程度に幅広く構築され、展開しつつあるように思われる。この点では、UNCLOS 採択後の海洋秩序の形成・展開過程は、UNCLOS 採択前の 30 年間、言い換えれば、ジュネーヴ海洋法 4 条約の起草作業が開始されて以降、UNCLOS の採択へと至る 30 年間とは、かなり異なる様相を示してきたように思う。

国連が、UNCLOS 採択 30 周年を記念して作成したビデオが、2012 年にはウェッブ上でも閲覧することができた。そのビデオは、17 世紀以来、

Nations Convention on the Law of the Sea, ISBA/18/A/2, *supra* note 3, para. 102.
48) *Supra* note 44, A/67/95, paras. 43-47.

海洋の自由が海の秩序の根幹を成してきたとの解説で始まる。そして、海洋の自由に最初に挑戦し、それを批判したのは、1945年のトルーマン宣言であり、その後の海洋法の展開の画期となったという説明に続いていた。たしかに、領海外の大陸棚に沿岸国管轄権の拡大を図った点では、そうした説明が間違いだということはできないかもしれない。しかし、17世紀以来続いた海洋自由の原則を基調にした海の秩序を大きく転換させたのは、やはり国際社会の構造変化を背景にした、UNCLOSの採択によってであったというふうに見ることが、海洋法の思想史的な観点からの分析としては、より適切な見方ではないかと思われる。

　UNCLOSの採択から30年が経過した今日、UNCLOSの制定過程では十分に認識されていなかった諸課題への対応についても余儀なくされている。海洋の生物多様性の保全というキーワードに凝縮される今日的課題への取り組みが、海洋秩序の将来にどのような変化をもたらすのか、注視しつつ分析を深めなければならない。もっとも、現在進行しているプロセスは、30年前には認識が成熟していなかった問題が一つのきっかけになっているとはいえ、UNCLOSの採択によって樹立された海洋秩序の枠組を根本から見直すというのではなく、20世紀の後半以降、海洋の自由から海洋の管理・統合へと大きな弧を描きながら進行中のプロセスの中で、UNCLOSをベースにした海洋秩序の枠組をいかにして具体的に再編・強化するか、そういう方向での展開過程ではないかと考えられる。

第 2 章　国連海洋法条約の成果と課題　69

```
国連海洋法条約
  │
国連公海漁業実施協定
  │
フラッギング協定（コンプライアンス協定）
  │
IUU漁業を防止し、抑制しおよび廃絶するための寄港国措置に関する協定（2009年採択、未発効）
  │
FAO「責任ある漁業のための行動規範」（1995年）
FAO「公海の深海漁業の管理のための国際指針」（2008年）
FAO「混獲の管理と廃棄の削減のための国際指針」（2011年）
```

地域・魚種別レベルの漁業管理機関

アジア太平洋漁業委員会（APFIC）（1948年）
地中海一般漁業委員会（GFCM）（1949年）
バルチック海国際漁業委員会（IBSFC）（1973年）
太平洋諸島フォーラム漁業機関（FFA）（1979年）
北西大西洋漁業機関（NAFO）（1979年）
ラテンアメリカ漁業開発機構（OLDEPESCA）（1982年）
北東大西洋漁業委員会（NEAFC）（1982年）
南極海洋生物資源保存条約（CCAMLR）（1982年）
ベーリング公海漁業条約（CCBSP）（1995年）
南インド洋漁業協定（SIOFA）（2012年）
南太平洋漁業管理機関（SPRFMO）（2011年採択、未発効）
北太平洋国際漁業委員会（INPFC）（2012年）

全米熱帯まぐろ類委員会（IATTC）（1949年）
大西洋まぐろ類保存国際委員会（ICCAT）（1966年）
北大西洋さけ保存国際機関（NASCO）（1983年）
北太平洋溯河性魚類保存機関（NPAFC）（1992年）
みなみまぐろ保存委員会（CCSBT）（1993年）
インド洋まぐろ類委員会（IOTC）（1996年）
中西部太平洋まぐろ類委員会（WCPFC）（2004年）

科学研究機関

国際海洋探査協議会（ICES）（1964年）
北太平洋海洋科学機関（PICES）（1990年）
北太平洋まぐろ類国際科学委員会（ISC）（1995年）

地域的協力組織

二国間漁業協同委員会

参考図 1　漁業資源の保存と管理

70　Ⅰ　海洋法：第1部　国連海洋法条約と海洋法の形成

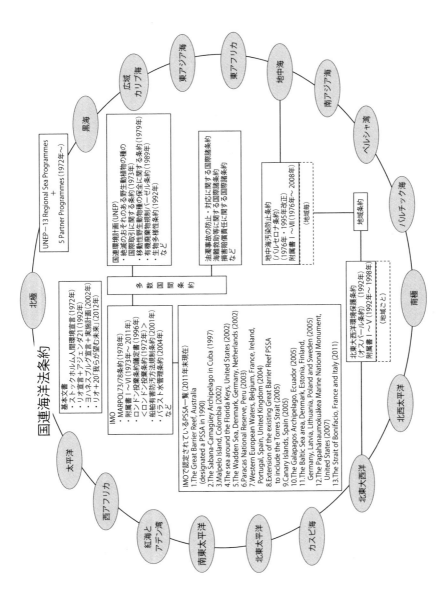

参考図2　海洋環境の保護

第2部
深海底制度の成立と展開

第3章

大陸棚の定義と限界画定の課題
——トルーマン宣言から国連海洋法条約へ——

1　はじめに
2　トルーマン宣言と大陸棚の定義
3　大陸棚条約における大陸棚の定義
4　国連海洋法条約における大陸棚の定義——第76条の成立——
　(1) 第3次国連海洋法会議における審議経過
　(2) 大陸棚の定義条項の構造と特色
5　大陸棚の限界画定の課題
　(1) 大陸棚限界委員会の任務と手続
　(2) 大陸棚限界委員会の実際と今後の課題
6　おわりに

1　はじめに

　大陸棚は、地理学や地質学においては、海岸から沖合に向け水深が急に増大する手前までの、傾斜が比較的緩やかな海底地域をいう。大陸棚が国際法の規制対象となるきっかけは、第2次世界大戦後に本格化した、沿岸沖の海底の石油や天然ガスの開発であった。アメリカのトルーマン (H. S. Truman) 大統領は、1945年9月、「大陸棚の地下および海底の天然資源に関する合衆国の政策の宣言」を発し、「公海の下にあるが、合衆

国の海岸に接続する大陸棚の地下および海底の天然資源を、合衆国に属し、その管轄権と管理に服するものとみなす」として[1]、大陸棚の開発に乗り出した。

当時、世界の海洋は、狭い領海と広い公海に二分され、領海はその地下および上空を含め、沿岸国の領域の一部を構成したのに対して、公海はその上空を含め、公海自由の原則が適用される自由な空間とされていた。領海の幅はまだ国際的に統一されてはおらず、アメリカのように3カイリという狭い幅を設定する国から、12カイリないしはそれ以上の広い幅を設定する国まで、さまざまであったが、アメリカが開発の対象とした大陸棚は、領海を越えて公海の下の海底区域に位置するところであった。

このような公海の下にある大陸棚の石油資源開発は、それまでの海洋法の下では想定されていなかったものである。それゆえ、かかる活動を規律する国際法は、当時はまだなかった。トルーマン宣言が発せられると、他の沿岸諸国の中に同様の行動をとる国が急速に増え、海洋秩序が混乱しはじめた。そこで、事態の収拾をはかり、大陸棚の資源開発を秩序ある国際制度の下に置くため採択されたのが、1958年の大陸棚条約である。大陸棚条約は、国際法上の大陸棚を、水深が200メートルまでの海底、またはそれを超える場合には、開発が可能なところまでの海底と定義し（第1条）、沿岸国に対して、大陸棚を探査し、その天然資源を開発するための主権的権利を行使することを認めた（第2条）。

しかし、この大陸棚の定義は、まったく短期間しか有効ではなかった。海底資源の開発技術が、条約採択時には考えられなかったスピードで、進展したからである。海底の地形は、大まかにいえば、地質学でいう傾斜が緩やかな大陸棚の部分が終わるところから、急に深くなっていくのがふつうであり、大陸縁辺部（コンチネンタル・マージン）と呼ばれる海底地形の傾斜部分が終わると、深海底になる。1960年代の後半になると、深海底に眠るマンガン団塊資源の開発さえ、技術的に可能と見込まれる

---

1) *Department of State Bulletin*, Vol.13, 1945, pp. 484-485.

ようになった。こうして、大陸棚の定義の見直しは不可避となった。

1982年の国連海洋法条約は、大陸棚条約の定義に代えて、次のような新たな定義を定めた。すなわち、大陸棚とは、沿岸国の領海を越えてその領土の自然の延長の及ぶ大陸縁辺部の外側の限界までの海底およびその地下、もしくはその外側の限界線が200カイリ以内で終わっている場合には、200カイリまでの海底区域をいう(第76条1項)。沿岸国が大陸棚を探査し、その天然資源を開発するため、大陸棚に対して主権的権利を行使することができるのは、変わっていない(第77条1項、2項)。ただし、大陸棚の外側の限界に関して、同条約は、大陸縁辺部が領海の幅を測定するための基線から200カイリを超えて延びている場合には、領海の幅を測定するための基線から350カイリを超えてはならず、あるいは、2500メートル等深線から100カイリを超えてはならないと定めた(第76条4項)。この定義について、より詳しくは本論で紹介し、検討する。

本章は、大陸棚の定義問題に関する議論を見ながら、トルーマン宣言から国連海洋法条約へと展開してきた、大陸棚制度の発展過程を跡づけようとするものである。

2 トルーマン宣言と大陸棚の定義

周知のとおり、トルーマン宣言は二つあって、前記の大陸棚資源に関する政策の宣言のほかに、もう一つ、「公海の一定水域の沿岸漁業に関する合衆国の政策の宣言」がある。後者は、アメリカの沿岸漁業を保護するために、領海外の海域に保存水域を設定することを声明したものであった。こうした宣言が発せられた背景には、漁業と海底資源開発に関するアメリカの利害が重大な影響を受ける事態の展開があった[2]。

まず、漁業上の利害に関していえば、1936年に日本漁船がアラスカ沖

[2) トルーマン宣言の背景および起草経過について次を参照。高林秀雄『領海制度の研究(第3版)』(有信堂高文社、1987年) 211頁以下、深町公信「大陸棚の法的地位——トルーマン宣言と大陸棚条約——(一)」『九大法学』57号(1989年) 77頁以下。

のサケ漁業に進出して以来、アメリカは自国の沿岸漁業の利益をまもる対策を講じる必要に迫られた。当時の日本に対して、アメリカは、国際礼譲として、アラスカ沖への進出を控えるよう要請し、日本もその要請に応えるかたちで、日本漁船が進出しないようにするための措置をとったので、紛争にまで至ることはなかった。

しかし、第2次世界大戦の終了後、日本漁船のみならず、外国の漁船がアメリカの沿岸沖合に進出してくる恐れが、ふたたび現実のものとなり、アメリカは、沿岸沖合の漁業を長期にわたって保護する方策を確立することを求められた。そこで、沿岸漁業に関するトルーマン宣言は、「合衆国沿岸に接続する公海の中で、相当規模の漁業活動が従来開発され維持されてきたか、または、将来開発され維持される水域に、保存水域を設置することを適当と考える」と述べていた。もっとも、同宣言は、公海上に一方的に設定される保存水域において、公海で認められる漁業の自由を第三国が行使することを認めないとは明言しておらず、むしろ、当該水域において操業してきた外国があれば、互いの協議に基づき漁業規制を行い、保存水域が公海としての性格を有することに影響を与えないことを付記していた。

同宣言は、その前文において、沿岸沖の公海上で漁業資源を保護するための現存の取極めが適当ではないので、この分野における保存措置と国際協力に関する管轄権の根拠を改善する可能性を研究してきたと述べていたが、具体的な新たな国際法規則の定立を提言したわけではなかった。しかし、同宣言は、やはり沿岸国の管轄権を領海外に拡張することを意図したものであって、結果的に、他の沿岸国が類似の宣言に基づき、これ以後、一方的に自国の漁業管轄権を領海外に拡張していくきっかけを提供することになった。

一方、大陸棚資源に関する政策の宣言が発せられた背景には、海底油田が発見されて、その開発が可能になるという事情があった。アメリカでは、20世紀の前半以降、カリフォルニア州などいくつかの州政府が、沿岸沖の海底石油の採掘を許可してきた。その場合、開発の対象となる

海底油田が、アメリカの3カイリの領海を越えて、公海の海底に位置することもあったので、連邦政府は、各州がばらばらに対処することは望ましくないと判断し、沿岸沖合の海底に埋蔵されている石油資源を、連邦政府の管轄下に入れるための法案を作成したのが1937年であった。

1939年、ルーズベルト（F. D. Roosevelt）大統領は、領海を越える大陸棚の海底区域に管轄権を拡張する可能性について研究を命じた。これに応じて、内務長官は、第2次大戦中の1943年6月、大陸棚が天然資源の宝庫であるので、領海3カイリを越える公海の海底とその下の開発の権利に関する新しい観念を発展させるべきであると提言した。かくして、連邦政府内でのさらなる検討を経て、1945年9月の宣言へと至るのであるが、終戦直前の1945年3月、アメリカ政府は、沿岸漁業に関する宣言と大陸棚資源に関する宣言の両者を、解説文書をつけて各国政府に照会したのである[3]。

その中で、沿岸国が大陸棚資源に関する管轄権を拡大する必要性とその法的な根拠については、次のような点が指摘されていた。第1に、海底に埋蔵されている石油資源が重要なエネルギー源であって、大陸棚を開発することのできる技術が発展しつつあり、それゆえ、公海の海底での開発活動を法的に認めることが必要である。第2に、大陸棚は地理学上および地形学上、沿岸国の陸地部分の延長を構成し、沿岸国に属する地質構造である。第3に、大陸棚資源は沿岸国内の鉱床の一部分をなすことが多い。第4に、大陸棚資源の利用と保存措置の有効性は沿岸国がとる措置に依存し、それゆえ、資源に近い沿岸国が管轄権と管理権を行使することが合理的である。第5に、大陸棚資源に対する沿岸国の管轄権を認めたとしても、公海の自由が悪影響を受けることはない。

こうして、大陸棚資源に関するトルーマン宣言は、「公海の下にあるが、合衆国の海岸に接続する大陸棚の地下および海底の天然資源を、合衆国に属し、その管轄権と管理に服するものとみなす」とし、「大陸棚が他国の沿岸まで延長し、あるいは隣接する国と共通である場合に、その境界は、

---

[3] こうした経過について詳しくは、深町「前掲論文」（注2）83頁以下参照。

衡平の原則に従って、合衆国と関係国とによって決定され」、「大陸棚の上部水域の公海としての性格、ならびに、自由で妨害されることのない航行の権利は、これ（大陸棚に関する沿岸国管轄権）によって何らの影響も受けない。」と声明したのである。トルーマン宣言を出した際の政府発行の文書によれば、宣言の対象となる大陸棚とは、「一般に、大陸に接続している水面下の土地であって、水深が100ファゾム（600フィート）までの海底をいう」と説明されていた[4]。

3　大陸棚条約における大陸棚の定義

　トルーマン宣言を契機として、沿岸諸国は、アメリカと同じように、領海を越える公海海底での資源開発に乗り出したので、大陸棚資源に対する沿岸国の管轄権行使をどのように調整するかという、国際法史上に前例のない課題が浮上することになった。この課題に取り組んだのが、国連の国際法委員会（International Law Commission：以下、「ILC」という）であり、ILCの作成した海洋法案に基づき、1958年に採択されたのが大陸棚条約であった。本章では、定義問題の議論に焦点をあてて、大陸棚条約の起草過程における議論を整理しておきたい。

　ILCの1951年会期に、特別報告者フランソワ（J. P. A. François）が提出した案によると、法律上の大陸棚とは、水深200メートルを超えない、海岸に面した海底およびその下をいうとされていた[5]。前年の会期においては、水深基準だけを用いると、沿岸沖に比較的に浅い海を有する国と、そうでない国との間に不公平が生ずるという理由で、大陸棚については、「開発可能な範囲」ということ以外には、特段の限定は行わないとする議論も行われていた[6]。

　フランソワの1951年の提案をめぐっては、沿岸沖合に浅い海をほとん

---

4) *Supra* note 1, p. 485.
5) *YILC*, 1951, Vol. II, pp. 99-103.
6) *YILC*, 1950, Vol. I, pp. 228-230.

ど有しない国（たとえば、ラテンアメリカの諸国）があり、そうした国にとっては、水深 200 メートル基準は不公平な結果をもたらすという理由で、反対意見が出された。これに対して、フランソワは、水深 200 メートルは十分な基準であって、それよりも深いところでの開発は技術的にみて不可能であると反論した。他方、この当時より、大陸棚の範囲を沿岸からの距離で定めようとする議論があり、それをめぐっても賛否両論があった。フランソワは、種々の議論を考慮した上で、いったん 1951 年の会期では、大陸棚については、水深 200 メートルを超えず、海岸に接続する海底という定義を暫定案とすることを提案した。

しかし、水深基準による大陸棚の範囲の定義は、沿岸沖の海底の地形の違いによって、沿岸国に属する大陸棚の広狭を決めることになり、ILC において合意を得るまでには至らなかった。実際、ILC の外の国家実行においては、トルーマン宣言がきっかけとなって、チリ、ペルー、コスタリカ、エルサルバドル、エクアドルなどのラテンアメリカ諸国が、独自の国内法の制定を通じて、自国沿岸沖 200 カイリ水域への管轄権を主張していた[7]。こうした動きに影響された面もあって、結局、1951 年の会期では、大陸棚の定義に関する規定から、水深 200 メートルの基準を削除して、開発可能性の基準を残すという案が採択されたのである[8]。

ILC での討議を通じて、大陸棚という名称を維持することについては異論は出なかったが、大陸棚の定義にあたっては、その地理学ないし地質学的な概念から、かなり離反せざるをえない状況となっていた。そうした中で、大陸棚の定義に関する討議は、次に 1953 年の会期で続けられた。この会期にフランソワが提出した報告書は、1951 年の会期で作成した草案に対して寄せられた各国政府等からの意見を反映させて、若干の変更を提案していた。それによれば、大陸棚の定義に関しては、開発可能性

---

7) この時期のラテンアメリカ諸国の動向について、小田滋『海洋の国際法構造』（有信堂高文社、1956 年）181 頁以下参照。なお、1952 年には、チリ、エクアドル、ペルーの 3 国は、距岸 200 カイリ水域の海中・海底資源に対する排他的な主権と管轄権の行使を主張するサンチャゴ宣言を採択した。

8) *Supra* note 5, p. 141.

の基準に代えて、もう一度、200メートルの水深基準を採用すべきとする案が示された[9]。

しかし、議論はなお堂々めぐりを繰り返し、固定的な水深基準と、海洋開発技術の進展具合に依存する開発可能性基準の、それぞれ一長一短を解消するまでには至らず、結局、最終会期となったILCの1956年会期では、大陸棚の範囲については、水深200メートル基準と開発可能性の基準を併記する最終案を採択したのである[10]。

第1次海洋法会議で採択された大陸棚条約は、ILCの最終案を修正することなく、そのままのかたちで採択し、大陸棚の定義に関する第1条とした。会議では、二つの基準を併記した原案をめぐり、いくつかの修正案が出され議論された。たとえば、水深200メートルの基準は削除すべきであるという提案(韓国)、逆に、開発可能性の基準は削除し、水深200メートル基準のみとすべきだとする提案(フランス、レバノン、カナダ)、地理学上の大陸棚に続き海底方向へ拡がっている大陸斜面(コンチネンタル・スロープ)の下端までとする提案(パナマ)、水深550メートル基準を採用すべきとした提案(オランダ、イギリス、インド、スウェーデン)、水深200メートルまたは領海外縁から100カイリのいずれか、または大陸棚を有さない国は領海外縁から50カイリまでの海底とすべきとした提案(ユーゴスラビア)などであった[11]。日本は、水深200メートルの基準にすべきであるという立場であった[12]。

しかし、結局、ILCの原案に代えようとする修正案は、いずれも十分な支持を得ることはできなかった。大陸棚条約第1条は、国際法上の大陸棚を、「海岸に隣接しているが領海の外にある海底区域の海底及びその下であって、上部水域の水深が200メートルまでのもの、又はその限度を越える場合には、上部水域の水深が前記の海底区域の天然資源の開発

---

9) *YILC*, 1953, Vol. II, pp. 46-47.
10) *YILC*, 1956, Vol. I, p. 131.
11) 第1次海洋法会議における以上の諸提案については、次を参照。Third United Nations Conference on the Law of the Sea, *Official Records*, Vol.VI, 1958, pp. 127-136.
12) 小田滋「大陸棚に関する条約」『国際法外交雑誌』第58巻1・2合併号 (1959年) 116-117頁。

を可能にする限度までのもの」をいうと定義した。ちなみに、大陸棚に対する沿岸国の権利内容に関しても、大陸棚条約は、ILC の原案通り、沿岸国に対して、大陸棚を探査し、その天然資源を開発するための主権的権利を行使することを認めた（第2条）。そして、同様に、大陸棚の上部水域の公海としての地位に影響はないとすることも、確認された（第3条）。

　第1次海洋法会議では、一方では、ILC の原案とは異なり、大陸棚の開発にも公海自由の原則を適用することを提案する国（西ドイツ）もあったが[13]、これは支持を集めることはできなかった。他方では、沿岸国に認められるべき権利は、大陸棚資源を探査、開発することだけでなく、その上部水域の漁業資源に対しても認められるべきであるとの主張も出された（ラテンアメリカ諸国やアイスランドなど）[14]。現在の 200 カイリ排他的経済水域（Exclusive Economic Zone：以下、「EEZ」という）の制度につながる考え方であって、公海自由の原則は海洋の利用に関して実質的な不公平をもたらしているからという理由に基づいており、注目されたが、第1次海洋法会議の段階では、そうした考え方が多数の支持を得ることはなかった。

4　国連海洋法条約における大陸棚の定義——第76条の成立——

　大陸棚条約の効力が発生したのは、1964 年 6 月である。しかし、海底開発技術は予想を超えるスピードで進展し、それにともない、1960 年代半ば以降、深海底にあるマンガン団塊資源の開発さえ可能であることが判明した。マルタの国連大使パルド（A. Pardo）は、1967 年の国連総会において、大陸棚条約に定める大陸棚の定義の見直しが必要であること、また、大陸棚以遠の深海底は人類の共同財産として、新しい国際制度の下に置くことを提案した[15]。この提案がきっかけとなり、国連に海底平和利用委員会が設置され、そこでの討議に基づき、第3次国連海洋法会議（1973

---

13) *Supra* note 11, pp. 125-126.
14) *Ibid.*, pp. 10-11 and 28.
15) 坂元茂樹「深海底制度の成立と変遷——パルド提案の行方——」栗林忠男・杉原高嶺編『海洋法の主要事例とその影響』（有信堂高文社、2007 年）263 頁以下参照。

年〜82年)が開催されることになった[16]。

(1) 第3次国連海洋法会議における審議経過

　大陸棚の再定義に関する審議経過をふり返るうえで、再確認しておくべきことは、第3次海洋法会議が始まる時点で、すでに12カイリ領海とともに、200カイリEEZの設定を認めることが、もはや逆流不可能な趨勢になっていたことである。EEZの設定は、1970年代に入り、アフリカやラテンアメリカなどの発展途上沿岸諸国によって行われ、またたく間のうちに世界の多くの諸国の支持を得た。その背景に、世界の海洋を狭い領海と公海に分け、圧倒的に広大な公海において海洋自由の原則を適用してきた伝統的な秩序に対する批判があったことは、改めて述べるまでもない[17]。

　EEZの設定によって、沿岸国は、領海の外側の距岸200カイリまでの水域の海中、海底およびその下にある天然資源を開発するための主権的権利を有するものとされた。EEZの制度について詳しい規定を設けた国連海洋法条約は、一方で、沿岸国に対して、200カイリ水域内の資源に対するものを含め、広範な管轄権を行使する権限を付与するとともに、他方で、資源の最適利用を確保するための方策をとることを義務づけている。EEZの制度は、こうして200カイリまでの海底とその下の資源に対する管轄権を沿岸国に認めるものであるため、海底に関する限り、大陸棚の制度と重複することとなり、大陸棚の再定義にあたっても、200カイリという距離基準を出発点に据えざるをえなかった。

　こうして、大陸棚の定義に関する議論の中心点の一つは、EEZと大陸棚の範囲を一致させることになる、200カイリという距離基準の採用であった。他方、トルーマン宣言や大陸棚条約の審議過程に見られたように、

---

16) 海洋法会議の経過と概要について、次を参照。水上千之「現代海洋法の潮流——第一・第二次海洋法会議から第三次海洋法会議へ——」栗林忠男・杉原高嶺編『海洋法の歴史的展開』(有信堂高文社、2004年)82頁以下。

17) 田中則夫「国連海洋法条約にみられる海洋法思想の新展開——海洋自由の思想を超えて——」林久茂・山手治之・香西茂編『海洋法の新秩序』(東信堂、1993年)39頁以下〔本書第1章〕。

大陸棚の地質的な構造に着目し、陸地領土の海底区域への自然の延長部分を大陸棚とすることが合理的だとする考え方が有力となっていた。第3次海洋法会議において、具体的に有力となった考え方は、大陸縁辺部（コンチネンタル・マージン）の終わるところを、そうした自然の延長部分の終わるところとみなすというものだった。

　ただし、トルーマン宣言で使われていた表現、つまり陸地部分の延長を構成する大陸棚という表現が、具体的に大陸縁辺部の下端までを指していたかは疑問であって、また、大陸棚条約の審議過程で出された提案は、大陸縁辺部の下端ではなく、大陸斜面の下端までを陸地部分の延長と考えようとしたものであり、第3次海洋法会議で議論の中心となった見解とは、同じではなかった点に注意しておく必要はある。この点に関連して重要なのは、1969年に国際司法裁判所で出された北海大陸棚事件判決であろう。本件は、当時の西ドイツとデンマーク、西ドイツとオランダという隣接する国の間で、大陸棚の境界画定の問題が初めて争われたケースであるが、同判決は、大陸棚に対する沿岸国の権利は「領土の自然の延長」という観念から導かれると判示した[18]。

　第3次海洋法会議における審議の開始にあたっては、大陸棚の範囲を領海の外側に続く200カイリまでの海底およびその下とし、それ以上の広い大陸棚を認めないのかどうか、あるいは、距離の基準によるのではなく、陸地領土の自然延長の基準に基づき、大陸縁辺部の下端までを大陸棚とするのかが、基本的な論争点とされたのである（1974年の第2会期）[19]。もっとも、これまでに繰り返し指摘されていたように、沿岸沖合の海底地形は場所によってさまざまであるので、大陸縁辺部の下端が、距岸200カイリの地点よりも陸地側で終わっている場合もあれば、逆に、その地点よりもさらに沖合に延びている場合もある。海洋法会議では、1975年

---

[18] *North Sea Continental Shelf Cases* (Fedral Republic of Germany v. Denmark; Fedral Republic of Germany v. Netherland), Judgement of 20 February 1969, *ICJ Reports* 1969, pp. 31-32, para. 43.

[19] この段階でも水深基準（500メートル）を主張する国（ソ連）もあったが、主要な議論は200カイリ距離基準と自然延長基準に関するものであった。第2会期での議論について、次を参照。Third United Nations Conference on the Law of the Sea, *Official Records*, Vol. II, pp. 142-169.

の第3会期になると、海底地形には多様性のあることを認めた上で、前記の二つの基準を併用する方向で原案がまとめられた[20]。

すなわち、同会期の最後に示された非公式単一交渉草案(第62条)によれば、沿岸国の大陸棚は、領海を越える海面下の海底および地下であって、その領土の自然の延長をたどって大陸縁辺部の外縁に至るまでのもの、または、大陸縁辺部の外縁が領海の幅を測定するための基線から200カイリの距離まで延びていない場合には、当該沿岸国の領海を越える海面下の区域の海底およびその下であって当該基線から200カイリの距離までのものをいうとされ、この規定が、本章の「はじめに」でも紹介した、国連海洋法条約第76条1項の規定となったのである。そして、これ以降の審議における議論の中心は、大陸縁辺部の外縁が200カイリのさらに外側に延びている場合、最大限どこまでを大陸棚の外縁として認めてよいかという問題であった。

沿岸沖の海底の地形は決して単純ではなく、ひとくちに陸地領土の自然の延長とみなせる大陸縁辺部といっても、どのような地質構造を備えていれば大陸縁辺部とみなされるのか自体、専門家の間でも完全な見解の一致があるわけではなかった[21]。したがって、その点の理解の仕方にもよるのであろうが、大陸縁辺部の限界を定める基準づくりは簡単ではなかった。とりわけ、海底には広大な海嶺(長い海底の高まりで、海底山脈の一種)のあるところが数多くあり、そうした海嶺の上にある領土(ないし島)から大陸棚を測定するとすれば、大陸縁辺部の外縁が沿岸より数百カイリの沖合の海底にまで達しているところもあるとされる。大陸棚の外縁は、人類の共同財産とされる深海底区域との境界線ともなるわけで、その限界をどこに定めるのかという課題自体、難問であった。

この問題の解決に向けて、貴重な貢献を行ったのが、1976年のアイルランド提案である。同国は、第4会期において、200カイリを超える

---

20) A/CONF.62/WP.8/Part II, article 62, Third United Nations Conference on the Law of the Sea, *Official Records*, Vol. IV, p. 162.
21) 海底の地質区分に関する用語・概念については、特に次を参照。桂忠彦「国連海洋法条約と大陸棚の画定(一)」『海洋時報』第78号(1995年)11頁以下。

第3章　大陸棚の定義と限界画定の課題　85

大陸縁辺部の外縁の設定方法として、大陸斜面の脚部より測って、脚部からの距離の1パーセント以上の厚さの堆積物のあるところまで、または、大陸斜面の脚部から60カイリまでのところのいずれかとするという方法を提案した[22]。この提案は、アイルランドの地質学者ガーディナー（Gardiner）とアメリカのヘドバーグ（Hedberg）による高度に専門的な検討・提案に基礎を置くもので[23]、直ちに諸国の理解を得たわけではなかったが、最終的には国連海洋法条約の中に規定された（第76条4項）。さらに、この点に関連して、第5会期以降、大陸縁辺部の限界（限度）をどのように定めるかという問題、つまり、上のアイルランドの提案に基づくだけでは、（前述のように海嶺の扱い方にも影響されて）大陸縁辺部の外縁が過度に沖合に出ることを防ぐことができないので、その限界（限度）についての基準を別途定める必要があった。かくて、1979年の第8会期、同年の再開第8会期、翌80年の第9会期を中心に行われた議論を基礎に、大陸棚の外側の限界線は、領海基線から350カイリを超えてはならず、または、2500メートル等深線から100カイリを超えてはならないとされ、国連海洋法条約の中に取り入れられた（第76条5項）[24]。

　大陸縁辺部の限界に関する上の基準の設定は、さらに、海底地形の中でも特に海嶺の扱い方に関する議論と表裏一体の関係にあった。先述の通り、広大な海嶺の上にある領土（ないし島）から大陸棚を測るとすれば、大陸縁辺部の外側の限界が沿岸より数百カイリの沖合の海底にまで達しているところもあるため、その外縁の限界を定めるために、上のような基準が設けられたのであるが、海嶺のある海底区域では、海底が隆起している分だけ相対的に水深が浅くなっており、それゆえ、「2500メート

---

22) A/CONF.62/C.2/L/98, Third United Nations Conference on the Law of the Sea, *Official Records*, Vol. IX, pp. 189-195; R. Platzöder, (ed.), *Third United Nations Conference on the Law of the Sea, Documents*, Vol. IV (Oceana Publications, 1983) pp. 465-466; Satya N. Nandan and Shabtai Rosenne, (eds.), *United Nations Convention on the Law of the Sea 1982, A Commentary*, Vol. II (Martinus Nijhoff Publishers, 1993）, pp. 887-889.

23) Division for Ocean Affairs and the Law of the Sea, The Law of the Sea — Definition of the Continental Shelf (1993), pp. 2-3.

24) *Ibid.*, pp. 3-4.

ル等深線から 100 カイリまで」のオプションを行使するとすれば、沿岸から相当沖合の海底の地点を限界線として設定可能となる場合もあるので、海嶺のある海底区域では、かかるオプションを行使してはならないとする規定も、国連海洋法条約で規定されることになったのである（第 76 条 6 項）[25]。なお、海嶺は、通常、大洋底の上に盛り上がるかたちで形成されており、海嶺自体、大洋底とともに、大陸縁辺部を構成する地形とはみなさないことで合意された（第 76 条 3 項）。

ところで、大陸縁辺部の外縁が 200 カイリを超えて拡がっている場合、その外縁までを大陸棚として認めてもよいという合意が形成されるにあたっては、その前提条件の一つとして、大陸縁辺部の外側の限界線の決定が、条約に定める定義条項に従って客観的に行われ、沿岸国による恣意的な決定が行われないようにするための、制度的な仕組みが不可欠であると考えられてきた。その結果、設置されるようになったのが、大陸棚限界委員会 (Commission on the Limits of the Continental Shelf：以下、「CLCS」という) である（第 76 条 8 項）。国連海洋法条約は、CLCS について、附属書 II を別に設けて定めている。

沿岸国の管轄権が及ぶ大陸棚の限界は、それ以遠の深海底との境界線でもあることから、そうした線引きについては、第三者機関に任せることが必要だとする考え方は、すでに国連の海底平和利用委員会における討議の段階で提起されていた[26]。海洋法会議での初期の頃の討議では、CLCS を設置し、200 カイリを超える大陸棚の外縁については、CLCS が認証 (certify) する任務と権限を付与されるべきとする提案もあったが[27]、沿岸国の主権的権利の及ぶ範囲を第三者機関の判断に委ねることへの反対が強く、結局、CLCS は、沿岸国より情報の付託を得て、勧告を行う機関として設置することで合意が形成されていった。

---

25) *Ibid.*, pp. 3-4.
26) たとえば、アメリカ提案。A/AC.138/25.
27) 1976 年 4 月 29 日のカナダ提案、Nandan and Rosenne (eds.), *supra* note 22, pp. 1003-1005.

(2) 大陸棚の定義条項の構造と特色

大陸棚の定義に関する国連海洋法条約第76条は、次のような規定である。やや長いが、全文を掲げておくことにする。

第76条（大陸棚の定義）
1 沿岸国の大陸棚とは、当該沿岸国の領海を越える海面下の区域の海底及びその下であってその領土の自然の延長をたどって大陸縁辺部の外縁に至るまでのもの又は、大陸縁辺部の外縁が領海の幅を測定するための基線から200海里の距離まで延びていない場合には、当該沿岸国の領海を越える海面下の区域の海底及びその下であって当該基線から200海里の距離までのものをいう。
2 沿岸国の大陸棚は、4から6までに定める限界を越えないものとする。
3 大陸縁辺部は、沿岸国の陸塊の海面下まで延びている部分から成るものとし、棚、斜面及びコンチネンタル・ライズの海底及びその下で構成される。ただし、大洋底及びその海洋海嶺又はその下を含まない。
4 (a) この条約の適用上、沿岸国は、大陸縁辺部が領海の幅を測定するための基線から200海里を超えて延びている場合には、次のいずれかの線により大陸縁辺部の外縁を設定する。
   (i) ある点における堆積岩の厚さが当該点から大陸斜面の脚部までの最短距離の1パーセント以上であるとの要件を満たすときにこのような点のうち最も外側のものを用いて7の規定に従って引いた線
   (ii) 大陸斜面の脚部から60海里を超えない点を用いて7の規定に従って引いた線
   (b) 大陸斜面の脚部は、反証のない限り、当該大陸斜面の基部における勾配が最も変化する点とする。
5 4(a)の(i)又は(ii)の規定に従って引いた海底における大陸棚の外側の限界線は、これを構成する各点において、領海の幅を測定するための基線から350海里を超え又は2500メートル等深線（2500メートルの水深を結ぶ線をいう。）から100海里を超えてはならない。

6 5の規定にかかわらず、大陸棚の外側の限界は、海底海嶺の上においては領海の幅を測定するための基線から350カイリを超えてはならない。この6の規定は、海台、海膨、キャップ、堆及び海脚のような大陸縁辺部の自然の構成要素である海底の高まりについては、適用しない。

7 沿岸国は、自国の大陸棚が領海の幅を測定するための基線から200海里を超えて延びている場合には、その大陸棚の外側の限界線を経緯度によって定める点を結ぶ60海里を超えない長さの直線によって引く。

8 沿岸国は、領海の幅を測定するための基線から200海里を超える大陸棚の限界に関する情報を、衡平な地理的代表の原則に基づき附属書IIに定めるところにより設置される大陸棚の限界に関する委員会に提出する。この委員会は、当該大陸棚の外側の限界の設定に関する事項について当該沿岸国に対し勧告を行う。沿岸国がその勧告に基づいて設定した大陸棚の限界は、最終的なものとし、かつ、拘束力を有する。

9 沿岸国は、自国の大陸棚の外側の限界が恒常的に表示された海図及び関連する情報(測地原子を含む。)を国際連合事務総長に寄託する。同事務総長は、これらを適当に公表する。

10 この条の規定は、向かい合っているか又は隣接している海岸を有する国の間における大陸棚の境界画定の問題に影響を及ぼすものではない。

　国連海洋法条約上の大陸棚は、大陸棚条約が「水深200メートル」と「開発可能性」の基準に代えて、本条1項に定める「陸地の自然の延長」と「距岸200海里」という新たな二つの基準に基づき定義しなおされた。大陸縁辺部の外縁が200カイリよりもさらに外側に延びている場合には、大陸縁辺部の外側の限界線を決めなければならないが、その際は、もちろん沿岸国が恣意的になしうるわけではなく、本条4項から6項の規定に従うべきことを確認したのが、2項である[28]。3項は、大陸縁辺部の構成要

---

[28] なお、スリランカ等ベンガル湾南部の諸国については、4項から6項の規定を適用すると大陸縁辺部の半分以上を失わせることとなる複雑な事情があるため、これらの条項を適用せず特例措置を認めるために、海洋法会議は、最終議定書附属書II「大陸縁辺部の外縁を決めるさいに用いるべき特別の方法に関する了解ステートメント」を採択した。*The Law of the*

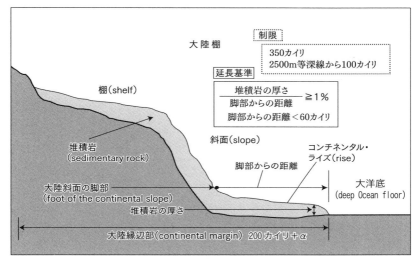

参考図　大陸棚

素を定めている。先にも触れたように、大洋底とその海洋海嶺は大陸縁辺部を構成しないことが明記されている[29]。

　難しい問題は、200カイリ外に大陸縁辺部が延びている場合、その外縁をどのような基準で決めるかであった。本条2項に定めるように、4項から6項がかかる基準を定め、過度に外縁が沖合にまでいかず、深海底区域を浸食することのないよう、規定が整備された。4項から6項は、地質学の知識がないと理解しにくい面を有していることは否定できないが、いくつかの解説書を参考にしつつ、かかる条項の趣旨について触れてお

Sea — United Nations Convention on the Law of the Sea with Index and Final Act of the Third United Conference on the Law of the Sea, 1983, pp. 183-184.

[29] 地質学的には、大陸縁辺部は、基本的には陸を構成している大陸性地殻が、海を構成している海洋性地殻へ移り変わるまでの地域をいうものとされ、本来的には陸・海の境界は地殻構造を基準として画定されるべきものと考えられている。いずれにしても、第76条3項は、地質学上、海洋性地殻を基本的要素とする大洋底（deep ocean floor——地形的にはコンチネンタル・ライズの先にあって平坦な部分と理解されている）や、その上にあるのが一般的であるといわれている海洋海嶺（oceanic ridges）は、大陸の延長部分には含まれない旨を規定し、深海底との境界を明確にしようとしている。なお、次を参照。O. Eldholm, J. Mascle and G. F. Moore, "Characteristics of Continental Margins", in P. J. Cock and C. M. Carleton (eds.), *Continental Shelf Limits* (Oxford Univ. Press, 2000), pp. 25-63.

くとすると、次のようになる(参考図を参照されたい)。

まず、4項は、外縁の決め方(決定方法)を定める規定である。二つのいずれかの方法によることを沿岸国に委ねているが、いずれの方法による場合でも、大陸斜面の脚部を決定することが前提となる(脚部については、4項(b)参照)。その上で、一つの方法((a)のⅰ)は、脚部からの距離(たとえば100キロメートル)の1パーセントまたはそれ以上(たとえば1キロメートル以上)の堆積岩層厚のあるような定点を結び、外縁を画定するというものである。この方法は沖合に(距離が)出るほど厚い堆積層を必要とすることになるので、過度に遠方にまで沿岸国の管轄権が及ばないよう、一種の自動抑制機能をもたせた方法だといわれている。もう一つの方法((a)のⅱ)は、脚部から単純に60カイリで外縁を画定するというもので、これは(a)の(ⅰ)の方法によろうとしても、データが十分に掌握できず困難となる場合を想定して設けられたものといわれる。専門家によると、いずれの方法によっても、おおむね類似の結果が出ることが想定されているという[30]。

次の5項と6項はいずれも、外縁の限度(制限方法)を定める規定ということができる。外縁の限度を定める趣旨は、4項に基づいて決定される外縁が、過度に遠方にまで出ないようにし、大陸棚の範囲を、自然の延長という趣旨に沿う範囲内に止めるためである。5項は二つの選択肢を並列的に示し、いずれの基準によるのかは、沿岸国の判断に任せている[31]。

6項は、その二つの選択肢のうち、「2500メートル等深線から100海里まで」という選択肢は、海嶺地域では行使してはならないという制約を課した規定である。その理由は、先にも触れたが、領土(ないし島)が一般に水深の浅い大西洋中央海嶺上にあるような場合には、大陸斜面の脚部が相当に遠方に位置することがあり、そのような場合には、「水深2500

---

[30] Nandan and Rosenne (eds.), *supra* note 22, pp. 876-879; Division for Ocean Affairs and the Law of the Sea, *supra* note 23, pp. 11-17.

[31] Nandan and Rosenne (eds.), *supra* note 22, p. 879; Division for Ocean Affairs and the Law of the Sea, *supra* note 23, p. 17.

メートル等深線から100海里」の基準で大陸縁辺部の外縁を決めるとなると、距岸数百カイリ（たとえば、アイスランドの南側においては、800カイリほど）までの大陸棚を認める結果にもなるところがある。そこで、そうした事態は合理的ではないと判断され、海嶺地域のある海域での外縁の限度を決める際には、制約が課されることになったのである[32]。

7項は、200カイリ外の大陸棚の限界線の引き方についての規定であり、8項が、CLCSに関する規定である（CLCSについては、次に節を改めて論じることにしたい）。海図と関連情報を国連事務総長に寄託することを求める9項は、大陸棚の外縁が公知のものとされねばならないからである。基線から200カイリをもって設定される大陸棚についても、本項に基づいて、海図と関連情報の寄託が必要であると思われる。隣接国ないし相対国との境界画定の対象となる大陸棚の情報については、本項が扱う対象とはされず、第84条に定める寄託手続によるものとされている[33]。

最後の10項は、大陸棚の定義条項である本条が、国家間の合意に基づいて行われる境界画定の問題に影響を及ぼすものではないことを規定している。ある意味で当然の規定と考えられ、本項はいわば確認的な規定とみなすのが一般的であるが[34]、しかし、実は、両者の問題は微妙な関係にあることを知らなければならない。この点についても、CLCSについて検討する次節で触れてみたい。

5 大陸棚の限界画定の課題

(1) 大陸棚限界委員会の任務と手続

CLCSは、21名の地質学、地球物理学または水路学の分野の専門家で

---

[32] Nandan and Rosenne (eds.), *supra* note 22, p. 879-881; Division for Ocean Affairs and the Law of the Sea, *supra* note 23, pp. 17-23.

[33] Nandan and Rosenne (eds.), *supra* note 22, pp. 882-883; Division for Ocean Affairs and the Law of the Sea, *supra* note 23, p. 23.

[34] Nandan and Rosenne (eds.), *supra* note 22, p. 883; Division for Ocean Affairs and the Law of the Sea, *supra* note 23, p. 25.

構成される（任期は5年で再選可能。国連海洋法条約附属書Ⅱ第2条）。200カイリを超えて大陸棚を設定する沿岸国[35]は、自国について条約が発効した後遅くとも10年以内に、当該限界についての詳細を裏付ける科学的・技術的データとともに委員会に提出する（同第4条）とされているが、この提出期限は、2001年の国連海洋法条約の締約国会議の決定によって修正され、1999年5月13日より以前に条約の効力が発生した国については、同日より10年以内とされた[36]。委員会は、勧告を求める沿岸国の要請を検討するため、7名の委員から成る小委員会で任務を遂行する（同第5条）。小委員会は、その勧告を委員会に提出し、委員会は、出席し投票する委員の3分の2以上の多数決により、小委員会の勧告を承認する（同第6条1項、2項）。沿岸国は、委員会の勧告について意見の相違がある場合には、合理的な期間内に、委員会に対して改定したまたは新たな要請を行う（同第8条）。委員会の行為は、向かい合っているかまたは隣接している国の間の海洋境界画定の問題に影響を及ぼすものではない（同第9条）。この最後の点は、国連海洋法条約においても、第76条10項において確認されていることは、先に見た通りである。

ところで、CLCSは、1997年の第1会期および98年のその後の会期において、実際の任務遂行を円滑に行うために手続規則を採択した[37]。同規則には附属書が二つ付いている。附属書Ⅰ「向かい合っているかまたは隣接している海岸を有する国の間における紛争もしくはその他の未解決の陸地または海洋の紛争がある場合における提出」によれば、CLCSは、

---

[35] 国連法務局海洋法部が1993年に出した文書では、200カイリを超えた大陸棚を設定しうる国は30カ国余りを数える。アンゴラ、アルゼンチン、オーストラリア、ブラジル、カナダ、デンマーク、エクアドル、フィジー、フランス、ギニア、ガイアナ、アイスランド、インド、インドネシア、アイルランド、日本、マダガスカル、モーリシャス、メキシコ、ミクロネシア、ミャンマー、ナミビア、ニュージーランド、ノルウェー、ポルトガル、ロシア、セイシェル、南アフリカ、スペイン、スリナム、イギリス、アメリカ。Division for Ocean Affairs and the Law of the Sea, *supra* note 23, pp. 6 and 32.

[36] SPLOS/72, 29 May 2001.

[37] Rules of Procedure of the Commission on the Limits of the Continental Shelf, CLCS/3/Rev.3, 6 February 2001.

紛争事項に関する権限は一切有さず、大陸棚の外縁画定に関して生じる紛争についての権限は、紛争当事国の側にあることを確認している(規則1)。もっとも、海洋境界画定に関する紛争がある場合には、委員会は沿岸国より当該紛争について通知を受け(規則2)、大陸棚の外縁に関するデータ・情報の提出を行う沿岸国は、当該紛争に悪影響を及ぼさないように提出を行うために、大陸棚の特定の部分についてだけ提出を行うことができ、提出を行わなかった部分については、後日行うことができるものとされ、その場合には、条約の附属書Ⅱ第4条に定める10年の期限は適用しないものとされた(規則3)。

さらに、附属書Ⅰによれば、CLCSは、陸地または海洋の紛争がある場合、当該紛争のいずれの当事国が行う(データ・資料の)提出を検討することも認めることもできず、委員会への(データ・資料の)提出および委員会で採択される勧告は、紛争当事国の立場を害するものではない(規則5)。こうして、CLCSの手続規則附属書Ⅰは、CLCSは提出される科学的なデータおよび情報を吟味し、大陸棚の外縁に関する科学的な判断を行う機関であって、国家間の紛争に関与する権限を有しないことはもちろん、委員会での審査や委員会の出す勧告が、紛争に影響を及ぼすことがあってはならないことを、規則上確認している。その趣旨自体は、ある意味では当然のことであって、境界画定などにかかわる紛争の問題と、大陸棚の外縁画定の問題とを峻別すべきことも、委員会の活動を円滑に遂行する上で、不可欠な要請というべきであろう。

なお、沿岸国は、大陸棚の限界についての詳細を提出する際、国連事務総長に対して、大陸棚の外縁を表示する測地データを含む海図および関連情報を提出し、国連事務総長はそれを適切に公表するものとされている(手続規則53)。もっとも、この点に関して、手続規則のもう一つの附属書Ⅱ「機密」は、沿岸国に対して、提出する情報とデータのなかで、機密の保持を求めるものと、公表を可とするものを分類し、前者については、CLCSにおいて機密が保持されるよう求めることを認めている(規則2)。このように、沿岸国の大陸棚の外縁を示す情報やデータの中には、沿岸

国が独自の科学的調査に基づいて収集・分析するものであって、機密保持の扱いを要請しうる性質のものがあることが認められている。

　CLCS は、提出されるデータ・情報を検討し、大陸棚の外縁の画定に関する科学的な判断を行う機関であって、国家間の紛争に関与する権限を有しないことはもちろん、CLCS での審査やそれが採択する勧告が、紛争に影響を及ぼすことがあってはならないことが、手続規則の上でも確認されているのである。

(2) 大陸棚限界委員会の実際と今後の課題

　CLCS に対して、2005 年 6 月末までの時点で、4 カ国が申請（資料・データの提出）を行っている[38]。最初は、2001 年 12 月にロシアが、続いて、2004 年 5 月にブラジルが、同年 11 月にオーストラリアが、2005 年 5 月にアイルランドが行った。ここでは、ロシアの申請の処理の仕方を見ながら、CLCS の今後の課題を探ってみたい。

　ロシアからの提出を受け、国連事務総長は、CLCS の手続規則にしたがい、国連海洋法条約の締約国のみならず、すべての国連加盟国にロシアから提出のあったことを通知し、大陸棚の外縁を表示する測地データを含む海図を公表した。2002 年に入り、小委員会が設置され、ロシア政府代表との質疑が繰り返された。その結果、6 月の会期で、CLCS は、小委員会から提出された勧告案に基づき、バレンツ海、ベーリング海、オホーツク海、中央北極海に関して、以下のような勧告を採択した。

　勧告の全容は公表されないので、われわれは、海洋法に関する国連事務総長報告[39]を通じて、勧告の概略を知ることができるに止まるが、それによれば、第 1 に、バレンツ海に関しては、ノルウェーとの海洋境界画定に関する協定の発効に基づき、ベーリング海に関しては、アメリカとのかかる協定の発効に基づき、それぞれの海域における 200 カイリ以遠の大陸棚の外縁を示す境界線の地図と座標を委員会に提出すること。

---

38) CLCS のウェブサイトを参照。http://www.un.org/Depts/los/CLCS_new/clcs_home.htm
39) UN Doc., *Oceans and the Law of the Sea, Report of the Secretary-General*, A/57/57/Add.1, paras. 38-50.

第 3 章　大陸棚の定義と限界画定の課題　95

第 2 に、オホーツク海に関しては、その北部海域の大陸棚に関するデータと情報に問題はないが、後に別途提出される南部海域に関しては、日本と合意に達するよう最大限の努力を尽くすこと。第 3 に、中央北極海に関しては、大陸棚の外縁に関する情報とデータを修正し、提出し直すことが勧告された。CLCS における審査は、基本的に非公開で行われ、勧告についても、その全文が公表されてはいないが、ロシアの大陸棚の外縁については、全体として申請のやり直しを求められる結果となったように思われる。

　ところで、注目されるのは、ロシアが申請を提出した直後に、利害関係国とみなしうるいくつかの国が、ロシアの示した大陸棚の外縁の地図を見て、国連事務総長に対して、通報を行ったことである。日本、アメリカ、カナダ、ノルウェー、デンマークの 5 カ国である[40]。日本は、2002 年 2 月に、北方 4 島がロシアの領土として扱われ、北方 4 島周辺に EEZ と大陸棚の外縁を示すラインが一方的に引かれていることを問題にし、北方 4 島は日本の固有の領土であるため、CLCS は、かかる 4 島周辺におけるロシアの大陸棚の外縁に関しては、審査しないことが適切であり、北方 4 島の帰属にかかわる問題に悪影響を与える行動をとらないように要請したのである。アメリカは、ロシアが未批准の 1990 年の米ロ間の海洋境界画定に関する協定を持ち出し、同協定に定める境界線を基準にしていることは両国の利益に合致するけれども、ロシアの大陸棚の外縁については、さらなる情報を得て検討する必要があると指摘するとともに、委員会の作業が、米ロ間の境界画定に影響を及ぼすことのないよう要請した。カナダは、CLCS の勧告がロシアとカナダの海洋境界画定の

---

[40] 5 カ国の通報はいずれも、次のような表題がつけられている。CLCS のウェッブサイトに公表されている。"Notification regarding the submission made by the Russian Federation to the Commission on the Limits of the Continental Shelf". 各国の文書番号と通報の日付は次のとおりである。日本：CLCS.01.2001.LOS/JPN, 14 March 2002, アメリカ：CLCS.01.2001.LOS/USA, 18 March 2002, カナダ：CLCS.01.2001.LOS/CAN, 26 February 2002, ノルウェー：CLCS.01.2001.LOS/NOR, 2 April 2002, デンマーク：CLCS.01.2001.LOS/DNK, 26 February 2002. なお、通報の時点で、アメリカとデンマークは国連海洋法条約の締約国ではなかった。デンマークは、その後、2004 年 11 月に締約国になった。

問題に悪影響を与えないよう要請した。ノルウェーは、ロシアとの間でバレンツ海における未解決の海洋境界画定の問題は、CLCS の手続規則附属書 I の規則 5 (a) にいう「海洋紛争」とみなされなければならないと指摘した。デンマークは、カナダと同様の要請を行った。

　CLCS が、これらの諸国の通報をどのように扱ったのか、その正確なところを知ることはできないが、しかし、CLCS の勧告の概略を見ると、一定の影響を受けていることがうかがわれる。たとえば、ロシアは日本との間で、オホーツク海の南部海域に関しては、合意に達するように努力すべしと勧告したことは、日ロ間に紛争があるとの認識を前提にしていることが推測される。委員会の手続規則附属書 I によれば、先に見たように、紛争が存在する場合には、申請を行う国は、その事実を委員会に通知することになっているが、ロシアは、北方 4 島の帰属およびその周辺海域における海洋境界画定に関して、紛争が存在することを通知していたかどうか。委員会は、紛争がある場合には、紛争に影響を及ぼす行動をとってはならないし、またそのように行動する意図も有しないであろう。海洋の境界画定など紛争にかかわる問題は、委員会の任務とは無関係のはずである。これが国連海洋法条約の立場であり、委員会の手続規則の立場でもある。

　ところが、問題は簡単ではないように思う。国際法上、「紛争」とは何かという問題については、国によって受け止め方が異なる場合が少なくない。ロシアは、日本との間で、北方四島をついて「紛争」が存在すると認識しているかどうか疑わしい。他方、別の問題であるが、韓国は、竹島の領有権をめぐる「紛争」が日本との間にあるとは認識していない。しかし、日本は竹島「紛争」が存在していると認識していることは、周知のとおりである。中国は、最近になって、尖閣諸島の領有権をめぐり日本と「紛争」状態にあると考えているが、日本は、尖閣諸島の領有権をめぐる「紛争」が続いてきたとは考えていない。さらにいえば、中国は、これもごく最近になって、沖ノ鳥島は島ではないと主張しはじめており、沖ノ鳥島をめぐる「紛争」の存在を主張しかねない状況にあるが、日本がそ

うした「紛争」の存在を認めることはない。つまり、海洋の境界画定あるいは大陸縁辺部の外縁画定に影響を及ぼす紛争があるかどうか、この問題の認識の仕方自体が、争いの一つになる場合が少なくないのである。

それゆえ、CLCSの基本的立場は、「紛争」にはかかわらず、「紛争」に影響を与える行動はとらないことにあるけれども、CLCSのとる態度あるいは行動が、結果的に「紛争」当事国の一方の立場を前提にしてしまっている、といった場合が常にないとはいえないことに注意が必要である。ロシアに対して、オホーツク海の南部海域においては、日ロ間の合意形成に努力するよう勧告したことは、当該海域において「紛争」があることを前提にしているともいえるのである（ただし、ロシアの200カイリを超える大陸縁辺部の外縁については、オホーツク海の南部海域では問題にならず、もっぱら太平洋側においてのみ延びているので、「紛争」の有無は直接関係しないという理解もある）。

さらに、もう一点、注目しておくべきは、CLCSの手続は、CLCSと申請（データ・資料の提出）を行う沿岸国との間で進行するものであって、第三国が関与する機会があるわけではなく、また、第三国に対して説明責任を果たす義務なども存在していない。この点に関しては、CLCSでの審査の透明性を高める必要があるとの指摘もあるが[41]、実際には、ロシアの申請に対して、利害関係国とみなしうる諸国が、国連に提出する通報のかたちで、ロシアの申請の仕方に異議を申し立てたり、慎重審議を求める趣旨の通報を行っているのである。国連海洋法条約やCLCSの手続規則の上においては、かかる諸国に見解表明の機会を認めたり、表明された見解を委員会での審査の際に考慮すべきことを定める規定はない。しかし、ロシアの申請の審査に際しては、日本やほかの国が出した通報が、何らかの影響を及ぼしているといえなくはない様子が、うかがえるのである。

200カイリ以遠に大陸縁辺部が拡がっている場合、国連海洋法条約に定

---

41) Ron Macnab, "The Case for Transparency in the Delimitation of the Outer Continental Shelf in Accordance with UNCLOS Article 76", *OD&IL*, Vol.35 (2004), pp. 1-17.

める大陸棚の定義に基づき、沿岸国の大陸棚の外縁を画定するという作業は、本来、科学的な知見に基づいて行われる非政治的性格をもつ作業である。大陸棚の定義と、国家間の合意に基づき解決を図るべき海洋境界画定紛争とは、それぞれ別個の問題であることは当然である。もっとも、向かい合っている国や隣接する国の間では、一方の国の大陸棚がどのように定義されるかが、他方の国の大陸棚の外縁の画定に大きな影響を及ぼす場合もあるのであって、ここに、元来、別個の問題とされてきた定義問題と境界画定問題が、密接に絡み合わざるをえない状況の生まれる余地がある[42]。CLCSは、法律家の集まりではない。そのため、紛争が関係する状況については、適切な判断を下しえない性格の機関である。大陸棚の外縁を画定するため、CLCSに申請を行う国は、そのことを十分踏まえた上で、取り組みを進めることが必要であろう[43]。

6　おわりに

国連海洋法条約は、国際法上の大陸棚の定義に関して、トルーマン宣言以来続いてきた議論に、一応終止符を打ったと見てよいように思われる。もちろん、地質学や地理学の立場から見ると、法律上の定義には理解困難な面も少なくないのであろう。しかし、ともあれ、沿岸沖の海底地形にさまざまの特徴がある状況下で、国際的に統一された基準で、大陸棚の範囲を画定しうるまでに至ったことは、貴重な成果というべきであろう。200カイリEEZの制度の確立が、大陸棚の制度や定義に大きな影響を及ぼしたことはいうまでもない。200カイリ時代が到来する中で、

---

[42] なお、次の文献を参照。Alexei A. Zinchenko, "Emerging Issues in the Work of the Commission on the Limits of the Continental Shelf," and Alex G. Oude Elferink, "Submission of Coastal States to the CLCS in cases of Unresolved Land or Maritime Disputes," both in M. H. Nordquist, J. N. Moore and T. H. Heider (eds.), *Legal and Scientific Aspects of Continental Shelf Limits* (Martinus Nijhoff Publishers, 2004), pp. 223-250 and 263-285.

[43] 日本の取組みの経過と課題を中心に分析を加えたものとして、桂忠彦「国連海洋法条約と大陸棚の画定（二）～（五）」『海洋時報』第79号～第82号(1995-1996年)参照。また、社団法人物理探査学会『大陸棚限界延長に関する研究（調査研究報告書）』(2005年)参照。

その時代の流れに合わすかのように、大陸棚の定義に関する議論も収束していった。しかし、本章で見てきたように、大陸棚の定義条項にしたがって、200 カイリを超えて延びている大陸縁辺部の外縁を画定する作業は、決して容易ではない。CLCS への申請も始まっているが、本来、科学的な知見に基づいて進められるはずの作業も、大陸棚の境界画定や島の領有権の問題を含め、国家間の外交交渉の対象とされる課題と、密接な関係を有する場合も少なくない。それだけに、大陸棚の定義条項の実施作業が、国家間の「紛争」の要因とならないよう、関係諸国と関係機関がしかるべき適切な判断をとることが望まれる。

第4章

深海底の法的地位
──「人類の共同財産」概念の現代的意義──

1　はじめに──問題提起──
2　伝統的海洋国際法における公海海底の法的地位
　(1) 初期の議論──海底トンネルと定着漁業をめぐって──
　(2) 大陸棚制度と「公海自由の原則」
　(3) 深海底の開発と「公海自由の原則」
3　現代海洋国際法における深海底の法的地位の確定へ──深海底制度の必要性──
4　むすび

1　はじめに──問題提起──

　大陸棚の限界を超える海底開発技術の急速な進歩は、深海底[1]とその資源を国家による領有、競争的使用の対象にした。海底の膨大な資源が少数の技術先進国によって独占されるのを危惧した地中海の小国マルタは、1967年11月の国連総会第22会期において、深海底とその資源は「人類の共同財産 (common heritage of mankind)」であって、いかなる国による領有、競争的使用の対象ともされてはならず、そこでの探査、開発は国連憲章

---

1) 本書において「深海底」とは、特に断わりのない限り、「国家管轄権の限界を超える海底、海床およびその地下 (the sea-bed and ocean floor and subsoil thereof beyond the limits of national jurisdiction)」をいうものとする。

の原則と目的にしたがって行われるべきこと、また現在の国家管轄権の限界を超える海底への主権の主張は、大陸棚の範囲について明確な定義ができるまで凍結されるべきことを述べ、新しい国際制度と国際機関設立の必要を提案した[2]。

周知のように、伝統的海洋国際法[3]の全面的再検討を余儀なくさせる端緒となったこのマルタ提案は、国連海底平和利用委員会[4] (United Nations Committee on the Peaceful Uses of the Sea-Bed and the Ocean Floor Beyond the Limits of National Jurisdiction) での討議を経て、1970年12月の国連総会第25会期における「深海底を律する原則宣言」[5]の採択によって実を結んだ。これによって、深海底とその資源は「人類の共同財産」であることが、国際社会の意思として決定されたのである。宣言では、国家管轄権の下に服さない深海底の存在が確認され、同区域が国家による取得の対象にはならず、深海底とその資源に対しては、伝統的な「公海自由の原則」が当然に適用されるものではないことが謳われ、深海底における国家活動は将来設立される国際制度によって規制されることが合意された[6]。

---

[2] UN Doc., *General Assembly Official Records*, 22nd Session, First Committee, 1515th and 1516th meetings.
[3] 本章において「伝統的海洋国際法 (traditional international law of the sea)」とは、第3次海洋法会議まで長年にわたって海洋を規律してきた、また、今日においても依然として妥当している海洋国際法規範の総体をいうものとする。それゆえ「現行国際法 (existing international law)」という場合もある。これに対して、第3次海洋法会議以降、新たに形成、展開されつつある法規範の総体を「現代海洋国際法 (contemporary international law of the sea)」というものとする。
[4] マルタ提案をうけた国連総会本会議は、1967年12月の総会決議2340(XXII)によって国連海底平和利用アド・ホック委員会 (35カ国) を設立し、深海底問題の研究を要請した。この委員会は翌年の総会決議2467A(XXIII)によって常設化され、国連海底平和利用委員会 (42カ国) となった。同委員会は後に90カ国構成に拡大されている。See, *infra* note (7).
[5] "Declaration of Principles Governing the Sea-Bed and the Ocean Floor, and the Subsoil Thereof, Beyond the Limits of National Jurisdiction". 総会決議2749(XXV)。この決議は、賛成108、反対なし、棄権14で採択された。採択経過について詳しくは、高林秀雄「深海海底を律する原則宣言の意義」『龍谷法学』第4巻2号 (1971年) 1-10頁参照。〔高林秀雄『海洋開発の国際法』(有信堂高文社、1977年) 164頁以下に再録〕
[6] なお1969年の国連総会では、深海底制度が樹立されるまでの間は、国家管轄権の限界を超える海底において資源開発活動を差し控えること、ならびに深海底とその資源に対する一切の主張を認めない旨を宣言した「モラトリアム決議」が、多くの先進国の反対にもかか

かくして深海底制度樹立の努力は、その後の拡大海底平和利用委員会[7]、および1973年12月より開始された第3次国連海洋法会議(Third United Nations Conference on the Law of the Sea)に引きつがれた。深海底の開発は、水深数千メートルの海底にあるマンガン団塊(manganese nodules ＝主に、ニッケル、銅、コバルト、マンガンを含有する)[8]を対象にしており、その資源は今〔20〕世紀末には陸上産出の鉱物資源を補完する重要な鉱物供給源になることが確実視されている[9]。それゆえ、開発技術と資本をもつ国(企業)はもちろんのこと、マンガン団塊に含有されている金属を陸上で産出している国やその消費国、あるいは、深海底の開発が少数の技術先進国だけに利益をもたらし、先進国との間に現存する経済格差が一層拡大してゆくことに不安を感じている多くの発展途上国が、深海底制度の動向に注目しているのである。が、国際法における立法論的性格をもつ深海底制度論は、上の諸国の国家的利害が複雑に錯綜、対立する中で展開されており、いかなる制度が樹立されるかは予断を許さない。

しかしながら、今日の海洋法のドラスチックな変動期にあって、深海底の法的地位を決定する指導理念はすでに存在している。革命的概念とも評されている[10]「人類の共同財産」概念がそれである。この概念は厳密な法的思考を通じて捻出されたというより、むしろ深海底制度を樹立するためのスローガンとして打ち出されたものであった。にもかかわらず

わらず採択されている(総会決議2574D(XXIV))。この決議は、賛成62、反対28、棄権28で採択された。採択経過について詳しくは、小田滋『海の資源と国際法Ⅱ』(有斐閣、1972年)210-217頁参照。

7) 1970年12月の総会決議2750C(XXV)によって、1971年より86カ国構成(1972年より90カ国構成)に拡大された。第3次海洋法会議の開催決議でもあるこの決議は、賛成109、反対7、棄権6で採択された。なお1973年12月の総会決議3067(XXVIII)によって、海底平和利用委員会の解散および第3次海洋法会議の招集が決議された。

8) マンガン団塊一般については、本章の3(特に122-124頁)参照。

9) Economic Implication of Sea-Bed Mineral Development in the International Area: *Report of the Secretary-General*, UN Doc., A/CONF.62/25, pp. 12-25. 邦訳「海洋産業研究資料」第5巻7号(1974年)18-32頁参照。

10) 第3次海洋法会議における第1委員会(深海底制度を扱う)の委員長エンゴ(P. B. Engo, カメルーン)の表現。UN Doc., A/CONF.62/C.1/L.16, p. 3.

現在それは、法的評価の対象となっていることは疑いないのであって、単に空虚な美辞麗句として片付けることはできない[11]。この概念のもつ意義を明らかにすることは重要である[12]。

ところで、本論で述べるように、深海底制度が国連において討議されるまで、深海底はいわゆる法の真空地帯といった状態に置かれていたのでは決してなく、そこでの資源開発に十分適用可能な国際法は存在していた。とすれば、新しい国際制度が樹立されねばならないのはなぜか、またいかなる規則が誰にとっていかなる理由で不十分なものであったのか。換言するならば、「人類の共同財産」概念は伝統的海洋国際法の何に対置されようとしているのであろうか。こうした問題を解くためには、「人類の共同財産」概念が登場し、深海底制度が討議される前の段階、すなわち伝統的海洋国際法における深海底の法的地位を明らかにしておく必要があるだろう。

そのために本章では、国際法上、公海の海底が大陸棚とそれ以遠の海底に区分されていなかった時期にまでさかのぼり、海底の法的地位がいかなる要因（必然的要請）に基づいて決定されてきたのかを検討してみたい。同時にその作業によって、深海底の法的地位がいかなる要因（必然的要請）に基づいて新たに決定されようとしているのかを検討してみることにする[13]。

2　伝統的海洋国際法における公海海底の法的地位

(1) 初期の議論——海底トンネルと定着漁業をめぐって——

国際法上、公海の海底が大陸棚とそれ以遠の海底に区分されていなかっ

---

11) R.P. Anand, *Legal Regime of the Sea-Bed and the Developing Countries* (A.W. Sijthoff, 1976), p. 205.
12) 田畑茂二郎編『新しい国際法をめざして』（有信堂高文社、1975年）106頁。
13) 本章では、海底の法的地位を主に資源開発の側面からの検討に限定したこと、ならびに主要な部分が伝統的海洋国際法の分析に当てられたので、第3次海洋法会議での議論の検討は別の機会に譲らざるを得ない。その意味でも本章は、現代海洋国際法における「深海底の法的地位」を検討するための予備的作業であることを、お断りしておく。

た時期[14]においては、深海底だけが独自の法的地位をもつことはなかった。

　沿岸国の主権の下にある領海よりも外側にある広い公海は、いかなる国による領域取得の対象ともならず、すべての国民による自由な使用のために開放されてきた。公海の「帰属の自由」と「使用の自由」を演繹する「公海自由の原則」は、近世初頭の海洋論争を経て次第に確立してきたものであり、伝統的海洋国際法の主柱であると称揚されてきた[15]のであるが、この原則は、それでは一体、公海の海底および地下にも等しく適用されるものと考えられていたのであろうか。あるいは単に、公海の海底の上部水域にのみ適用されるものと考えられていたのであろうか。

　この問題の考察を始めるにあたってわれわれはまず、19世紀の後半に、英仏間にあるドーバー海峡の下に両国を結ぶ海底トンネルを掘る構想が出された時の議論を参照してみよう。

　海底トンネルの建設に関する英仏交渉が開始されたのは、1802年にさかのぼる[16]。産業革命によって資本主義的生産様式をいち早く確立したイギリスにとって、ヨーロッパ大陸は国内産業が生産する商品の絶好の販売市場であった。ところが、19世紀の前半においては、商品を船で輸送するには莫大な費用が必要だったので、輸送費用を大幅に削減し、ヨーロッパ諸国との資本主義的競争の対等の条件を整えるために、イギリスは海底トンネルのもたらす経済的価値に大きな魅力を感じていた[17]。他方、フランスにとっても、海底トンネルは交通、輸送の要路として貴重な価値をもつものだった。しかし、普仏戦争（1870-71年）が終わる頃までは、両国による何らの具体的な準備行動もとられなかったので、海底トンネルの建設は構想の域を出なかったが、戦後ようやく設置された英仏合同

---

14) 本節が対象にするのは、第2次大戦後のトルーマン宣言によって大陸棚問題がクローズアップされるまでの時期である。第2次大戦後の議論については、本節の(2)および(3)を参照。

15) 横田喜三郎『国際法 II（新版）』（有斐閣、1972年）114頁以下参照。

16) G. Gidel, *Le Droit International Public de la Mer*, Tome I (Mellottée, 1932), p. 511.

17) C. J. Colombos, *The International Law of the Sea, 6th ed.* (Longmans, 1967), pp. 84-85.

委員会が、1876年に海底トンネルに関する英仏条約案を提示するに及んで事態の打開のきざしがみえた[18]。もっとも、英仏条約案の提示にもかかわらず、イギリス国内における政治的考慮[19]によって交渉は一時中断されたが、第1次大戦後交渉は再開され、1930年には新たな報告書が提示されている[20]。

さて、このような経過の中で、海底トンネルを掘る法的根拠として、「公海の海底の地下は両国によって実効的占有が可能であり、両国の主権および管轄権は二国間条約によって決定することができる」、また「海底トンネルの建設は、その上にある公海の海底の表面またはその上部水域に対するいかなる主張をも認めるものではない」という見解が明らかにされている。この見解は上の二つの文書の中で示されたものであるが、ここで注目されるのは、公海の海底の表面と地下の法的地位が区別され、海底の地下は *res nullius* (無主物) であると考えられていたことである[21]。

それでは、このような考え方は国際法上いかなる根拠に基づいていたのか。この点に関してコロンボス (C. J. Colombos) は、公海の海底の地下の実効的占有はその上部水域における交通、ならびに貿易に対するいかなる障害を作るものでもない。したがって、地下にトンネルを掘ったり、そこから鉱物資源を採掘する沿岸国の権利[22]は認められるべきである、

---

18) G. Gidel *supra* note 16, pp. 511-512.
19) 海底トンネルはヨーロッパ大陸からイギリスへの侵略を容易にするとの政治的判断から、イギリス国内において海底トンネルの建設に対する反対が強まった。しかし、その後の航空機および潜水艦の著しい発達による戦争手段の変化に伴って、イギリスはふたたび政策転換を行い、海底トンネルの建設に対して積極的になっていった。C. J. Colombos, *supra* note 17, p. 84. L Oppenheim-H. Lauterpacht, *International Law, 8th ed.,* Vol.1, Peace (Longmans, 1955), p. 631.
20) G. Gidel, *supra* note 16, p. 513.
21) 公海の海底の地下は実効的占有が可能であるとする考え方は、これより以前にも、陸地から海底トンネルを掘って公海の海底の地下に達し、そこから鉱物資源を採掘することを認めたイギリスの国内法 (Cornwall Submarine Mines Act, 1858) においても示されていた。C. Hurst, "Whose is the Bed of the Sea?", *BYIL*, Vol.4(1923-4), pp. 34-35.
22) ここでいわれている権利は、公海の海上からトンネルの建設や鉱物資源の採掘を行う権利ではなく、沿岸国の領土または領海の地下から行われる活動の権利であることに注意しなければならない (Cf. *supra* note 21)。大陸棚資源の開発が公海の海上から行われることと比較せよ。

と述べている[23]。

またオッペンハイム＝ローターパクト (L. Oppenheim-H. Lauterpacht) も、公海が自由であることの根本理由は、公海が陸地と陸地を結ぶ国際公路であるために、そこにおける交通ならびに商業の自由が保障されねばならないことにある。しかし、公海の海底の地下を公海の従物 (appurtenance) と考えるのは合理的でないと述べて、地下に対する実効的占有を認めている[24]。同様の見解は、ジデル (G. Gidel)[25]、リンドレイ (M. F. Lindley)[26]、スミス (H. A. Smith)[27] が等しくとるところでもある。

海底トンネルの掘削、またはそこからの鉱物資源の採掘を念頭においた上で、公海の海底の地下から「公海自由の原則」の適用を排除した理由はここにおいて明らかである。すなわち、公海において保護されねばならない自由とは主要には交通、貿易、商業および漁業の自由に他ならなかった[28]のであって、海底の地下の利用がそれらの自由を侵害しない性質のものであった以上、「公海自由の原則」を海底の地下に結びつける必要はなかったのである。

以上の学説は、1950年の国際法委員会において、海洋法に関する特別報告者フランソワ (J. P. A. François) によって踏襲された。彼は、「公海自由の原則の承認の基礎になっている議論は、海底の地下には援用されえない。公海の地下に対する管轄権の設定を国家に禁止するいかなる実定国際法規則も存在しない。公海の地下を占有する国家の権利は、それゆえ認められねばならない」と主張した[29]。国際法委員会では、この考え方に反対して、海底の地下の占有は公海使用の自由に影響を与えるので認められ

---

23) C. J. Colombos, *supra* note 17, p. 69.
24) L. Oppenheim-H. Lauterpacht, *supra* note 19, pp. 629-630.
25) G. Gidel, *supra* note 16, p. 510.
26) M. F. Lindley, *The Acquisition and Government of Backward Territory in International Law* (Longmans, 1926), p. 71.
27) H. A. Smith, *Great Britain and the Law of Nations*, Vol.II (P. S. King, 1935), pp. 122-123.
28) For example, cf. G. Gidel, *supra* note 16, pp. 125-126; L. Oppenheim-H. Lauter-pacht, *supra* note 19, pp. 588-594.
29) *YILC*, 1950, Vol. I, p. 212.

ないとする意見が出され、討議された[30]。しかし、フランソワが海底の地下の占有を認めたのは、上部水域における公海使用の自由に影響を与えないことを条件としていたのであって、その条件が満たされない場合には、フランソワもその占有は違法と考えていた点[31]が見逃されてならない。

ところで、公海の海底の地下とは別に、海底の表面の占有可能性についてはどのように考えられていたのであろうか。海底の地下の実効的占有を認めた学説においても、この点については必ずしも一致していない。

学説の対立を生む契機となったのは、ベーリング海オットセイ仲裁裁判事件（イギリス対アメリカ）であった。この事件の判決（1893年）は、沿岸国は公海上でいかなる管轄権を行使することもできず、オットセイのように自国領土で繁殖して公海を遊泳する種族についても同様であることを明確にした古典的判決である[32]。この事件においてアメリカは、公海を遊泳するオットセイに対して管轄権を行使する主張を正当化するために、イギリスをはじめ他の国々が公海において管轄権を行使している定着漁業[33]の例を引き合いに出した。たとえば、イギリスはセイロンの沖合3マイルを超える公海の海底を先占によって所有し、真珠貝漁業を行っているではないか、と[34]。これに対してイギリスは、セイロンにおける

---

30) *Ibid.*, pp. 212-214. この反対意見は、海底の地下の占有が施設を設けて海面上から行われる場合を想定して述べられていた点で、海底トンネルの掘削によって行われる地下の占有とは異なっている。Cf. *supra* note 22.

31) *Ibid.*, pp. 212-213. なお1958年の「大陸棚に関する条約」第7条は、上部水深のいかんを問わず海底トンネルの掘削により海底の地下を開発する沿岸国の権利を認めている。

32) J.B. Moore, *A Digest of International Law*, Vol. I (Govt. Print, 1906), p. 913; 高林秀雄「ベーリング海オットセイ仲裁裁判事件」田畑茂二郎編『ケースブック国際法』（有信堂高文社、1972年）139頁参照。

33) 定着漁業とは、公海の海底に附着または静止している真珠貝、サンゴ、カキなどを採取する漁業のことである。しかし、定着漁業に関する伝統的な議論においては、しばしば海底に埋設された施設によって行う漁業（今日、定置漁業の名で知られている。1958年の「漁業及び公海の生物資源の保存に関する条約」第13条参照）をも含めて議論されていた点に注意しなければならない。Cf. *YILC*, 1956, Vol.II, p. 293. なお定着漁業に関するわが国の文献としては、小田滋『海洋の国際法構造』（有斐閣、1956年）154頁以下、中村洸「公海の自由と定着漁業の法理（一）（二・完）」『法学研究』第28巻9、10号（1955年）参照。

34) H. A. Smith, *supra* note 27, Appendix, The Behring Sea Arbitration, pp. 411-412.

真珠貝漁業は長年にわたって他国の承認をうけてきたのであって、公海の海底の一部分の占有によって根拠づけられていると反論し、公海の海底の占有とその上部水域における一般漁業とは区別されるべきであると主張した[35]。

裁判所が公海の海底の占有可能性についてどのように考えていたかは明らかではないが、この事件におけるイギリスの主張は、定着漁業を海底の占有理論との関係で説明する端緒となった[36]。たとえばフルトン（T. W. Fulton）は、定着漁業のように海底と密接な関係を有する漁業は「海洋自体よりむしろ海底に属するものとみなされる。……国際法は、特定の場合にはそのような漁業の主張を認めている」と述べていた[37]。しかし、公海の海底で定着漁業を行うことができる法的根拠は明瞭ではなかった。

その点で、定着漁業を行う国家の排他的権利が認められるのは、公海の海底が占有可能なゆえんである、と考えたのはウエストレイク（J. Westlake）だった[38]。また、この考え方をより明確にし、定着漁業に関する国家の実行の分析によって、公海の海底は *res communis*（共有物）ではなく *res nullius*（無主物）である、と結論したのがスミスだった[39]。公海の海底を *res nullius* と考える点ではオコンネル（D. P. O'Connell）も同様であり[40]、フォーシーユ（P. Fauchille）も定着漁業を行うことは海底の実効的占有が認められるからであると考えていた[41]。

それではなぜ海底の実効的占有が認められるのか。ハースト（C. Hurst）によれば、「海底の一部分に対する排他的所有権の主張は、……公海を航行する普遍的権利、または公海において漁業を行う人々の共同の権利と

---

35) *Ibid.*, p. 419.
36) 中村「前掲論文」（注 33) 848 頁。
37) T. W. Fulton, *The Sovereignty of the Sea* (William Blackwood, 1911), pp. 696-697.
38) J. Westlake, *International Law*, Part I, Peace (the Univ. Press, 1904), pp. 186-187.
39) H. A. Smith, *supra* note 27, p. 122.
40) D. P. O'Connell, "Sedentary Fisheries and Australian Continental Shelf", *AJIL*, Vol. 49, No.2(1955), pp. 208-209.
41) P. Fauchille, *Traité de Droit International Public*, Tome I (Lib. Arthur Rousseau 1925), pp. 17-20.

矛盾するものではない」[42]からであり、またオッペンハイム＝ローターパクトによれば、「航行の自由および浮遊魚類の繁殖を妨げない限り、定着漁業その他の目的のために、海底の表面に主権ならびに財産権を取得することを国家に認めるのは、原則にも反しないし、実行にも合致する」[43]からであった。

　公海の海底の実効的占有を認める以上の考え方（以下、先占説と呼ぶ）が、「公海自由の原則」の海底への適用を否認していたのに対して、公海の海底とその上部水域は同じ法的地位の下にあると考え、海底の実効的占有は「公海自由の原則」に抵触すると説くものに、コロンボス、ジデル、リンドレイ、ムートン（M. W. Mouton）などがいる。この考え方によれば、「公海自由の原則」が海底（表面）にも適用されるので、定着漁業を行う国家の排他的権利は、例外的に、海洋に対する領有が許容されていた時にさかのぼる時効[44]の考慮に基づいて認められるにすぎない（以下、時効説と呼ぶ）。

　コロンボスが、海底の地下に対する実効的占有は認められても表面に対しては認められない、と強調するのは[45]、ジデルがいうように、「海底の占有の合法性を承認することは、必然的に公海自由の原則に対する制限的効果を含んでいる」[46]からだった。また、リンドレイが、「海底の表面の一部分の占有は、実際上公海それ自体の一部分の占有から区別されるべきでない」[47]と主張し、ムートンが時効説を支持する一つの理由として、海底の占有が一般漁業の自由に影響を与えることを指摘したのも[48]、

---

42) C. Hurst, *supra* note 21, p. 43.
43) L. Oppenheim- H. Lauterpacht, *supra* note 19, p. 628.
44) 中村洸「国際法における取得時効と公海海床の領有（一）（二）（三・完）」『法学研究』第27巻10、11、12号（1954年）参照。また国際法上の時効に関して、先例ならびに私法からの類推によって考察するものとして、Cf. H. Lauterpacht, *Private Law Sources and Analogies of International Law* (Longmans, 1927), pp. 116-119.
45) C. J. Colombos, *supra* note 17, pp. 67-68.
46) G. Gidel, *supra* note 16, pp. 498-499.
47) M. F. Lindley, *supra* note 26, pp. 68-69.
48) M. W. Mouton, *The Continental Shelf* (Nijhoff, 1952), p. 145.

同じ認識に基づいていたといえる。

　定着漁業を行う国家の排他的権利は、以上のように、先占説と時効説によって説明されていたが[49]、海底の法的地位については、両説の見解は根本的に異なっている。端的にいうならば、先占説が公海の海底（表面）を *res nullius* と考えるのに対して、時効説は *res communis* と考える点が根本的な相違である。

　ところで、先占説が海底の実効的占有を認めたのは、その行為は上部水域における公海使用の自由を何ら侵害しないと考えたからであった。ここで想起されるべきことは、海底トンネルの掘削による海底の地下の実効的占有が、公海使用の自由を侵害しないという理由で認められていたことである。両者に共通しているのは、「公海自由の原則」は海底に適用されない、と考えるところである。そして、その判断基準は、公海の海底区域における活動がその上部水域における公海使用の自由を侵害する性質のものであるか否かということにあったのであり、侵害しない性質のものである場合には、「公海自由の原則」を海底に結びつける必要はないと考えたのである。

　これに対して、時効説が海底の実効的占有を否認したのは、その行為が上部水域における公海使用の自由を侵害すると考えたからであった。この見解によれば、「公海自由の原則」は海底にも適用されたが、定着漁業を行うために国家が海底を実効的に占有することは、「公海自由の原則」の例外として、または時効の考慮に基づいて認められていたのである。

　以上で明らかなように、海底トンネルと定着漁業が念頭に置かれてい

---

49) なお小田は、「対象物が海底面に定着していることの故に、その取得の行為をもって海底面もしくは海の占有を考えることには明らかな誤謬がある。資源取得の行為が海底近くの場で行なわれるのでない限り、海底の占有は問題になり得ない。もし真珠貝漁業による占有を言わなくてはならないのであれば、それは他ならぬ海洋の占有でなければならないはずである」とされて、定着漁業を海底に結びつける論理的根拠はなく、したがってそれを「一般漁業から区別すべき理由は存在しない」と主張されている（小田『前掲書』(注33) 164-174頁参照）。この見解によれば、定着漁業を行う自由は、「公海自由の原則」によってすべての国に等しく認められていることになる。また、本論で考察した二つの考え方と根本的に異なるのは、その権利が非排他的性格のものとなることである。

た限りでは、公海海底の地下と表面の法的地位が区別されていたばかりでなく、海底の表面に対する占有可能性についても議論は分れていた。しかし、海底の法的地位を議論する場合の具体例がわずかであったとはいえ、海底および海底資源を対象にして行われる国家活動を「公海自由の原則」に照らした上で、海底の法的地位が決定されるという論理は、次に見る大陸棚資源の開発という新しい具体例が登場してきても貫徹されていたのである。

(2) 大陸棚制度と「公海自由の原則」

　第2次大戦以来、石油需要の激増に伴い、領海を超えた公海の海底から石油を採掘する技術が著しく進歩した。そこで、1945年9月28日アメリカ大統領トルーマン (H. S. Truman) は、「大陸棚の地下及び海底の天然資源に関する合衆国の政策」[50]を発表して、公海の海底であってもアメリカの沿岸に接続する大陸棚の天然資源に対しては、アメリカが管轄権を行使することを声明した。このトルーマン宣言によって、国際法における大陸棚の概念＝海底資源に対する沿岸国管轄権の概念[51]が明らかにされるや否や、世界の沿岸国が立て続けに、自国沿岸沖にある海洋資源に対してさまざまの主張を行い始めたのは周知の通りである。そのため、海洋秩序の混乱を防止し、新しく生起した大陸棚資源の開発問題を解決する任務が国際法委員会に与えられた。

　ところで、かような沿岸国管轄権主張の法的根拠は、どのように説明されていたのであろうか。前節で見たように、公海の海底は、これまでその表面と地下の法的地位が区別されて論じられてきた。しかし、地下をも含めて公海の海底（大陸棚）が *res nullius* か *res communis* かという議論が、

---

50) Presidential Proclamation 2667, September 28, 1945, with respect to Natural Resources of the Subsoil and the Sea Bed of the Continental Shelf.　大陸棚資源に対するこうした政策を生み出すに至ったアメリカ国内での事態の発展については、高林秀雄『領海制度の研究』（有信堂高文社、1968年）210-231頁参照。

51) N. Ely & J. M. Marcoux, "National Seabed Jurisdiction in the Marginal Sea", in G. T. Yates & J. H. Young (ed.), *Limits to National Jurisdiction over the Sea* (University Press of Virginia, 1974), p. 105.

大陸棚資源に対する沿岸国の主張を契機として、活発になってきたといわれている[52]。そこで、大陸棚の法的地位がどのように考えられていたのかを、まず国際法委員会での議論に見てみよう。

1950年に、国際法委員会で大陸棚問題の審議が開始された時、ハドソン (M. O. Hudson) は「大陸棚の法的地位」について次のような質問を行った。つまり、そこは、① *res nullius* か、② *res communis* か、あるいは、③ *ipso jure* (法上当然に) に沿岸国の管轄権の下に服するのか、④天然資源の探査、開発という限られた目的の為に沿岸国の管轄権の下に服するのか、と[53]。ブライアリ (J. L. Brierly) は、もし *res nullius* であればすべての国が開発の権利をもつことになり、また逆に、*res communis* であれば沿岸国が排他的管轄権を行使できなくなる。したがって、大陸棚は *ipso jure* に沿岸国に属すると考える方がよい (better) と主張していた[54]。この考え方は多くの委員が賛同するところでもあった[55]。国際法委員会では、ハドソンの提起した①から③の考え方の各々について採決を行い、結局、①と②は全員一致 (②は1名の棄権あり) で否決され、③の考え方が6対4で採択された[56]。ハドソンは④の考え方に委員会が言及しなかったことを不満としたが、そのことはともかく、大陸棚が *ipso jure* に沿岸国に属するという考え方は、これ以後、国際法委員会が一貫してとった立場であった[57]。1956年に提出された海洋法案で示された大陸棚の法的地位に関する認識は、要旨次の通りである。すなわちそれは、「沿岸国は大陸棚を探査し、その天然資源を開発するための主権的権利を行使する。この権利は実効的な若しくは観念的な先占または明示的な宣言に依拠するものではない。また、沿岸国の権利の承認は、大陸棚の上部水域の法的地位に影響を与えるものでは

---

52) L. Henkin, "Law for the Sea's Mineral Resources" prepared for the National Council on Marine Resources and Engineering Development, 1967, p. 29.
53) *YILC*, 1950, Vol. I, p. 228.
54) *Ibid.*, p. 227.
55) *Ibid.*, p. 227-228.
56) *Ibid.*, p. 229.
57) Cf. *YILC*, 1951, Vol. I, p. 407; *YILC*, 1953, Vol. I, p. 137 and Vol. II, p. 7.

ない」というものだった[58]。第1次海洋法会議において、この草案の趣旨は根本的な修正を受けることなく採択され[59]、「大陸棚に関する条約」の中に具現された。

　こうして樹立された大陸棚制度は、公海の海底である大陸棚の法的地位に関する綿密な分析を通じて論理的に導き出されたものではなかった。それはむしろ政策的実際的考慮、つまり大陸棚の開発を各国の自由に委ねるよりも沿岸国に開発の排他的権利を認める方が、沿岸国管轄権の一方的拡大を防止し、効果的な開発を行うことができるとの判断に基づいて樹立されたものであった[60]。もっとも、ローターパクトのように、沿岸国管轄権の一方的主張は大陸棚に対する何らの権原の基礎にもならないが、沿岸国領土と大陸棚の「接続性」および「物理的一体性」がその権原の基礎となっていることを、綿密な論証を通じて明らかにしようとする試み[61]があったことは否定できない。しかし、ローターパクトの影響の下に、沿岸国領土と大陸棚の結びつきが強調されたのは、どちらかといえば、大陸棚資源に対する沿岸国管轄権を認める現実の必要性に触発されてのことだった。沿岸国管轄権の法的根拠として、オコンネルが「大陸棚は *ipso jure* に沿岸国に属する」と考えたのは、大陸棚資源を効果的に開発するという経済的必要性に促されてのことだった[62]。またヤング（R. Young）[63]やゴルディ（L. E. F. Goldie）[64]が、大陸棚を領海と同様に「沿岸国の不可分の従物 (inseparable appurtenance)」とみなし、クンツ（J. L. Kunz）が沿岸国管轄権の一方的主張から新しい慣習国際法規範の成立を認めた[65]のも同

---

58) Cf. *YILC*, 1956, Vol. II, pp. 295-298.
59) Cf. United Nations Conference on the Law of the Sea, *Official Records*, Vol.VI, Fourth Committee, 1958, pp. 48-70.
60) 高林『前掲書』（注50）237-238頁参照。
61) H. Lauterpacht, "Sovereignty over Submarine Areas", *BYIL*, Vol.32(1950), p. 430.
62) D. P. O'Connell, *International Law*, Vol. I, (Stevens, 1965) pp. 577-578.
63) R. Young, "The Legal Status of Submarine Areas Beneath the High Seas", *AJIL*, Vol.45, No.2(1951), pp. 238-239.
64) L. F. E. Goldie, "Australia's Continental Shelf: Legislation and Proclamation", *ICLQ*, Vol.3, Pt.4(1954), p. 567.
65) J. L. Kunz, "Continental Shelf and International Law", *AJIL*, Vol.50, No.4(1956), p. 832.

じ理由からだった。

　しかしながら、他方において、大陸棚から「公海自由の原則」の適用を排除して、新しい国際制度を樹立しなければならなかった必然的要請があったことを無視することはできない。大陸棚の開発は海底資源の採取を行う点では定着漁業の場合と同じだったが、海面上または海底に大規模な施設を設置して行う点でそれとは異なっていた[66]。したがって、公海におけるこの施設の存在が、伝統的に認められてきた公海使用の自由に障害とならざるをえなかったのである。ローターパクト[67]やコロンボス[68]は、海底トンネルの掘削と大陸棚の開発を比較して、後者が施設を利用して海面上から行われるものであるため、航行の自由が不可避的に影響をうけることを強調している。またグリーン（L. C. Green）は、定着漁業が公海使用の自由に抵触しないのに反して、同じ海底の占有であっても大陸棚の開発はその自由に抵触せざるをえないことを述べ[69]、ヤングは、新しい国際制度が必要なのは大陸棚の開発が公海使用の自由に抵触するので、その開発の権利と「公海自由の原則」を調整する必要があるからだと説いていた[70]。

　ここにわれわれは、大陸棚制度が単に政策的実際的考慮だけによって樹立されたものではなかったことを理解することができる。すなわちそれは、大陸棚の開発が公海使用の自由と不可避的に抵触せざるを得なかったために、大陸棚から「公海自由の原則」の適用を排除し、その開発を合法化しなければならない必然的要請に基づいて樹立されたものであった。前節で見た時効説によれば、定着漁業を行うために海底を占有することは「公海自由の原則」に抵触すると考えられていたにもかかわらず、その占有を合法化するために何らの海底制度の樹立も提案されなかったのは、時効の考慮に基づいてその占有を合法化できたからであり、したがって、

---

[66] M. W. Mouton, *supra* note 48, pp. 299-305. 藤井清光『海底石油』（日本放送出版協会、1975年）参照。
[67] H. Lauterpacht, *supra* note 61, p. 414.
[68] C. J. Colombos, *supra* note 17. p. 70.
[69] L. C. Green, "The Continental Shelf", *Current Legal Problems*, Vol.4(1951), p. 78.
[70] R. Young, *supra* note 63, p. 238.

新しい制度は必要とされなかったのである。

　なお、大陸棚制度を討議した国際法委員会では、公海の海底資源の開発を国際管理(internationalization)の下に置く構想が提案されたことがあった。1951年にスピロプーロス(J. Spiropoulos)は、公海の海底にある鉱物資源の開発に関する「最も優れた解決方法は、海の資源の保護のために国際機関(International Board)を設立することである」と述べて口火をきった[71]。これに対してハドソンは、海底区域の天然資源の開発を国際社会の機関に委託することは理想的ではあるが、「現在の状況では、そのような海底の国際管理は克服しがたい実際上の困難に遭遇し、天然資源の効果的な開発を行うことができなくなるであろう」と述べて、海底の国際管理の非現実性を強調した[72]。この問題は1953年に再び討議されているが、結論は出ていない[73]。そこでセル(G. Scelle)はより具体的に次のように提案した。すなわち、「国際管理機構(International Administrative Authority)は、公海の海底および地下の資源を試掘、調査し、また開発するために一または二以上の政府によって援助された自然人または法人が提出する申請を取り扱う権限をもつものとする。……この機構は、適当と考える場合には、……国際的コンセッションを付与することができる」[74]と。国際法委員会におけるこの種の提案は、しかしながら、結局ハドソンが述べた理由によって採択されなかった[75]。そもそも、公海の海底資源の開発を国際管理の下におく構想は、沿岸国の間で大陸棚を分割する構想に対抗して提示されたものであったが、当時においては、その構想を実現させなければならない必然的要請はまったく存在しなかったのである[76]。

---

71) *YILC*, 1951, Vol.I, p. 304.
72) *Ibid.*, p. 407.
73) *YILC*, 1953, Vol.I, pp. 112-115.
74) *YILC*, 1955, Vol.I, p. 10. しかし、これは後に撤回された。
75) *YILC*, 1956, Vol. II, p. 298. なお、第1次海洋法会議においても、海底の国際管理に言及する代表(モナコ)があったが、支持は受けていない。United Nations Conference on the Law of the Sea, *Official Records*, Vol. VI, Fouth Committee, 1958, p. 18.
76) 大陸棚制度が樹立されねばならない必然的要請があったからといって、沿岸国の間で大陸棚を分割する方法しかなかったのかといえば、疑問であることは確かである。しかし、

大陸棚制度の樹立に伴って、定着漁業と海底トンネルの問題は、大陸棚制度の下に包摂され一応の解決を与えられる[77]と同時に、公海の海底は大陸棚とそれ以遠の海底に区分されたが、後者の法的地位はどのように考えられていたのであろうか。

(3) 深海底の開発と「公海自由の原則」

　伝統的海洋国際法は、大陸棚以遠の海底（深海底）における資源開発（以下、深海底の開発という場合もある）の自由を認めていたのであろうか。換言すれば、深海底の開発の自由は、「公海自由の原則」から演繹されるのであろうか。これが本章において最後に検討されるべき問題である。

　「公海に関する条約」の第2条は、「公海の自由」として、①航行の自由、②漁獲の自由、③海底電線及び海底パイプラインを敷設する自由、④公海の上空を飛行する自由の四つを明示している。ただし、本条においては、「この公海の自由には……特につぎのものが含まれる」として右の自由が明示されたこと、ならびに、「これらの自由及び国際法の一般原則により承認されたその他の自由は、すべての国により、公海の自由を行使する他国の利益に合理的な考慮を払って、行使されなければならない」（傍点筆者）と規定されていることからも明らかなように、本条に示された自由は例示的なものであって、これ以外の自由がないということを意味していない[78]。この解釈は国際法委員会においても確認されており[79]、第1

　大陸棚制度が法政策的にみて優れた制度であったかどうかは別にして、ここで注目しておかなければならないのは、大陸棚の資源開発は、いずれの国が行おうと「公海自由の原則」と抵触せざるをえなかったこと、それゆえ国際立法によって伝統的な公海制度を修正せざるをえなかったことである。それが海底資源開発の国際管理の構想にまで結びつかなかったのは、沿岸国が大陸棚の資源開発に大きな利益を見出していたこと、ならびにその開発が当時においてすでに行われていたために、その既得権を放棄し、開発を停止してまで国際管理の構想を実現させねばならない理由はまったくなかったからであると考えられるであろう。

77)「大陸棚に関する条約」第2条4項、7条。
78) 横田『前掲書』（注15) 130頁、高林秀雄「公海に関する条約」『国際法外交雑誌』第58巻1・2合併号 (1959年) 76頁。
79) *YILC*, 1955, Vol. II, pp. 21-22; *YILC*, 1956, Vol. II, p. 278.

次海洋法会議においても多くの代表によって強調されていた[80]。

それでは、ほかにどのような自由があると考えられていたのか。この点に関して注目すべきことは、国際法委員会が 1956 年に提出した海洋法案第 27 条（後の「公海に関する条約」第 2 条）に関するコメンタリーの中で、次のように述べていたことである。すなわち、「本条に含まれている公海の自由のリストは制限的なものではない。委員会は単に主要な四つの自由を明記したのであって、公海で科学的調査を行う自由[81]のような他の自由があることを承知している。……委員会は、公海の海底を探査、開発する自由に特に言及しなかった。大陸棚の海底または地下の探査、開発とは異なり、そのような開発は、特別の規制を正当化するほどの十分に実際上の重要性をまだ具備していない」[82]と。また海洋法に関する特別報告者フランソワは、1956 年の報告書の中で、「大陸棚以遠の公海の海底及び地下の探査、開発」という項目を設定して次のように述べていた。「報告者には、大陸棚以遠の公海の海底を探査する自由について、委員会が考察する必要はないように思われる。水深が 200 メートルを超える海域において、その目的のために恒久的施設を構築することは、現在では不可能であり、おそらく、当分の間は依然としてそうなっているにちがいない」[83]と。国際法委員会にとって、深海底の開発を律する包括的な規則を作成することは、それがいつ現実のものとなるかもわからないゆえに、「純粋に理論上の問題であって、その法典化を唱えることは完全主義 (perfectionalism) の作業」[84]を要求されることと同じであった。したがって国際法委員会は、その時点 (1956 年) では深海底の開発に関する諸規則を「検討すべきではない」と結論したのであった[85]。

---

80) United Nations Conference on the Law of the Sea, *Official Records*, Vol. IV, Second Committee, 1958, pp. 17, 38 and 41.
81) 科学的調査の自由は公海で行われる核実験の合法性との関連で複雑な問題を内包していたので、国際法委員会はこの問題に関する詳細な研究を行わなかったことを自認している。
82) *YILC*, 1956, Vol. II, p. 278; see also, *YILC*, 1955, Vol. II, p. 22.
83) *YILC*, 1956, Vol. II, p. 9.
84) *Ibid.*, p. 11.
85) *Ibid.*, p. 11.

この前年、セルは、大陸棚以遠の海底の開発の自由が認められなければ、大陸棚を持たない国は公海の海底から鉱物資源を採取することができなくなり、不合理きわまりないことを強調した[86]。しかしフランソワは、単にそのような自由があることを承知していると述べただけで、明確な回答を避けている[87]。もっとも、セルとは逆に、根拠は明確ではないがズーレック (J. Zourek) のように、深海底を開発する権利は国際法上存在していないとする考え方もあったが何らの支持も受けなかった[88]。

国際法委員会における以上の認識を見るならば、深海底の開発の自由が積極的に取り上げられなかった理由として、次の2点を指摘できるだろう。すなわち、第1の理由は、深海底の開発が当時においてはまだ現実の日程にのぼっておらず、また、近い将来それが可能になるとはまったく予想されていなかったことである[89]。だからこそ、かような開発をわざわざ法の規制の対象にしなかったのであり、また、その必要もなかったのである。第2の理由としては、深海底の開発の問題は、発展する海底開発技術がもたらす大陸棚の漸次的拡張によって、自動的に解決されるだろうと考えられていたことがあげられる。先に引用したフランソワの報告書にも見られるように、当時においては、近い将来に開発が可能となる海底といっても、せいぜい水深数百メートルまでのところであると考えられていた[90]。したがって、大陸棚の地理的限界に関する開発可能性の基準[91]によって、開発が可能になった場合には、大陸棚制度の下で問題の解決を図ろうとしたのである。国連における深海底問題の研究が開始された当初においても、もし国際法委員会が今日見られるような

---

86) *YILC*, 1955, Vol. I, p. 263.
87) *Ibid.*, p. 282.
88) *Ibid.*, pp282-283.
89) 深海底の開発がこの当時現実の日程にのぼらなかった理由については、本章の3(特に122-123頁)参照。
90) *YILC*, 1953, Vol. II, p. 212; *YILC*, 1956, Vol. II, p. 9.
91) 国際法委員会は、大陸棚の地理的限界を定める基準として、1951年には開発可能性の基準を、1953年には水深200メートルの基準を採択したが、1956年には最終的に両基準の併用案が採択された(のちの「大陸棚に関する条約」第1条)。

国家の管轄権のラディカルな拡張の可能性に留意していたならば、深海底の開発に関する規則を疑いもなく明確にしていたであろうことが指摘されていた[92]。

　深海底の開発についての国際法委員会の認識は、第1次海洋法会議にも反映された。公海制度を討議した第2委員会においては、深海底の開発の自由を取り上げる必要性に言及する代表もあったが[93]、その自由を「公海の自由」の一つとして明確にせよとする提案は、結局どこの国からも行われなかった。しいて指摘しておくならば、先の四つの「公海の自由」に加えて、「調査、実験および探査の自由」を明示的に規定せよとする提案がポルトガルによって行われたが[94]、賛成13、反対39、棄権8で否決されている[95]。しかし、このポルトガル提案は科学的調査の自由を具体化しようとする試みであって、深海底の開発の自由を追加規定しようとするものではなかった。第1次海洋法会議におけるこのような状況を見るだけでも、われわれは、深海底の開発の自由を取り上げることがいかに時期尚早であると考えられていたのかを理解することができる。第1次海洋法会議において、公海の海底の開発問題は大陸棚制度の討議にすべて委ねられていたのである[96]。

---

[92] "Legal aspects of the question of the reservation exclusively for peaceful purpose of the sea-bed and the ocean floor, and the use of their resources in the subsoil thereof, underlying the high seas beyond the limits of present national jurisdiction and the use of their resources in the interest of mankind", *Study prepared by the Secretariat*, UN Doc., A/AC.135/19, para. 25.

[93] United Nations Conference on the Law of the Sea, *Official Records*, Vol. IV, Second Committee, 1958, p. 38.

[94] *Ibid.*, p. 117.

[95] *Ibid.*, p. 55.

[96] だからといって、国際法委員会ならびに第1次海洋法会議において、公海の海底の開発問題はたとえ水深数千メートルの深海底の開発であっても、大陸棚制度によってすべてカバーされると考えられていたということはできない。その理由は次の通りである。国際法委員会において、大陸棚という用語が熟成された上で保持されたのは、たとえそれが地質学上および地理学上の概念をはなれて採用されたものであっても、やはり、「沿岸に隣接した区域」であることが周到に考慮されたからに他ならない。そのことは、大陸棚という用語の代わりに"submarine area"という用語の使用が検討されたにもかかわらず、その用語では問題となっている区域の性質（隣接性）を十分に説明することができないから、という理

以上見てきたことから、深海底の開発の自由は、「公海自由の原則」に基づく限りすべての国に等しく認められるが、その自由を条約上明示する必要性がまったくないと判断されていた、と考えることはできないであろうか。国際法委員会が公海の自由の一つとして、深海底を「探査、開発する自由があることを承知している」と考えていたことは、決定的に重要である[97]。現実に存在せず、また、不可能であった開発を国際法上自由であると考えたのは、まさに「公海自由の原則」をその法的根拠として援用したからにほかならない。いうまでもなく、「公海自由の原則」は万人による海洋利用の自由を保障するものである。深海底の開発が公海の他の利用に何らかの障害を及ぼすものであることが明らかな場合には、その開発は「公海自由の原則」と抵触するものであるが、そうでない限り、深海底の開発といえどもそれが公海の利用を通じて行われる以上自由であると考えるのが論理的帰結であろう[98]。1960年代に入って、深海底の開発のための海洋利用形態が明らかになってきても、その開発に対する「公海自由の原則」の適用可能性を否定する法的根拠は提示されていない。深海底の開発は、次節で詳しくみるように、船舶上から各種の機器を使っ

由で否決されていたことにも示されている。Cf. *YILC*, 1956, Vol. II, pp. 296-297. 第1次海洋法会議においても、多くの代表が、大陸棚が「沿岸に隣接した区域」であることに言及していた。Cf. United Nations Conference on the Law of the Sea, *Official Records*, Vol. VI, Fourth Committee, 1958, pp. 32-45. 以上の事実は、開発可能性の基準によって、開発が可能な海底はすべて大陸棚になりうると解釈することが仮にできるとしても、当時の意識においては、深海底の開発が大陸棚制度によってカバーされるとは考えられていなかったことを示しているといえるだろう。国際法委員会において、フランソワが、大陸棚の開発問題とはまったく異なる脈絡において大陸棚以遠の海底の開発の自由に言及していたことも、そのことを暗黙に裏付ける要素であろう。なお、「大陸棚に関する条約」第1条の解釈によっても、世界の海底がすべて大陸棚になるとは考えられないことを指摘するものとして、高林「前掲論文」(注5) 25頁、田畑茂二郎「現代国際法の諸問題(16) 深海海底の国際制度」『法学セミナー』1973年8月号54頁参照。

97) リュアード (E. Luard) 及びキッシュ (J. Kish) は国際法委員会におけるこの認識を引用して、深海底の開発の自由は「公海自由の原則」によってすべての国民に等しく認められると述べている。E. Luard, *The Control of the Sea-bed* (Heinemann, 1974), p. 46; J. Kish, *The Law of International Spaces* (Sijthoff, 1973), p. 63.

98) 小田滋「大陸棚の法理 (二)」『国際法外交雑誌』第53巻4号 (1954年) 58-65頁参照。

て海底およびその地下にある資源を採取する行為である。それは大陸棚の開発とは異なり、公海上に施設を設置して行う必要がなく、公海の上部水域の他の利用に何らかの障害を及ぼす性質のものではない。したがって、深海底の開発は単に公海の利用の「新しい形態」にすぎないとみなされ[99]、現行国際法に基づく限りは「公海自由の原則」が適用可能であると考えられている[100]のである。

深海底の開発に「公海自由の原則」を通用する場合には、その開発が海底の地下にある資源をも対象にしているので、「公海自由の原則」は公海の海底およびその地下にも適用されることになり[101]、その限りでは、海底の表面と地下の法的地位の区別はなくなり、深海底は上部水域と同じ法的地位の下におかれることになる。そこでこの点に着目して、伝統的海洋国際法における深海底の法的地位は *res nullius* ではなく *res communis* であるといえるだろうか[102]。

一般的にいって、公海それ自体が *res communis* であることは、今日まで疑われたことがなかった[103]のに対して、公海の海底（深海底も当然に含まれる）は今日まで一貫して *res communis* であったということができないのは、すでに本節の(1)で見てきたことから明らかであろう。つまり、伝統的海洋国際法においては、公海それ自体の法的地位は不変であったのに対して、海底（時には地下を区別して）の法的地位は、海底の特定の利用または資源開発の諸形態に応じて決定されてきた[104]といえる。したがって、伝

---

99) L. Gerberg "Legal Problems of the Exploitation of Deep-Sea Mineral Resources", in M. Frankowska (ed.), *Scientific and Technological Revolution and the Law of the Sea* (Zakład Narodowy im. Ossolińskich, 1974), p. 120.

100) J. Andrassy, *International Law and the Resources of the Sea* (Columbia University Press, 1970), p. 130; E.D. Brown, *The Legal Regime of Hydrospace* (Stevens & Sons, 1971), p. 82.

101) J. Kish, *supra* note 97, p. 33-34.

102) ヘンキンは、深海底が *res nulluis* か *res communis* かを検討しているが、現行国際法上はどちらともいえないと考えている。L. Henkin, *supra* note 52, pp. 33-34.

103) F.V.G. Amador, *The Exploitation and Conservation of Resources of the Sea* (A.W. Sythoff, 1963), pp. 2-3; M. Sørensen (ed.), *Manual of Public International Law* (Macmillan, St. Martin's Press, 1968), p. 346.

104) なお、第1次海洋法会議においてブラジルが、公海の海底とその上部水域の法的地位を区別することを意図した提案を行ったことがある（後に撤回）。ブラジル代表は、これまで公海は一元的に捉えられていたが、最近の技術の進歩によって公海の海底や生物資源およ

統的海洋国際法において深海底が *res nullius* であったか *res communis* であったかということは一概にいえないのであるが[105]、本章の目的上ここではさしあたり、深海底の開発には「公海自由の原則」が適用可能な現行国際法であることを確認しておくことにしよう。

深海底の開発は、大陸棚の開発とは異なって、上部水域の使用の自由を不可避的に侵害する性質のものではなく、「公海自由の原則」の下ですべての国民に開発の自由を認めることも不可能ではなく、したがって、上部水域の使用の自由を侵害するが故に大陸棚制度が樹立されねばならなかったといった必然的要請は深海底の開発の場合には存在していない。それではいかなる理由で深海底制度が必要とされるのであろうか。この点を次に考察してみよう。

3 現代海洋国際法における深海底の法的地位の確定 ——深海底制度の必要性——

今日、われわれは深海底にあるマンガン団塊の存在や、その開発の重要性を容易に知ることができるが、この資源に対する国際的関心が集まったのはごく最近のことである。

マンガン団塊は、1873から76年にかけて行われたイギリスの海洋調査船チャレンジャー号の海洋探険の結果、発見されたものである[106]。この

び開発、上空の利用がおのおの別々に問題となってきたので、公海 (high seas) を、① waters of the sea　② living resources of the sea　③ the sea bed　④ space above the sea の四つに区分することが望ましいと述べていた。United Nations Conference on the Law of the Sea, *Official Records*, Vol. IV, Second Committee, 1958, pp. 42-43, 54.

105) ただし、深海底に先占説を適用しうるかどうかは重要な問題を提起するように思われる。なぜなら、先占によって海底を実効的に占有することが可能であれば、理論的には先進国にとって深海底制度は不要となるからである。この点については、本章128頁参照。しかし、大陸棚以遠の海底の開発の自由が「公海の自由」の一つとして取り上げられ、「公海自由の原則」の適用可能性が議論されていたという事実は、少なくとも当時（1950年代）においては、深海底が「公海自由の原則」の適用をうけない *res nullius* とは考えられていなかったことを暗黙の内に示していたとはいえないだろうか。

106) J. L. Mero, *The Mineral Resources of the Sea* (Elsevier Pub. Co., 1965), p. 127. 日本鉱業会訳『海洋鉱物

ように比較的早期に発見されているものの、マンガン団塊についての研究は、①深海底が人類の視角に入ってこなかったために、盲点となって多くの研究者の注意を引かなかったこと、②研究試料の入手がむずかしく、また仮に入手したとしても、産地による個々の性質に大きな変化があって、一般的な規則性を引き出すことが困難だったこと、等の理由によって最近まで放置されてきたといわれている[107]。こうした状況下に置かれていたマンガン団塊の研究がようやく進展し始めたのは、海中カメラや遠隔操作の技術が発展した第2次大戦後のことであった。もっとも、1960年頃までは、マンガン団塊が陸上鉱物資源を補完する重要な鉱物供給源として認識されるには至らず、研究の興味はもっぱらマンガン団塊の性質、分布、成因などに集中していた[108]。

しかしながら、1960年代に入り、アメリカを中心とした少数の技術先進国による大規模な調査、研究が進展した結果、今日では、マンガン団塊の探査、開発、精錬の全工程をカバーする技術が開発されるに至り、近い将来において、商業ベースにのった新しい海洋鉱業が成立すると考えられている[109]。

資源』(日本鉱業会、1972年) 25頁。
107) 島誠『海のマンガン団塊―性質・分布・成因―』(海洋出版、1976年) 10-18頁参照。
108) マンガン団塊がバルチック海や黒海のような内陸性の海底をも含めて、ほとんどすべての海洋の海底に存在していることは、1930年頃までには明らかになっていたといわれている。島『前掲書』(注107) 25頁参照。
109) 地上資源とマンガン団塊(太平洋に限定)の比較は次表のとおりである。

成分	銅	ニッケル	コバルト	マンガン
世界の経済的地上鉱山の埋蔵量	百万t 308	百万t 68	百万t 240	百万t 800
世界の年間消費量	万t 850	万t 57.6	万t 2.2	万t 820
現状の産出量での地上資源の寿命	年 36	年 118	年 110	年 97
太平洋の海底下1mの中にある埋蔵量＊	億t 50	億t 90	億t 30	億t 2000

『転換せまられる海洋国家』(日本海洋協会、1976年) 8頁より引用。
　＊ J. Meroの試算による。

このように見てくると、国際法委員会が第1次海洋法会議の準備をしていた頃には、深海底の開発がクローズアップされえなかった事情を理解することができる。

　概括的にいって、マンガン団塊の開発は、①探査地域選出作業、②広域調査（概査）、③選出地域探査（精査）、④有望地区探査（開発調査）、⑤マンガン団塊の採取（開発）、⑥精錬・加工、⑦輸送・販売の順に行われ、これらすべての作業に要する時間と資本は莫大なものとなる[110]。また上の②から⑤の作業は、種々の機器を搭載した船舶によって行われ、その船舶の活動対象となる海洋の面積は、数百平方キロメートルから5万平方キロメートルに及ぶ[111]。マンガン団塊の開発は、このように莫大な投資を必要とするリスクの高い事業なのである。

　さて、前節で明らかにしたように、かような開発には「公海自由の原則」が適用可能な現行国際法であった。深海底の開発の自由は、「公海自由の原則」から演繹することができた。それゆえ、深海底の探査、開発が行われる広大な海域において、同時に2カ国以上の国が、公海の自由を行使する他国の利益に合理的な考慮を払った上で[112]、同じ開発活動に従事することが可能である。

　しかしながら、ある国（企業）が巨額の資本を投入して探査、開発のプロジェクトを組んだ鉱区において、「公海自由の原則」の名の下に、他国（企業）が同様の活動に入るならば、当初予定したプロジェクトの遂行がきわ

　なお、マンガン団塊一般については、Economic Implication of Sea-Bed Mineral Development in the International Area; *Report of the Secretary-General*, UN Doc., A/CONF.62/25. 邦訳「海洋産業研究資料」第5巻7号（1974年）、日本鉱業会関東支部「海洋の鉱物資源開発に関するシンポジウム」（1974年11月）、「深海底マンガン団塊」『海洋科学』1976年11月号、「特集・海底をさぐる」『地質ニュース』1976年12月号、島『前掲書』(注107)、J. Mero, *supra* note 106, 邦訳『前掲書』(注106)参照。

110) 必要な投資額の試算については、cf. J. Mero, "The Great Nodule Controversy", in E. T. Christy(etc.) (eds.), *Law of the Sea: Caracas and Beyond, Proceedings, Law of the Sea Institute Ninth Annual Conference*, Jan. 1975 (Ballinger Pub. Co., 1975), pp. 344-346.
111) 島『前掲書』(注107) 119頁参照。
112)「公海に関する条約」第2条。

めて不安定なものになるであろう[113]。したがって、深海底の探査、開発を行う国（企業）が鉱区において有する権利は、その鉱区における他国（企業）の探査、開発の自由を否認した排他的性格のものでなければ、安定した活動の保障＝投下資本の安全は得られないのである[114]。しかし、「公海自由の原則」の下で認められる開発の自由は非排他的な性格の権利である以上、伝統的な公海制度の下では、開発技術を有する国（企業）は深海底の開発を有効に行うことはできない。我々はここに、深海底制度が樹立されねばならない先進国による必然的要請を見ることができる。

　高度な海洋利用能力を有する先進国は、これまで「公海自由の原則」によって保障されていた公海使用の自由を駆使して多大の利益を享受してきた[115]。しかし、深海底の開発に固有の特徴が、その開発に「公海自由の原則」を適用すれば重大な不都合を生ずるに至り、先進国の側から右の理由によって必要とされた深海底制度は、同時に、発展途上国の側からも次の理由によって必要とされた。

　すなわち、「公海自由の原則」は、歴史的に見ればヨーロッパにおける資本主義の発展に伴い公海を商業、貿易のためにすべての国に自由に開放する必要に迫られた産業資本の要請を反映して成立したものだった[116]。したがってその原則は、公海における生産活動の自由競争を保障するものとして機能してきたが、第2次大戦後政治的独立を達成した多くの発展途上国は、その自由競争に参加する十分な能力と機会をもたないままに今日に至っている[117]。折しも深海底にある資源の経済的価値が

---

113) J. Andrassy, *supra* note 100, pp. 130-131; L. Gerberg, *supra* note 99, pp. 122-123.
114) この点は一般に指摘されているところである。E. D. Brown, *supra* note 100, p. 83; R. P. Anand, *supra* note 11, pp. 179-180; L. J. Bouchez, "The Freedom of the High Seas: A Reappraisal", in *The Future of the Law of the Sea: Proceedings of the Symposium at Den Helder by the Royal Netherlands Naval College and the International Law Institute of Utrecht State University, 26 and 27 June, 1972*, ed. By L. J. Bouchez and L. Kaijen(Nijhoff, 1973)p. 43; H. Takabayashi, "Recent Developments of the Legal Regime for the Seabed Exploitation", *Ryukoku Law Review*, Vol. 9, no.3-4(1977), p. 429.
115) R. P. Anand, *supra* note 11, pp. 172-172.
116) 高林『前掲書』（注50）36頁。
117) 今日伝統的海洋国際法が激しく動揺している一つの理由は、まさに「公海自由の原則」が、歴史的現実においては高度な海洋利用能力をもった先進国のみに奉仕するものになったか

国際的に認識されるにつれて、開発技術を有しないそれらの諸国は、その資源が少数の技術先進国によって独占され、先進国との間に現存する経済格差がより一層拡大してゆくことに不安を抱き始めた。また、深海底が国家による取得の対象となるに及んで、同区域の軍事利用または環境破壊が激化するのではないかとの不安も生起した[118]。そこで、こうした不安がマルタをして 1967 年に深海底制度樹立の提案を行わしめたのである。深海底とその資源は「人類の共同財産」であると強調したマルタ提案[119]が、多くの発展途上国の支持をうけたのは、まさに、深海底制度によって、技術先進国による資源の独占的開発を防止し、開発からあがる利益の自国への衡平な配分を制度的に確保しようとしたそれらの諸国の願望に合致していたからに他ならない[120]。深海底の開発に「公海自由の原則」が適用され、その開発の自由がすべての国民に認められるならば、形式的には平等であっても開発技術をもたない諸国は何ら利益をうけなくなり、実質的な不平等が生ずることになる。われわれはここに、その実質的な不平等を解消するために、発展途上国の側から深海底制度が樹立されねばならない必然的要請を見ることができる。

深海底制度に関する先進国と発展途上国の必要性の認識は、以上のように根本的に異なっている[121]。しかし、深海底とその資源に対しては、開発の自由競争を保障する「公海自由の原則」の適用を排除しようとする点での一致が、深海底制度の樹立を担保する決定的な要素となっているのである。

ところで、海底資源開発を国際管理の下に置く構想は、すでに見たように大陸棚制度の討議において提示されたことがあったが、それは沿岸

らである。Rene-Jean Dupuy, *The Law of the Sea* (A.W. Sijthoff, 1974), p. 3.
118) マルタ提案が登場する背景については、E. Luard, *supra* note 97, pp. 83-85.
119) マルタ提案については、本章の 1 を参照。
120) R. P. Anand, *supra* note 11, pp. 207-208.
121) 深海底制度をめぐる国家的利害の対立が、先進国と発展途上国という二つのグループの対立で説明され尽くされないのはいうまでもない(本章の 1 を参照)が、深海底制度の必要性が主張された当初の段階においては、それら二つのグループの対立だったといえよう。

国の間で大陸棚を分割することに反対して提示された理想主義的なものであったのに対して、深海底制度に関する現在の討議は、先進国と発展途上国の双方からの必然的要請——それはきわめて切実な国家的利害を内包している——に基づいて行われているものである。したがって、発展途上国によって提示された「人類の共同財産」概念は、第一義的には、発展途上国の側からの必然的要請に照らし合わせて評価されねばならない。

　この観点に立つならば、「人類の共同財産」概念は、開発の自由を演繹する「公海自由の原則」に対する抗議概念としての性格をもつものであるといえる[122]。「公海自由の原則」は、深海底の開発の自由をすべての国に等しく認めていた点においては形式的平等を実現するものであったが、その自由を行使する能力をもたない発展途上国にとっては、先進国との間に実質的な不平等を生ぜしめる以外の何物でもなかったからである。また、発展途上国は、今日の経済的立ちおくれの原因がかつての植民地支配にあったことを指摘し、「人類の共同財産」である深海底資源の開発からあがる利益の衡平な配分をうけとる歴史的に正当な権利をもつと主張する[123]。したがってその概念は、単なる抗議概念ではなく、発展途上国の経済的自立の要求[124]を示すイデオロギー的な性格をもった概念であるともいえよう。

　この概念が提示されたとき、多くの先進国はその言葉があいまいであるため、法的に見ればさまざまの解釈を生むことになるという理由で強い抵抗を示した[125]。確かにその概念は、最初から特定の法的意味内容を

---

122) 川田久「第三回海洋法会議の背景と問題点」『前衛』1974年8月号144頁にも同じ指摘がある。
123) 発展途上国によるこのような主張は、海底平和利用委員会における議論の特徴の一つである。たとえば、スーダン UN Doc., A/AC.138/SC.I/SR.17, p. 13.
124) たとえばデュピュイは、人類の「共同財産は最も恵まれない社会の人々の成長と安定を主要な目標とした、資源の探査、開発の計画を要求する」と述べている。Rene-Jean Dupuy, "Le fond des mers, heritage commun de l'humanité et le developpement", dans Societe Francaise pour le Droit International, *Pays en voie de development et transformation du droit international* (A. Pedone, 1973), p. 236.
125) R. P. Anand, *supra* note 11, p. 206

具備して登場したものではなかったが、だからといって、その概念のもつ性格や目的まで無視されてはならないだろう。

　その概念の法的定義はまだ確定されていないが、深海底の法的地位を決定する上で、その概念は少なくとも次のような機能をすでに果たしているといえる。つまり、深海底の開発には「公海自由の原則」が適用可能であったが、その適用を排除し、深海底を res nullius とみなして先占による実効的占有を行う可能性についての議論が初期の国連での討議の中で存在しなかったわけではない[126]。特に先進国が必要としたのは、開発の排他的権利であって、その権利は少なくとも深海底を一時的に占有することなくして獲得できるものではない。マルタ提案において、深海底が国家による取得の対象となったことが指摘されたのは、先占による取得をも意味していた。本章の2の(1)でみたように、海底の地下または表面を res nullius とみなして、先占による実効的占有を行うことを認めた先占説の法的根拠が、その実効的占有は上部水域における公海の他の使用の自由に影響を与えないという点にあったことを想起してみよう。大陸棚の開発とは違って、深海底の開発は公海の他の使用の自由に影響を与えないものであるとするならば、その開発を行うために海底を実効的に占有することは、先占説の論理を適用すれば不可能ではなかったはずである[127]。

　しかしながら、その可能性を先進国および発展途上国の意思で否認したのが、1970年の「深海底を律する原則宣言」であった[128]。宣言の第1項において、深海底とその資源は「人類の共同財産」であるとされたのに続いて、第2項において、深海底は「いかなる手段によっても、国又は個人

---

126) UN Doc., A/AC.135/1, p. 2.
127) 1968年に行われた国連事務局による研究においても、深海底を res nullius とみなして国家による先占の対象にすることは理論的には可能であることが指摘されていた。しかし先占区域の範囲を決定する問題およびいかなる行為が実効的占有を構成するのかという問題の解決が困難であるために、先占理論の適用は実際には不可能であると考えられていた。UN Doc., A/AC. 135/19/Add. 2, paras. 7-8.
128) この宣言については本章の1を参照。またこの宣言の意義については、高林「前掲論文」（注5）参照。

による取得の対象とはならず、またいずれの国も、この区域のいずれの部分に対しても主権又は主権的権利を主張し、又は行使してはならない」、と規定されたことがそのことを示している[129]。国連総会決議に示された国家の意思を一方的に解釈することはできないが、この宣言が一国の反対もなく採択されたこと、ならびにこの宣言の採択以後の拡大海底平和利用委員会において、「人類の共同財産」という言葉自体への反対はなくなったといわれている[130]ことは注目されねばならない。深海底に先占説が適用される可能性は、深海底の法的地位が「人類の共同財産」概念を指導理念として決定される限り、なくなったといえる。

4 むすび

伝統的海洋国際法は、常に一定不変の法的地位を公海の海底に付与していたわけではなかった。すでに見てきたように、公海の海底の地下に海底トンネルを掘ることが構想された時には、海底の表面とその地下の法的地位は区別され、後者は「公海自由の原則」の適用をうけない実効的占有が可能なところであると考えられていたが、定着漁業を行う国家の権利が説明される場合には、公海の海底の占有可能性をめぐって議論が分れていた。そこでは、海底に対する「公海自由の原則」の適用の是非が争われたのである。ところが、第2次大戦後、大陸棚資源の開発問題が生起するに及んで、公海の海底は大陸棚とそれ以遠の海底に区分され、大陸棚に対しては沿岸国が排他的管轄権を行使することが認められた。
そのため、公海の一定部分の海底およびその地下(大陸棚)における資源開発活動に対する「公海自由の原則」の適用は排除されたが、他方、深海底資源の開発に対しては「公海自由の原則」が適用可能であって、開発の自由がすべての国民に等しく認められうると考えられていた。

---

[129] キッシュは、この宣言について、「深海底における領域主権の欠如の承認から領域主権の禁止の宣言への発展を示すものである」と述べている。J.Kish, *supra* note 97, p. 64.
[130] UN Doc., A/AC.138/SC.I/L.10, p. 4.

このように、公海の海底の法的地位は、海底の利用または資源開発問題の発生に呼応してそのつど決定されてきたのであって、独自の歴史的変遷を遂げてきたといえる。だとするならば、1960年代に入り、深海底資源の開発問題が発生し、新しい国際制度(深海底制度)の樹立が指向されている現代は、まさに公海の海底(深海底)の法的地位が変遷を遂げる歴史的段階である。深海底制度は、先進国にとっては資源開発の排他的権利を取得し、投資の安全を図るために、一方発展途上国にとっては先進国による資源の独占的開発を防止し、開発からあがる利益の衡平な配分を確保するために必要とされた[131]。そして、この二つのグループの基本的な要求は、深海底の資源開発への「公海自由の原則」の適用を排除しなければ実現されないものであった。深海底制度の樹立が、すべての国の必然的要請となって登場してきた理由はここにある。

「公海自由の原則」は、これまで公海の海底の法的地位の決定にあたり、重要な役割を演じてきた。たとえ海底が「公海自由の原則」の適用をうけない *res nullius* であると主張された場合(先占説)でも、その法的根拠は、公海の海底を先占によって実効的に占有したとしても、その行為は「公海自由の原則」を侵害しないと考えるところにあった。ひるがえって今日、深海底の法的地位の決定にあたり重要な役割を演じようとしているのは、「公海自由の原則」ではなく「人類の共同財産」概念であろう。

この概念は、直接には、深海底の資源開発の自由を演繹する「公海自由の原則」に対する抗議概念として提示されたものであったが、その抗議の対象が国家管轄権外の空間の利用または資源開発をめぐる自由競争の原理に向けられていたとするならば[132]、公海の海底の上部水域にある生物

---

131) 本章注(121)参照。
132) マルタの国連大使パルド(A. Pardo)は、「人類の共同財産」概念は、財産の共同管理および信託の観念を含んでいる点で、*res communis* の概念を超えるものであると述べていた(UN Doc., A/AC.135/WG.1/SR.7, p. 52)。これに関連してアナンは、*res communis* の別の表現が専有禁止の原則であるが、その原則では資源開発の自由の無制限な行使を防止できないことを強調して、「人類の共同財産」概念の意義を開発の自由を否認する点に求めている。R. P. Anand *supra* note 11, p. 211.

資源にも「人類の共同財産」概念の適用が可能であろうし[133]、また、宇宙空間および天体ならびにその天然資源にも同じことがいえるのではないだろうか[134]。事実、国連における月条約案の討議の中でその概念が援用されている[135]ことは注目されてよいだろう。

　しかしながら、そのような評価は、あくまで「人類の共同財産」概念が登場してきた歴史的背景に着目してのことであって、深海底の法的地位がどのように決定されるかは、すべて深海底にいかなる法が形成されるかにかかっている。現実の外交交渉が一片の概念や理念によって規定されるものでないことは明らかである。その意味でも、「人類の共同財産」という観念的には理想主義的側面[136]をも併せもつこの理念が、具体的にいかなる形で現代海洋国際法に反映されるのかを含めて、深海底制度をめぐる今後の動向に注目しなければならない。

---

133) 田畑茂二郎「現代国際法の諸問題(15)　転機に立つ公海制度」『法学セミナー』1973年7月号86頁。
134) Cf. O. O. Ogunbanwo, *International Law and Outer Space Activities* (Nijhoff, 1975), pp. 73-74.
135) UN Doc., POUS/C.2/WG (XI) /15/Rev.I (1972), Article X (I).
136) 1968年10月に、アメリカのボルゲーゼ (E. M. Borgese, 民主制度教育センター) が提案した「公海および国家管轄権の限界を超える海底の平和利用のための国際制度規程案」の第2条においては、公海および大陸棚の限界を超える海底は「人類の共同財産」であると規定されていたが、この提案は理想主義的観点から行われたものであった。小田『前掲書』(注6) 49頁、O. Core Jr., *Towards the Development of an International Regime for the Seabed Beyond the Limits of National Jurisdiction* (Materials, 1973), p. 5 参照。

第5章

深海底の法的地位をめぐる国際法理論の検討

1　はじめに——検討視角——
2　Common Heritage of Mankind (CHM) 原則をめぐって
　(1) 諸国による CHM 原則の位置づけ
　(2) 学界における理論状況
3　条約レジームの一般的拘束性をめぐって
　(1) 一般的拘束性の否定
　(2) 一般的拘束性の主張
4　おわりに——問題点と課題——

1　はじめに——検討視角——

　これまで、深海底資源開発を規律する一般国際法の認定につき、国家間および学界の双方において、「論争」が続けられてきている。周知の通り、そこでは二つの見解が鋭く対立してきた。一つは、国連海洋法条約に定める深海底制度関連諸規定は——一部の例外を除いて——慣習法化していないので、同条約に参加しない国は、かかる諸規定によって設立される深海底制度(以下、条約レジームという)には拘束されないと見る見解である。この見解は、国家レベルでいえば、アメリカを先頭とする先進資本主義諸国のいくつかがとるところである。これらの諸国は、1982年9

月の「深海底多金属性団塊に関する暫定協定」(いわゆるミニ・トリーティ)や、1984年8月の「深海底問題に関する暫定的了解」などを通じ、協調国レジームの下で開発にとりかかる準備を進めている[1]。以上に対し、いま一つは、条約レジームはすべての国を拘束する強行法規的性格を有するので、国連海洋法条約の枠外での開発は国際法上許されないと見る見解である。この見解は、国家レベルでいえば、発展途上諸国および社会主義諸国がとるところである。こうして、「論争」は、「協調国レジームの下での開発」合法・違法論の対立であるともいえよう。

　一般に、条約は第三国を益しも害しもしない。しかし、条約上の規則であっても、それが慣習国際法を表現するものであれば、第三国といえどもその規則により拘束される。これが国際法の確立した原則とされてきた――条約法に関するウィーン条約第34条、第38条――。それゆえ、この考え方にしたがえば、条約レジームが国連海洋法条約の当事国のみ

---

1) 「深海底多金属性団塊に関する暫定協定」の当事国は、アメリカ、西ドイツ、イギリス、フランスの4カ国(原文は、ILM,Vol.21(1982), pp. 950-962)。この協定は、各当事国の国内法に基づいて深海底活動を行う事業体の鉱区が、相互に重複しないよう確保するための手続を定めたものである。また、「深海底問題に関する暫定的了解」の当事国は、右の4カ国に日本、イタリア、オランダ、ベルギーを加えた8カ国(原文は、ILM,Vol.23(1984), pp. 1354-1360)。この了解は、1983年5月と12月にフランスおよび日本の企業、ならびに、国連海洋法条約と同時に採択された先行投資保護決議に定める四つの国際コンソーシャム、計六つの事業体が自主的取り決めを行い、深海底鉱区の重複回避に成功したことをうけて、当事国の間でその取り決めを尊重することを約束したものである。

　本章にいう協調国レジームとは、国連海洋法条約に参加しない諸国が協調国関係を設定し、相互に深海底鉱区に対する排他的権利を認めあい、深海底活動を実施するための制度をいう。もっとも、先進資本主義諸国の中で、いずれの国が協調国レジームの下で実際に開発を実施するかは、なお流動的で断定できない面がある。先の了解当事国のうち、アメリカ、西ドイツ、イギリスの3カ国は国連海洋法条約に署名すらしていないので〔イギリスは1997年7月に批准〕、一応今のところ、協調国レジーム志向国の代表ということができる。しかし、ほかの5カ国はすべて同条約へ署名しており、国際海底機構準備委員会の構成国となっている。そして、フランスと日本はすでにそれぞれ、1984年8月3日と21日に、同委員会に対し、先行投資者のための登録申請を行っている。See, LOS/PCN/50(22 August 1984) and LOS/PCN/51(23 August 1984). したがって、条約署名国とくにフランスと日本の両国は、条約レジームと協調国レジームのいずれを選択するのか、近い将来に政策的決断を迫られるものと考えられる。なお、それら二つのレジーム以外に、第3のレジームが存立しうるかどうかは、次元の異なる問題ゆえ、ここでは考慮の外におく。

を拘束するのか、それとも、条約に参加しない国をも拘束するのかは、結局、かかる条約レジームがどの程度まで慣習法化しているのか、その認定いかんによって決まる問題となる。

　ところが、問題は簡単ではない。たとえば、合法論がいうように、条約レジームがまだ慣習法化していないとしても、次のような問題が残らないであろうか。すなわち、国連海洋法条約は、「深海底及びその資源は、人類の共同の財産（Common Heritage of Mankind, 以下、CHM という）[2]である」（第136条）という大原則にのっとって、条約レジームに関する詳細な規定を設けた。同条約はまた、「いずれの国も、深海底又はその資源のいかなる部分に対しても主権又は主権的権利を主張……してはならない。……深海底の資源に関するすべての権利は、人類全体に付与されるものとし、〔国際海底〕機構は、人類全体のために行動する。……」（第137条）、「深海底における活動については、……開発途上国の利益及びニーズ並びに……完全な独立又はその他の自治的地位を獲得していない人民の利益及びニーズに特別の考慮を払って、この部に明示的に定めるところに従い、人類全体の利益のために行う」（第140条）と規定し、条約レジームの基本原則を示している。こうした諸規定に見られる、CHM、深海底区域への主権主張禁止、人類全体の利益の確保といった原則が、条約をはなれても、深海底活動に適用されることについては、合法論においても認められている。しかし、合法論は、これらの原則から導かれる制度が条約レジームでなければならない必然性はなく、条約レジームに一般国際法的性格

---

[2] 最近わが国では、Common Heritage of Mankind に「人類の共同遺産」の訳語をあてる傾向が支配的であるが、Heritage を「遺産」と呼ぶことについて、語感の問題としてなじめない。「遺産」とは「相続財産」と同義であって、その言葉には、すでに一定の権利・義務関係が設定されているものを引き継いでいくという意味がこめられている。しかし、深海底とその資源は、科学技術の進歩などにより注目を集め、その結果、全人類の利益実現のため、それらをめぐる権利・義務関係が国際立法を通じ（いわば白紙の状態から）新たに設定されたものである。1979年の月協定にも Common Heritage of Mankind 条項があるが（本章138頁の注(9)参照）、この場合にも、未知の部分が多く残されている月やその資源を人類の共同「遺産」と呼ぶより「財産」と呼ぶ方が適切であるように思われる。それゆえ、将来、公定訳が出された場合はともかく、一応本章では、Heritage に「財産」の訳語をあてることにしたい。〔編注：公定訳は、周知のとおり「財産」の訳語があてられることになった。〕

が備わっていない以上、他のレジームの下での開発は可能である、というのである。確かに、条約レジームが CHM 原則の唯一の論理的帰結であると見ることはできないであろう。しかしながら、国際社会のすべての国は、それぞれの利害と思惑を異にしながらも、深海底区域に一つの新しい国際制度を樹立すべく審議を積み重ねてきた。実際、深海底活動を公海制度の下に置くことは、その妥当性はともかく、解釈上不可能ではなかったが、そうすると、技術と資本をもつ先進国にとっては、開発活動に不可欠な深海底鉱区に対する排他的権利[3]が取得できず、また他方、自らは開発能力を有しない圧倒的多数の諸国にとっては、深海底からは何らの利益を得ることもできなくなる。ここに、すべての国が深海底区域における新しい国際レジームの樹立を待望した理由がある。

しかるに、深海底区域に二つの異なる国際レジームの並存は認められるであろうか。たとえば、先に見たウィーン条約の考え方に基づけば、条約レジームが慣習法化していなければ第三国はそれに拘束されず、その場合、協調国レジームの下での開発は、それが関連国際法規に違反するものでない限り、合法的に実施可能となる。このように、合法論の立場から見ると、条約レジームと協調国レジームという二つのレジームは並存しうることになるが、しかし、それぞれのレジームの下での権利・義務の内容がまったく異なるだけに、そうした並存は CHM 原則に矛盾しないのかどうか、疑問の残る余地がある[4]。一方で CHM 原則を認めな

---

3) 協調国レジームの下では、この排他的権利は、協調国の間で相互主義に基づいて認められるにすぎず、第三国に対抗力をもちうるものではない。これが協調国レジームの最大の不安定要因とされており、そのゆえに協調国レジーム志向国の国内では、深海底開発事業への投資不安があるといわれる。この点について、R. Churchill and A. V. Lowe, *The Law of the Sea* (Manchester University Press, 1983) p. 175；J. G. Laylin, "The Law to Govern Deep-sea Mining until Superseded by International Agreement", *San Diego LR*, Vol.10(1973), pp. 439-440; UN Dept. of Public Information, *A Quiet Revolution: The United Nations Convention on the Law of the Sea* (UN, 1984), P.58. もっとも、それらの諸国は、深海底活動実施能力を有する諸国は限られているため、現実には、深海底鉱区の排他的利用を確保しうると考えているようである。

4) A. Koroma, "The Future of the Common Heritage of Mankind", in A. W. Koers and B. H. Oxman (eds.), *The 1982 Convention on the Law of Sea：Proceedings of Law of the Sea Institute Seventeenth Annual Conference, July 13-16 1983* (Oslo, 1983), p. 27. もっとも、二つのレジームの並存は、法的にはありうることで

がら、他方で、ある国は条約レジームの下でさまざまの条件を課されつつ開発を行い、別の国は協調国レジームの下でほとんど自由に開発を行うという事態を容認することは、あまりにも不合理だからである。もちろん、不合理な事態が発生するからといって、その原因をすべて法のせいにすることは正しくない。しかし、CHM 原則を国際法上の原則として認める以上、かかる不合理な事態と CHM 原則の整合性の有無は、検討されてしかるべき問題のように思われる[5]。

　ところで、以上においては、合法論が正しいと仮定してもさらに検討されるべき問題点を指摘した。私自身は、合法論・違法論のいずれもそれぞれ難点をかかえている——合法論の方により大きな難点がある——のではないかと考えるものである。が、それにもかかわらず、あえて仮説的な指摘を試みたのは、合法論・違法論をどのように評価するにせよ、「論争」における理論状況は、すぐれて一般国際法の理論にかかわる問題の考察を余儀なくしているように思うからである。

　私見の立場から見ても、そのことはいえる。合法論・違法論のいずれも、それぞれの結論を導くために慣習法理論を援用している点では共通性があるにもかかわらず、法の認定についてはまったく正反対の結論に到達している。国際社会のすべての国に適用されるという意味での一般国際法は、今日、慣習国際法として存在するとの見方がなお有力であるとすれば、両説が一般国際法の認定を行うために慣習国際法理論を援用したことには、根拠があるといえるであろう[6]。しかしながら、結論的評

あって、とりたてて問題にする事態ではないとみる考え方もある。T. Schweisfurth, "The Influence of the Third United Nations Conference on the Law of the Sea on International Customary Law", *ZaöRV*, 43/3(1983), p. 583.

5) このような認識自体、CHM 原則の一つのとらえ方を示すものであるが、本論で紹介するように、条約レジームは深海底活動を行う事業体の利益を無視した不合理な制度になったとの評価を下す論者からみれば、反論がありうるだろう。なお、逆に、「協調国レジームの下での開発」違法論は CHM 原則が *jus cogens* であると主張しており、この立場からみれば、二つの国際レジームの並存はあり得ない。この議論についても本論でとりあげる。

6) もっとも、一般国際法を慣習国際法と同一視することへの疑問を提起した次の論稿に注目しておく必要がある。小森光夫「条約の第三者効力と慣習法の理論（一）（二）（三・完）」『千葉大学法経研究』第9号（1980年）、10号（1981年）、12号（1982年）、同「慣習国際法理論の

価を先に述べることが許されるならば、両説のいずれも、慣習法理論に依拠する限りでは、十分に説得的なものとなりえていないと思われる[7]。現時点においては、「協調国レジームの下での開発」は合法か違法かという、まさに二者択一的な判断を下せるほど、「論争」に決着がついているとは思えないのである。その原因はどこにあるのか。一つの重要なそれは、慣習法理論それ自体に、あるいは、その理論の援用方法ないし理解の仕方にあるように思われる。本章においては、こうした問題関心の下に、「論争」での議論の対立状況は、その対立を止揚するうえからも、どのような問題の解決を現代の国際法学に求めているのかという、いわば理論的課題をさぐる観点から若干の考察を行ってみたい。

その場合、かかる考察の前提として、深海底の法的地位を端的にあらわしている、CHM 原則の意義やその発展の方向性について、いま一度考えてみたい。CHM 原則の捉えかたいかんにより、「論争」の評価が大きくかわることはいうまでもない。現在、上に述べたように、合法論・違法論のいずれか一方に軍配を上げることができないとすれば、法の認定・解釈レベルの分析を進めるだけでは、「論争」を評価しきれない状況が生まれているともいえる。

したがってまず、「論争」を歴史的コンテクストの中で考察する観点から、CHM 原則をめぐる議論を最初に取り上げることにする。そして次に、「論争」の核心部分である、CHM 原則の具体化がはかられたレジームをめぐる議論へとうつることにしたい。

現代的特性」『法学教室』第 38 号（1983 年）45-52 頁。
[7] この点を最近克明に論証したものとして、大沼保昭「深海底活動に対する国際法的評価——その総論的考察——」『新海洋法条約の締結に伴う国内法制の研究』第 3 号（1984 年）130-158 頁参照。同趣旨の評価を行ったものとして、ほかに、田中則夫・富岡仁「新国際経済秩序と海洋法（下）」『法律時報』第 54 巻 8 号（1982 年）111-118 頁；R. Churchill and A. V. Lowe, *supra* note 3, pp. 174-176.

2 Common Heritage of Mankind(CHM)原則をめぐって

　1976年8月(および11月)のマルタの国連大使パルド(A. Pardo)による国際レジーム樹立提案以前にも、CHMなる概念または考え方は存在していたとされる。その事実について、いくつかの説明が可能のようであるが[8]、CHM原則およびこの原則から導かれる個々のルールが、実定国際法へと結実していくのは、マルタ提案以降である[9]。それでは、この原則

---

8) すでに19世紀において、ラテン・アメリカの法学者ベリョ(Andres Bello)(1832年)や、フランスの法思想家ド・ラプラデール(Albert Geouffre de Lapradelle)(1898年)はCHMに相当する考え方を提示していたといわれる。A. C. Kiss, "La notion de patrimoine commun de l'humanité", *Recueil des Cours*, Tome 175, 1982-II. p. 113; U. N. Dept.of Public Information, *supra* note 3, p. 41. 第2次大戦後になると、世界政府運動の一環として生まれた1948年の「世界憲法予備草案」(通称シカゴ草案)の中で、「人間の生活に欠くべからざる4大要素、土地、水、空気、エネルギーは、人類の共同財産である」と宣言されたことがある。田畑茂二郎『世界政府の思想』(岩波書店、1950年)225頁参照。より最近では、1958年の第1次海洋法会議において、ワイタヤコン(Wan Waithayakon)議長(タイ)は、「海は人類の共同財産である。それゆえ、……さまざまの利害を公正に規制し、万人の利益のためにその財産の保全を確保することは、共通の利益となる」と述べていたが(United Nations Conference on the Law of the Sea, *Official Records*, Vol.2, 1958,p. 3.)、しばしば、これが海洋法へCHMなる観念を導入しようとした最初の試みであるとされる。アメリカのジョンソン大統領は、1966年の演説の中で、海洋が全人類の共同財産であると述べたといわれる。また、1967年の宇宙空間平和利用委員会において、アルゼンチンのコッカ(Cocca)大使は、宇宙法とCHM概念の不可分性を語っていた(A/AC.105/C.2/SR.75,PP.7-8.)。さらに、1967年7月のWorld Peace Through Law Conferenceの決議15は、技術の進歩により公海および深海底の資源の開発が現実のものとなってきたので、公海を「全人類の共同財産」とし、深海底を国連の管轄下におくよう勧告した。以上につき、R. Wolfrum, " The Principle of the Common Heritage of Mankind", *ZaöRV*, 43/2(1983), pp. 312,315-316; A. C. Kiss, *supra* note 8, p. 114; U. N. Dept.of Public Information, *supra* note 3, p. 41.

9) CHM原則がはじめて実定法化されたのは、国連海洋法条約の採択に先立つこと3年、1979年の「月その他の天体における国家活動を律する協定」(月協定)においてである。この協定によって、月その他の天体およびその資源は「人類の共同財産」とされたが(第11条1項)、資源開発のための国際レジームは「開発が間もなく実行可能となったときには、……設立」されることになった(同条5項)。この協定は、1970年のアルゼンチン(前掲(注8)で引用したコッカ大使)の提案に端を発している。以来、協定採択に至るまでの審議経過は興味深いが、CHM原則の具体化は将来の課題とされている点に、国連海洋法条約との大きな違いがある。C. Q. Christol, *The Modern International Law of Outer Space* (New York : Pergamon Press, 1982), pp. 246-363; N. M. Matte, " Legal Principles relating to the Moon", in N. Jasentuliyana (ed.), *Manual on Space Law*, Vol.1 (Kluwer Academic Publishers, 1979), pp. 253-282参照。月協定は、5カ国の批准書の寄

はより具体的に、どのような意義をもつものとして位置づけられてきたのか。本節ではまず、海底平和利用委員会、ならびに第3次海洋法会議における審議をふり返り、諸国による議論の概要を簡単に整理し、次に、学界における理論状況を検討する。

(1) 諸国による CHM 原則の位置づけ

　CHM 原則に対する国家の態度は、大きく分けて三つのグループに分類できる。第1は、アメリカを中心とした先進資本主義諸国のグループ、第2は、発展途上諸国のグループ、第3は、社会主義諸国とくにソ連を中心にした東欧諸国のグループである[10]。

　まず、先進資本主義諸国は総じて、当初の段階では、CHM なる用語を用いること自体にきわめて慎重であった。1968年より開始された海底平和利用アド・ホック委員会――翌年より常設の委員会となり1973年まで活動――での審議においては、深海底活動に適用されるべき原則の作成をめぐり、さっそく、アメリカが準備した先進国グループの案と、インドが準備した途上国グループの案が対立した[11]。この段階ではまだ、新たに設立される国際レジームの内容に立ち入った意見の対立が顕在化していたわけではなかったが、後者が、CHM 原則を基礎にすえつつ、深海底活動に適用されるべき原則を比較的詳しく列挙していたのに対し、前者が、CHM なる用語の使用を回避し、深海底活動には国連憲章を含む国際法の原則が適用されると述べるにとどまっていた点は、CHM 原則の位置づけ方に違いのあることを示唆していた。先進資本主義諸国が、そのように用語の使用に慎重であったのは、CHM は厳密な法の概念ではな

　託を得て、1984年7月11日、効力を発生した。その時点での当事国は、チリ、フィリピン、ウルグアイ、オランダ、オーストリアである。

10) このようなグループわけは、条約レジームをめぐる審議経過全体をふりかえったときになされうると考えるもので、CHM 原則をめぐり、常に三者三様の見解対立があったことを意味するものではない。

11) Report of the Ad Hoc Committee to Study the Peaceful Uses of the Sea-Bed and the Ocean Floor Beyond the Limits of National Jurisdiction, A/7230, pp. 17-19; 小田滋『海の国際法（下巻）〔増訂版〕』（有斐閣、1969年）206-26 – 206-30頁。

く、したがって、多様な解釈の可能性があると判断されたからである[12]。1970年の深海底を律する原則宣言の採択の前後に至ってもなお、国際レジームに関する具体的提案の中で、CHMなる用語を使用しない国もあった[13]。もとより、先進資本主義国にとって国際レジームは、第一義的には、資源開発のために不可欠であるところの、深海底鉱区に対する排他的権利を制度上確保するために必要とされたもので、その限りでは、CHM原則に特別の位置づけを与えなければならない理由は、特になかったともいえる。

ところで、CHMなる用語が使用されたかどうかはさておき、審議開始の当初より諸国家間で合意された基本原則もいくつかある。その中で触れておかねばならないのは、第1に、深海底区域が、国家による専有または主権主張の対象とはならないこと、第2に、深海底資源開発は、人類全体の利益となるよう行われなければならないことである[14]。さらに、海底平和利用委員会での審議がすすみ、1972年になると、CHM原則それ自体に反対する議論は、用語の使用に慎重であった諸国のものを含め、ほとんどみられなくなったといわれている[15]。すでに見たように、国連海洋法条約において規定されるに至ったこれらの原則が、深海底活動に適用される基本原則であることについて、争いはない。ところが、現在でもなお見解の一致を見ないのは、人類全体の利益とはなにか、また、何をもって人類全体の利益が確保されると見るのか、という問題である。国際レジームのあり方についての諸国家間の見解対立も、つまるところ、

---

12) 小田滋『海の資源と国際法II』(有斐閣、1972年) 185-190頁。B. Buzan, *Seabed Politics* (Praeger, 1976) pp. 73-81.
13) 先進資本主義諸国による提案のうち、1970年8月3日のアメリカ案 (A/AC.138/25) を別にすれば、同年8月5日のイギリス案 (A/AC.138/26)・フランス案 (A/AC.138/27)、1971年7月のイギリス案 (A/AC.138/46)、および同年11月23日の日本案 (A/AC.138/63) のいずれにも、CHMなる用語はない。たとえば、日本代表の説明によれば、CHMなる言葉は法的にはきわめて不明確であるゆえ使用できず、その正確な定義は、将来の国際条約の中で行われるべきであるとされた。A/AC.138/SC.I/SR.32-47,P.82(SR.38); これらの諸提案は、S. Oda, *International Law of the Ocean Development: Basic Documents* (Kluwer Academic Publishers 1972), pp. 73-227.
14) A/7230, *supra* note (11), pp. 44-47; 小田『前掲書』(注12) 148-149頁。
15) A/AC.138/SC.I/L.10, 20 March 1972, p. 4.

この問題への回答の違いに起因している[16]。

　1970年代にはいると、国際レジームに関する各国の具体的提案が出そろうが、その過程で出された先進資本主義諸国の提案の基調は、新しく設立される国際海底機構(以下、機構という)自らが深海底資源開発を行う権限をもつことに反対し、開発は、機構からライセンスを得た国またはその保証の下にある企業が行うべきである、と主張したところにあった。このような主張の根底には、次のような考え方があった。すなわち、CHMの開発が人類全体に利益をもたらすためには、開発により十分な収益をあげることが前提となる。ところが、開発には高度な技術と莫大な投資が必要であるため、機構にそれらを期待することは非現実的である。それゆえ、機構に開発権を認めれば、人類全体の利益を実現するための収益配分は不可能になる。経済的効率の問題を考慮すれば、開発は国または企業により行われるのが適当であり、機構の開発権に固執することがCHM原則を生かす方法ではない[17]。これらは資源開発方式をめぐって展開された議論の一例であるが、そこには、CHM原則の位置づけが見てとれる。つまり、先進資本主義諸国は、開発からあがる収益が国際社会において衡平に配分されることが、人類全体の利益(が実現されること)であると考え、CHM原則を、そうした収益配分を要請する原則として位置づけていたといえよう。

　第3次海洋法会議においても、かかる位置づけに大きな変化はなかった。資源開発方式をめぐる審議が、機構と国または企業の双方に開発権を認めるパラレル方式の採用を通じ、諸国家間の妥協をはかる方向へと向かう中で、諸国の関心は、国または企業が行う開発の条件をどのようにするのか、また、深海底活動に対する機構の権限をどこまで認めるのか、という問題へとうつっていった。先進資本主義諸国が、いわゆる厳しい開発条件の設定、ならびに、強い権限をもつ機構の設立に反対したこと

---

16) CHM原則の解釈または位置づけ方の違いに起因しているといいかえてもよい。T. G. Kronmiller, *The Lawfulness of Deep Seabed Mining*, Vol.I (Oceana Publications, 1980), pp. 35-36 and 55.

17) たとえば、イギリス ,A/AC.138/SC.I/SR.5-31, pp. 254-257 (SR.19)、フランス、A/AC. 138/SR.30, pp. 6-7; See also, B. Buzan, *supra* note 12, pp. 162-179.

は周知の通りであるが、その理由は、次のように説明されていた。「……開発を奨励する鍵は、経営的、技術的および財政的能力を引き出す投資と活動の合理的条件の設定」にあり、その条件に基づき深海底「資源の迅速で、効果的かつ経済的な開発を保証する」ことこそ「CHMの概念に完全に合致」し、人類全体の「利益を実現する最も効果的な方法」となる[18]。また、「深海底資源の探査・開発を規律する基本的条件は、CHMの果実で国際社会を豊かにするため、十分かつ効果的な深海底活動を保障する上から、条約であらかじめ明確に定めておかなければならない」、「国際社会の利益は、パイオニア産業の経営的、財政的および技術的能力のすみやかな利用を必要とするので、基本的条件の決定を将来の国際機構に委ねることは好ましくない」[19]。こうして、経済的収益をあげる上で障害となるような条件設定は、結局、人類全体の利益とはならないことが強調され、CHM原則も、主としてその議論のコンテクストで位置づけられる点が、先進資本主義諸国の議論の特徴であったといえる。

　さて、発展途上諸国は、CHM原則に対し、以上とはまったく異なる位置づけを与えている。たとえば、深海底を律する原則宣言採択後の海底平和利用委員会における審議において、CHM原則には、①人類の財産の集団的管理、②深海底活動への集団的参加、③利益の集団的享有という、三つの側面があると指摘したラテン・アメリカの国の代表の発言は[20]、発展途上諸国による位置づけを簡潔にいいあらわしている。先進資本主義諸国によるそれと異なるのは、①および②が強調されるところにある。このように、参加や管理（国際コントロール）といった側面が重視される[21]のは、次のような理由に基づいていた。すなわち、CHMの開発が人類全体の利益となるよう行われるためには、開発からあがる収益の衡平な

---

18) アメリカ、A/CONF.62/C.1/SR.14, paras. 42-43, Third United Nations Conference on the Law of the Sea (UNCLOS Ⅲ), *Official Records*, Vol.Ⅱ, pp. 73-74.
19) 日本、A/CONF.62/C.I/SR.15, para. 2, *ibid*, p. 76.
20) ペルー、A/AC.138/SC.I/SR.32-47, p. 47 (SR.36).
21) ほかに、たとえば、ユーゴスラビア、A/AC.138/SC.I/SR.32-47, pp. 88-89 (SR.39)、チリ、A/AC.138/SC.I/SR.32-47, p. 36 (SR.35).

配分といった経済的利益だけではなく、開発への参加という積極的利益が考慮されなければならない[22]。参加を通じ、先進技術へアクセスでき、技術上のさまざまな知識・訓練をうる機会——技術移転——が保障されるからである[23]。さらにまた、深海底資源の開発は、同種の資源を陸上で生産している途上国の経済に悪影響を与えるおそれがあるが、そのような悪影響を出さないためには、深海底活動の機構による管理——生産制限——が必要になる[24]。発展途上諸国が、強力な権限をもった機構による直接開発方式を主張し、先進資本主義諸国と対立した背後には、このような考え方があった。かかる機構の設立により参加や管理を実現することは、「CHMの概念から論理的に導かれる」とも主張されたのである[25]。

　77カ国グループとしての結束を強めた発展途上諸国は、海洋法会議においても、参加や管理の意義を、ひきつづき次のように強調した。「すべての発展途上国はライセンス方式の考えを完全に拒否していることが、はっきりと認識されるべきである。それらの諸国は、共同財産の開発からあがる収益の衡平な配分が……温情主義と従属の時代に典型的であった方法を通じ実現されるとの主張を信じない。ライセンス方式に基づき引き出される収益は、もっぱら発展途上国および地理的不利国の中でも、とりわけ相対的に後発の諸国に利益をもたらすといった欺瞞的議論でもって、77カ国グループを分断しようとする試みは、まったく受けつけられない。発展途上諸国は、技術の移転を確保する唯一の方法は共同財産の探査、開発へ積極的に参加することであると理解できるほど、十分に成長した。それが経済的独立の目標へ通じる道である。第三世界の諸国は、ライセンス方式が——（先進国との）経済的および技術的格差を著しく拡大するとの理由により、それを受けいれることはできない。深海

---

22) マダガスカル、A/AC.138/SC.I/SR.5-31, pp. 34-35 (SR.8).
23) インドネシア、A/AC.138/SC.I/SR.5-31, p. 198 (SR.16), クウェート、A/AC. 138/SC.I/SR.32-47, p. 162 (SR.43).
24) チリ、A/AC.138/SC.I/SR.5-31, p. 102 (SR.11), セイロン、*ibid.*, p. 120 (SR.11).
25) タンザニア、A/AC.138/SC.I/SR.32-47, p. 117 (SR.40).

底の膨大な資源は、全人類の利益のために——機構が直接に管理すべきである」[26]。この主張は、海洋法会議第 2 会期 (1974 年) の時点で、77 カ国グループの議長国が行ったものである。以後の審議においては、パラレル方式の受諾などを通じ、この主張に一定の修正が加えられていくのであるが、しかし、あるべきレジームにつき発展途上諸国がもつ基本的認識を、その中にみることができる。1974 年はまた、国連において新国際経済秩序 (NIEO) に関する二つの重要な文書——新国際経済秩序樹立宣言 (A/RES/3201(S-VI))、諸国家の経済権利義務憲章 (A/RES/3281(XXIX))——が採択された年であったが、77 カ国グループは、これらの文書の採択以後とくに、海洋法会議と NIEO の密接不可分性を強調しつつ、CHM 原則を軸にした国際レジームの設立を NIEO 樹立運動の一環として重視した[27]。こうして、国際経済関係に妥当してきた伝統的な秩序原理が再検討を迫られる中で、発展途上諸国にとっては、経済的収益の配分だけでなく、あるいはそれ以上に、深海底活動への参加や同活動の管理が益々重要な意義をもつことになる[28]。これらを通じはじめて、技術移転、陸上生産国の保護のための生産制限、技術先進国による資源の独占防止、先進国との間にある経済的・技術的格差の是正、深海底区域の平和的利用、さらには同区域の環境保護など、深海底活動に関連するあらゆる目的が達成可能となるからである。CHM 原則は、これらの目的を達成する上での正当原理として位置づけられていたともいえよう。なお、77 カ国グループは、海洋法会議の終盤以降、CHM 原則を *jus cogens* とみなすようになっているが、この主張については 3 において取り上げたい。

ところで、社会主義諸国は、CHM 原則をどのように捉えていたのであ

---

[26] A/CONF.62/C.I/SR.11, para. 46-47, UNCLOSIII, *Official Records*, Vol. II, pp. 56-57.
[27] 田中・富岡「前掲論文」(注 7)、およびそこで引用した文献参照。
[28] なお、管理は、当然のことながら、機構に付与される任務の遂行と権限の行使を前提にする。それゆえ、機構による管理の主張は、機構の意思決定過程への参加の主張と表裏の関係にある。海洋法の変革過程を、参加の主張の観点から整理・検討したものとして、松田竹男「国際法の民主的変革と参加」長谷川正安編『現代国家と参加』(法律文化社、1984 年) 170-174 頁参照。

ろうか[29]。「論争」では、社会主義諸国と発展途上諸国は、現在同じ立場を共有している。しかし、社会主義諸国の中でもとくにソ連・東欧諸国は、深海底を律する原則宣言の採択以前の段階では、先進資本主義諸国以上に厳しい批判をCHM原則に向けていた。それらの諸国によれば、CHM概念は、深海底とその資源の人類全体による共同所有、さらに超国家的（supra-national）機構によるそれらの管理といった考え方に結びつくが、しかし、国際社会が異なる社会経済体制と異なる財産権制度をもつ諸国から成り立っている現状に留意すれば、そうした考え方は幻想にすぎない。したがってまた、超国家的機構の設立は、結局、帝国主義諸国を利するだけである、と主張されたのである[30]。ところが、原則宣言の採択を経て、ともかくも新しい機構の設立が不可避となった段階では、それらの諸国の態度にも少しく変化がみられるようになる。すなわち、CHM原則自体への批判を前面にだす態度は後景に退き、代わって、発展途上諸国の主張するような強力な権限をもつ機構の設立に反対し、国家の開発権を確保する政策がとられた[31]。海洋法会議以前の段階では、このように、ソ連・東欧諸国と発展途上諸国の主張は大きくくい違っていたといえる。

　しかしながら、海洋法会議に入ると、ソ連・東欧諸国は、それまで決して認めようとしなかった機構の開発権を承認し、77カ国グループ寄りの立場を急速に強めた――とくに、1975年の第3会期以降――。こうした政策転換が行われたのは、機構に開発権を付与し深海底活動の管理を行わしめることが、先進資本主義諸国による資源の独占を防止する上で有効であるとともに、すべての国の開発への参加を容易にすると考えら

---

29) 深海底問題に関する社会主義国の態度と政策について、W. E. Butler, *Soviet Union and the Law of the Sea* (Johns Hopkins Press, 1971), pp. 161-164；田中則夫「深海底制度と社会主義国――ソ連・東欧諸国を中心に――」『社会科学研究年報（龍谷大学）』第14号（1984年）39-52頁参照。

30) たとえば、ソ連、A/C.I/PV.1592, paras. 33-35, A/C.I/PV.1603, paras. 54-55; ウクライナ、A/C.I/PV.1596, para. 168.

31) 1971年のソ連案、A/AC.138/43, in S. Oda, *supra* note 13, pp. 124-130参照。See also, ブルガリア、A/AC.138/SC.I/SR.5-31, pp. 211-212(SR.17), 白ロシア, *ibid.*, pp. 71-72(SR.9), ウクライナ、*ibid.*, pp. 252-253(SR.19).

れたからである[32]。

　かくて、ソ連・東欧諸国は、協調国レジーム批判に関しては、77 カ国グループと共同歩調をとるに至るが、CHM 原則の捉えかたについていえば、同グループと見解をともにしているわけではない。ただし、海洋法会議以降は、それまでの主張とはまったく異なり、CHM 原則を国際レジームの指導原則として承認してきている。また、CHM 原則に基づく国際レジームは、国際社会のすべての国の権利と利益を考慮するものでなければならないと指摘されているが[33]、ソ連・東欧諸国による CHM 原則の位置づけは、ここでいう、すべての国の権利と利益の具体的内容――上に見たように、開発への参加がその一つとして示唆されている――が示されていけば、次第に明確になっていくものと考えられる。

　以上、三つの国家グループのそれぞれが、CHM 原則をどのように位置づけているのかを概観してきた。条約レジームの個々の規定の成立経緯や意義は、単に CHM 原則に対する国家の態度をみるだけでは、十分明らかにはならない。しかし少なくとも、包括的で強力な任務と権限をもった機構の設立を通じ、経済的収益の配分、深海底活動への参加、生産制限、さらには技術移転などを実現ないし促進しようとする、条約レジームの基本枠組についてみれば、そこには、発展途上諸国による CHM 原則の位置づけが、色濃く反映しているといわざるをえない。このことは、現代における海洋法の主たる変動要因が、公海の自由という形式的な自由の名の下に実質的な不平等を拡大する伝統的な海洋法への批判にあったこと、そして、発展途上諸国による国際レジームの提案自体、そうした批判を象徴するものであったことと無関係ではない。いうまでもなく、アメリカをはじめ若干の諸国が国連海洋法条約への署名を拒否したのも、条約レジームが途上国の主張を反映しすぎていると見なされたからであ

---

32) ソ連、A/CONF.62/C.I/SR.19, paras. 9-10, UNCLOS Ⅲ、*Official Records*, Vol.IV, p. 52; ポーランド、A/CONF.62/C.I/SR.21, *ibid.*, p. 64; 東ドイツ、*ibid.*, paras. 74-75, *Ibid.*, pp. 65-66, A/CONF.62/C.I/SR.37, para. 21, UNCLOS Ⅲ, *Official Records*, Vol.VI, p. 81.
33) *Ibid.*, p. 52.

る[34]。しかし、ともかくも、国連海洋法条約は、CHMの利用・開発がいかにすれば人類全体の利益になるのかという問題について、一つの回答を与えたのであって、そこにおいては、CHM原則が、たとえば収益配分のみを意味するというふうに、せまく位置づけられていると見ることはきわめてむずかしいように思われる。

(2) 学界における理論状況

　国連海洋法条約と月協定の採択は、CHM原則の生成、展開過程において一つの画期をなすといえるであろう。デクエヤル国連事務総長は、海洋法会議の最終会期において、「革新的概念」CHMは「見事に法に結実した」と述べている[35]。かつて、CHMを政治的道徳的原則でしかないと見ていた宇宙法の専門家ゴロブ (S. Gorove) も、これら二つの条約の採択により、現在では、CHMが法律上の概念になったことを認めている[36]。月協定の場合、CHM原則に基づく資源開発レジームの樹立は、将来の課題とされているため、この原則が具体的にどのような役割を演ずるのかは、まだ十分明らかでない。にもかかわらず、深海底と月(その他の天体およびそれらの資源)が基本的に同じ法的地位に置かれたことを重視し、そのことの意義をさぐる試みもあらわれている。つまり、両者はともに、国家管轄権の及ばない区域であって、また、国際社会のすべての国の利益が等しく尊重されるべきところという点で共通性を有するが、西ドイツ(当時)のウォルフラム (R. Wolfrum) によれば、CHM原則は、こうした区域とその資源の利用につき国際的管理が要請される場合、指導的役割を発揮

---

34) こうした評価に基づき、条約レジームを厳しく批判するアメリカ国内の議論として、たとえば、W. S. Burke and F. S. Brokaw, "Ideology and the Law of the Sea", and R. A. Goldwin, "Common Sence vs 'The Common Heritage'", in B. H. Oxman, D. D. Caron and C. L. Buderi (eds.), *Law of the Sea: U.S. Policy Dilemma* (Institute for Contemporary Studies,1983), pp. 43-75.

35) A/CONF.62/SR.193, para. 39., UNCLOS III *Official Records*, Vol.XVII, p. 135.

36) S. Gorove, "The Concept of 'Common Heritage of Mankind': A Political, Moral, or Legal Innnovation?", *San Diego LR*, Vol.9(1972), pp. 390-493; Id., "International Space Law in Perspective - Some Major Issues, Trends and Alternatives", *Recueil des Cours,* Tome 181, 1983-III, pp. 370-374. ただし、彼は、CHM原則から導かれるレジームの内容が、一義的に定まるわけではないという。

するとされる[37]。現代国際法において、CHM原則をこのように一般化して捉えることができるかどうか、深海底と月を見るだけではなお即断できないが[38]、彼の指摘から、この原則の発展の方向性をうかがうことはできよう[39]。

　もっとも、CHM原則を積極的に位置づけようとする議論がある反面、この原則の抽象性や政治性が依然として問題にされる傾向もある。その意味で、この原則をめぐる理論状況は多彩であるが、そうした中でも、おおまかにではあるが、理論動向についてその特徴をつかむことはでき

---

[37] R. Wolfrum, *supra* note 8, pp. 312-313,333-334; See also, P. Minola, "The Moon Treaty and the Law of the Sea", *San Diego LR*, Vol.18 (1981), pp. 455-472.

[38] 最近において、深海底・月とならび、CHM原則の適用問題がよく論じられる地域は南極である。たとえば、F. E. Honnold, "Thaw in International Law? - Rights in Antarctica under the Law of Common Spaces", *Yale Law Journal*, Vol.87(1978), pp. 804- 859 は、CHM原則からの類推に基づき、南極における「共同空間の法」の生成を立証しようとする。南極は特定の国の独占的利用になじまない区域であって、人類全体の利益を実現するため、共同のアクセス、利用および管理を保障する新しいレジームの下に置かれるべきであるというのが、その論旨である。しかし、この論稿についていえば、南極に新しいレジームが設立されるべきであるとする立法論と、南極において「共同空間の法」が（慣習法として）生成しつつあるとみる評価が交錯しており、理論構成の上で難点がある。南極の場合は、すでに南極条約体制が存在するため、CHM原則を適用するといっても、深海底や月とは異なる事情の下にあることは認められなければならないであろう。とはいえ、南極へのCHM原則適用論は、次第に活発になってきているようである。1982年以降国連においては、非同盟諸国を中心にした国家グループが南極へのCHM原則適用論を提起し、論議を集めるに至っている。適用論の根拠は、現在の南極条約体制は差別的であり、国際社会のすべての国の利益に正当な考慮を払えない種々の欠陥を有している、と考えるところにある。しかし、これに対しては、かかる主張は一定の高い評価をうけてきた南極条約体制を無視した「政治論」・「立法論」にすぎず、現在の南極にまったく新しい国際レジームを樹立しなければならない理由はないとの批判が加えられており、南極へのCHM原則適用論が受けいれられる状況にはないといわれる。以上を含め、南極へのCHM原則適用論について、林司宣「国連における南極問題」『国際法外交雑誌』第84巻4号 (1985年) 13-38頁。R. B. Bilder, "The Present Legal and Political Situation in Antarctica", in J. I. Charney (ed.), *The New Nationalism and the Use of Common Spaces* (Allanheld Osmun, 1982), pp. 184-193; G. Triggs, "The Antarctic Treaty Regime: A Workable Compromise or a 'Purgatory of Ambiguity?'", *Case Western Reserve JIL*, Vol.17(1985), pp. 195-228 参照。南極へのCHM原則適用論が正当な根拠をもちうるかどうかは、結局、南極条約体制をどのように評価するかにかかっていると考えられる。

[39] 南極、宇宙、海洋その他の空間または事象を対象に、CHMの観念の歴史的発展過程を研究したものとして、A. C. Kiss, *supra* note 8, p. 109 *et seq*.

る。すなわち、それは、第1に、CHM原則のもちうる意義については一定の共通した見方が生まれつつあること、第2に、しかしながら、この原則の法的性格をどのようにみるのかという点になると、評価がわかれてしまっていることである。

まず前者についてみてみよう。たとえば、フランスのデュプイ（R. J. Dupuy）は、巨視的な観点から、CHM原則を、第1に普遍主義、第2に参加、第3に管理、第4に管理者の責任という四つの側面から意義づけている。第1の普遍主義には、共同所有と無差別の二つのレベルがあって、具体的には、深海底区域の専有が禁止されること、また、財政的技術的能力を有するか否かといった基準を共同所有を考える際にもちこんではならないことなどが、それらの内容とされている。第2の参加についても、二つのレベルがあって、一つは、パラレル方式を通じ実現される活動のレベル、他の一つは、衡平な配分を通じ実現される収益のレベルであるとされる。第3の管理は、国際共同体を代表する機構により行われるが、この場合にも、保存の義務と計画の義務の二つのレベルがあって、具体的には、環境保護、平和的利用、科学調査、技術移転、生産制限などにかかわる義務が、それらの内容とされる。そして、第4の管理者の責任としては、国家および機構の責任や、条約レジームの定期的再検討の義務などがあげられている[40]。

デュプイと観点は異なるが、アメリカのジョイナー（C. C. Joyner）は、CHM原則を特徴づけうる五つの要素として、以下の5点をあげる。第1に、深海底区域の専有禁止、第2に、深海底区域の管理への参加、第3に、収益の衡平配分、第4に、深海底区域の平和的目的での利用、第5

---

40) R. J. Dupuy, "The Notion of Common Heritage of Mankind applied to the Seabed", in C. L. Rozakis and C. A. Stephanou (eds.), *The New Law of the Sea: selected and edited papers of the Athens Colloquium on the Law of the Sea* (Elsevier Science Pub. Co., 1983), pp. 199-206; Id., "La Zone Patrimoine Commun de l'humanité", en R. J. Dupuy et Daniel Vignes (eds.), *Traité du Nouveau Droit de la Mer* (Economica Bruylant, 1985), pp. 499-506 は前記論文の再録。CHM原則についてのこうしたとらえ方は、かなり以前から示されている。Id., *The Law of the Sea: current problems* (Oceana Publications, 1974), pp. 24-25.

に、科学調査の自由である[41]。ソ連のモフチャン (A. P. Movchan) は、ジョイナーのあげた第1から第4までの四つの要素を、国連海洋法条約におけるCHM原則の具体化としてとらえ、さらに、深海底区域からの自由競争原理の排除という考え方を、その具体化の一つとして加えている[42]。この原則の意義をかかる原理の排除に求める点では、インドのアナンド (R. P. Anand) も同様であり[43]、ウルグアイのパオリーロ (F. H. Paollilo) も、CHM原則は、自由開発の考え方に対し、国際管理や収益の衡平配分という考え方を対置しようとするものであると述べている[44]。CHM原則の包括的研究を行ったフランスのキス (A. C. Kiss) は、この原則が国連海洋法条約においてどのように具体化されているかを、条約レジームの基本枠組を見ながら詳述し、それが深海底活動への参加やその管理の実現を目指すものであることを認めている[45]。

また、先ほどあげたウォルフラムは、CHM原則の内容として、第1に、専有や主権主張の禁止、第2に、平和的目的での利用、海洋環境の保護、および収益の配分、第3に、平等参加、第4に、国際機関の設立をあげる。ただし、彼は、収益配分および平等参加については、それらの具体的実現方法をめぐり、先進国と途上国の間に対立があったことを指摘し、国連海洋法条約は、結局、それらに関して途上国に優先的待遇を与えすぎ、先進国の立場を十分考慮していないと評価している[46]。さらに、アメリカのラルシャンとブレナン (B. Larschan, B. C. Brennan) は、ビン・チェン (Bin Cheng) を引用しながらではあるが、CHMとres communisは深海底における領域主権の主張を禁止する点で共通するが、前者は資源の管理と配分を

---

41) C. C. Joyner, "Legal Implications of the Concept of the Common Heritage of Mankind", *ICLQ*, Vol.35 (1986), pp. 191-192. これら5点の指摘は、マルタの国連大使パルドの指摘に基づくとされる。
42) A. P. Movchan, "A New Stage in the Development of the Law of the Sea", *International Review of Contemporary Law*, pp. 40-41.
43) R. P. Anand, *Legal Regime of the Sea-bed and the Developing Countries* (A.W. Sijthoff, 1976), p. 204.
44) F. H. Paollilo, "The Future Legal Regime of Seabed Resources and the NIEO", in K. Hossain ed., *Legal Aspects of the New International Economic Order* (F. Pinter, Nichols Pub. Co., 1980), p. 166.
45) A. C. Kiss, *supra* note 8, pp. 237-242.
46) R. Wolfrum, *supra* note 8, pp. 316-332.

要請し、それらを個別国家の裁量に委ねないところに後者とはちがうポジティブな意義のあることを認め、CHM 原則の本質的要素として以下の4点を指摘する。すなわち、第1に、専有の禁止、第2に、すべての国による管理、第3に、収益の配分、第4に、平和的利用である[47]。彼らは、しかし、これらの点はいずれも、条約レジームにおいてはきわめて不十分にしか実現されていないと述べ、国連海洋法条約は CHM 原則の具体化に成功していないと評価するのである[48]。

このように見れば、条約レジームの評価はともかく、CHM 原則のもちうる意義として、専有ないし主権主張の禁止、平和的利用、収益配分、そして、深海底活動への参加およびその管理といった諸点が、一様に指摘される傾向にある。モフチャンやアナンドのいう自由競争原理の排除やウォルフラムのいう国際機関の設立といった指摘も、要するに、深海底活動の管理(あるいはそれへの参加)といった考え方と同じ意味をもつと見ることができるであろう。もっとも、留意しておく必要があるのは、ラルシャンとブレナンおよびウォルフラムの議論に見られるように、参加や管理あるいは収益配分といっても,その具体的態様いかんにより評価は異なってくることである。また、次に見るように、CHM 原則の五つの要素をあげたジョイナーも、それらの意味内容が明瞭であるとは考えていない。それゆえ、この原則のもちうる意義の説明の仕方に表現上の共通性があることをもって、論者の間に見解の完全な一致があると見る

---

[47] B. Larschan and B. C. Brennan, "The Common Heritage of Mankind Principle in International Law", *CJTL*, Vol.21 (1983), pp. 304, 309. なお、この4点は Goedhuis からの引用である。Cf. D. D. Goedhuis, "Some Recent Trends in the Interpretation and the Implementation of the Rules of International Space Law", *ibid.*, Vol.19 (1981), pp. 218-219.

[48] B. Larschan and B. C. Brennan, *supra* note 47, pp. 324-326, 334. こうした評価の根拠は、彼らが認める CHM 原則の意義が、パラレル方式の採用によって損なわれたと見るところにある。例えば、その方式により、機構は国または企業との「提携」(契約)を拒否できなくなったため、機構による開発へのコントロール権限が弱められ、また、収益配分も十分保証されない可能性が生じたとされる。そして、このことは、77 カ国グループの戦略の失敗を意味するとされる。このような評価は、しかしながら、パラレル方式の採択に至る経過をほとんど無視しているだけでなく、CHM 原則が生かされるためには、77 カ国グループの主張が貫徹されねばならないことになり、疑問である。

ことはできない[49]。しかし、ともかくも、CHM 原則について語る場合には、もはや、深海底への主権主張の禁止や、あるいは、収益配分といった問題だけに目を向けていればよいとはいえなくなりつつある[50]。以上に見てきた状況の中で、このことは確認できるように思われる。

　CHM 原則がさまざまの意義をもちうるとして、次の問題は、法のレベルにおいてそれらをどのように評価できるかである。この原則の法的性格の捉えかたになると、理論状況は一変する。右にあげた論者のすべてがこの問題をとりあげているわけではないが、まず最初に、法的性格を全面否定しているジョイナーの見解からみてみよう。彼によれば、CHMが法律上の原則となるためには、その意味内容が十分明瞭であり、かつ、それを慣習法としてうけ入れることを明確に示す国家実行と法的信念の存在が立証されなければならない。しかし、これら二つの存在は立証できず、したがって、CHM 原則はまだ *erga omnes* な国際法ではなく、「あらわれつつある国際法の原則」あるいは「哲学的観念」にとどまるとされる[51]。特徴的なのは、CHM の法的性格の有無についての判断は、それが慣習法であるか否かを基準にして行われていることである。先に見たとおり、条約レジームにおいては、CHM 原則のもちうる本来の意義が損なわれていると考えたラルシャンとブレナンも、この原則はなおそれでも慣習法といえるかどうかを問題にし、慣習法化の主張に対する先進諸国の反対を根拠に、否定的回答をひきだしている。この原則は、したがって、*erga omnes* な法ではなく政治的原則であるというのである[52]。以前からこの

---

49) ベジャウイ（M. Bedjaoui）は、CHM は海洋法の分野で確立し、新国際経済秩序の樹立を推進する原則とみているが、CHM 自体一つのイデオロギーであるゆえ、それらに与えられる実際の意味内容は，国際社会における力関係いかんによりかわりうる可能性のあることを指摘している。M. Bedjaoui, *Towards a New International Economic Order* (Oxford, 1979), pp. 221-240 参照。

50) 大沼によれば、CHM は、国際的所得の再配分、技術移転、国際的意思決定過程への実質的参与、平和的利用など、「今後の国際社会過程のあり方への主張を含む動態的かつ包括的な観念」であり、「未来秩序形成的な思想をはらむもの」とされている。大沼「前掲論文」（注7）131 頁。

51) C. C. Joyner, *supra* note 41, pp. 198-199.

52) B. Larschan and B. C. Brennan, *supra* note 47, pp. 306, 334-335.

原則の法的性格を否定していたアメリカのゴルディ（L. F. E. Goldie）もまた、同様の観点から、CHM原則のとらえ方が現在に至るもなお多様であるという事実は、この原則が慣習法化する余地のないことを示していると述べ、従来の立場を堅持している[53]。

しかしながら、これらの法的性格全面否定論は、やや特殊な議論といわねばない。そもそも、ある原則ないし概念がどのような法的意味をもっているかを検討するとき、どうしてそれが慣習法であるか否かを直ちに問わねばならないのか。全面否定論の主眼は、CHM原則に基づく条約レジームの慣習法化の主張を批判することにあると思われるが、しかし、それにしても、現在では、CHMが単なる政治的原則ではなく、一定の法的意味をもつ原則であることは認められてきているのであって、この点を考慮しない議論が受けいれられる余地はほとんどないと考えられる。「協調国レジームの下での開発」合法論を本格的に展開したアメリカのクロンミラー（T. G. Kronmiller）でさえ、6年ほど前の時点で、CHM原則は、少なくとも次の2点においてだけは、法的効果をもつと指摘していた[54]。すなわち、第1は、深海底への主権主張が禁止されること、第2は、深海底資源の開発が、人類全体の利益となるよう行われなければならないことである。彼は、これらの規則が慣習法への形成途上にあると述べていた。この点に関して最近目につくのは、CHM原則はそうした一般的側面に限り慣習法化したとの説明が、かなりはっきりとした形で行われることである。たとえば、ウォルフラムの説明によれば[55]、CHM原則は国家による深海底活動を凍結または禁止する効果を有するものではないが、しかし、それは、主権平等、武力行使禁止、もしくは公海の自由と

---

53) L. F. E. Goldie, "A Note on Some Diverse Meanings of 'The Common Heritage of Mankind'", *Syracuse Journal of International Law & Commerce*, Vol.10 (1983), pp. 69 *et seq*. 彼の以前の論稿として、"A General International Doctrine for Seabed Regimes", *International Lawyer*, Vol.7 (1983), p. 796 *et seq*. および "Mining Rights and the General International Law Regime of the Deep Ocean Floor", *Brooklyn Journal of International Law*, Vol.2(1975), p. 1 *et seq*.

54) T. G. Kronmiller, *supra* note 16, pp. 208 and 308.

55) R. Wolfrum, *supra* note 8, pp. 333-337.

いった諸原則と同様、深海底活動を規律する「基本原則」[56]であり、その限りで慣習法になっているとされる。そして、深海底活動を通じ人類全体の利益がどのようにして確保されるのかは、この原則から直ちに明らかになるものではないが、CHMはすべての国に適用される普遍的制度の根幹にすえられるべき原則であるとされるのである。イタリアのコンフォルティ（B. Conforti）も、クロンミラーより以前の段階ではあるが、深海底とその資源をCHMとすること自体は、慣習法になっていると述べている[57]。なお、キスは、やや観点を異にするが、CHMが深海底における基本法としての価値をもつ原則であると考え、今後の国家実行いかんによって、*erga omnes*な対抗力をもつ可能性を認めている[58]。

このように、CHM原則の法的性格を一般的レベルで承認する議論は、以上のほかにも少なくない。「協調国レジームの下での開発」合法論の主たる根拠も、実はこの議論に求められている。すなわち、合法論においては、深海底への主権主張が禁止され、また、深海底資源開発が人類全体の利益となるよう行われなければならないという規則が、一般国際法的性格を有するものであることは否定されないのであるが、しかし、CHM原則は、そうした一般的レベルをこえる個別具体的な――条約レジームにみられるような――義務を、国連海洋法条約に参加しない国に課すものではない、と主張されるのである。しかし、これに真正面から対立する主張として、たとえば、アナンドのいうCHM原則＝*jus cogens*論がある[59]。これは、ほかならぬ、77カ国グループの主張であり、「協調国レジームの下での開発」違法論の主たる根拠の一つにされているものである。かくて、CHM原則の法的性格をめぐる議論は、合法・違法論と一体

---

56) 慣習法の視角からではなく、一般国際法論からのアプローチに基づき、CHMが基本原則であることを指摘するものとして、小森光夫「深海底開発レジームの一般化とその根拠―法的議論の平面から―」『千葉大学法経研究』第19号（1986年）71頁以下参照。

57) B. Conforti, "Notes on the Unilateral Exploitation of the Deep Seabed", *Italian Yearbook of International Law*, Vol.IV (1978-1979), p. 8.

58) A. C. Kiss, *supra* note 8, pp. 232-235.

59) R. P. Anand, *supra* note 43, p. 231; Id., "UN Convention on the Law of the Sea and the United States", *Indian Journal of International Law*, Vol.24 (1984), p. 193.

の関係にあることがわかる。それゆえ、もはやこの原則それ自体について論じるだけでは十分でなく、ここで、考察の対象を、レジームをめぐる議論へとうつさなければならない。

3　条約レジームの一般的拘束性をめぐって

　条約レジームが強行法規的性格を備え、すべての国に対し拘束力を有するかどうか——本節にいう、一般的拘束性とはこの意味——。これを否定する「協調国レジームの下での開発」合法論と、逆に肯定する違法論の対立が本格化したのは、国家間においては、1978年夏の海洋法会議再開第7会期以降である。アメリカを中心とした諸国が協調国レジームを提案し、独自に開発にのり出すため、いわゆる一方的国内立法を行う見通しがはっきりとしてきたからであった。合法論を唱える諸国は、開発に適用される現行法は公海自由の原則であると主張するのに対し、違法論を唱える諸国は、条約レジームの枠外での開発は許されないと主張している。

　ところで、学界では、すでに早くから、海洋法会議で新しく設立される国際レジームへの参加を先進国が拒否する場合や、あるいは、同会議が決裂した場合を想定し、そうしたときに先進国はいかなる根拠に基づき開発を行いうるかといった問題につき、実に多様な議論の展開がみられた[60]。しかし、海洋法会議において条約レジームの輪郭および諸国の

---

60) とくに目についた議論について、やや長くなるが、ここで見ておこう。まず、大陸棚以遠の公海海底の法的地位は慣習法上 *res nullius* とされてきたゆえ、深海底の先占に基づく排他的利用が許されると説く議論があった。今世紀に入り、主として領海外の海底で行われた定着漁業に対する沿岸国の権利を説明するため、公海の海底を *res nullius* または *res communis* とみなす理論が形成されたが、たとえば、R. A. Creamer, "Title to the Deep Seabed: Prospects for the Future", *HILJ*, Vol.9(1968), pp. 205-231 は、それ以来、公海海底——大陸棚制度ができてからは大陸棚以遠の公海海底——の全域があたかも前者の地位におかれてきたかのように主張した。ほかにも、それらの理論を深海底資源開発に適用しようとすれば不可能ではないとの指摘は少なくなかった。詳しくは、T. G. Kronmiller, *supra* note 16, Chapter 2. 参照。しかし、こうした議論は、たとえクリーマー（R. A. Creamer）のように国際レジームの内容が明確でなかった時期のものであっても、海底の法的地位に関する伝統的理論を正しくとらえた

政策・見解が明確になるにつれ、学界での議論の中心も、国家間での見解対立と同様、公海自由の原則が深海底資源開発を実施する根拠法にな

ものとはいえない。伝統的理論は、公海の海底とはいえ沿岸に比較的近いところを、しかも定着漁業という特殊なケースを念頭に置いて形成されたもので、元来、内在的制約を有し、深海底資源開発に適用される一般理論とはなりえないというべきである。まして、クリーマーのように、慣習法上、公海の海底全域が *res nullius* とされてきたといえるような根拠はまったく存在しない。*res nullius* 理論を最初に体系だって説き、そのゆえに論者がこぞって引用する C. Hurst, "Whose is the Bed of the Sea?", *BYIL*, Vol.4(1923-24), pp. 34-43 は、彼自身ののちに大陸棚問題を論じた際に、1923-24 年論文は海底全域の法的地位を一般的に説明したものと受けとめられてはならないと釈明していた (Creamer., "Continental Shelf", *The Grotius Society, Transactions for the year 1948*, Vol.34, pp. 165-167) のであって、この点に留意するだけでも、かかる議論の問題性は理解できよう。*res nullius* 理論を深海底にも適用しようとすることに対する批判については、合法・違法論の双方からのものを含め出尽くしているが、詳細についてさしあたり、S. J. Burton, "Freedom of the Sea: International Law Applicable to Deep Seabed Mining Claims", *Stanford LR*, Vol.29 (1977), pp. 1151-1168; 大沼「前掲論文」(注7) 149-153 頁参照。また、海底の法的地位に関する伝統的理論について、深町公信「海底の法的地位──大陸棚理論以前の国家実行と学説──」『九大法学』第 49 号 (1985 年) 24 頁以下参照。

次に、公海自体と公海にある資源を区別し、後者の一部である深海底資源については、最初に排他的採鉱権を主張した国の既得権を尊重する法理が確立していると説く議論もあった。たとえば、L. F. E. Goldie, *supra* note 53, pp. 1-69 は、ながらくその帰属が決まらなかった北極海にうかぶスピッツベルゲン諸島に関し、1920 年のパリ条約により、ノルウェーの主権が承認され、同時にそこにおける採鉱権を主張してきた締約国国民の既得権も承認されたが、いずれの国の管轄権にも服さない陸地または海域における鉱区への排他的権利を認めたこの事例は、深海底にもあてはまるという。つまり、最初に深海底資源に対し権利を主張した国の既得権が尊重されるというのであるが、しかし、こうした考え方に説得力を認めることは困難であろう。事実、Deep Sea Ventures 社が、アメリカ政府に対し、深海底鉱区に対し排他的権利を設定する企業の立場が侵害された場合、外交的保護権の行使による企業保護を要請したのに対し、同政府が、これを、法的観点からみて問題があるとの理由で拒否した (*ILM*, Vol.XIV, 1975, p. 66.) ことは、よく知られている通りである。この点について、高林秀雄『海洋開発の国際法』(有信堂高文社、1977 年) 224-227 頁参照。

以上の議論は、海底の法的地位に関する理論的な検討と銘打たれながらも、実は深海底資源開発に不可欠の排他的権利をいかにして確保するかという、きわめて実践的観点からのものであった。しかし、これらは、過去の一定の時期に特殊なケースを念頭において形成されまたは唱えられた理論が、その論理構成からみて、深海底資源開発にも適用される一般理論になるかのごとく主張したものにすぎなかった。海洋法会議において条約レジームの輪郭および諸国の政策・見解が明確になるにつれ、これらの議論が繰り返されることはなくなったといってよい。なお、国連では、深海底の国際レジームに関する審議が開始された当初より、海底が *res nullius* か *res communis* かといった議論は非生産的であるゆえ、ほとんどとり上げられることはなかったといわれる。小田『前掲書』(注12) 152、184-185 頁。

りうるのかどうか、さらには、条約レジームが強行法規的性格をもつのかどうかという点におかれてきたとみてよい。

以下では、合法・違法論をそれぞれ検討する。

(1) 一般的拘束性の否定

まず最初に、海洋法会議におけるアメリカの主張をふり返ってみよう。再開第7会期以降に展開された同国の主張は、次のようにまとめることができる[61]。

1970年の総会決議・深海底を律する原則宣言は、条約交渉の基礎となる勧告的文書にすぎず、その中で謳われている、いずれの国もこの原則宣言に反して深海底資源に対する権利を主張してはならず、深海底資源開発は将来設立される国際制度によって規制されるといった規定は、条約ができるまで深海底に適用される暫定的制度を定めるものではない。その前年に採択され、条約レジーム樹立以前における開発を凍結するよう勧告したモラトリアム決議も、賛成62、反対28、棄権28という表決結果に示されるごとく、圧倒的多数の支持を得たものではなく、その決議に明確な反対の意思表示を行ったアメリカなどの諸国に対しいかなる法的拘束力も有しない。慣習国際法上も条約上も、現在、深海底資源にアクセスすることを禁止する規則はなく、資源開発に関しては、公海自由の原則に基づく規制以外は存在しない。アメリカとしては、条約レジームが樹立されるまで技術開発を含む深海底関連の活動を停止することはできないし、また、国際法上そのような義務を負っているわけでもない。将来、新条約に拘束されるようになればともかく、それまでは、深海底資源開発は公海の自由に属する。

そして、1983年3月、アメリカは、その前年12月の海洋法会議最終会期で行われた各国代表の発言に対し関係諸国の答弁権 (right of reply) が同会

---

61) 以下の要約による。A/CONF.62/SR.109, paras. 27-29, UNCLOS III, *Official Records*, Vol.IX, p. 104; A/CONF.62/SR.110, paras. 24-25, *ibid.*, Vol.XI, p. 4; A/CONF.62/SR.120, para. 33, *ibid.*, Vol.XII, p. 14; A/CONF.62/SR.130, paras. 17-20, *ibid.*, Vol.XIV, p. 4; A/CONF.62/103, *ibid.*, Vol.XIV, p. 109.

議議長により認められたのに基づき、次のような見解を表明した。「若干の発言者は、国際法の現行の原則または条約が、非当事国を含むすべての国に対して、この条約にしたがうことなく深海底の鉱物資源を採取しおよび開発することを禁止していると主張した。アメリカは、このような主張が何らかの価値あるものとは信じない」、条約レジームは「性質において純粋に契約的なものである」、深海底資源開発は「すべての国に開放された公海の適法な利用」であって、「アメリカおよび他の諸国の実行は、海底の鉱業が、公海の自由の伝統的意味の枠内における公海の適法な使用でありつづけることを明らかにしている」[62]。

　海洋法会議では、他の若干の先進資本主義諸国が、アメリカの立場を支持した。フランスは、条約により拘束されることへ同意するかまたは慣習国際法により制約を課されない限り、深海底資源開発は公海の自由に属すると見るべきであるが、そうした制約があるかどうかについては、開発を禁止するといった制約を課す規則は存在しないと述べた。イタリアは、「国家の活動は国際法の特定の規則によってのみ規制できる」と考えるべきで、深海底資源開発もその考え方の例外とはならないとしつつ、深海底で活動する自由を制約する規則の欠如を指摘した。ベルギーは、フランスの発言に賛意を表しつつ、開発を禁止する規則の欠如を指摘した。さらに西ドイツは、フランスとアメリカの見解を支持し、イギリスとともに、公海自由の原則に基づく開発の合法性を主張した。日本は、一方的国内立法がCHM原則に必ずしも矛盾するものではないと述べ、上の諸国の見解を支持したのである[63]・[64]。

---

62) A/CONF.62/WS/37 and Add.1 and Add.2, UNCLOS III, *Official Records*, Vol.XVII, p. 243. 同じく答弁権行使に基づく同趣旨の見解表明として、西ドイツ、*ibid*., p. 241, イタリア、*ibid*., p. 241 参照。

63) 以上の諸国の見解は、次を参照。A/CONF.62/SR.109, para. 43（フランス）, para. 51（イタリア）, para. 53（ベルギー）, para. 46（西ドイツ）, para. 60（イギリス）, para. 54（日本）, UNCLOS III, *Official Records*, Vol.IX, pp. 106-108; A/CONF.62/SR.130, para. 51（フランス）, paras. 35-38（西ドイツ）, para. 34（イギリス）, paras. 52-53（日本）, *ibid*., Vol.XIV, pp. 5-7.

64)「深海底問題に関する暫定的了解」(1984年8月) の当事国は、以上の諸国のほかにはオランダであるが、同国は、深海底活動に関する国内法の制定は自国民に管轄権を行使する上で必要であり、各国は、国際海底機構が発足するまでその代理として行動すればよいとし

第5章　深海底の法的地位をめぐる国際法理論の検討　159

＊　　　＊　　　＊

　これらの諸国の見解に共通してみられる特徴は、公海自由の原則に基づく開発が適法とされるのは、開発禁止規則が成立していないからであるとし、その逆、つまり、同原則に基づく開発を認める許容規則の存在を立証しようとはしていない点にある。これは、どういう規則を誰が立証すべきかという挙証責任の問題にかかわるが、この問題に関し、イギリスの ブラウン (E. D. Brown) は、シュバルツェンバーガー（G. Schwarzenberger）に依拠しつつ、公海自由の原則は国際法により明示的に禁止されない活動についてはその自由を認める性格のものであるとして、挙証責任は禁止規則を主張する側にあると述べている[65]。また、アメリカの アロー (D. W. Arrow) も、禁止されない活動は許されるゆえ、正しい問題の立て方は、公海自由の原則に基づく開発が許されているかどうかではなく、それが禁止されているかどうかでなければならないと述べている[66]。しかし、果して、そのようにいうことができるのであろうか。挙証責任の問題は後に触れるとして、ここではまず、合法論の前提となっている、開発禁止規則不成立の主張を最も理論立てて展開しているアローの議論をとりあげ、その論理構造を検討してみよう。彼は、要旨次のようにいう[67]。

　1927年のロチュース号事件判決がいうように[68]、国際法が国家を拘束する根拠はその同意である。国家は自ら同意しない規則により拘束を受

ながらも、新条約が効力を発生するまでの間に完全な開発の自由を認めることは、好ましくない事態を招くと指摘し (A/CONF.62/SR.109, para. 55, UNCLOS III, *Official Records*, Vol. IX, p. 107)、さらに、財政上のコストが高くつくことを国連海洋法条約に参加しない口実にすべきではないと述べ、オランダとしては、国際海底機構（等）準備委員会において、先進国・企業に厳しい種々の条約上の条件が少しでも緩和されるよう可能な限り調整を行うとの立場を表明していた (A/CONF.62/SR.188, para. 8, *Official Records*, Vol.XVII, p. 55)。

65) E. D. Brown, "Freedom of the High Seas Versus the Common Heritage of Mankind: Fundamental Principle in Conflict", *San Diego LR*, Vol.20 (1983), pp. 533-536.
66) D. W. Arrow, "The Customary Norm Process and the Deep Seabed", *OD&IL*, Vol.9 No.1 (1981), pp. 9-10.
67) *Ibid.*, pp. 2-10, 22-36.
68) *Affaire de Lotus* (France/Turkey), arrêt du 7 septembre 1927, *PCIJ, Series A*, No.10, 1927, p. 18.

けることはない。これは、国家はその同意の有無にかかわらず国際法により拘束される場合があると見る「制限主権」の考え方とは異なり、「絶対主権」の考え方に基づくものであるが、法の執行メカニズムが不完全な国際社会においては、同意なきところに法の成立を認めても、かかる法の規範的価値はきわめて疑わしい（credibility の欠如）ので、後者の「絶対主権」の考え方に基づき法の成立を——深海底資源開発についてはその自由を制約する慣習法があるかどうかを——見る必要がある。その場合、慣習法の成立については、四つの要素が備わっているかどうかを基準にして判断しなければならない。第1に、慣習の量的要素、つまり、一定の作為・不作為の繰り返しが一般的慣行を構成するとみなせるほどに十分な数の国家により行われていること、第2に、慣習の心理的要素、つまり、当該行為を法的に義務的とみる法的信念の存在、第3に、慣習の質的要素、つまり、慣行の形成における利害関係国の参加、第4に、慣習の時間的要素、つまり、一定の時間の経過である。もっとも、最後の要素は相対的重要性をもつにすぎず、基本は、はじめの二つの要素といえる。これは、1969年の北海大陸棚事件判決による定式化であるが[69]、とくに第2の心理的要素は、同判決のみならず、先のロチュース号事件判決をはじめいくつかの国際判例でも重視されてきた要件である。また、1951年のノルウェー漁業事件判決で示されたいわゆる抗議原則[70]、つまり形成途上にある慣習法規則に対して当初より一貫して反対してきた国家には、当該規則は適用できないとする原則にも留意しておく必要がある。さて、そこで、以上のような慣習法成立要件に照らし、開発禁止規則の成立問題を考えた場合、深海底を律する原則宣言は、賛成108（利害関係国たる開発技術保有先進国を含む）、反対なし、棄権14で採択されたので、そこでは、成立要件の内、量的要素と質的要素は満たされているが、しかし、開発の禁止を義務的とみなす心理的要素が満たされていたとはいえない。こ

---

69) *North Sea Continental Shelf Cases* (Federal Republic of Germany/Denmark, Federal Republic of Germany/Netherlands), Judgement of 20 Febrary 1969, *ICJ Reports 1969*, pp. 42-44.

70) *Affaire des Pecheries* (Royaume-Uni/ Norvege), arrêt du 18 décembre 1951, *ICJ Reports 1951*, p. 131.

のことは、前年に採択されたモラトリアム決議の表決結果からも明らかである。原則宣言採択後の国家実行に着目しても、開発禁止規則に対しては、利害関係国である先進国の一貫した反対がある上に、先進国による一方的開発の動きに対し自重を求めながらも、同規則が慣習法化したと主張する 77 カ国グループの見解には賛同しない諸国もあるので、結局、開発禁止規則を生み出す法的信念は存在せず、成立要件は満たされていないといわねばならない。したがって、禁止されないものは許されるので、公海自由の原則に基づく開発は合法である。

見られる通り、アローにおいては、開発禁止規則に対する先進国の反対＝不同意という事実が最も重視されている。確かに、深海底における慣習法の成立について語る場合には、数の上では少数とはいえ、開発技術を有し、すでに投資を先行させた先進諸国の態度を無視することはできず、その限りでは、それら諸国の反対により、開発禁止規則はまだ慣習法化していないとする議論は、かなりの説得力をもっているかのように見えるのである。しかしながら、この議論には問題もある[71]。

彼は、慣習法理論の基礎として、北海大陸棚事件判決をあげながらも、同時に、ロチュース号事件判決の論理をもきわめて重視している。しかし、これらの判決に示された慣習法理論は必ずしも同じではない。後者は、いわゆる意思主義の系譜に属し、条約および慣習法のいずれもそれらに同意を与えた国家のみを拘束し、したがって、それらの諸国の間でのみ有効であるとの判断に基づくもので、法的信念についてはそれを黙示の同意ととらえている。これに対し、前者は、いわゆる客観主義の系譜に属し、国際社会全体に妥当する慣習法の成立には、利害関係国を含む広範かつ統一的な諸国の慣行と法的信念が備わっていればよいとし、法的信念の意味については、一定の慣行を法的に義務的と考える信念であるとした。また、後者によれば、慣習法と認定される規則に対して反対す

---

[71] 合法論批判の視角については、田中・富岡「前掲論文」(注 7) 114-117 頁で示したことがあり、ここでもそれを踏襲しているが、合法・違法論の問題点を詳しく論じた大沼「前掲論文」(注 7) にも多くを負っている。

る国があっても、原則的には、その反対を理由に拘束を免れることは認められていないと解されている[72]。したがって、たとえば、ロチュース号事件判決に基づいて考える場合には、国家の同意の有無が重要性をもつので——実際、アローは、法的信念を黙示の同意ととらえ、その有無を問題にした[73]——、一面においては、彼のいう通り、開発禁止規則に対する先進諸国の反対という態度はそれらの諸国が同規則により拘束されないことの根拠になるけれども、しかし他面において、慣習法の認定に関しては、次のような結論にならざるをえない。つまり、条約レジームに基づかない開発は禁止されるという法的信念は、違法論を唱える国の数は130を超えるとみられるので[74]、条約レジームに基づかない開発は禁止されるという法的信念はそれらの圧倒的多数の諸国の間では確立しており——彼の論法からすればこうなる——、それゆえ、同規則は慣習法となっているといえるが、例外的にその規則により拘束されることに同意しない諸国には効力が及ばない。

ところが、アロー＝合法論によれば、そうはならない。あくまで、開発を禁止するといった慣習法の存在そのものが認められないのである。なぜ、認められないのか。それは、すでに彼の議論から明らかなように、北海大陸棚事件判決が示した、国家の慣行という成立要件が満たされるために必要な、"利害関係国を含む[75]"という条件が整っていないからである。してみれば、合法論は、北海大陸棚事件判決をこそ自らの主張の最大の論拠にすえているとみなければならない。アローが国家の同意を重視するロチュース号事件判決を援用したのは、法的信念を黙示の同意ととらえることにより、利害関係国のそうした同意が欠如しているとい

---

72) 以上について、藤田久一「現代国際法の法源」『現代法哲学第3巻・実定法の基礎理論』（東京大学出版会、1983年）288-295頁参照。

73) D. W. Arrow, *supra* note 66, p. 9.

74) 77カ国グループは、1978年の時点で119カ国により構成されていた（A/CONF.62/SR.109, para. 65, UNCLOS III, *Official Records*, Vol.IX, p. 108）ので、同グループに加わっていないソ連・東欧諸国などを加えれば、130カ国を超えるとみられる。

75) 判決は、「利害がとくに影響をうける諸国を含めて、国家の慣行が……広範かつ統一的であること」が必要であるとした。*Supra* note 69, p. 42.

う点を強調し、国際社会全体に妥当する慣習法の成立を否定するためであったと考えられる。

しかし、基本的に異なる両判決の論理をそのようにむすびつけ理解できるのかどうか。たとえば、法的信念のとらえ方については議論があるとはいえ、北海大陸棚事件判決がそれを黙示の同意ととらえていると解するのは困難であろう。同判決は、国家の慣行が広範かつ統一的であって、その慣行を義務的と考える法的信念が備わっておれば、すべての国に適用される慣習法の成立を認めようとしたものであって、その認定に際し、個別国家の同意の有無を第一義的な判断基準にしてはいない[76]。それゆえ、深海底資源開発をめぐる現在の状況を同判決の論理に即して見るとすれば、何よりもまず重要なのは、深海底の国際レジームに関する審議が開始されて以来、圧倒的多数の諸国がかなりの一貫性をもって開発禁止規則を主張してきた事実である[77]。現在、国際社会には、公海自由の原則に基づく開発は許されないとする法意識が、ほぼ完全に定着しており、したがって、その限りでは少なくとも、同原則が開発のための一般国際法として妥当する基盤は存在しないといわなければならない。

もっとも、国家の実行を基盤にして成立する慣習法は、現実の力関係を色濃く反映するものであるため、当該問題により利害がとくに影響をうける国家の態度を無視して、その成立を語るのはむずかしいことも否定できない。同判決が、"利害関係国を含む"という条件をあげたのは、このような考慮に基づいている。したがって、深海底資源開発能力を有するアメリカなど若干の先進資本主義諸国を利害関係国とみなし、それら諸国の態度から開発禁止規則の慣習法化を否定しようとする合法論は、一応、同判決の論理にのっとった主張といえよう。しかし、ここでも、

---

76) ただし、判決は、国家の慣行が「それを要求する法規則の存在によって義務的とされているという信念の証拠となるようなもの……」でなければならず、「当該国家は法的義務となっているものにしたがっていると意識していなければならない」と述べて、法的信念の意味を厳格に解したところがある。Ibid., pp. 43-44；田畑茂二郎『国際法Ⅰ（新版）』（有斐閣、1973 年）101-102 頁。

77) 大沼「前掲論文」（注 7）153 - 155 頁、田中・富岡「前掲論文」（注 7）115 頁。

なお検討されるべき問題は残されている。すなわち、深海底問題に関しては、先の諸国が代表的な利害関係国であることはまちがいないが、それらの諸国に限られるのかどうか。たとえば、開発技術を有し、投資を先行させた国という点では、ソ連やインドといった違法論を唱える国も自らそうした立場にある旨宣言している[78]。また、深海底資源開発が開始されれば、陸上でその開発から得られる鉱物と同じ資源を生産している諸国の経済にきわめて大きな影響が出るわけで、そうした諸国も重要な利害関係国といわねばならないであろう。さらに、また、CHMという観点からみれば、国際社会のすべての国が利害関係国と見られなくもない。このようにみると、違法論を唱える諸国の中にも代表的な利害関係国は含まれており、"利害関係国を含む"という先に見た条件が合法論のいうようにまったく満たされていないとは、必ずしもいえなくなる。もとより、利害関係国の範囲を定めること自体きわめて困難な課題であるが、深海底問題に関しては、アメリカなどの諸国にのみその範囲を限定し得ない状況があることに留意しておく必要があろう。

かくして、以上に見た合法論の主張にもいくつかの矛盾や問題点が内在しているように思われる。しかし、この点はさておくとして、より重要なのは、慣習法上開発禁止規則が成立していないと仮定しても、合法論が、そのことから直ちに開発の自由が認められるというとき、そこに致命的な難点が生じることである。

* * *

アローに限らず、禁止されないものは許されると主張する論者は、主としてロチュース号事件判決に依拠している。そのための論拠としてしばしば引用されるのは、判決中の、「国家の独立に対する制限を……推定

---

[78] ソ連は1983年7月20日に、インドは1984年1月10日に、それぞれ、先行投資保護決議に基づき、国際海底機構(等)準備委員会に対し、先行投資者——資格要件は、1983年1月1日以前に3000万ドル以上を投資し、かつ、その10%以上を申請鉱区に支出した事業体——としての登録申請を行った。See, LOS/PCN/30 (24 October 1983) and LOS/PCN/32 (14 February 1984).

することはできない」との一文である[79)]。この一文だけからであれば、直ちに先の命題が引き出せるかどうかはきわめて疑わしい[80)]。もっとも、判決を全体としてみれば、その基調には、反対意見を述べた裁判官もいう通り[81)]、ある行為の適法性はその行為を制限または禁止する規則があるかどうかによるとの考え方があることは確かである。

本件は、周知の通り、フランス船ロチュース号とトルコ船ボス・クルト号が公海上で衝突し、後者が沈没しトルコ人の死者がでたことがきっかけとなり発生した。衝突の翌日、ロチュース号がトルコの港に寄港したとき、トルコ当局が同船の当直士官たるフランス人を逮捕し刑事裁判にかけたことに対し、フランスが、公海上の船舶で行われた行為に関し刑事上の手続をとることができるのは旗国であるとして、トルコによる刑事裁判権の行使は国際法違反であると訴えたのであった。裁判において、トルコは、本件のような場合における刑事裁判権の行使が国際法に反しないと主張したのに対し、フランスは、かかる裁判権の行使を認める許容規則がないと主張した。そこで、裁判所としては、トルコに刑事上の手続をとることを認める国際法の許容規則の発見ではなく、その手続ととることにより侵害された国際法すなわち、刑事裁判権の行使を制限または禁止する規則の有無を問題にしなければならないとした[82)]上で、

---

79) *Supra* note 68, p. 18.
80) 判決のこの箇所は、国家が拘束される場合には、それへの同意に基づくべきことを述べた、次のような指摘につづいて登場している。すなわち、「国際法は、独立国家間の関係を規律する。それゆえ、諸国を拘束する法規則は……それらの自由な意思に由来する」。したがって、このような脈絡の中でいわれた「制限の推定禁止」とは、拘束をうけることへの同意＝国家意思の表明があるかないかはっきりしないような場合に、安易にかかる同意があると推定してはならないことを強調したものと解せよう。大沼は、かかる推定禁止とは、「あくまで『推定できない』にとどまる」にすぎず、深海底資源開発に即し、たとえていえば、開発を公海の自由とすることに対し諸国がとりたてて抗議・反対していない状況がある場合、それらの諸国の「沈黙を当該行為に対する禁止と解釈してはならないというにほかならない」とされる。大沼「前掲論文」(注7) 154頁。
81) *Supra* note 68, p. 34.
82) 判決がこのように考えたのは、本件を付託した両国の特別合意書が、裁判所に対し、トルコが国際法に違反したかどうかの判断を求めていたためとした。判決は、しかし同時に、そう考えることが「国際法の本性が……命じるところでもある」と述べ、前掲 (注80) に引

結論的には、そうした規則は存在しないと判断したのであった。

　さて、本件判決により、禁止されないものは許されるとする命題が示されているとしても、検討されるべきは、その命題がどのような問題に対しても常に妥当するといえるかどうかである。海洋法会議において開発禁止規則の欠如を理由として合法論を主張したフランスは、ロチュース号事件においては、禁止規則の欠如を主張したトルコに対し、許容規則の立証を求めていた[83]。もちろん、時代と問題がちがうのであるから、同じ国とはいえ、それぞれのケースで異なる対応をとることは格別奇異なこととはいえない。しかし、この一例は、先の命題が現実に果たす機能は状況に応じかわりうることを示唆している。実際のところ、禁止されないものは許されるという場合、単に禁止規則の欠缺だけが指摘されるのではなく、ある許容規則の存在が事実上主張されるのとかわらない効果が生み出される[84]。それだけに、その命題の有用性についての評価は、問題となる行為を許容することが妥当かどうかの評価と不可分の関係にある。

　合法論の主張をこの観点から見る場合、現在、開発を公海の自由とすることを否認する法意識が国際社会に定着している事実は、きわめて重要な意義をもつ。つまり、先に述べた通り、この事実はもはや開発が公海の自由とされるような余地がないことを示しており、仮に合法論のいうように開発禁止規則が慣習法化していないとしても、それは単に、同規則がまだ慣習法のレベルにまで成熟していないことを意味するにすぎないからである。深海底資源開発に関して現在見られるような法意識が定着している状況下では、開発の自由が認められるといえるような事実的根拠を国際社会において見出すことはできず、禁止されないものは許されるという命題をもちこむこと自体、著しく妥当性を欠くものといわ

　　　用した判示箇所へとすすんでいる。*Ibid.*, p. 18.

83) *Ibid.*, p. 22

84) 藤田久一「核兵器と 1977 年追加議定書」『法学論集（関西大学）』第 31 巻 1 号 (1981 年) 27 頁参照。

なければならない[85)]。したがってまた、アローが強調した、深海底資源開発に関する国際法については禁止規則の存否の証明こそ重要であり、かつ、それで十分と見るような議論に賛同することはできない。挙証責任の問題については、条約レジームの枠外で開発を行おうとする諸国の側に、どのような根拠でそれが適法とされるのかを立証する責任があると見る方が適切であると考えられる。

ところで、合法論においては、深海底資源開発の自由は公海自由の原則の法的性格から原理的に導きうるとの主張も用意されている。もちろん、この場合にも、開発禁止規則は成立していないという認識が前提におかれているが、その主張は、より積極的に両者の関連性を論証しようとしたものといえる。前にあげたブラウンの議論にもそうした主張がうかがえるが、より周到な議論を展開しているのはクロンミラーである。彼は、一方では、禁止されないものは自由であるとの認識をもちながらも、他方では、こちらの主張の論証に力点を置き、次のように述べている[86)]。

公海自由の原則は、本質的に発展性のある規範であって、技術の進歩により可能となる新しい海洋利用形態が出現すれば、それが公海の他の利用者に合理的考慮をはらって行われるものである限り、その利用を公海の自由として認めるものである。深海底資源の開発は、公海上の船舶から機械装置を使用して海底に賦存する資源を採取する行為であって、伝統的に認められてきたさまざまの活動と矛盾・対立するものではなく、また、それらを不可避的に妨害するものでもない。したがって、開発禁止規則が慣習法化していない以上、開発を新しい公海の自由の一つに加えることに問題はない[87)]。

---

85) この点に関連して、大沼の次のような指摘がある。すなわち、合法論は、違法論を主張する「圧倒的多数の国々の明示的行動が、深海底開発＝公海の自由という……伝統的一般国際法規範の『一般性』に対してもつ減殺効果を全く無視している点において、著しく一方的なものといわざるを得ない」（傍点原文）。大沼「前掲論文」（注7）162頁。
86) T. G. Kronmiller, *supra* note 16, pp. 330-333.
87) クロンミラーは、さらに、1958年の公海条約の起草過程をみると、深海底資源開発の自由がすでにその段階で認められていたことがわかると、次のように主張する（ほかにも、たとえば、S. J. Burton, *supra* note 60, p. 1173）。

こうした議論は、それが公海自由の原則の法的性格を指摘している限りで、理解はできる。すなわち、同原則は、歴史的にみれば、公海における生産活動の自由を保障し、自由主義的原理に基づく経済発展の原動力となってきたものであって、深海底資源開発という新しい経済活動も、

1955年、国際法委員会（ILC）において、海洋法に関する特別報告者フランソワは、「公海の地下を探査、開発する自由のあることを承知している」と述べ、また、その翌年にILCが提出した海洋法草案第27条（のちの公海条約第2条）に関するコメンタリーは、「委員会は単に主要な四つの自由を明記したのであって、公海で科学調査を行う自由のような他の自由があることを承知している」、「委員会は、公海の地下を探査、開発する自由にとくに言及しなかった」が、その理由は「そうした開発には特別の規制を正当化するほど十分に実際上の重要性がまだない」からであるとのべていた。さらに、第1次海洋法会議では、大陸棚を開発可能性の基準により定義しようとする提案に対し反対があったが、それは、かかる基準により大陸棚の範囲が拡張すれば、公海の自由としての海底開発を実施する区域が狭まるからという理由によっていた。また、海水汚濁防止に関する公海条約第24条には、「海底及びその下の開発」という文言があるが、起草過程をみると、本条を公海の海底開発に適用しようとした意図を確認できる。以上の事実は、明らかに、深海底資源開発の自由が認められていた証拠となる。T. G. Kronmiller, *supra* note 16, pp. 369-384.

以上の議論の中にみられる、ILCのコメンタリーと特別報告者フランソワの発言は、クロンミラーによるだけでなく、深海底資源開発と公海の自由の関係が論じられる際にしばしば引用されるところである。確かに、ILCにおいて、大陸棚の限界を超える海底開発の自由に言及があったのは事実であり、もしそうした開発が実施されるのであれば自由であろうとの感覚が少なからずあったことも、否定はできない。しかしながら、その自由は、すでに各方面から指摘されているように、水深200メートルの海底をこえたところでの開発など夢想だにされなかった当時において、しかも、現在いうところの深海底資源はもちろん、何らかの価値ある資源の存在などまったく念頭におかれず言及されたものであったことに、注意しておく必要があろう。換言すれば、その自由への言及は、具体的な資源や開発の形態・意義などを考慮することなく、いってみれば観念的なレベルにおいてなされたものといえよう。ILCが、公海の自由については、それを法規制（自由の明示的承認を含む）の対象とする必要を認めず、「純粋に理論上の問題」であると判断した（*YILC*, 1956, Vol. II, p. 11）ことの意味は、そうした脈絡の中で理解されねばならない。したがって、フランソワが海底開発の自由があることを承知していると述べたといっても、それは、海洋法草案に定める四つの自由（公海条約第2条となる）が例示的なものにすぎないことを強調するため、たとえていえば科学調査やそうした海底開発の自由が考えうるだろうという程度の意味でいわれたものにすぎないとみるべきであり、そうした発言——さらに、クロンミラーのいう大陸棚の定義や公海条約第24条をめぐる議論についても同様——をもって直ちに深海底資源開発の自由が公海条約起草過程において承認済みであったというには、無理があると考えられる。以上について、大沼「前掲論文」（注7）135-136頁、Jon van Dyke and C. Yuen, "'Common Heritage' v. 'Freedom of the High Seas': Which Governs the Seabed?", *San Diego LR*, Vol.19(1982), pp. 502-507 参照。

その中に包摂することは可能ではあろう[88)]。しかし、開発に同原則が適用可能であることと、開発の自由が国際法上認められることとは、別の次元の問題である。あらためて述べるまでもなく、開発に同原則が適用されれば、技術と資本をもたない圧倒的多数の諸国は、深海底から何らの利益をうけることもできなくなるので、その適用を拒否しているのである。換言すれば、同原則が歴史的に果たしてきた役割は、深海底区域ではもはや果たされるべきではない、と主張されているといえよう。したがって、クロンミラーの指摘には同原則の歴史的性格を的確にとらえた部分があるとはいえ、先に、禁止されないものは許されるとみる議論に対し加えた批判を、彼の議論にも向けざるをえないように思われる。

＊　　　＊　　　＊

さて、最後になったが、合法論は、開発禁止規則が成立していないことを理由に開発への公海自由の原則の適用を主張しているけれども、他面において、「協調国レジームの下での開発」はCHM原則に必ずしも矛盾、対立するものではないとの認識ももっているので、この点にも触れておかねばならない。合法論による開発禁止規則不成立の主張は、CHM原則が開発の自由を排除する効果をもつと見る違法論への反論でもあったが、しかし、その場合でも、CHM原則がいかなる意義も有しないものとして無視されているわけではない[89)]。

たとえば、アメリカの一方的開発立法である深海底硬鉱物資源開発法（1980年）では、同法の制定により「深海底のいずれかの区域または資源に対して主権、主権的または排他的権利もしくは管轄権、または所有権を主張するものではない」（同法第3節(a)(2)）と明記され、また、深海底資源開発に租税（回収可能な金属の市場価格の0.75%）が賦課され、これにより、新海洋法条約がアメリカについて効力を発生した場合、「深海底採鉱から

---

88) 公海自由の原則の歴史的性格について、R. P. Anand, *Origin and Development of the Law of the Sea: History of International Law Revisited* (M. Nijhoff, 1983) 参照。

89) O. Schachter, "International Law in Theory and Practice: General Course in Public International Law", *Recueil des Cours*, 1982-V, p. 291; E. D. Brown, "The Impact of Unilateral Legislation on the Future Legal Regime of Deep-Sea Mining", *Archiv des Völkerrechts*, Band.20(1982), pp. 176-177.

の収益を諸国家間に配分する目的で前記の条約に基づいて要求される拠出を行う」ため、「深海底収益配分信託基金」が設置されることになった(402節、403節(d))。この基金設置は、CHM原則が求める人類全体の利益の確保という課題を考慮したものである[90]。このような、深海底とその資源に対する主権または主権的権利主張の禁止、ならびに、アメリカ法におけるのと同じ目的をもつと考えられる租税の賦課や基金の設立に関する規定は、協調国レジームを志向する他の諸国の国内法にも共通にみられるのである[91]。

　クロンミラーは、すでに見た通り(本章1(2))、CHM原則は、深海底への主権主張を禁止し、開発が人類全体の利益となるよう行われなければならないという限りでは、法的効果をもつと指摘していた。ただし、彼は、人類全体の利益を実現する方法は一義的に定まるわけではなく、開発禁止規則が慣習法として成立していない以上、公海自由の原則に基づく開発が合法であると考えたのであった。このような論理からすれば、開発を公海の自由として行っても、それはCHM原則に直ちに矛盾するものとはならない。つまり、CHMを、深海底とその資源に対する主権または主権的権利主張を禁止し、収益配分を要請する原則と位置づければ、「協調国レジームの下での開発」は同原則と必ずしも矛盾・対立するとはいえないのである。前に見たように、日本は、海洋法会議再開第7会期において、公海自由の原則に基づく開発はCHM原則に矛盾するものではないと述べていたが、その発言の根底には、CHM原則のそうした位置づけがうかがえる。また、CHM原則それ自体は慣習法になっていると考えたコンフォルティは、ただし、公海自由の原則に基づく開発も、それが人類全体の利益を確保するものである限り許されると述べている。そして、彼は、そのためには、アメリカなどの諸国の国内法で規定する租税率＝国際社会への収益還元の割合が低すぎるので、これを是正すべきことな

---

90) E. D. Brown, *ibid.*, pp. 164-170.
91) アメリカ、イギリス、西ドイツ、フランスの各国内法の邦訳として、高林秀雄・田中則夫・古賀衛(訳)「深海底鉱物資源に関する国内法」『国際法外交雑誌』第81巻1号(1982年)68頁以下。

ど国内法の若干の規定を修正する必要性を指摘していた[92]。

以上の議論は、深海底資源の開発は禁止規則が成立していないから自由であるというだけでなく、国際社会に確たる地位を占めたと考えられる CHM 原則については、それ自体を否認せず、むしろ「協調国レジームの下での開発」との両立可能性を肯定したものといえる[93]。しかし、両立肯定論の前提になっている CHM 原則のとらえ方が、妥当かどうか。この点については、本章4で、CHM 原則の意義を再度考える際に触れることにする。

(2) 一般的拘束性の主張

国連海洋法条約と同時に採択された決議 I「国際海底機構および国際海洋法裁判所のための準備委員会の設置」に基づき、同委員会は、1983 年 3 月に発足し、以来、発展途上陸上生産国、エンタープライズ、深海底資源の探査・開発に関する手続規則案の作成、および国際海洋法裁判所の各問題につき、それぞれ特別委員会を設けて審議を重ねるとともに、本会議ならびに一般委員会を中心にして、決議 II「多金属性団塊に関する先行活動における先行投資の規律」(いわゆる先行投資保護決議) の実施問題を検討してきている。ところが、その間、1984 年 8 月に「深海底問題に関する暫定的了解」が締結されるや、77 カ国グループと東欧諸国は直ちに、その了解は協調国レジームに基づいて開発を行おうとするものであって、国際法に違反すると抗議した[94]。また、アメリカが、同年の夏から秋に

---

92) B. Conforti, *supra* note 57, pp. 7-14.
93) なお、前に見たように、CHM 原則は深海底活動に適用される基本原則であり、その限りで慣習法になっていると考える西ドイツのウォルフラムは――合法論者とはいえないが――、しかし、同原則は国家による開発を凍結・禁止する効果はもたず、条約レジームも客観的制度 (objective regime) を樹立するものではないゆえ、人類全体の利益を確保する方法の決定は、個別国家に委ねられていると述べていた。彼 (前掲 (注 57) のコンフォルティも同様) は、深海底資源開発に関しては、公海自由の原則より CHM 原則の方に優位性のあることを認めつつも、条約レジームに一般的拘束性が備わるまでは、深海底区域に複数のレジームの並存を事実上認めている。R. Wolfrum, *supra* note 8, pp. 333-337.
94) LOS/PCN/48 (16 August 1984), LOS/PCN/49 (ditto). この抗議につづいて、了解の違法性を確認する決議案 (LOS/PCN/L.7/Rev.1, 21 August 1984) が提出されたが、表決は見送られた。

かけて、自国国内法に基づき四つの国際コンソーシャムに深海底資源の探査ライセンスを発給したことが判明したので、1985年8月30日に至り、準備委員会は、次のような本文からなる宣言を表決なしで採択した[95]。

1　次のとおり宣言する
　(a)　深海底とその資源の探査および開発のための唯一の制度(the only regime)は、第3次国連海洋法会議で採択された条約および関連決議により樹立されたレジームである。
　(b)　準備委員会の外で行われ、条約および関連決議と両立しない、深海底とその資源に関するいかなる主張、協定または行動も認められない。
2　法的権利を創設する基礎としてのかかる主張、協定または行動を拒否し、これを全面的に違法なものとみなす。

さらに、この宣言の採択後、1984年12月にイギリスが、翌85年11月には西ドイツがアメリカについで探査ライセンスを発給したことも判明したので、1986年夏の準備委員会では、上と同旨の宣言が、こんどは表決(賛成59、反対7、棄権10)により採択された[96]。77カ国グループおよびソ連グループの提案に基づくこれらの宣言は、条約レジームに一般的拘束性があると主張する「協調国レジームの下での開発」違法論の立場を反映したものである。

　　　　　　　　＊　　　＊　　　＊

さて、違法論が最もまとまった形で展開されているのは、77カ国グループが海洋法会議で幾度か行った見解表明の中においてである。その主なものとしては、再開第7会期における同グループ議長国(当時)のフィジー

---

95)　Declaration adopted by the Preparatory Commission on 30 August 1985, LOS/PCN/72 (2 September 1985).
96)　湯下博之「国連海洋法準備委員会の経過と問題点」『国際法外交雑誌』第85巻4号(1986年) 78-80頁参照。

の発言[97]、法律専門家班[98]の作業を基礎に公表された、同グループ議長国より会議議長に宛てた1979年4月24日付書簡[99]、同年8月23日付書簡[100]、ならびに、1980年8月29日付書簡[101]、さらに、1979年9月28日の同グループ外相会議の決議[102]などがあげられる。以下、違法論の論理構造を、これらのほか、他の若干の違法論者の主張にも触れながら見てみよう。

　違法論によれば、深海底資源開発を公海の自由とみなせる根拠は、いかなる意味でも存在しない。77カ国グループの次の指摘は、このことを端的にいいあらわしている。「深海底の開発を認める……いかなる慣行または慣習もしくは一般条約も存在しない。……個別国家の利益のために国家管轄権の限界を超える海底の開発を認めるいかなる国際法の淵源（source）も存在しない」[103]。こうして、開発許容規則不存在の主張が行われるのが、違法論のまず何よりの特徴であるといえよう。すでに述べたように（本章注(87)参照）、深海底に賦存するマンガン・ノジュールという

---

97) A/CONF.62/SR.109, paras. 20-26, UNCLOS III, *Official Records*, Vol.IX, pp. 103-104.
98) 1979年4月の時点での法律専門家班のメンバーは、次の通りである。

　議長　R. Herrera Caceres（ホンジュラス）, Ambassador to Belgium, the Netherlands and the European Economic Community.

　委員　M. Bencheikh（アルジェリア）, Professor of Law; M. Bennouna（モロッコ）, Dean of the Faculty of Law, Rabat; J. Castaneda（メキシコ）、Ambassador, member of the International Law Commission; S. P. Jagota（インド）, Ambassador, Under-Secretary and Legal Adviser to the Ministry of Foreign Affairs, member of the International Law Commission; J. C. Lupinaci（ウルグアイ）, ministry of Foreign Affairs; B. Ndiaye（セネガル）, Professor of Law, University of Dakar; F. X. Njenga（ケニヤ）, Under-Secretary, member of the International Law Commission; C. Pinto（スリランカ）, Ambassador to the Federal Republic of Germany, member of the International Law Commission; K. Rattray（ジャマイカ）, Ambassador, Solicitor General, Attorney-General's Chambers; S. Suchariktul（タイ）, Director General, Treaty and Legal Department, Ministry of Foreign Affairs, member of the International Law Commission; M. Yassen（アラブ首長国連邦）, Counsellor, Permanent Mission at Geneva.
99) A/CONF.62/77, UNCLOS III, *Official Records*, Vol.XI, pp. 80-82.
100) A/CONF.62/89, *ibid.*, Vol.XII, pp. 70-71.
101) A/CONF.62/106, *ibid.*, Vol.XIV, pp. 111-114.
102) A/CONF.62/94, *ibid.*, Vol.XII, pp. 112-113.
103) A/CONF.62/109, para. 21, UNCLOS III, *Official Records*, Vol.IX, p. 103. 同様の指摘として、A/CONF.62/77, *ibid.*, Vol.XI, p. 81; A/CONF.62/89, *ibid.*, Vol.XII, p. 70.

特定された対象物を念頭に置くことなく、観念的レベルにおいて、公海海底の開発は自由であるとの指摘が公海条約起草過程においてなされた事実はあるが、しかし、その事実を根拠に、深海底資源開発の自由があたかも公海の自由の一つとしてすでに承認済みであったかのようにいうことはできない。条約レジームの審議開始前後のいずれの時期においても、開発の自由を認める一般慣行、ましてや法的信念が存在していないことは明らかであるゆえ、開発許容規則の立証は、違法論がいう通り困難といわねばならない。

　もっとも、かかる規則の立証は必要でなく、開発は禁止されない限り自由であるというのが合法論であった。77 カ国グループの主張には、この論理に対し直接反論を加えた箇所は見られないが、しかし、この主張が著しく妥当性を欠くものであることについては、すでに指摘したところなので、ここでは繰り返さない。ただ、それとは別に、この論理を、法の支配の観点から批判する次のような指摘があることも、ここで補足的に紹介しておきたい。すなわち、違法論者であるダイクとユエン (J. Dyke、C. Yuen) は、権利主張のくいちがいにより紛争が生じる場合、当事者は、禁止規則がなくても自らの権利の立証に努め紛争解決をはかるのがふつうであるが、禁止されないものは許されると考えることは、そうした法に基づく紛争解決にとって有害であるという。さらに、彼らは、ノルウェー漁業事件判決におけるアルバレス (A. Alvarez) 判事の反対意見を引きつつ、この命題はかつての絶対主権の時代の遺物でしかないと批判するのである[104]。

　ところで、ビッグス (G. Biggs) は、この命題が公海の利用に関し実際に適用されてきたかどうかを問題にしている。仮にそうだとすると、公海自由の原則は、技術の進歩により可能となる新しい活動が禁止されない限り、その活動の自由を認める包括的な原則となるが、しかし、こうした見方は、次の理由から首肯できないというのである[105]。

---

[104] Jon van Dyke and C. Yuen, *supra* note 87, pp. 520-521. なお、大沼「前掲論文」(注 7) 154 頁参照。
[105] G. Biggs, "Deep Seabed Mining and Unilateral Legislation", *OD&IL*, Vol.8 (1980), pp. 227-230.

すなわち、伝統的な公海（使用）の自由は航行の自由を核として成立し、19世紀中頃までは、それに漁業の自由を加えたものをその内容としていた。しかし、その後、これらのいわば絶対的に認められてきた自由にも種々の制約が加えられ、さらに、公海の新しい利用形態が出現した場合にも、その利用に関する規則が設けられるに至っている。そうした具体例としては、たとえば、海賊行為の取締り、継続追跡権、公海漁業の規制、海底電線・海底パイプラインの敷設、汚染防止、海戦の規制、上空飛行、核兵器の海底への設置禁止などにかかわるものがあげられる。したがって、今日では、「もはや絶対的自由（absolute freedom）は存在せず、公海におけるすべての活動は何らかの規制に服し、場合によっては、特定の活動が明確に禁止されている」。深海底資源開発についていえば、これまでに例をみない新しい活動であるゆえ、法の欠缺があるにすぎない。したがって、現在、開発を規制する新たな国際法が必要とされており、決して開発が自由なものとして認められているのではない。

　ビッグスは以上のように述べて、深海底を律する原則宣言の慣習法化の主張へとすすんでいる。しかしながら、彼の議論には、かなり混乱があるように思われる。まず第1に、航行や漁業に関しかつて認められた、彼のいう絶対的自由がすでに存在しなくなった点を強調するあまり、公海においてはもはや新たな自由など認められないかのように述べている観がある。いうまでもなく、ある活動が公海の自由として認められるとしても、その自由は、絶対的な自由を意味するのでもなく、また、国際法によるいかなる制約もうけない無政府的な自由になるのでもない。問題は、深海底資源開発がまさに彼自身があげた海底電線・海底パイプラインの敷設や上空飛行などと同様に、公海の自由の一つに加えうるのかどうかにある。にもかかわらず、それら二つが公海の自由であることにはまったく触れず、それらはもっぱら、公海における国家活動に適用される他のさまざまの規則と同じレベルで──絶対的自由が制約をうけ、公海での活動が何らかの規制をうけることの具体例として──扱われている。第2に、公海における活動が国際法の適用をうけ、場合によって

は一定の行為が禁止・制限されていることは事実であるが、しかし、この事実は、ある新しい活動が公海の自由として認められるかどうかの問題には直接関係しない。一例をあげれば、国連海洋法条約は、人口島建設の自由などを新たな公海の自由として認めたが、この場合でも、かかる建設活動は国際法による種々の規制——合理性の要件など——に服するのである。したがって、彼がそうした事実をいくら列挙してみても、それは、自らの立論の前提を論証したことにはならないように思われる。

　ビッグスの主張は、先に見た合法論者クロンミラーの主張——公海の新しい利用形態が出現した場合、それは、特に禁止されなければ、合理性の要件を満たすことを条件に公海の自由として認められる——ときわだった対照をなしている。この両者の見解対立は、公海自由の原則のとらえ方に関する根本問題を提起しており、いずれの主張が正当かにつき答えるには、同原則の歴史的分析が必要といえよう。しかし、ここでは、その分析をまつまでもないであろう。クロンミラーの主張の中に、公海自由の原則の歴史的性格を的確に指摘するところがあるとしても、合法論を批判したところで述べたように、現在では、深海底資源開発が公海の自由として確立する基盤はないからである[106]。とはいえ、そうした開発の自由が認められない理由がビッグスのような議論で示されるとすれば、大きな問題を残すといわねばならない。公海自由の原則の法的性格に触れつつその理由を示すのであれば、むしろ、77カ国グループのように、同原則は現代の状況がいかなるものであれ公海での資源開発に常に適用される「絶対的原則」ではない[107]、という方がより適切であるといえよう。

＊　　　　＊　　　　＊

---

106) 小森光夫は、公海の「所有からの自由」と公海の「使用の自由」はコロラリーの関係にはなく、後者が認められるのは、「使用されることにより少しも害されない」という事実条件に反しない場合であるとされる。そして、この観点から、禁止されないものは許されるという命題が、この条件を満たすことの論証を放棄している点の問題性とともに、深海底資源開発の場合には、この条件が満たされないゆえ、開発の自由は一般的妥当性を有しないとされる。小森光夫「深海底開発レジームの一般化とその根拠——法的議論の平面から——」『千葉大学法経研究』第19号 (1986年) 21-46、72-73頁。

107) A/CONF.62/77, UNCLOS III, *Official Records*, Vol.XI, p. 82.

違法論の核心部分は、条約レジームが、それに基づく以外はいかなる開発も許されないという意味で強行法規的性格をもつことを、慣習法理論を用いて主張するところにある。この主張は、主として、深海底を律する原則宣言の慣習法化を説く形で展開されてきた。

1978年の海洋法会議再開第7会期において示された、77カ国グループとしてのまとまった見解では、原則宣言が単なる勧告ではなく、それに反する行動を許さない法的拘束力をもつ理由は、次のように説明されていた。すなわち、同宣言は、数年におよぶ審議に基づき反対なしで採択されたものであって、「まさに国際司法裁判所規程第38条の意味での国際法の原則を確立し、国際社会の見解をあらわすテキスト」として、「深海底制度に関する現行国際法を具現するもの」だからである[108]。この理由づけは、翌年の第8会期では、さらに次のように補足される。すなわち、深海底区域の専有や同区域への主権・主権的権利主張は禁止されること、深海底資源開発が人類全体の利益となるよう行われるため、新しい国際機関の創設を含む国際レジームが樹立されること、また、開発を含むすべての深海底活動はこのレジームにしたがって行われることなど、原則宣言に示された諸原則は、CHM原則ともども「すべて分離不可能な規範的一体性」を有し、これらを深海底活動に適用することについては、圧倒的多数の諸国の「一貫した支持 (constant support)」がある。それゆえ、右の諸原則は、原則宣言の採択に賛成した108カ国、さらに、採択時には棄権したが、その後同宣言を支持する立場を表明した14カ国という、あわせればきわめて多数にのぼる諸国の「態度 (attitude)」により、新しい慣習法になったといえる。若干の諸国が主張するように、公海自由の原則が深海底資源開発に適用可能であったとしても、現在ではもはやその可能性は存在しない。開発を慣習法上自由とするような法的信念がないばかりか、原則宣言の採択自体、そうした法的信念とは矛盾する「確信 (conviction)」を示す出来事だからである。したがって、深海底におけるすべての活動は、原則宣言に基づき樹立される国際レジームの下でのみ実施可能であっ

---

[108] A/CONF.62/SR.109, paras. 21-22, *ibid.*, Vol.IX, p. 103.

て、それ以外のいかなる根拠に基づく活動も違法となる[109]。再開第8会期に入ると、77カ国グループは、慣習法化したとする右の諸原則は「国際法の強行規則(imperative rule)」であるというまでに至っている[110]。そして、1980年の再開第9会期では、新たな補足的説明を加えつつ、「CHM原則は強行規範の効力を有する慣習法規則である」ことを、次のように主張した[111]。

「今日、慣習法は、国連の宣言を媒介として結晶化することが認められている」。これは、国際司法裁判所が1971年のナミビアに関する勧告的意見[112]の中で確認していることでもある。すなわち、そこでは、1960年の植民地独立付与宣言が自決権の発展にとってきわめて重要な段階とみなされたが、同様に、深海底を律する原則宣言は、深海底に適用される国際法の発展にとって重要な意義をもつ。ある規則が慣習法となるためには、北海大陸棚事件判決がいうように、利害関係国を含む諸国の慣行が広範かつ統一的であって、その慣行を義務的とみる法的信念が備わっていなければならず、時間の経過はたとえそれがわずかであっても、新しい慣習法の形成を妨げる要因になるとは限らない。この要件に照らして見る場合、「原則宣言の内容は圧倒的多数の諸国によって支持され」ており、「さまざまの国際フォーラムにおける諸国の態度(attitude)を検討すれば、CHM原則が慣習法規則として受け入れられていることは明らかである」。CHM原則は、普遍的性格の条約による国際レジームの樹立を要請し、人類全体にその権利が帰属する深海底資源の管理を新しく設立される国際機構へ委ねようとするもので、まさにその「性格そのもの(the very nature)」のゆえに、「もっぱら普遍的に適用される規則」であって、個別の協定によるそれからの逸脱を許さない「国際法の強行規範」である。

---

109) 以上の第8会期で示された見解について、A/CONF.62/77, *Ibid.*, Vol.XI, pp. 80-82.
110) A/CONF.62/94, *Ibid.*, Vol.XII, p. 113.
111) A/CONF.62/106, *Ibid.*, Vol.XIV, pp. 111-113.
112) *Legal Consequences for States of the Continued Presence of South Africa in Namibia (South West Africa) notwithstanding Security Council Resolution 276 (1970),* Advisory Opinion of 21 June 1971, *ICJ Reports 1970*, p. 31.

77 カ国グループは、海洋法会議の最終会期においても、CHM 原則およびそれから導かれる諸原則は慣習法として、条約レジームの枠外でのいかなる活動も許さない法的効力を有すると主張し[113]、社会主義諸国からも全面的支持をうけた[114]。この立場が現在でもかわっていないことは、準備委員会で2度にわたり採択された宣言が示す通りである。

さて、要旨以上のような、77 カ国グループの見解に代表される違法論の特徴は、上に見た諸原則が慣習法化したと主張する上で、原則宣言が多数の諸国の賛成を得て反対なしで採択された事実もさることながら、そうした諸原則に対し支持を表明してきた国家の態度をとりわけて重視している点にある。そして、慣習法の成立要件としては、合法論と同様、北海大陸棚事件判決がいう慣行と法的信念の二要素をあげつつ、圧倒的多数の諸国の態度を根拠に、成立要件が満たされているとの主張が行われたといえよう。確かに、原則宣言に基づき樹立された条約レジームに従わなければ開発は許されないとする規則が、国際社会において広範な支持をうけていることは明らかであって、それゆえ、この事実＝国際社会の法意識状況と、開発の自由を主張する合法論にほとんど説得力がないこととをあわせ考えれば、今後、条約レジームは特別国際法であり、一般国際法は公海自由の原則であるといった議論が通用する余地はほとんどないとみなければならない。しかし、違法論にも、なお検討されるべき問題点が残されている。

第1に、違法論においては、それがいう慣習法が、条約レジームの一般的拘束性を否認してきている諸国も拘束すると主張する場合の論拠が、必ずしも的確に示されていない。違法論は、ともかく、すべての諸国は新しい国際レジームの下で開発を行うことを認めていたと力説するのであるが、その証拠としてあげるのは、77 カ国グループの場合、原則宣言が反対なしで採択された事実でしかないように思われる。他方ビッグス

---

113) A/CONF.62/SR.183, para. 4, *Official Records*, Vol.XVII, p. 3; A/CONF.62/SR.186, para. 156, *ibid.*, pp. 21-22.

114) A/CONF.62/SR.183, para. 10, *ibid.*, p. 3; A/CONF.62/SR.186, para. 68, *ibid.*, p. 30.

は、原則宣言に基づく新しい国際レジームの樹立を認めた諸国は、同宣言に反する行動をとることは許されないと主張し[115]、ダイクとユエンは、原則宣言を支持した諸国は将来の国際レジームの尊重を約束したとみなされ、エストッペルの法理により、その約束に反する行動をとることは許されないと主張している[116]。しかし、原則宣言への支持を表明した諸国といえども、それは、国際レジームの樹立それ自体の必要を認めたものとはいえても、レジームの内容がいかなるものであれ無条件にその拘束をうけるといった、いわば事前の同意を与えたものとは解せない。もっとも、北海大陸棚事件判決の前提には、ある規則が慣習法化しておれば、それは反対国を含むすべての国に対し拘束力をもつとの判断があるので、違法論は、この判断に依拠していると考えられる。しかし、そのように考える場合でも問題は残る。つまり、違法論は、同判決が慣習法の成立要件の一つである慣行に関し述べた"利害関係国を含む"という条件については、それが満たされているとの説明を十分行っていない。原則宣言の採択に反対がなかった事実をいうだけでは、説明にならないであろう。すでに述べたように、CHM である深海底とその資源の場合、利害関係国を合法論の立場に立つ諸国にのみ限定してしまうとすれば疑問が残るが、しかし他面、そうした諸国が代表的な利害関係国であることはまちがいなく、また、合法論においては、先進資本主義諸国の反対があるゆえに、まさにこの条件が満たされていないと主張されている以上、そうした諸国抜きでもこの条件が満たされるのかどうか、違法論が同判決を援用する限りは、是非とも説明が必要な問題といえよう。

　第 2 に、上の点に関連して、合法論は、ノルウェー漁業事件判決を引きつつ、形成途上にある慣習法に対し一貫して反対してきた国は、その規則により拘束されないと主張したが、違法論は、この主張に対しても直接の反論を加えていない。アメリカなどの諸国を一貫した反対国とみ

---

115) G. Biggs, *supra* note 105, p. 240.
116) Jon van Dyke and C. Yuen, *supra* note 87, pp. 536-537.

第5章　深海底の法的地位をめぐる国際法理論の検討　181

られるかどうかはともかく[117]、この判決の論理は、慣習法理論の一部として説明されることが少なくないのである[118]。

　第3に、以上の疑問に対する回答は、CHM原則＝*jus cogens*という主張により、ある意味では尽くされているといえるが、しかし、現時点においてそこまでいえるかどうか——インドのアナンドが*jus cogens*説をとっていることは、すでに紹介した（本章2の(2)）。海洋法会議でも、若干の諸国が単独で（あるいは共同で）、かかる主張を展開したが[119]、いずれをみても、77カ国グループ以上の理由づけが示されているわけではない——。同グループは、普遍的たらざるをえないCHM原則の「性格そのもの」を

[117] これらの諸国も、深海底資源開発に不可欠の排他的権利を必要とするだけに、国際レジームの設立自体に反対してきたわけではなく、また、公海自由の原則以外の規制であれば、そのすべてに対し一貫して反対してきたものでもない。とすれば、合法論がいうように、条約レジームに参加しない諸国は、同原則以外の規制はうけないといえるほど、一貫した態度でもってかかる規制に反対してきたとは見られないであろう。何に対して一貫して反対してきたのか、もしこの問題を立てるとすれば、決して簡単ではないように思われる。

[118] M. Akehurst, "Custom as a Source of International Law", *BYIL*, Vol.47 (1974-75), pp. 23-27; H. W. A. Thirlway, *International Customary Law and Codification* (A. W. Sijthoff, 1972), pp. 40-42. もっとも、基本的な問題として、この判決の論理が一般理論たりうるかどうかは、より慎重に検討してみる必要があるように思われる。最近における一つの評価として、かつて伝統的な慣習法は一部の諸国の慣行を通じ形成されていたが、今日では、すべての諸国が等しく一貫した反対を表明する機会を与えられているので、右の論理は、これから益々その重要性を増すであろうと指摘するものもある。T. L. Stein, "The Approach of the Different Drummer: The Principle of the Persistent Objector in International Law", *HILJ*, Vol.26 (1985), pp. 463-475. しかし、この考え方をつきつめれば、いずれの国も、国際社会全体に妥当する慣習法の成立を阻止する権能を備えていることになりかねない。ノルウェー漁業事件では、ノルウェーの直線基線方式に関連して、湾口10カイリ規則が慣習法であると主張したイギリスに対し、ノルウェーは、一貫した反対国に対しては効力なしと主張した。判決は、いずれにしても10カイリ規則はノルウェーに対し「対抗できない」（inopposable、英文はinapplicable）、というのは、ノルウェーが一貫して反対してきたからであると述べたが、しかし、その前に、イギリスの主張をしりぞけたので、本件は、一貫した反対国に対し慣習法の適用を認めなかった事例ではない。なお、江藤淳一「一貫した反対国に対する慣習国際法の効力——適用除外説と国際司法裁判所の対応——」『法研論集（早稲田大学大学院）』第35号（1985年）71頁以下参照。

[119] たとえば、インド、A/CONF.62/C.1/SR.17, para. 23, UNCLOS III, *Official Records*, Vol.II, p. 87; イラン、A/CONF.62/SR.137, para. 6, *ibid*., Vol.XIV, p. 42; ジャマイカ、A/CONF.62/SR.139, para. 139, *ibid*., p. 71; チリ・コロンビア・エクアドル・ペルー、A/CONF.62/101, *ibid*., pp. 107-108; チリは、国連海洋法条約の署名時の宣言でも、CHM原則＝*jus cogens*論を述べている。*Law of the Sea Bulletin*, No.1, September, 1983, p. 26.

強調していた。確かに、人類全体に権利が帰属する深海底とその資源の管理を、人類を代表する国際機構が行うよう求める CHM 原則は、普遍的性格をもつことを当然に期待されているといえるであろう。また、そうである限り、CHM 原則は、原理的にみて、深海底とその資源の管理を個別国家間の協定に基づいて行うことを認めない原則ともいえる。とはいえ、普遍的性格をもつべき国際法の原則が、直ちに jus cogens になるのではない。問題は、CHM 原則が jus cogens として「国際社会全体が受け入れ、かつ、認める規範」——条約法に関するウィーン条約第 53 条——といえるかどうかにあるが、この点について考える場合には、CHM 原則の具体化であるレジーム——現在では、条約レジーム（少なくとも、CHM 原則と「規範的一体性」を有する諸原則、すなわち条約レジームの基本枠組を示す諸原則）——についても、それが実際、どの程度国際社会において受け入れられていくのかをみる必要があると考えられる。つまり、CHM 原則＝jus cogens 論は、このレジームの強行法規的性格を唱える主張にほかならないからである。違法論によれば、すでに現在、レジームについても「国際社会全体が受け入れ」ていると主張されるのであろうが、しかし、深海底資源開発能力を有する主要な諸国が「受け入れ」を拒否している事実は、CHM 原則を jus cogens であるとまではいいきれない状況を生み出しているともいえる。CHM 原則は、その性格からみても、また、国際社会における受け入れ状況からみても、jus cogens の有力候補であることは否定できないが、CHM＝jus cogens という見方が十分な根拠をもつためには、条約レジームが国連海洋法条約への圧倒的多数の諸国の参加の下に支持され、その普遍的性格が実証される必要があるように思われる。

4　おわりに——**問題点と課題**——

　国連広報局が 1984 年に発行した小冊子「静かな革命——国連海洋法条約——」によれば、CHM 原則の意義は、次のように説明されている。第 1 に、「すべての国が同意する方法にしたがい、すべての国の合意によってのみ

処理・利用される国際的共同財産の存在」が認められたこと、第2に、開発からあがる収益が「恩恵」によってではなく、「国際社会におけるパートナーシップ」によって得られるようになったことである[120]──後者は、利益享受の権利性についての指摘を含んでいると考えられる──。この小冊子はまた、原則宣言は、CHM原則に基づいて樹立される国際レジームにしたがわない深海底へのいかなる主張あるいはその開発も禁止し、さらに、「世界の特定区域の管理について、国際社会全体で責任を負う」という諸国の「一致した見解(agreement)」を示した点で、CHM原則同様、国際法上過去に例をみないユニークなものであるという[121]。原則宣言に関するこれらの説明も、小冊子の中では、それが「CHM」の見出しの下で行われていることからもわかるように、CHM原則から導かれる考え方やその意義を明らかにしたものといえる。

　本章の2で見た、国連海洋法条約におけるCHM原則の位置づけや、それがもちうる意義に関する学界での理論動向からいえることは、CHM原則は、単に、深海底とその資源に対する主権、主権的権利の主張を禁止し、収益配分を要請するだけではなく、すべての諸国による深海底活動の管理、さらにはそれへの参加を実現しようとするものである、ということであった。上の国連広報局の説明には、表現上論議を呼びそうな箇所があるけれども[122]、その説明も、CHMを上のような原則と見ることにより、矛盾なく理解できよう。CHM原則がその実現を図ろうとする管理や参加は、条約レジームにおいて、「人類全体のために行動する」国際海底機構の設立とその活動を軸に、パラレル・システム、生産制限、技術移転などの諸方式・諸施策を通じ、具体化されていると見るべきであろう。

　CHM原則に以上のような意義を認めることができるとすれば、現在提

---

120) UN Dept. of Public Information, *supra* note 3, pp. 40 and 50.
121) *Ibid.*, p. 40.
122) ほかにも、たとえば、国連海洋法条約の「批准という切符なしには、国またはその企業が国際海底区域の入口を通ることはできない」、「批准国は、未批准国のいかなる主張を承認することも条約によって禁止されている。というのは、かかる主張は、条約からは導き出せないからである」といった指摘がある。*Ibid.*, pp. 53 and 58.

案されている協調国レジームは、まずなによりも、管理や参加の実現をまったく考慮していない点で、大きな問題をもつといわねばならない。それらの実現について語らずして CHM は論じえず、人類全体の利益は、それらの実現がなければ、きわめて不十分にしか確保されないと考えられるからである[123]。合法論の中には、「協調国レジームの下での開発」と CHM 原則の両立可能性を説く議論があった。しかし、その前提とされた、CHM は深海底への主権主張を禁止し、収益配分を要請するだけの原則とみる認識自体、適切であるとはいいがたい。さらに、合法論が認めている収益配分について考えた場合でも、それは、恩恵的になされるものとすれば、CHM 原則に基づき権利として要求できる条約レジームの下でのそれとは、まったく性格を異にすると見なければならない。こうして見る限り、協調国レジームは、条約レジームの審議過程でその内容を豊富化してきた CHM 原則とは、決して両立するものではないように思われる。

　もっとも、CHM 原則の意義という観点から、以上のような問題点を指摘できても、議論のレベルをかえ、条約レジームの一般的拘束性が認められるかどうかという問題になると、また別の評価を下さなければならない。本章3で見た通り、合法論には重大な欠陥があったが、他方、違法論にも問題があった。両説は、ともに慣習法理論を援用しつつ、それぞれ独自の結論に到達したのであるが、しかし、いずれも十分成功していない。とすれば、そこにはどのような問題が残されているのであろうか。

　あらためて述べるまでもなく、合法・違法論が慣習法理論を援用したのは、国際社会のすべての国に適用される一般国際法を認定するためであった。もっとも、それに成功しなかったからといって、援用された理論に問題があるとは、直ちにはいえない。認定されるべき一般国際法がない場合もありうるからである。しかし、両説の間で展開された「論争」

---

123) M. Bulajic, *Principles of International Development Law: Progressive Development of the Principles of International Law Relating to the New International Economic Order* (M. Nijhoff 1986), pp. 305-312, 328-332. なお、1984 年 1 月の海洋法学会における報告と討論も参照。Jon M. van Dyke ed., *Consensus and Confrontation: The United States and the Law of the Sea Convention, A Workshop of the Law of the Sea Institute, January 9-13, 1984* (Law of the Sea Institute, University of Hawaii, 1985), pp. 224-261.

をみるとき、慣習法の概念さらには理論が、安易にあるいは恣意的に用いられている印象は拭いがたく[124]、また、そのことともかかわって、慣習法理論それ自体を検討してみる必要性が示唆されているように思われる。

　たとえば、「論争」を通じ、次のような問題が提起されてはいないのであろうか。すなわち、合法・違法論はいずれも、慣習法の成立要件として、国家の慣行と法的信念の二要素をあげつつ、それらを、国際会議を中心にして対外的に示される国家の「態度(attitude)」を見ることにより検証しようとした。ある規則が慣習法化したかどうかを考える場合、その規則に対し諸国がどのような態度をとっているかを見ておくことは、当然ともいえる。ところが、国家の態度——「論争」ではこれがほとんど唯一の判断基準にされた——を重視する方法は、見方をかえれば、国際法の成立は国家意思によると考える社会主義国際法理論のそれや、あるいは、国家の慣行という事実的要素を重視せず、心理的要素たる法的信念の有無を基準に慣習法の認定を行うインスタント慣習法理論[125]と、ほとんど大差がなくなる。たとえば、前者に関してみれば、ハンガリーのボコール・ツェゴ(H. Bokor-Szego)は、慣行と法的信念の二要素を区別せずに、国家が慣習法を定立する意思をもって行動し、他国も同様の意思をもって同じ行動をとる場合、その成立が認められるとする[126]。また、ソ連のトゥンキン(G. I. Tunkin)は、慣行と法的信念の二要素の確認は必要としながらも、法的信念の意味についてはそれを国家意思のあらわれ＝黙示の合意ととらえ、慣習法の効力をとりあえずはかかる合意を与えた諸国家間に限っている[127]。しかしながら、合法・違法論が援用した慣習法理論が、

---

124) 村瀬信也「国連海洋法条約と慣習国際法——「国際立法」のパラドックス——」『海洋法と海洋政策』第9号(1986年)15頁。

125) B. Chen, "United Nations Resolutions on Outer Space: 'Instant' International Customary Law?", *Indian Journal of International Law*, Vol.5 (1965), pp. 23-48.

126) H. Bokor-Szego, *The Role of the United Nations in International Legislation* (North-Holland Pub, 1978), pp. 50-55.

127) ゲ・イ・トゥンキン(安井郁監修・岩淵節雄訳)『国際法理論』(法政大学出版局、1973年) 108-127頁。

このような社会主義諸国で有力な理論でなかったことや、ましてやインスタント慣習法理論でもなかったことは明らかである。それは、あくまで、北海大陸棚事件判決に示された理論を基礎においているのであって、二要素が確認されれば、国際社会全体に妥当する慣習法の成立が認められるとするものである。国家の具体的な行動のほかにも、国家代表の行う発言・声明(政策あるいは法的見解などの表明を含む)や、それが示す表決態度なども国家の慣行を形成しうるとすれば[128]、国家の態度から二要素の存在を同時的に見出すことは、可能ではあろう。とくに、法的信念については、国家の態度からその存在を推定するのが、これまでの一般的方法であったともいえる。とはいえ、慣習法の認定を「論争」において見られたような方法により行うとすれば、二要素の区別があいまいにされ、あるいは、厳格な区別は不必要になるともいえるのであって、かかる認定方法はいずれの慣習法理論に基づくものか、あるいは、二要素の確認を求める理論と整合するのかどうかなど、慣習法理論の捉えかたが問われる余地がある。

　もとより、慣習法の認定は、従来よりある程度のあいまいさをともなってきたのであって、ことさらに問題にすべきことではないとの反論もありえよう。しかし、そのように見てしまえば、「論争」は評価しきれなくなるであろう。合法・違法論はいずれも、慣習法の成立には国家の慣行と法的信念の存在が必要であるとしながらも、まったく正反対の結論に到達したのである。その原因の一つが、それら二要素に関するそれぞれのとらえ方の違いにあったことは、すでに見た通りである。たとえば、利害関係国を含む国家の慣行が広範かつ統一的でなければならないという成立要件について、合法論は、"利害関係国を含む"という条件を重視したのに対し、違法論は、"国家の慣行が広範かつ統一的"という条件を重視した。「論争」では、このようなとらえ方のちがいだけでなく、他面において、二要素が必要とみる点で一致していても、個々の慣習規則の認定に際しては、必ずしも二要素の検証が行われていないという、矛盾

---

128) M. Akehurst, *supra* note 118, pp. 9-10.

も見られる。たとえば、深海底とその資源をCHMとすること、また、深海底への主権主張は禁止されることといった規則に関して、違法論者は、二要素の存在証拠として、かかる諸規則を支持する国家の態度をあげつつそれらの慣習法化を説いていると見ることができる。しかし、合法論者がそれらの慣習法化を認める場合には、大体において、かかる諸規則への反対がないこと、あるいは、かかる諸規則がコンセンサスを得ていることなどが指摘されるにすぎず、その際、開発禁止規則の慣習法化を否定する時ほどの厳格さをもって二要素の検証が行われた形跡は見出せない。

　「論争」を通じ、慣習法理論にまつわる種々の問題・見解対立・矛盾が惹起されているように思われる。これらは、合法・違法論が慣習法理論を全面的に援用したために顕在化したともいえるかも知れない。CHMという、国際法上まったく新しい原則に基づき樹立されるレジームは、普遍的性格をもつことが期待されており、同原則を受け入れる以上、深海底区域には複数のレジームの並存を認めることが困難な面がある。それだけに、この分野では、すべての国に一律に適用される国際法の存否が、とくに問題とされるのである。果して、そうした一般国際法を従来の慣習法理論で説明できるかどうかという問題もまた、「論争」を通じ提起されているとみなければならない[129]。慣習法理論の見直しは、本章の主題にのみかかわらない、国際法学の共通課題のように思われる。

---

129) 大沼「前掲論文」(注7) 161頁参照。

第6章

国連海洋法条約第11部実施協定の採択

1　はじめに
2　実施協定の採択の経緯
3　実施協定の概要とその特徴
4　実施協定の採択の手続
5　実施協定の暫定的適用と機構の暫定的構成国
6　実施協定の採択の意義

1　はじめに

　1994年7月28日に採択された国連海洋法条約第11部実施協定(以下、「実施協定」または単に「協定」という)は[1]、国連海洋法条約の効力発生の直前に、

---

1) 正式名称は、Agreement relating to the Implementation of Part XI of the United Nations Convention on the Law of the Sea of 10 December 1982. 1994年7月28日、賛成121、反対なし、棄権7により、同じ名称の総会決議として採択され、協定は決議のAnnexとなっている。A/RES/48/263、17 August 1994; *ILM*, Vol.33, No.5(1995), p. 1309. 棄権した7カ国は、コロンビア、ニカラグア、パナマ、ペルー、ロシア、タイ、ヴェネズエラである。棄権の理由は不明であるが、ロシアは、国際海底機構の運営経費を一層削減するように求めた提案が、実施協定の中に取り入れられなかったことへの不満を表明していた。林司宣「国連海洋法条約第11部に関する事務総長協議と実施協定」『国際法外交雑誌』第93巻5号(1994年) 63頁。なお、この林司宣国連法務局海洋問題・海洋法部次長(当時)の論稿は、実施協定の協議に携わった当事者の手になる貴重な論稿ということもあって、筆者は多くのことを教えられた。

同条約の第11部とその関連附属書を実質的に修正したものである。国連海洋法条約は、同年11月16日に効力を発生し、1995年9月8日現在、81の締約国を数えるに至っている〔現在167ヵ国〕。実施協定は、同日現在、まだ効力を発生していないが〔1996年7月28日発効、現在147ヵ国〕[2]、条約の効力発生日と同じ日から、暫定的に適用されている。実施協定の暫定的適用については、実施協定自体の定めた制度であって、しかも、すでに現在、条約第11部に基づく深海底制度は、実施協定に基づいて実質的に修正された、新しい内容をもった制度として発足しているのである。なお、「修正した」という表現は、厳密にいうと適切ではないところがあるが、この点については後で触れたい（本章4）。

　本章の目的は、実施協定についての検討を行うこと、とりわけ、1995年5月の世界法学会のテーマ「人類の共通利益の追求」という観点から見て、この実施協定をどのように評価すればよいのか、という問題の検討を行うことにある。以下、まず最初に、実施協定の採択の経緯を見たあとで、つぎに、実施協定の概要を紹介する。そして、実施協定の採択によって提起された条約法上の問題を、手続的な問題と暫定的適用にかかわる問題とに分けて検討し、最後に、実施協定の評価、つまり、その採択の意義ないし問題点を考えてみたい。本章は、上記の世界法学会での報告の再現であるが、国連海洋法条約の締約国数など、報告後に入手できた新しい資料に基づいて記述した部分もある。

2　実施協定の採択の経緯

　1982年に採択された国連海洋法条約は、深海底制度について定めた第11部とその関連附属書に対して、先進国が不満をいだきつづけてきたために、先進国の条約参加をほとんど得られないままにあった。しかし、90年代を迎える頃には、発展途上国を中心にしてではあるが、批准書な

---

[2] http://www.un.org/Depts/los/reference_files/chronological_lists_of_ratifications.htm#The United Nations Convention on the Law of the Sea, (as of 2015/10/01).

どの寄託が徐々にではあれ進行しつつあったので、90年代のそう遅くない時期には、ほぼ間違いなく条約は効力を発生するであろうと指摘されるようになっていた。実施協定の採択につながる諸国の交渉は、こうした状況下にあった1990年7月、当時のデクエヤル (J. P. de Cuéllar) 国連事務総長の呼びかけに応じて始まった。事務総長が呼びかけを行った直接の動機は、一つには、国連海洋法条約には先進国を含むできるだけ多くの諸国が参加し、その普遍性を高める必要があると考えられたからである。いま一つは、しかし、先進国の条約参加を困難にしている理由が、深海底制度の規定にあるので、条約第11部の見直しに関する交渉を始める必要があると考えられたからである[3]。

この呼びかけは、先進国・途上国の違いを問わず、諸国の受け入れるところとなった。その背景には、事務総長自身も指摘していたことであるが、次のような事情があった。すなわち、国連海洋法条約の採択後の8年間に、深海底制度に影響を及ぼす重要な経済的および政治的な変化が生じたということであって、具体的には、とくに次の三つが重要であるとされる。第1に、深海底資源の実際の商業ベースでの開発は、当初の予想に反して大幅に遅れ、2010年以降にずれ込むことがほぼ確実になったこと。第2に、ニッケルやコバルト、銅、マンガンといった深海底から得られる鉱物資源の市場価格が低迷する状況が生じたために、当初、深海底資源の開発を通じて得られるであろうと期待されていた種々の利益が、そう簡単には得られそうにないことが明らかになってきたこと。第3に、ソ連・東欧諸国の崩壊といった政治状況の激変のなかで、いわゆるマーケット・オリエンティッドな経済志向が世界的規模で強まった

---

[3] 国連事務総長が、毎年出している海洋法に関する報告書において、実施協定に関する非公式協議が行われていることを公に紹介したのは、1993年の報告書においてではなかったかと思う。Law of the Sea, *Report of the Secretary-General*, A/48/527/Add.1, 30 November 1993, pp. 7-8. まとまった形で詳しい経過報告が行われたのは、翌94年の報告書においてであり、ここではそれを参考にした。Law of the Sea, Consultations of the Secretary-General on Outstanding Issues relating to the Deep Seabed Mining Provisions of the United Nations Convention on the Law of the Sea, *Report of the Secretary-General*, A/48/950, 9 June 1994, pp. 1-7. この報告書は、*Law of the Sea Bulletin*, Special Issue IV, 16 November 1994 にも再録されている。

ことである。

　このような状況の変化をうけて、諸国の考え方にも大きな変化が生じていたということができる。とりわけ、発展途上国の側に、条約第 11 部の見直しに同意するという、かつては考えられなかった妥協的な態度が見られるようになった点が注目される。途上国は、急展開する状況変化の中で、深海底制度の仕組みを、条約第 11 部の定める通りに維持し、運用していくことに必ずしもこだわる必要はなく、むしろ、技術と資本を有する先進国の条約参加を得て、深海底制度の実際の運用を可能にするため、制度の見直しをしてもよいと考え始めた。他方、先進国に関していえば、条約第 11 部に対して従来よりいだいていた不満が解消されるのであれば、条約への参加を検討してもよいと考えるようになり、そして、すでに第 11 部以外の条約規定が広く諸国に受け入れられている状況にかんがみれば、条約の枠外にとどまっているよりも、条約へ参加することの方がはるかによく、先進国の利益にもつながると認識されるようになった、ということがいえる[4]。

　こうして、種々の要因が重なり、条約第 11 部の見直し作業が始まった。1990 年 7 月から始まった交渉は、国連事務総長主催の非公式協議という形をとり、毎年 3 回前後の協議が行われた。当初、主だった先進国を含む 17 カ国でスタートした協議も、参加国の数を次第にひろげ、94 年の 5 月末から 6 月初めにかけての最終協議には、90 カ国ほどが参加したと伝えられている。非公式協議の進捗状況を伝える資料はまったく不十分であるが、ここでは、協議の成果をまとめる形式に関して行われた複数の提案についてだけ、簡単に触れておきたい。というのも、この協議は、

---

4) 以上の諸点を含めて、実施協定の採択過程については、以下を参照。林「前掲論文」(注 1) 57 頁以下、A/48/950, *supra* note 3, pp. 2-7、大森摂生「国連事務総長主催非公式協議の経過と評価」『海洋時報』第 74 号 (1994 年) 20 頁以下、Jonathan I. Charney, "The United States and the Revision of the 1982 Convention on the Law of the Sea", *OD&IL,*, Vol.23, No.4 (1992), pp. 279-303. なお、実施協定に関する非公式協議が開催されるもう一つの背景にもなった、国連海洋法条約準備委員会の作業の進展状況を伝えるものとして、以下を参照。高林秀雄「深海底制度の現段階」林久茂、山手治之、香西茂編『海洋法の新秩序』(東信堂、1993 年) 225 頁以下、近藤哲生「国連海洋法条約準備委員会の結果と評価」『海洋時報』第 74 号 (1994 年) 12 頁以下。

すでに触れたように、まもなく効力を発生しようとしていた国連海洋法条約の第11部を、同条約の枠外における交渉を通じて実質的に修正しようとするためのものであり、したがって、協議の成果をいかなる形でまとめるのかは、国際法上根本的な問題を惹起しうる可能性を秘めた、重要課題のはずであったからである。

　さて、1993年4月の時点で、この問題の処理に関しては、次の四つの選択肢が提案されていた。第1は、国連海洋法条約の改正議定書を採択してはどうかというもの、第2は、国連海洋法条約の解釈・適用に関する協定を採択してはどうかというもの、第3は、深海底制度の最終的な内容は、資源の商業的開発が可能になった段階で国際会議を開いて決めることにして、それまでの間は、国際海底機構とエンタープライズは暫定的な制度を運用するための機関として設立される、という趣旨の協定を締結してはどうかというもの、第4は、国連海洋法条約とは別個の協定を採択し、国連海洋法条約の効力発生にともないなお未解決となっている問題の解決に、国際海底機構が取り組むことを定めてはどうかというものだった。これらの提案の理由や提案に対する諸国の見解などを詳しく知ることはできないが、最終的に採択された実施協定をみると、いずれの考え方をも部分的には取り入れながらも、基本的には第4の考え方をベースにしているように思われる[5]。

　なお、1993年の8月には、実施協定の原案がはじめてまとまった形で示された。これは、表紙に船のさし絵が描かれた匿名の提案であって、いわゆるボートペーパーと呼ばれた文書であるが、実際には、アメリカを含む少数の国のグループが非公式に作成し、提示したものであるといわれている。ボートペーパーは、これ以後の協議において実質的なたたき台となり、実施協定の最終的な内容は、ボートペーパーを改訂する作業を通じて確定されたともいわれている[6]。

---

[5] A/48/950, *supra* note (3), pp. 3-4; Louis B. Sohn, "International Law Implications of the 1994 Agreement", *AJIL*, Vol.88, No.4(1994), p. 697; 林「前掲論文」(注1) 76-78頁参照。

[6] 文書の表題も文書番号もないので、以下で繰り返し引用することは控えるが(日付は1993年8月3日となっている)、このペーパーの表紙には、ボートのさし絵が描かれているほか、

前に述べたように、1995年9月8日現在、実施協定はまだ効力を発生していないが、締約国は41カ国を数える。効力発生の要件は、実施協定に拘束されることについての40カ国による同意の確定であるが、その内の7カ国は、第3次国連海洋法会議の決議Ⅱ（先行投資保護決議）1 (a) に定める国でなければならず、しかも、その7カ国の内の5カ国は、先進国でなければならないこととされている（実施協定第6条。以下、条文だけを示す場合は実施協定を指す）。上記の日付までに、同決議1 (a) に定める国の中では、ドイツ、イタリア、インドが締約国になっているが、効力発生の要件はまだ満たされていない[7]。

3　実施協定の概要とその特徴

実施協定は、前文および全10カ条の本文と、九つの節（セクション）から成る附属書で構成されている。附属書の内容は、詳細にして多岐にわたるが、ここでは、本章4以下での検討に必要な範囲に絞って紹介するという観点から、次の二つの点について簡潔に触れておきたいと思う[8]。一つは、実施協定と国連海洋法条約の一体的な適用にかかわる問題の扱いがどのようになっているかについてであり、もう一つは、条約第11部を実質的に修正した部分である、附属書の特徴についてである（なお、本章末尾に、国連海洋法条約・実施協定・ボートペーパーの関連諸規定対照表を付けておいたので、参照されたい）。

そこで最初の、実施協定と条約の一体的な適用にかかわる問題であるが、この問題は、実施協定が実質的に条約を修正するものであり、しかも、他方では、すでに一定数の国が条約の締約国になっており、1994年11月には条約の効力が発生することが確定していたために、その扱いが

　この文書が先進国と途上国のいく人かの代表で準備されたこと、しかし、その準備に参加した代表団の立場を必ずしも反映するものではなく、あくまでも、実施協定をめぐる交渉の有益な基礎を提供するためのものであることが、記されている。

7) 国連海洋法条約および実施協定の締結状況については、前掲（注2）参照。

8) なお、林「前掲論文」（注1）63-76頁参照。

注目されていた。まず、実施協定の締約国は、この協定にしたがって条約第11部の規定を実施することを約束する（第1条1項）。実施協定と条約第11部は単一の文書として一括して解釈・適用される。両者に抵触がある場合には、実施協定が優先するとされている（第2条1項）。実施協定の採択後は、国連海洋法条約の批准書、正式確認書または加入書は、実施協定に拘束されることについての同意も表すものとされ、いずれの国または主体も、条約に拘束されることについての同意をすでに確定しているか、または同時に確定しない限り、実施協定の締約国になることはできないものとされた（第4条1・2項）。

この協定に拘束されることについての同意は、批准などを条件としない署名により、または批准や正式確認を条件として署名した後に行われる批准または正式確認により、または加入により表明することができるだけでなく（第4条3項）、実施協定の採択の日以前に国連海洋法条約の締約国になっている国の場合は、第5条に定める簡易手続を条件として実施協定に署名すれば、原則として、1年が経過した後に実施協定に拘束されることについての同意を確定したものとみなされる（第4条3項・第5条1項）。ちなみに、前述の1995年9月8日現在の実施協定の締約国の内、この簡易手続により締約国になった国は16カ国を数える。実施協定の効力発生の要件（第6条）については、前に述べたとおりである。

実施協定と条約の一体的適用の問題にかかわっては、さらに、実施協定の暫定的適用の制度が注目される。実施協定の効力発生は、国連海洋法条約の効力が発生する1994年11月以前にはまず無理であって、したがって、協定の効力発生の日は条約の発効日より後にずれ込むことが予想された。しかし、その場合、実施協定の効力が発生するまでは、条約第11部をそのまま適用し、協定の効力発生をまって、協定によって実質的に修正された条約第11部を実施し直していくというのでは、深海底に適用されるルールが、それぞれの時期で大きく異なってしまい、実際上、著しく複雑で不合理な事態が生じることが危惧される。したがって、そうした事態の発生を回避することが望まれたわけで、深海底制度につい

ては、国連海洋法条約の効力が発生する時点から、事実上、実施協定に基づいて修正された条約第11部を適用していくことが追求されたのである。

　この要請に応えるために考案されたのが、実施協定の暫定的適用の制度である。実施協定は、効力が発生するまでの間、原則として、協定の採択に同意した国、協定に署名した国、書面による通告により暫定的適用に同意した国、または協定に加入する国により、その国内法令または内部の法令にしたがって、暫定的に適用される。暫定的適用は、協定の効力発生の日に終了するが、ただし、いかなる場合でも、1998年11月16日を超えて行われることはない（第7条1・2・3項）。すでに現在、実施協定は多数の国によって暫定的に適用されており、前述の先行投資保護決議1(a)に定める国についてみれば、協定の締約国以外の国はすべて、その適用を行っている。

　さて、もう一つの、条約第11部を実質的に修正した部分である、実施協定の附属書の特徴についてであるが、それは端的にいって、先進国が条約第11部にいだいていた不満を解消し、条約への参加を容易にする条件を生み出したことにあるといってよい[9]。

　まず第1に、締約国による費用の負担を最小にするため、設置されるすべての機関は、費用対効果の大きいもの（cost-effective）とし、機関の設置や任務は、発展的アプローチに基づくものとすることが確認された（附属書1節2・3）。具体的には、たとえば、条約により設立されることになっていた経済計画委員会は当初は設立せず、代わって、法律・技術委員会がその任務を代行することになった（同1節4）。また、条約では、国際海底機構（以下、「機構」という）の任務と権限は広範囲の事項に及んでいたが、協定では、最初の開発のための業務計画を承認するまでの機構の任務は、最低限必要な範囲に限定されることになり、業務計画の申請と承認の手続や要件についても、条約にくらべると大幅に緩和された（同1節6・8、3節11など）。さらに、条約では、機構の資金は、構成国の分担金や深海底

---

9) Bernard H. Oxman, "The 1994 Agreement and the Convention", *AJIL*, Vol.88, No.4(1994), pp. 687-714.

活動から得られる資金などから支弁されることになっていたが、協定では、機構は自己の予算を有し、協定の効力が発生する年の翌年末までは、その行政費は国連の予算によって支弁するものとされた（同1節14）。

　第2に、エンタープライズや総会・理事会といった機構の機関に関して、次のような規則が新たに設けられたことが注目される。まず、機構の事務局は、エンタープライズが独立して運営を開始するまで、その任務を代行するものとし、エンタープライズの初期の操業は合弁事業により行うものとされ、条約で規定されていた締約国のエンタープライズへの資金提供義務は、適用しない (shall not apply) ものとされた（同2節1・2・3）。次に、総会と理事会における意思決定は、原則としてコンセンサス方式で行われることになり（同3節2）、その方式によって決定するための努力が尽くされた場合に限り、表決が行われることになったが、総会での表決手続に関しては、理事会が権限を有する事項についての総会の決定は、理事会の勧告に基づいて行うものとされ、条約にはなかった条件が新たにつけ加えられた（同3節4）。他方、理事会での表決手続に関しても、条約に定める手続が変更されたが、とくに大きな変更点といえるのは、チェンバー方式の導入であろう。理事会の構成国の選出順序に関して定められている各集団のうち、消費大国・輸入大国、最大投資国、深海底鉱物輸出国の各集団と途上国の集団の合計四つは、それぞれ理事会における投票のためのチェンバーとして扱われ、理事会における決定は、いずれのチェンバーにおいても、過半数の反対がないことが条件とされる（同3節5・9など）。

　第3に、深海底資源の開発技術を有し、実際に開発活動に従事する国や事業体に対して課されていたいくつかの義務が、大幅に緩和された。まず、技術移転に関して、エンタープライズと発展途上国は、公開市場において公正かつ妥当な商業的条件で技術を入手するものとされ、機構との契約者に対して条約で課されていた、いわば強制的な技術移転の義務に関する規定は、適用しないものとされた（同5節1・2）。次に、機構の生産政策に関して、深海底資源の開発は、健全な商業原則にしたがって

行われ、GATT およびその関連協定が、深海底活動にも適用されることとなり、そして、深海底資源の開発について年間の生産上限枠を設けるための条約の規定は、適用しないとされたのである（同6節1・7など）。さらに、機構との契約の財政的条件に関しては、機構との契約者に対して条約で課されていた年間固定手数料などの額が減額され、また、生産賦課金の支払い額の計算方法などに関する条約の規定は、適用しないものとされた（同8節1・2・3）。

第4に、再検討会議に関する国連海洋法条約第155条の規定のうち、Common Heritage of Mankind の原則（以下、「CHM 原則」という）など、条約の第11部が定める基本原則は維持すると定めた同条2以外は、適用しないものとされた。この点については、本章の最後にもう一度触れる。

4　実施協定の採択の手続

実施協定は、国連海洋法条約の効力が発生する直前に、同条約を実質的に修正するために採択され、しかも、同条約が実施協定採択の時点では未発効であったために当然ではあるが、同条約の改正手続によることなしに、採択されたものである。さらに、実施協定自体、条約の効力発生の日には効力を発生しなかったにもかかわらず、条約の効力発生とともに、実施協定によって修正された新しい深海底制度が、事実上発足したということがいえる。これらのことを可能にしたのは、上に見てきた、実施協定の暫定的適用など制度上のいくつかの工夫によるが、ともかく、こうした実施協定の採択は、これまでの多数国間条約の採択形態としては、きわめてユニークなケースではないかと思われる。

ところで、過去に類似のケースはまったくなかったのかどうか。この点に関連してしばしば言及されるのは、1973年と78年に採択されたいわゆる MARPOL73/78 条約である。周知のように、この条約は、船舶による汚染の防止を目的として採択されたものであるが、1973年の条約は、附属書Ⅱで定める種々の規制措置に対する反発が強く、そのため、効力

発生に必要な 15 カ国の同意を得られないことが明らかとなった。そこで、1978 年にあらためて、73 年条約の附属書 II の部分を主として改正した議定書を採択し、この議定書に 73 年条約の変更されなかった部分を合体し、適用しようとしたのである[10]（議定書の附属書ごとに 1983 年以降順次効力を発生）。78 年議定書の第 1 条は、この議定書の締約国は、この議定書とともに 1973 年条約を実施することを約束するとした上で、「ただし、この議定書における条約の修正及び追加の規定に従うことを条件とする」、「条約及びこの議定書は、単一の文書として一括して読まれ、かつ、解釈されるものとする」と規定している。実施協定には、これと類似の規定があるとはいえ、まったく同じ表現の規定はない。しかし、実施協定の原案になった 1993 年のボートペーパー第 2 条には、明らかに、この 78 年議定書第 1 条の規定をモデルにしたと推測できる規定が置かれていた。すなわち、同条は、実施協定の締約国は、この協定およびこの協定に定める修正および追加にしたがうことを条件として、条約の第 11 部を実施することを約束するとし、協定と条約第 11 部は単一の文書として、一括して読まれ、かつ、解釈・適用するものと規定していた。

　実施協定には、「この協定に定める修正および追加に従うことを条件として」という規定はないが、以上の経過からもうかがえるように、協定の内容を確定する過程において、78 年議定書が参考にされた形跡はある。しかし、それにもかかわらず、MARPOL73/78 条約と実施協定とでは、重要な違いがあるといわなければならない。というのは、73 年条約は、結局それ自体としては効力を発生しなかった。それゆえ、MARPOL 条約の場合は、73 年条約と 78 年議定書という、二つの制度が併存するといった事態を回避する必要は生じなかった。それに対して、実施協定の場合は、あとでも触れるように、理論的には、国連海洋法条約のみを（条約で定められた第 11 部の規定をもっぱら）適用しようとする国と、実施協定によって

---

10) MARPOL73/78 条約については、G. J. Timagenis, *International Control of Marine Pollution*, 2 Vols.,(Oceana Publications 1980), pp. 317-574; S. Mankabady, *The International Maritime Organisation* (Croom Helm 1984), pp. 321-350; 鈴木庸夫「MARPOL73/78 条約とその国内法化」『海洋時報』第 37 号（1985 年）9 頁以下参照。

実質的に修正された条約（の第11部））を適用しようとする国が、それぞれ存在しうるのである。国連海洋法条約の効力が発生することは、すでに実施協定をめぐる協議の途中で判明していたわけで、したがって、二つの異なる制度が適用される事態を回避する必要に迫られたという点も、MARPOL条約の場合にはなかった事情といえる。

　この点はさておき、実施協定にみられるユニークさは、しかし他方で、未解決であるかもしくは明確でない問題を惹起することにも、つながっているように思われる。実施協定の協議にも携わった林司宣・国連法務局海洋問題・海洋法部次長（当時）がいみじくも指摘しているように[11]、すでに国連海洋法条約の締約国になっている国にとって、実施協定は形式的には別個の文書であって、そうした国は、実施協定を受け入れる義務を負っているわけではない。したがって、国連海洋法条約のある締約国が、実施協定を拒否し続ける場合には、条約だけの締約国と協定の締約国との関係は――協定の締約国は条約の締約国ともなるが――、実はほとんど明確ではない問題、否むしろ、解答困難な問題として残されているように思われる。もっとも、実際には、条約の締約国であって、実施協定の受け入れをはっきりと拒否している国は、今のところ出ていない様子なので、そうした問題が顕在化しているわけではない。しかし、国連海洋法条約の締約国で、実施協定に署名していない国は、1995年4月の段階でまだ十数カ国あったので、この問題が単に理論上の問題にとどまらない可能性を残していることに、留意しておく必要がある。

　実施協定の採択によって提起されたこうした問題は、より一般的にいえば、効力の発生が確定している条約を、今回のような形で実質的に修正することが可能かどうか、もし可能であれば、それはいったいどのような根拠によるのかという、いわば条約法にかかわる理論問題の考察を迫っているようにみえる。もちろん、ここでそうした問題の包括的検討を行う余裕はないが、実施協定の採択過程における議論の中に、ごく限られた範囲ではあるものの、若干のヒントが与えられているようにも思

---

11) 林「前掲論文」（注1) 84-85頁。

われる。たとえば、まず、ボートペーパーの立場が軌道修正された点が、示唆的であるように思う。つまり、ボートペーパーは、先に紹介したとおり、実施協定の締約国は、この協定とこの協定に定める修正および追加にしたがうことを条件として、条約の第11部を実施することを約束する、と規定していた。ここに示されたボートペーパーの立場は、条約の第11部を実施協定によって修正する、という考えをはっきりと打ち出したものだったといえる。ボートペーパーにおいては、随所で「修正（改正）する」(modify)という表現が用いられていた。しかしながら、最終的に採択された実施協定では、そうした表現は採用されてはいない。これは、実施協定の採択が国連海洋法条約の実質的な修正（改正）になるのは確かだとしても、すでに同条約の締約国になっている国の立場を考慮する必要がある、と判断されたからではなかろうか。

　実施協定を採択した1994年7月の国連総会においても、この問題に関係する興味ある討議が行われている。たとえば、ブラジル代表は、実施協定を条約第11部を実施するための規則を確立する巧妙な方法であると評価しつつ、しかし、それは条約のテキストの正式な改正を構成するものではない、と指摘していた。そして、「実施」という言葉は、偶然選ばれたものではなく、その表現は、条約のテキストを改正することが多くの国とりわけ条約を批准した国にとって、法律上および理論上むずかしい問題を惹起するということが、自覚されていることのあらわれである、というふうに述べていた[12]。これに呼応して、イギリス代表も、ブラジル代表の指摘に同意しつつ、新しい協定の効果は、それが暫定的に適用され、のちに効力を発生した場合には、条約第11部の効果を修正することであって、そのことは、ブラジル代表が正しく指摘したように、第11部をテキストの上で(textually)修正することではない、と指摘していた[13]。これらの議論からある程度うかがえるのは、実施協定の採択が実質的には条約第11部の修正になることは明らかであるとしても、実施協定によ

---

12) A/48/PV.100, 27 July 1994, p. 11.
13) *Ibid.*, p. 13.

る条約の修正とか改正といった表現は適切でも正確でもない、と考えられていたということではないのか。

　アメリカのソーン（L. B. Sohn）は、実施協定の採択はユニークな事例であると述べつつも、しかし、多数国間条約の起草方法やその効力の発生のさせ方などに関する国際法規則は、基本的にきわめて柔軟であって、重要なのは関係する諸国が相互の立場を尊重しながら、いかに合意を形成するかであると指摘している。そして、実施協定の採択は、そうした国際法の原則から逸脱しているところはなく、むしろ、国連海洋法条約の採択後に生じた経済的政治的変化に、適切な対応を行ったケースとして注目しうるとみている。ソーンはまた、実施協定の採択過程において、いずれの国からも、実施協定の採択手続や国連海洋法条約との関係を定めた規定に対して、異議が唱えられなかったことにも注目しておく必要があると指摘している[14]。

　条約の採択は基本的に国家の合意に基づくものである、という点を強調するソーンの指摘に異論はまったくないが、しかし、今回の実施協定の場合、ソーンのような見方で割り切ってよいかどうか。これまでのところ、実施協定に異議を唱える国は出ていないとしても、いま少し、国連海洋法条約の締約国をはじめとする諸国の態度と実行を、見極めることが必要かつ重要であるように思われる。国連海洋法条約と実施協定の関係については、たまたま異論が出なかったとしても、理論上は、条約の締約国は協定を拒否しうるし、そうすることは、決して奇異なことでも、国際法の原則から逸脱することでもないと考えられるからである。しかし、仮に、国連海洋法条約の締約国のすべてによって、実施協定が受け入れられていく方向が明確になるのであれば、今回のケースは、状況の変化に対応した新しい合意の形成手続の先例として、意味をもつことになるであろう。

---

[14] Louis B. Sohn, *supra* note 5, pp. 700-705.

5　実施協定の暫定的適用と機構の暫定的構成国

　国連海洋法条約の効力発生と同時に、実施協定に基づき、条約の第11部を修正した制度を適用していくことを確保するために導入されたのが、実施協定の暫定的適用の制度である。実施協定には、暫定的適用を行う国は機構の暫定的構成国にもなる、と定めた明文の規定はないが、しかし、附属書の規定 (1節12) からすれば、暫定的適用を行う国は、その適用開始の時点より機構の暫定的構成国となって、構成国としての権利・義務を有することになる、と解されている。実施協定の暫定的適用は、協定の効力発生に伴って終了するが、その時点でなお、国内の事情などにより、まだ協定の締約国になっていない国がある場合、その国については、最長で1998年11月16日までの期間、引き続き機構の暫定的構成国としてとどまる道が開かれている (同前)。このような制度を通じて、機構の発足の当初より、その暫定的構成国の一員として、理事会を含む機構の意思決定へ参加することを諸国に保証したのである。このような制度は、実施協定の効力発生が条約のそれよりも遅れることは避けられないという状況の下で、条約の効力発生の時点から深海底に一つの制度を適用すること、換言すれば、当初より協定に基づいて条約第11部を実施していくために、不可欠の仕組みであったということができる。

　ところで、一般的にいって、ある条約が効力を発生する前の段階で、その条約または条約の一部を暫定的に適用することについては、かなり広範な慣行が存在しているし、条約法に関するウィーン条約第25条が、そうした慣行の存在に考慮を払い、条約の暫定的適用に関する基本的な原則を明確化したことも、周知のとおりである。実施協定の暫定的適用は、先ほど引用したソーンなどによると、これまでの条約慣行の範囲内に収まる事例であると説明されている[15]。確かにその点についても異論があるわけではないが、ただし、実施協定の暫定的適用に関しては、やはり他にはない独自の特徴があるのではないかと思われる。というのは、通常、

---

15) Louis B. Sohn, *supra* note 5, p. 703.

条約を暫定的に適用するという場合には、当該の条約に関して、当該の条約の効力が発生するまでの間にそれを行う、というふうに考えられてきたと思われるが、しかし、実施協定の場合、暫定的に適用されるのは実施協定だけにとどまらず、すでに効力を発生させた国連海洋法条約の第 11 部についても、そうした協定の暫定的適用を行っている国によって、いわば同時並行的に、暫定的な適用が行われていると考えられるからである。実施協定では、協定と条約は一体のものとして扱うと規定され（第 2 条）、また、附属書でも、機構の暫定的構成国は条約第 11 部と協定をその国内法令にしたがって適用する、と規定されている（1 節 12）ことからも、そのようにいうことができる。

　このように、実施協定の暫定的適用の制度は、その適用が条約の第 11 部の実施・適用と不可分の関係にあるために、やや特異な形態をとっているように見えるが、そのゆえにというべきか、条約法の観点からみた場合、協定の採択手続に関して見られたのと同様に、新たな検討課題が提示されているように思われる。それは、実施協定の暫定的適用の法的効果という問題に関係している。たとえば、実施協定の暫定適用を行っている国は、現在すでに、機構の暫定的構成国として活動しているが、しかし、上に述べたように、協定には、暫定的適用を行う国が直ちに暫定的構成国になるとする明文の規定はない。これが協定の規定の不備によるのか、それとも、暫定的構成国になることは、協定の規定の解釈を通じて得られる結論ゆえに、疑問視すべき事柄ではないのか、あるいは、協定の暫定的適用の法的効果という観点から説明しうることなのかどうか。一般に、条約の暫定的適用については、広範な慣行が存在しているとはいっても、それが生み出す法的諸関係の構造、換言すれば、その具体的な法的効果に関しては、常に自明の事柄であるとはいえないケースが多いように考えられる。条約法条約第 25 条の起草過程において、このことを強く主張する委員や国の代表もあった[16]。

---

[16] 条約法条約における、条約の暫定的適用に関する条文（現行第 25 条）の起草過程において、たとえば、日本政府は、暫定的適用の法的効果があいまいであると指摘し、当該条項

そこで、実施協定の暫定的適用に関して、簡単にではあるが、あと三つほどの問題点の指摘を試みておこう。第1は、暫定適用はすべての国が行わなければならないものではなく、また実際に行うわけでもないので、その適用を行う国がある一方で、行わない国も相当数存在しているが、この場合、それぞれの国が有する権利や義務が異なってくるが、そのことによる不都合ないしは矛盾が生じないのかどうか、という問題である。実際には、そうした2種類の国が並存するのは、実施協定の効力の発生までの比較的短い期間に限られるということになるかも知れないが、この問題は、いわば条約の暫定的適用の制度に付随したものだというふうにもいえる。

第2は、実施協定はそれを暫定的に適用する国の「国内法令又は内部の法令に従って」行う、と規定されていることに関してである（第7条2項および附属書1節12）。こうした規定は、いわゆる祖父条項と呼ばれ、条約の暫定的適用が行われるさいに、しばしば用いられる一般的な手法となっているが、この規定によって、暫定的適用を行っている期間中は、現行の国内法では果たしえないような義務の履行は、免除されると解釈しうるのかどうか。暫定的にではあれ、実施協定とともに、条約第11部の実施・適用が問題となる場合には、多くの国が国内法でなお対応を検討していないような（義務の履行）問題に直面することも予想される。それだけに、果たして、実施協定の暫定的適用の効果として、そうした問題の扱い方がどのようになるのかは、軽視できないように思われる[17]。

第3は、実施協定の暫定的適用は、協定の効力の発生に伴い終了する

の削除を主張していた。また、アメリカ政府も、若干異なる観点からではあるが、その条文を採用することに批判的であった。1962年のILC草案への両国政府のコメントについて、*YILC*, 1966, Vol.II, pp. 303 and 355. ウィーン外交会議での両国の主張について、United Nations Conference on the Law of Treaties, *Official Records*, First session, 1968, pp. 140-142. ただし、これらの主張は、採用されなかった。

17) アメリカにおける実施協定の暫定的適用について分析したものとして、Jonathan I. Charney, "U.S. Provisional Application of the 1994 Deep Seabed Agreement", *AJIL*, Vol.88, No.4(1994), pp. 705-714 参照。なお、日本で生じうる問題を検討した次の論考も参照。山本草二「深海底鉱業国内法の『暫定性』」『海洋関係国内法制の比較研究』第1号（1995年）133-150頁。

が、しかし、その時点でもなお、協定の締約国になっていない国については、先にも述べたように、機構の暫定的構成国として引き続きとどまることが、条件付きではあるが、認められている。つまり、協定が効力を発生しても、一定数の国については、協定の暫定的適用を引き続いて行うことが、認められているのである。この点、暫定的適用という制度は、当該条約の効力が発生すれば終了するのがふつうであって、暫定的適用に関する条約法条約第25条の規定も、その立場だというふうに解するとすれば、問題とはならないのかどうか。実施協定の暫定的適用の趣旨が、すでに述べたような課題の達成にあったとはいえ、上のような規定ぶりは、暫定的適用の制度のいわば濫用ではないかとの批判を招いても、おかしくないようにも考えられる。

ただし、この最後の問題に関しては、実は、条約法条約の採択過程において、関連のある議論が行われている。イギリス代表のバラット (F. Vallat) は、1969年のウィーン外交会議において、現行の条約法条約第25条の採択にさきだち、同条に定める「『効力の発生まで』というのは、条約が特定の国の間で効力を確定的に発生するようになった後でも、一またはそれ以上の国の間で、条約を暫定的に適用することを妨げるものではない、というふうに理解する」と指摘し、この理解が否定されないことを条件に、第25条に賛成するとの態度をとった[18]。イギリス代表のこの見解に反対ないしそれを否認する主張は、会議においては結局いずれの国からも出されなかった。そのために、条約の暫定的適用の問題が論じられる場合、イギリス代表のバラットが行ったこの指摘を、条約法条約第25条の確立した解釈の一部とみなす見解がある[19]。

いずれにしても、実施協定の暫定的適用の制度をめぐっては、条約法的な観点から説明が十分可能な点もあるが、逆に、暫定的適用の法的効果という点からみた場合、必ずしも自明ではない問題もいくつか提起さ

---

[18] United Nations Conference on the Law of Treaties, *Official Records*, Second session, 1969, pp. 39-40.
[19] I. Sinclair, *The Vienna Convention on the Law of Treaties, 2nd ed.* (Manchester University Press, 1984), pp. 46-47.

れており、今後に検討課題を残しているといわなければならないように思われる。

6　実施協定の採択の意義

　以上、4と5においては、実施協定の採択および適用にかかわる、いくつかの論点の整理と検討課題の提示を試みた。最後に、実施協定の採択の意義をどのように見ればよいのか[20]を検討するが、実施協定の採択によって、国連海洋法条約の普遍性が高まることが期待されており、実際、そういう方向に進むであろうこと、また、実質的に修正された深海底制度が定着していくことが期待されている、といった点についてはすでに多くの共通した指摘が行われているので、ここでは、同様の指摘を繰り返すつもりはない。以下においては、実施協定採択の意義を、可能な限り、1995年の世界法学会のサブテーマ「人類の共通利益の追求」に即して考えること、やや具体的にいえば、実施協定によって実質的に修正され、新たな内容を備えるようになった深海底制度は、CHM原則にいかなる影響を与えているのか、換言すれば、新たな内容をもった深海底制度は、実施協定の採択を通じて根本的な変質を遂げたとみるべきなのかどうか、という問題の検討を行い、本章を締めくくることにしたい。

　筆者は、これまで、CHM原則と条約第11部の関係については、次のように考えてきた。すなわち、CHM原則から導かれる制度は、不可避的に、国連海洋法条約に定められたような制度にしかならない、というふうにはいえないこと、その意味で、国連海洋法条約は、CHM原則を具体化するにあたって、一つの選択を示したというふうに見るべきこと、そして、その選択の具体的な内容は、条約第11部の全体にあらわれていること、とくに、人類全体の利益の実現ということに関しては、単に資源

---

[20] たとえば、「国連海洋法条約の発効および評価」(座談会：中村洸・山本草二・伊東喜昭)『海洋時報』第74号 (1994年) 30頁以下、井口武夫「深海海底開発の法的レジームについての実施協定の成立に関するコメント」『海洋時報』第77号 (1995年) 36頁以下参照。

開発活動から得られる経済的な利益にだけに依拠して、その実現をはかろうとしているのではなく、生産政策や技術移転などの実施や、深海底活動への参加などをも重視することによって、その目的の達成が目指されている、というふうに考えてきた[21]。

この点では、実施協定の採択により、深海底制度の内容は実質的に大きく変更されたのであるから、制度の根幹を支える CHM 原則に関しても、その具体的な意味内容は変化したといわなければならない。実施協定により、国連海洋法条約の第 11 部に元々あった、生産政策に関する規制や技術移転に関する義務のほとんどが、事実上撤廃されたことや、さらには、機構に認められていたいくつかの強力な規制権限が弱められ、あるいは廃止されたことなどは、いうまでもなく、重要な変更点と見るべきである。とりわけ、CHM 原則の重要な帰結であるところの、深海底活動を通じて人類全体の利益を実現するという目的に関していえば、その目的を達成するための方策が、実施協定によって大きく変えられたということができるように思われる。この背景に、本章 2 で触れた諸要因があったことを、再度想起する必要がある。

深海底制度の内容が大きく変えられたことの意味をどのように評価するかは、見解の分かれるところかも知れない。新国際経済秩序樹立の主張に支えられ、発展途上国が海洋法変革の象徴として、その成立に奔走してきた制度は、先進国がその優位性を主張するいわゆる市場経済原理に基づき、換骨奪胎され、CHM 原則に当初込められていた思想は、事実上は凋落したというふうにみる見方も、ありうるかも知れない。確かに、実施協定によって実質上修正された諸点は、ほとんどが第 3 次海洋法会議におけるかつての先進国の主張を反映したものであって、その点に着目するかぎりは、途上国がほとんど一方的に妥協したかにもみえるのである。実施協定の前文にもあるように、実施協定は、「市場指向型の取組方法 (market-oriented approach) を含む、第 11 部の規定の実施に影響を及ぼす

---

21) 田中則夫「国連海洋法条約にみられる海洋法思想の新展開——海洋自由の思想を超えて——」、『海洋法の新秩序』前掲 (注 4) 所収、50-56 頁〔本書第 1 章〕。

政治的および経済的変化に留意し」て採択されたものであって、国連海洋法条約の交渉当時と実施協定の交渉時点との国際環境の違いが、深海底制度の形成・発展に与えた影響の大きさに、驚かされるのである。

　もっとも、他面において、筆者は、実施協定の採択によって、深海底制度を支える思想や基本原則のほとんどが、否認されあるいは無意味になってしまったかのようにみる見方には、賛同できない。たとえば、深海底とその資源をCHMとし、そこに、伝統的な公海制度とは異なる国際制度、しかも人類全体を代表する機構を設立して、人類全体の利益を追求していこうとする仕組みそれ自体は、基本的に変更されてはいないというべきであろう。実施協定の採択が、深海底制度を支える基本原則の変更までを意味するものではないということは、実施協定を採択するさいの国連総会での審議において、先進国・途上国の双方が異口同音に強調していた点にほかならない。もちろん、外交会議での諸国の発言を文字通りに受け取ることができるかどうかは、一概にはいうことができず、発言が実態を正確に反映したものかどうかは、別の検討を必要とする場合が多いことに注意すべきであろう。

　しかし、次の諸点にもまた、相当な注意を払っておくことが、重要ではないかと思われる。第1に、深海底を規律する原則について定めた条約第11部の第2節（第136条－第149条）は、技術移転に関する第144条の規定を除いて、とくに変更されてはおらず、CHM原則を定めた規定はもとより、人類の利益などに関して定められた諸規定は、そのままの形で生きている。第2に、1993年のボートペーパーでは、再検討会議についての規定である条約第155条について、条約採択後の深海底採鉱に関して生じた事情の変化や、経済問題への取組方法における変化に照らしてみると、その規定はもはや適当ではないので適用しない、という案が示されていたが、この案は最終的には受け入れられなかった。実施協定では、先ほども紹介したように、第155条は適用しないとされたのであるが、しかし、深海底制度の基本的な諸原則は再検討会議でも維持されると定める、同条2の規定はその対象からはずされ、再検討が行われる場合で

も、その規定に定める原則、制度およびその他の条件は維持するものとされたのでる。第3に、実施協定の審議の初期において、エンタープライズの廃止提案が示唆されたことがあるが、そこまで行う実質的な修正は、深海底制度の性格を変えてしまうという理由で、受け入れられなかったといわれている[22]。これらの事情や経緯は、新たな内容をもった深海底制度の性格を考える上で、無視できない要因であるように思われる。

　ふり返ってみると、国連海洋法条約の第11部の成立の背後には、1970年代に高揚した、新国際経済秩序樹立の主張があった。深海底資源の開発は、開発からあがる経済的収益にとどまらない、種々の意義を有しあるいは利益をもたらす活動として、その秩序樹立にとって重要な役割を果たすものと位置づけられていた。しかし、条約採択後に生じた経済的・政治的な状況の変化が、そうした位置づけ自体の変更を余儀なくすることにつながったのであろう。深海底制度の存立基盤が大きく変動したことが、実施協定の採択へと導く新しい環境と条件を生み出したというふうにもいえるであろう。実施協定がもたらす効果は、きわめてドラスティックな側面をもつが、仮に、協定が、協定成立の時点までの条約の締約国を含む、多数の諸国の支持を受けていくのであれば、新たな内容を備えた深海底制度が、1970年の総会決議「深海底を律する原則宣言」でいわれていた、「あまねく合意される普遍的な国際条約によって設立される」制度となることは、確かであろう。いずれにせよ、理論上は、とりわけ条約法の観点からみた場合、実施協定には論議の余地のある未知の問題が伏在していることも、否定できないように考えられるので、今後は、実施協定をめぐる諸国の実行に注目することはもとより、現実に問題が顕在化するかどうかにかかわらず、協定の採択によって提起された問題を分析する必要性を、常に視野に入れておくことが必要であろう。

---

22) 林「前掲論文」(注1) 67頁。

【関連諸規定対照表】

	1982年国連海洋法条約	1994年実施協定	1993年ボートペーパー
協定に基づく実施		この協定の締約国は、この協定に従って第11部の規定を実施することを約束する。附属書は、この協定の不可分の一部を成す（第1条）。	この協定に定める第11部の修正及び追加に従うことを条件に、第11部を実施する。協定と第11部は単一の文書として、一括して解釈・適用する。
協定と第11部との関係		この協定及び第11部の規定は単一の文書として、一括して解釈され、かつ、適用される。……抵触する場合には、この協定が優先する（第2条）。	
簡易手続		この協定の採択の日前に条約の締約国になっている国は、この条に定める簡易な手続を条件に署名した場合、同手続を用いない旨の書面による通告をこの協定の採択の日の後1年以内にしない限り、その期間が過ぎた日に、この協定に拘束されることについての同意を確定したものとみなされる（第5条）	［簡易手続に関する左の第5条と同旨の規定あり］
効力発生		40カ国の同意。ただし、その7カ国は先行投資保護決議1（a）に定める国（5カ国は先進国）とする（第6条）。	［効力発生の要件は明示せず］
暫定的適用		この協定の効力発生まで（ただし、最長でも1998年11月16日まで）次の国により暫定的に適用される。協定の採択に同意した国、協定に署名した国、書面による通告により適に同意した国、協定に加入する国。暫定的適用は、国内法令に従って行う（第7条）。	［暫定的適用に関する規定なし］
国際海底機構の性格	機構は、締約国がそれを通じて、特に深海底の資源を管理するため、この部の規定に基づいて深海底における活動を組織・管理する機関（第157条1）。	機構は、締約国が、第11部の規定及びこの協定において設立される深海底制度に従って、特に深海底資源を管理するため、深海底活動を組織・管理する機関（附属書1節1）。	機構は、締約国が第11部の規定において確立され、この協定によって修正された深海底制度に従って、……［以下、左と同旨］
機構の機関		締約国による費用の負担を最小にするため、設置されるすべての機関は費用対効果の大きいものとする（1節2）。機関の設置・任務は発展的アプローチによる（1節3）。経済計画委員会は当初設立せず、その任務は法律・技術委員会が遂行する（1節4）。	［左の1節2以下、左の3節11（a）に紹介した規定（1節8を除く）に相当する規定あり］

第6章　国連海洋法条約第11部実施協定の採択　211

	1982年国連海洋法条約	1994年実施協定	1993年ボートペーパー
機構の権限と任務	[総会の権限と任務（第160条）、理事会の権限と任務（第162条）、経済計画委員会（第164条）、法律・技術委員会（第165条）など、関連諸規定に基づいて、機構の権限と任務は広範囲にわたっている]	最初の開発業務計画承認までの機構の主な任務は次の通り。○探査業務計画の申請処理、○準備委員会が行った登録済み先行投資者とその証明国に関する決定の実施、○金属市場の分析を含め深海底採鉱活動に関する問題の監視と検討、○陸上生産国の経済が受ける影響の研究、○深海底活動の遂行に必要な規則と手続の採択、○海洋環境保護のための規則と手続の採択、など（1節5）。	
業務計画の申請と承認	機構は、附属書III第4条に定める申請者の資格を含め、申請の条件が満たされているかを審査した上で、業務計画の承認を行う（附属書III第6条など）。これは理事会の任務（第162条2 (j)）[下記も参照]。 登録済み先行投資者は、条約発効後で、準備委員会が決議を遵守していることを証明した後6カ月以内に、探査及び開発のための業務計画の承認を申請しなければならない（決議II8）。業務計画の申請は、その保証国が条約の締約国でなければならない（附属書III第4条）。 締約国又は企業による活動の場合、業務契約は契約の形をとる（第153条3）。業務計画の承認は理事会が行うが、その場合、法律・技術委員会が承認を勧告する場合と、不承認を勧告する場合に分けて、それぞれ別個の手続で行う（第162条2 (j)）。	米国系コンソーシャムについては、決議II1 (a) に定める3000ドルの支出などの要件を満たしていることを保証国が証明すれば、探査業務計画の承認のために必要な財政的技術的資格は満たされたものとみなす（1節6 (a) (i)）。 登録済み先行投資者は、条約発効後36カ月以内に探査業務計画承認の申請を行う（1節6 (a) (ii)）。業務計画申請の保証国は、締約国の他に協定の暫定的適用国又は機構の暫定的構成国でもよい（1節6 (a) (iv)）。 探査業務計画の承認は、条約第153条3により行う（1節6 (b)）。探査業務計画の承認申請は、前記6 (a) (i)、(ii) に基づき、3節11に定める手続に従って処理される（1節8）。 理事会は、その3分の2（5つの各チェンバーの過半数を含む）が不承認を決定しない限り、法律・技術委員会が行う業務計画承認のための勧告を承認する（3節11 (a)）。	
開発業務計画の申請の延長		探査業務計画は15年間承認される。期間が満了すれば開発業務計画を申請する。ただし、契約者が業務計画を誠実に遵守している場合、又は開発段階への移行を正当化しない経済情勢がある場合には、5年以内の探査業務計画の延長を申請すれば承認される（1節9）。	[実施協定の1節7・8・9・10・11に相当するような、業務計画の承認のための申請の処理に関する詳細な規定はなし]

	1982年国連海洋法条約	1994年実施協定	1993年ボートペーパー
協定の暫定的適用と機構の暫定的構成国		この協定の暫定的適用を行っている国は、次の場合に引き続き、機構の暫定的な構成国となることができる。(a) 協定が1996年11月16日以前に発効する場合、その日か又はその日以前で自国につき協定が発効する日のいずれか早い日まで。なお、理事会は、要請がある場合、暫定的な構成国としての地位を2年間延長することができる。(b) 協定が前記の日以後に発効する場合、1996年11月16日を超えない期間、暫定的な構成国になりうる（1節12 (a) (b)）。	［暫定的構成国に関する左と同旨の規定あり。ただし、］暫定的な構成国は、この協定によって修正された第11部に定める義務に服する……。
暫定的構成国の権利と義務		暫定的な構成国は、この協定と第11部の規定を自国の国内法令の範囲内で適用し、分担金支払い義務とともに、探査業務計画の承認申請を保証する権利を有する（同前 (c)）。	
機構の予算・財政	機構の資金は、構成国の分担金、深海底活動に関連して受領する資金、エンタープライズから移転される資金、第174条に基づいて借り入れる資金等による（第171条）。 機構は、借り入れ権限をもつ（第174条）。	機構は自己の予算を有する。この協定の発効年の翌年末までは、機構の行政費は国連の予算によって支弁する。その後は、暫定的な構成国を含む分担金による。条約第174条1に定める機構の借り入れ権限は行使してはならない（1節14）。	機構の経費は、財政的に自立するまでは、構成国によって又は国連の予算によって支弁される。
条約第11部4節	［条約第11部4節＝「機構」（第156条－第185条）］	条約第11部4節の規定は、この協定に従って解釈・適用される（1節17）。	［左の1節17に相当する規定なし］
エンタープライズ	エンタープライズは、総会の一般政策と理事会の指示に従って行動し、操業を行うに当たり、独立を享受する（附属書Ⅳ第2条）。エンタープライズの操業に対して指示を与え、その目的を達成するために権限を行使する、15名の委員で構成される総務会を設ける（同前第4条、5条、6条）。 エンタープライズの資金は、機構からの受領金、操業による収入、借入金等による。また、その探査・開発に必要な資金の半額を、締約国は長期無利子借款で提供する（同前第11条1、3）。	機構の事務局は、エンタープライズが独立して運営を開始するまで、その任務を遂行する（2節1）。エンタープライズの初期の操業は合弁事業により行い、その操業開始の問題などについては、後日、理事会が検討する（2節2）。条約の附属書Ⅳ第11条3に定める、締約国の資金提供義務は適用しない（2節3）。契約者に適用される義務は、エンタープライズにも適用される（2節4）。機構に一鉱区を留保鉱区として提供した契約者は、その鉱区の探査・開発につき、エンタープライズと合弁事業の取決めを締結する優先権をもつ（2節5）。	［2節1・2・3と同旨の規定あり］ ［左の2節4・5に相当する規定なし］

第6章　国連海洋法条約第11部実施協定の採択　213

	1982年国連海洋法条約	1994年実施協定	1993年ボートペーパー
意思決定・表決手続 チェンバーでの表決	総会での手続問題の決定は、出席し投票する構成国の過半数、実質問題の決定は、出席し投票する3分の2の多数で行う（第159条7、8）。 　理事会での手続問題の決定は、出席し投票する構成国の過半数、実質問題の決定は、問題に応じて、3分の2以上の多数、4分の3以上の多数、コンセンサス方式により行う（第161条8）。	機構の各機関における意思決定は、原則としてコンセンサス方式によって行う（3節2）。コンセンサス方式による決定を行うための努力が尽くされた場合には、総会での手続問題に関する決定は、出席し投票する構成国の過半数で、実質問題に関する決定は、出席し投票する構成国の3分の2の多数で議決する（3節3）。理事会が権限を有する事項についての総会の決定は、理事会の勧告に基づく（3節4）。 　理事会での手続問題に関する決定は、構成国の過半数で、実質問題についての決定は、条約がコンセンサス方式での決定を定めている場合を除いて、構成国の3分の2の多数で議決する。ただし、以下で定めるいずれのチェンバーにおいても、過半数の反対がないことを条件とする（3節5）。	［チェンバーの数（構成）に関する規定を除いて、左の3節2、3、4、5に相当する規定あり］
	［理事会の構成と選出順序（第161条1）、実質問題の3分の2、4分の3の多数による決定（同条8(b)、(c)）、業務計画の承認に関する権限と任務（第162条2(j)）］	条約第161条1、8(b)、(c)、第162条2(j)は適用しない（3節8、11(b)、16）。	
理事会の構成と選出の順序	理事会の36の構成国の選出順序（第161条1）。 　(a) 消費大国又は輸入大国から4、1は東欧から、1は最大の消費国とする。 　(b) 8の最大投資国から4、1は東欧から。 (c) 深海底鉱物輸出国から4、2は当該輸出が経済に重要な関係をもつ途上国から。 (d) 途上国から6。 (e) 衡平な地理的配分の原則に従って18、各地理的地域から少なくとも1。	理事会の36の構成国の選出順序（3節15）。 (a) ［4は左と同じ、ただし］国内総生産において最大の経済を有する東欧地域から1の国と、条約発効時における国内総生産において最大の経済を有する1の国を含む。 (b) ［左と同旨、ただし、1は東欧から、は削除］ (c) (d) (e) ［左と同旨］ 上の(a)から(c)の各集団、および、(d) (e)に基づき選出される途上国は、理事会における投票のための単一のチェンバーとして扱われる（3節9(a)）。	［左の3節15と同旨の規定あり］ 条約第161条(a)から(c)の利害グループは、この協定で修正されて理事会での意思決定のために、チェンバーとして扱われる。

I　海洋法：第2部　深海底制度の成立と展開

	1982年国連海洋法条約	1994年実施協定	1993年ボートペーパー
再検討会議	総会は、最初の商業的生産が開始されてから15年目に、深海底制度の再検討会議を招集。会議では第11部の実現度を検討（第155条1）。Common Heritage of Mankindなど、第11部が定める原則は維持する（同条2）。会議での意思決定手続は第3次海洋法会議と同じとする（同条3）。会議開始から5年後に資源の探査開発方式に関し合意しない場合には、その後の12カ月の間に、方式を変更する改正を締約国の4分の3による批准書・加入書の寄託の日から12カ月後にすべての締約国について効力を生ずる（同条4）。	条約第155条1、3、4は適用しない。総会は、理事会の勧告に基づいて、条約第155条1に定める事項の再検討をいつでも行うことができる。この協定と第11部に関連する改正は、条約第314条から316条に定める手続に従う。但し、条約第155条で定める原則、制度、その他の条件は維持される（4節）。	条約採択後に深海底探鉱に関して生じた事情の変化や、経済問題への取組方法における変化に照らしてみると、条約第155条は、もはや適当ではないので、適用しない。
技術移転	機構は、深海底活動に関する技術の取得及びその途上国への移転の促進・奨励のための措置をとり、機構と締約国は技術の移転の促進に協力する（第144条1,2）。機構との契約者は、公正かつ妥当な商業条件で、エンタープライズ又は途上国に、自己の技術を移転することを約束し、公開市場で入手できない技術については、当該技術の所有者から移転の保証を得るものとする（附属書III第5条）。	技術移転は、条約第144条の規定に加え、次の原則による。 (a) エンタープライズ及び途上国は、公開市場において公正かつ妥当な商業的条件で技術を入手する。 (b) それらのものが技術を入手できない場合、機構は、知的財産権の効果的な保護を遵守した上で、契約者及びその保証国に対して、技術の入手について、機構と協力するよう要請することができる（5節1）。条約の附属書III第5条は適用しない（5節2）。	[左の5節と同旨の規定あり]
生産政策	[機構の行動原則、操業者による生産認可の申請、生産認可発給要件、生産量の上限とその計算方法、機構の生産分の留保、補足的生産認可、ニッケル以外の鉱物の生産量、多金属性団塊以外の鉱物等に関する規定（第151条1から7及び9）。附属書III第7条により必要な場合、生産認可の申請者の選択を行う理事会の任務（第162条2 (q)）。機構に代わって生産認可を発給する法律・技術委員会の任務（第165条2 (n)）。	機構の生産政策は、次の原則による。 (a) 深海底資源開発は、健全な商業原則に従って行われる。 (b) GATT及びその関連協定が、深海底活動にも適用される。 (c) 深海底活動に対する補助金は、(b)で認められる場合以外、交付してはならない。 (d) 深海底から採取された鉱物と、それ以外から採取された鉱物の間に、差別を設けてはならない。（以下、省略）。（6節1）。条約第151条1から、7及び9、第162条2 (q)、第165条2 (n)、及び附属書III第6条5と第7条は、適用しない（6節7）。	[健全な商業原則の規定なし。それ以外は、左の6節と同旨の規定あり]

第 6 章　国連海洋法条約第 11 部実施協定の採択　215

	1982 年国連海洋法条約	1994 年実施協定	1993 年ボートペーパー
経済援助	総会は、経済に対する深刻な悪影響を被る途上国を援助するため、経済計画委員会の助言に基づく理事会の勧告に従って、補償制度を設け又は他の経済調整援助の措置をとる。機構は、深刻な影響を受ける国の問題につき、その困難を最小のものとすること等を目的として研究を開始する（第 151 条 10）。	経済に深刻な影響を受ける途上国に対して、経済援助を行うために、機構は、経済援助基金を設立する。途上国はこの基金から援助を受ける（7 節 1）。条約第 151 条 10 はこの経済援助の措置によって実施する（7 節 2）。	[左の 7 節 2 の規定がないことを除けば、左の 7 節 1 と同旨の規定あり]
契約の財政的条件	年間固定手数料は、契約の効力発生の日から毎年 100 万ドルを支払う。契約者は、商業生産の開始日から、生産賦課金又は年間固定手数料のいずれか高い方を支払う（附属書 III 第 13 条 3）。［支払い方法の選択、生産賦課金のみによる支払いの場合の計算方法、生産賦課金と純収益の一部の組み合わせによる支払いの場合の計算方法等に関する規定（附属書 III 第 13 条 4 から 10）。］ 業務計画の申請手数料は、一つの申請につき 50 万ドルとする（附属書 III 第 13 条 2）。	契約の財政的条件に関する規則と手続は、次の原則に基づいて定める。 (a) 機構に対する支払いの制度は、契約者と機構の双方にとって公正なものとする。 (b) 支払料率は、深海底鉱業者に対して競争上有利又は不利な立場を人為的に作り出さないために、陸上生産業界における既存の支払料率の範囲内とする。 (c) 支払制度は複雑であってはならず、機構や契約者に多大の費用を課すものであってはならない。 (d) 年間固定手数料は、商業生産の開始日から支払う。その額は、理事会で決める（8 節 1）。条約附属書 13 条 3 から 10 は適用しない（8 節 2）。 条約附属書 III 第 13 条 2 の実施について、探査又は開発のいずれかの段階のみについての申請手数料は、25 万ドルとする（8 節 3）。	[左とほぼ同旨の規定あり。ただし、下記の規定は別] 契約者が商業的開発の前に払う年間固定手数料は、理事会が調整することができる。申請手数料は、機構に提出されるすべての業務計画に適用する。

	1982年国連海洋法条約	1994年実施協定	1993年ボートペーパー
財政委員会	［該当規定なし］	財政委員会を設置する。委員は総会で選ばれる15人（9節1、3）。 　次の事項に関する総会及び理事会の決定は、財政委員会の勧告を考慮する。 　(a) 機構の機関の財政規則・手続の案、財政管理等。 　(b) 機構の構成国の分担金の割り当て。 　(c) 機構の事務局長の作成する年次予算案等を含むすべての財政事情。 　(d) 行政予算。 　(e) この協定及び第11部の実施に伴う締約国の財政上の義務、並びに機構の資金の支出を伴う提案と勧告。 　(f) 深海底活動から生じる経済的利益の衡平な配分に関する規則・手続及びこれらに基づく決定（9節7）。 　財政委員会における手続問題についての決定は、出席し投票する委員の過半数により、実質問題についての決定は、コンセンサス方式によって行う（9節8）。	＊［協定の附属書に対応するボートペーパーの以上の規定は附属書Ⅰとされ、契約の財政的条件に関する規定で終わっているが、附属書Ⅱが続いており、財政委員会に関しては、その最後で、ほぼ協定の左の規定と同旨の規定が提案されている。なお、この附属書Ⅱの主たる内容は、附属書Ⅰに基づいて、条約の第……条は、次のように修正されるという形で、修正された新しい規定を整理したもの］

第7章

深海底制度の設立・修正・実施

1　はじめに
2　海底の国際制度の発展過程
　(1) 大陸棚制度の設立
　(2) 海底トンネルの掘削と定着漁業
　(3) 深海底制度の審議の開始と公海自由の原則
3　深海底制度の設立と修正
　(1) 国連海洋法条約第11部と先進国の反対理由
　(2) 先進国の対応と深海底制度実施協定の採択
　(3) 実施協定による条約の実質的修正
4　深海底制度の実施
　(1) 先行投資保護決議の実施
　(2) 国際海底機構の活動
　(3) 機構の構成国に関する課題
5　おわりに

1　はじめに

　国連海洋法条約は、その第11部と附属書ⅢおよびⅣにおいて、国際法史上において初めての深海底制度を設立した。この制度の趣旨と基本原

則は、深海底とその資源は人類の共同の財産であるという条約規定(第136条)に、凝縮されて示されている[1]。「深海底」とは、「国の管轄権の及ぶ区域の境界の外の海底及びその下をいう」(国連海洋法条約第1条1項1号)。具体的には、「大陸棚」として定義づけられる海底区域(大陸縁辺部の外縁または距岸200カイリまでの海底。第76条参照)の外側の海底およびその下をいう。世界の海洋は、基本的に、12カイリの領海、200カイリの排他的経済水域、およびそれ以遠の公海というふうに区分されたので、公海の下に横たわる海底の大部分が深海底とされるのである。

深海底制度は、国連海洋法条約で設立されたが、しかし、条約の定めた通りに実施されているわけではない。条約に定める制度は、条約が効力を発生する直前の1994年7月に採択された、深海底制度実施協定によって実質的に修正され、その修正された制度が実施に移されているのである[2]。こうしたケース、つまり、条約に定める改正手続にしたがわず、条約とは別に採択された協定に基づき、条約の一部を実質的に修正し、その修正した制度を条約の効力発生時から適用したというケースは、これも国際法史上初めてのものである[3]。しかし、皮肉なことに、そうした異

---

1) 人類の共同の財産の原則に関する最近の研究として次の著作が参考になる。K.Baslar, *The Concept of the Common Heritage of Mankind in International Law* (Brill, 1998).

2) 協定では修正とか改正といった用語は使われていないが、協定が条約の深海底制度を実質的に修正したものであることは否定できない。国際海底機構の事務局長はしばしば、機構の総会に対する年次報告において、協定は条約を「事実上(*de facto*)修正したもの」という表現を用いている。たとえば、ISBA/3/A/4, Report of the Secretary-General of the International Seabed Authority under article 166, paragraph 4, of the United Nations Convention on the Law of the Sea, 31 July 1997, para. 3.

3) 国際法史上初めてと見るかどうかは議論の余地があるかも知れない。ロゼンヌは、船舶による汚染の防止を目的として採択されたMARPOL条約の事例が先例として存在していると述べている。つまり、1973年のMARPOL条約は、その附属書Ⅱに対する反対が強く、効力発生を見込めなかったので、78年にその附属書Ⅱを修正する議定書を採択し、条約と議定書を一体のものとして適用した事例があるというのである。S. Rosenne, "The United Nations Convention on the Law of the Sea, 1982 − The Application of Part XI : An Element of Background," *Israel Law Review*, Vol.29, No.3 (1995), p. 496. しかし、73年のMARPOL条約は、それ自体としては効力を発生しなかったのに対して、深海底制度の場合は、国連海洋法条約の効力が発生することは確定していたにもかかわらず、後でも述べるように、協定により修正した制度を条約の効力発生の日から適用したという点で、MARPOL条約の場合とは基本的な違いが

例の歩みをたどったことが、条約の締約国を一挙に増やし、その普遍性を高める要因となった。

　本章では、このような深海底の国際制度が設立され、修正されてきた経緯をふり返るとともに、制度の実施状況を見ることにするが、その前に、深海底というのは新しい海域の区分でもあるので、海底の国際制度の発展過程をごく大まかに概観しておきたい。

2　海底の国際制度の発展過程

(1) 大陸棚制度の設立

　海洋を公海と領海に区分する制度が続いてきた20世紀半ば頃までは、海底について特別の制度が存在していたわけではない。公海の海底では、公海自由の原則に基づき、海底電線や海底パイプラインの敷設の自由が認められていたので、その意味では、公海の海底を使用する自由が公認されていたといえる。また、次に見るように、公海の下の海底トンネルや、あるいは、領海のすぐ外側の海底で行われる定着漁業をめぐって、公海の海底の法的地位が議論の対象になったことはある。しかし、それらはやや特殊な議論であって、公海の海底の全体が特定の法制度の適用を受けていたわけではなかった。

　このような経緯からすると、1958年の大陸棚条約によって樹立された大陸棚制度は、海洋法史上における初めての国際海底制度と呼べるものであった。第1次海洋法会議の準備にあたった国際法委員会は、公海条約の起草過程において、公海の自由としてどのような自由を具体的に条約中に列挙するかについて討議した際、漁業の自由や航行の自由など条約中で明示した四つの自由のほかに、公海の海底を開発する自由につい

あるというべきである。田中則夫「国連海洋法条約第11部実施協定の採択」(以下、「実施協定の採択」)『世界法年報』第15号 (1996年) 9-10頁〔本書第6章〕。高林秀雄『国連海洋法条約の成果と課題』(以下、『成果と課題』) (東信堂、1996年) 125頁。

て言及し、一応そうした海底開発の自由があることを承知しているとの見解を示していた。しかし、海底開発の自由を条約で規定しておく実際上の必要性はないと判断し、公海条約の中にその自由を規定することはしなかったのである[4]。

　大陸棚条約は、領海の外側の海底区域であって「上部水域の水深が200メートルまでのもの、又はその限度を越える場合には上部水域の水深が前記の海底区域の天然資源の開発を可能にする限度までのもの」を国際法上の大陸棚と定義し、沿岸国に対して、大陸棚の天然資源を開発するための主権的権利を認めた（第1条・2条）。大陸棚制度は、領海外の公海の海底において、沿岸国に対し例外的に資源開発の権利を認めた点で、海洋を領海と公海に区分する海洋法の二元的構造に修正を加えたものであった。開発の対象とされた大陸棚の資源は、主として海底下の石油資源であり、定着性種族の生物資源である。大陸棚制度は、これらの資源の開発に対しては、公海自由の原則を適用せず、もっぱら沿岸国の権利を承認することを明確にしたのである[5]。

(2) 海底トンネルの掘削と定着漁業

　公海の海底の法的地位については、大陸棚条約の採択以前においては、海底トンネルと定着漁業との関連で、議論の対象になったことがある。前者は具体的には、ドーバー海峡における海底トンネルの問題であった。英仏間で検討が始まったのは19世紀に入ってからであるが、議論の対象になった問題の一つは、トンネルを掘るとすれば、海峡の間にある公海の海底の下を貫通することになるが、国際法上の問題は生じないかということだった。

　この問題に関して両国政府がとった見解は、海底の表面と地下を区別して、地下については実効的占有が可能であるというものである[6]。学説

---

4) *YILC*, 1956, Vol.II, pp. 11 and 278.
5) D. P. O'Connell, *International Law*, Vol.I (Stevens & Sons,1965), pp. 576-580.
6) G. Gidel, *Le Droit International Public de la Mer*, Tome.I (Paris,1932), pp. 511-512.

においても、公海の海底の下にトンネルを掘っても、その行為は、海底の上部水域における公海の自由を侵害するものではないから、法的問題は生じないとする見解が一般的だった[7]。

もう一つは、領海の外側の海底で行われる定着漁業をめぐる議論である。すなわち、領海外の海底で行われる定着漁業に対する沿岸国の権利を説明するため、公海の海底を *res nullius*（無主物）または *res communis*（共有物）とみなす理論が唱えられたことがある[8]。前者の理論は、公海の海底が一種の無主地にあたるので、そこを最初に利用する沿岸国に排他的利用の権利が認められる（公海自由の原則は公海の海底には適用されない）とするのに対して、後者の理論は、公海の海底は共有物なので、いずれの国であっても自由に海底を利用し得る（公海自由の原則は公海の海底にも適用される）と主張した。しかし、注意すべきは、これらの理論は、公海の海底全般を念頭において展開されたものでは、決してなかったという点である。1920年代の初頭に、公海の海底が *res nullius* だとする見解を示し[9]、この問題に関する先駆的業績を示したハースト（C. Hurst）は、のちに大陸棚の問題に関する論文を書いた際、先の論文は公海の海底全域の法的地位を一般的に説明したものと受け止められてはならないと強調していた[10]。つまり、公海の海底への公海自由の原則の適用の可否が、文字どおり全面的に議論の対象になっていたわけではなかった。

公海の海底の下を掘る海底トンネルの問題と領海外の海底での定着漁業の問題は、いずれも大陸棚条約が明文の規定をおいて解決した。前者

---

7) C. J. Colombos, *The International Law of the Sea*, 6th ed. (Longmans,1967), p. 69.
8) 海底の法的地位に関する伝統的理論について、深町公信「海底の法的地位——大陸棚理論以前の国家実行と学説——」『九大法学』第49号（1985年）24頁以下参照。定着漁業に関する日本の文献として、小田滋『海洋の国際法構造』（有信堂高文社、1956年）153頁以下、および、中村洸「公海の自由と定着漁業の法理(1)(2完)」『法学研究』第28巻9・10号（1955年）参照。
9) C. Hurst, "Whose is the Bed of the Sea?" *BYIL*, Vol.4 (1923-24), pp. 34-43.
10) C. Hurst, "Continental Shelf," *The Grotius Society, Transactions for the year 1948*, Vol.34 (1949), pp. 165-167. なお、田中則夫「深海底の法的地位をめぐる国際法理論の検討(2完)」（以下、「国際法理論の検討」）『国際法外交雑誌』第86巻3号（1987年）3頁参照〔本書第5章〕。

に関しては、上部水域の水深のいかんを問わず、掘削により海底の下を開発する沿岸国の権利を認め（第7条）、後者に関しては、沿岸国が開発のための主権的権利を有する天然資源の中に、定着種族に属する生物資源を含めることにした（第2条4項）。これらの規定は、修正を受けることなく、国連海洋法条約においても引き継がれている（第77条4項・第85条）。

(3) 深海底制度の審議の開始と公海自由の原則

　第1次海洋法会議の後、海洋の国際制度は安定期に入るものと考えられていた。ところが、その予測はすぐに覆された。1960年代の半ば頃になると、水深が4、5千メートルの深海底にマンガン団塊（多金属性団塊資源）が大量に存在しており、しかもその採掘のための技術開発が可能であることが判明したのである。この団塊資源の中には、ニッケル、コバルト、銅、マンガンといった貴重な非鉄金属が含有されているので、深海底活動は地球上に残された最後のフロンティアの開発として、きわめて魅力的な事業と考えられたのである[11]。もっとも、大陸棚条約の大陸棚の定義に関する規定によれば、開発可能なところは沿岸国の大陸棚とされるので、この定義に依拠する限りは、世界の海底がすべて沿岸国の大陸棚として、分割され尽くしてしまう恐れが生じたのである。

　こうした状況を背景として、1967年の国連総会において、マルタの国連代表・パルド大使は、大陸棚の範囲を明確に定義し直すとともに、それ以遠の海底には、深海底とその資源を人類の共同財産とし、そこでの活動が人類全体に利益をもたらすような、国際機構の創設を含む新しい国際制度を樹立すべきであると提案した[12]。この提案に基づき、翌年より国連に新設された海底平和利用委員会において、深海底制度の審議が始まった[13]。1970年には、深海底制度の基本枠組を明らかにした国連総

---

11) マンガン団塊の科学的データおよび技術的経済的諸要素については、次の文献が新しく参考になる。J-P. Levy, "The International Sea-bed Area," in R-J Depuy and D. Vignes, (eds.), *A Handbook on the New Law of the Sea*, Volume 1 (Brill/Nijhoff, 1991), pp. 590-617.

12) UN Doc, *GAOR*, 22nd session, First Committee, 1515th & 1516th Meeting.

13) 海底平和利用委員会における深海底制度の審議経過については、小田滋『海の資源と国際

会決議「深海底を律する原則宣言」(以下、原則宣言という) が、反対なしの圧倒的多数で採択されている[14]。翌 71 年からは、各国の出す具体的な提案に基づき、深海底制度の実質的な審議が始まった。しかし、人類の共同財産を含む一般原則に関してはともかく、深海底資源の開発の主体と条件をめぐっては、先進国と途上国との間に大きな見解の隔たりのあることが判明した。

その見解の隔たりが、国連海洋法条約にどのように反映されたかは後で見るとして、ここでふり返っておきたいのは、深海底は公海の下に横たわる海底であったにもかかわらず、第 3 次海洋法会議の終盤に至るまで、深海底資源の開発に公海自由の原則を適用しようとする提案は、いずれの国からも行われなかった点である。先に見たように、公海条約の起草過程において、国際法委員会は公海の海底を開発する自由に言及していたが、しかし、深海底制度の審議において、国際法委員会での議論を援用しようとする国はなかった。当時の社会主義国が一時期とった特殊な態度を別にすれば[15]、いずれの国も、新しい国際機構を創設し、その機構の管理下で深海底活動を行うことについては、意見の一致があった。ほかならぬ、原則宣言自体が、そのことを確認していた。ではなぜ、深海底資源の開発から公海の自由が排除されなければならなかったのか。自らは開発技術を有しない途上国の場合、開発が自由とされることが論外だったことは容易に理解されよう[16]。しかし、先進国の場合はどういう事情からだったのか。その理由は、深海底資源の開発の場合、公海で行われる漁業活動などとは、まったく異なる性格を有していたからであ

法 II 』(有斐閣、1970 年) 第 3 章以下参照。
14) 原則宣言については、高林秀雄『海洋開発の国際法』(有信堂高文社、1976 年) 30 頁以下参照。
15) 当時の社会主義諸国とりわけ旧ソ連・旧東欧諸国は、第 3 次海洋法会議が始まる頃までは、公海自由の原則を審議の基礎に置くべきだという主張を展開したことがある。しかし、これは、新しい国際機構を創設して、深海底資源の開発活動を管理させるとすると、深海底資源に対する「国家の権利」が剥奪されることを危惧した特殊な主張で、海洋法会議で審議が始まってからは、途上国の立場を支持する主張に変更した。田中則夫「深海底制度と社会主義国」『龍谷大学社会科学研究年報』14 号 (1984 年) 39 頁以下参照。
16) R. P. Anand, *Legal Regime of the Sea-Bed and Developing Countries* (Thomson Press,1976), pp. 210-212.

る[17]。

　深海底資源の開発に着手するまでには、広大な海域において探査の活動を行い、開発のための鉱区を特定することが不可欠である。ところが、周到な準備を行った後、特定の海底鉱区で開発を始めたとき、第三国の船舶が当該鉱区の上部水域に進出して来て、その下の海底鉱区から資源を採取し始めるとするならば、周到な準備をしながら活動してきた国（または企業）にとっては、もはや資源開発の計画自体が成り立たなくなってしまうのである。つまり、深海底資源の開発は、それを実施する国や企業の側から見れば、深海底の特定の鉱区においては、他の第三者を排除した上で開発を行うことのできる、排他的権利が不可欠なのである[18]。ここに、先進国にとっても、深海底資源の開発に公海自由の原則を適用できない理由があり、深海底鉱区における排他的な権利を取得できるような、新しい国際制度が必要とされる事情があった。

3　深海底制度の設立と修正

(1) 国連海洋法条約第11部と先進国の反対理由

　深海底制度を定める条約第11部に強い不満をもっていたアメリカは、国連海洋法条約の署名自体を拒否し、条約の締約国になる意思のないことを示した。他の先進諸国も、署名だけをする国はあったものの、条約の締約国になる意思を示す国はなかった。

　先進国の反対を受けた深海底制度について、条約は次のような規定を設けていた。①深海底とその資源は人類の共同の財産である（第136条）。②いずれの国又は自然人若しくは法人も、第11部の規定に従う場合を除くほか、深海底から採取された鉱物についての権利を主張し、取得し又は行使することはできない。深海底の資源に関するすべての権利は、人

---

17) Levi, *supra* note 11.

18) J. Andrassy, *International Law and the Resources of the Sea* (Columbia University Press, 1970), pp. 130-131; E. D. Brown, *The Legal Regime of Hydrospace* (Stevens, 1971), p. 83; R. P. Anand, *supra* note 16, pp. 179-180.

類全体に付与されるものとし、国際海底機構が、人類全体のために行動する（第137条）。③機構は、締約国がそれを通じ、特に深海底資源の管理を目的として、深海底活動を組織しかつ規制するための組織であって、総会、理事会及び事務局の各主要機関と、深海底活動を直接実施するための機関となるエンタープライズ（以下、「事業体」という）で構成される（第156-158条）。④深海底活動は、人類全体の利益のために行われなければならない（第140条）。⑤締約国や企業は、開発を行う場合の条件として、事業体及び開発途上国への技術移転を促進し、それらの職員が深海底活動への参加を通じて科学技術の訓練を受けられる機会を確保しなければならない（技術移転・第144条）。⑥深海底活動への開発途上国の参加が効果的に促進されなければならない（第148条）。⑦深海底資源と同種の資源を陸上で生産している国の経済を保護するために、いずれのものが開発を行う場合にも、機構が定める年間生産上限枠を守らなければならない（生産制限・第151条）。⑧深海底資源の開発は、機構の事業体によって直接行われるほか、機構に業務計画を申請して機構から許可を得た、締約国又は締約国の保証する企業によっても行われる（パラレル方式・第153条）。

　これらのうち、最後の⑧にあげたパラレル方式は、資源開発の主体は機構からライセンスを得た国または企業にすべきであるという先進国の主張と、開発は機構によって直接行われるべきであるという途上国の主張を、妥協させるかたちで採択された苦心の産物であった[19]。先進国といえども、そうしたパラレル方式を含め、上の①、②、③、④などで定められている基本原則についてまで、反対したのではない。先進国が強く異議を唱えたのは、資源開発活動への投資の意欲を損なうような仕組み、つまり、締約国や企業に対して過大な財政負担を求め、経済効率を無視した厳しい活動の条件を課すことに対してであった[20]。それゆえ、そうした管理と運営を可能にするような機構のあり方、つまり、種々の規制措置の決定を行う強い権限を機構が有することに反対した。上にあ

---

19) この妥協の経緯について、高林『成果と課題』（注3）68-69頁参照。
20) T.G. Kronmiller, *The Lawfulness of Deep Seabed Mining*, Vol. I (Oceana Publications, 1980), pp. 35-55.

げた制度の枠組に即していえば、たとえば、⑤の技術移転に関して、条約の附属書Ⅲでは、機構との契約者は、公正かつ妥当な商業的条件で事業体または途上国に自己の技術を移転することを約束し、公開市場で入手できない技術については、当該技術の移転の保証を与えなければならないものとされていた（第5条）。先進国は、技術移転に関するこうした規定に反対した。⑦の生産制限のような措置をとることについても、先進国は反対した。

　以上のほかにも、機構の理事会の構成と意思決定手続に関して、条約はさまざまな諸国の立場を考慮して複雑な規定を設けていたが、アメリカによれば、先進国の意思を無視して重要な決定をなしうる仕組みになっていると批判された。国または企業が深海底活動を行う場合には、機構に業務計画を申請して許可を得なければならないが、許可を得るための条件の厳しさなども批判された。条約は機構との契約者に高額の申請料を課し、開発から得られた利益の還元に関しても、国や企業に過大な負担を求めているとされた。アメリカは、条約が採択された1982年の春会期で、グリーンブックと呼ばれる非公式文書を配布し、その中でこうした主張を改めて提示した[21]。そうした提案が受け入れられる余地はもはやなかったが、アメリカは、海洋法会議最終会期で行われた各国代表の発言に対して、会議の議長より答弁権が認められたのに基づき、翌83年3月、条約の締約国にならない国は条約第11部に拘束されることはないとの見方を強調した[22]。日本を含め他の先進国も、アメリカの主張を基本的には支持する立場だったといえる[23]。

(2) 先進国の対応と深海底制度実施協定の採択

---

21) The U.S. Proposals for Amendment to the Draft Convention on the Law of the Sea, WG21/Informal Paper 18, 10 March 1982, in R. Platzöder (ed.), *Third United Nations Conference on the Law of the Sea*, Documents Volume VIII (Dobbs Ferry, 1982), pp. 304-337.
22) UNCLOS III, *Official Records*, Vol. XVII, p. 243.
23) たとえば、イギリス、*ibid.*, pp. 79-80、西ドイツ、*ibid.*, p. 241; フランス・日本、UNCLOS III, *Official Records*, Vol. IX, p. 7.

アメリカは、海洋法会議の中盤以降、採択される条約には参加せず、独自に深海底資源の開発に乗り出す準備を進めていた[24]。その意思を明確な形で示したのは、1978年の再開第7会期においてである。同国は、条約の締結しない国が深海底開発を行う場合、その開発に適用される現行法は公海自由の原則であると主張した[25]。慣習国際法上、深海底資源の開発を禁止する規則は成立しておらず、公海の下の深海底の開発に適用される国際法は、公海自由の原則にほかならないというのである。この一方的開発の動きに対しては、途上国は真っ向から反発し抗議した。途上国は、アメリカを含む先進国の賛成も得て採択された原則宣言は、深海底活動は将来設立される国際制度に従って実施されると規定しており、この原則宣言に示された規定が慣習法化しており、先進国による一方的な開発は国際法上も許されないと主張した[26]。これに対して、アメリカは、原則宣言は法的拘束力のない総会決議であって、深海底制度をめぐる見解対立をみれば、途上国のいうような慣習法は成立してはいないと主張し[27]、ここに、深海底資源の開発に適用される一般国際法の捉え方をめぐり、激しい論争が繰り広げられることになったのである[28]。

　先に述べた通り、先進国は、深海底資源の開発に公海自由の原則を適用することは想定していなかったのであるが、ここに至ってなぜ考え方を変えたのか。その理由はそれほど複雑ではなく、大きくいって二つほ

---

[24] 高林秀雄『アメリカの深海底開発法』（九州大学出版会、1981年）参照。

[25] UNCLOS III, *Official Records*, Vol. IX, p. 104. see also, *ibid.*, Vol. XI, p. 4, *ibid.*, Vol. XII, p. 14, *ibid.*, Vol. XIV, p. 4, *ibid.*, Vol. XIV, p. 109.

[26] UNCLOS III, *Official Records*, Vol. XI, pp. 80-82, *ibid.*, Vol. XII, pp. 70-71, *ibid.*, Vol. XIV, pp. 111-114, *ibid.*, Vol. XII, pp. 112-113.

[27] アメリカの主張を理論的に擁護したものとして次を参照。T. G. Kronmiller, *supra* note 20, Vol. I; D. W. Arrow, "The Customary Norm Process and the Deep Seabed," *OD&IL*, Vol.9, No.1（1981）, pp. 9-35.

[28] この論争を検討したものとして次を参照。大沼保昭「深海底活動に対する国際法的評価」『新海洋法条約の締結に伴う国内法制の研究』第3号（1984年）、小森光夫「深海底開発レジームの一般化とその根拠」『千葉大学法経研究』第19号（1986年）、田中則夫「国際法理論の検討」（2完）」（前掲注10）、井口武夫「深海底開発に関する新国際法の形成とその法的問題点」『東海法学』第12号（1994年）所収。

どの理由を指摘できるであろう。第1に、条約の規制を受けずに、独自に行う開発が適法な活動であると主張するためには、深海底の上部水域に適用されている公海自由の原則を持ち出すしかなかったと思われる。第2に、公海自由の原則に基づく限り、深海底鉱区における排他的権利は確保できないが、しかし、実際に資源開発技術を有する国は、アメリカのほかには日欧の先進国にほぼ限られるので、そうした国の間での相互の合意に基づき、深海底鉱区の割り当てを調整すれば、事実上、開発のための排他的権利を確保することができると判断されたからである[29]。実際、アメリカ、西ドイツ、イギリス、フランスの4カ国は、1981年に「深海底の多金属性団塊に関する暫定協定」を締結し、自国の企業の鉱区が相互に重複しないようにするための手続を定めた[30]。さらに、1984年には、この4カ国に日本、イタリア、オランダ、ベルギーを加えた8カ国が「深海底問題に関する暫定的了解」を締結した[31]。この了解は、その前年にフランスおよび日本の企業ならびに、アメリカ企業が中心の四つの国際コンソーシャムの合計六つの主体が、自主的取り決めを行い、深海底鉱区の重複回避に成功したことを受けて、八つの国の間でその取り決めを尊重することを約束したものである。

　第3次海洋法会議は、条約を採択する際に二つの付帯決議を採択した。一つは、国際海底機構および国際海洋法裁判所の設立の準備に携わる「準備委員会」を設立する決議であり、もう一つは、すでに深海底活動に相当の投資をしてきた先進国の立場を考慮し、条約の効力発生前の段階で先行投資者の立場を保護する「多金属性の団塊に関する予備投資に関する決議」（以下、「先行投資保護決議」という）である。フランスと日本は、とりあえず先行投資保護決議の適用を受けるため、条約には署名した。しかし、アメリカ、イギリス、西ドイツ〔現ドイツ〕などは条約に署名もせず、同決議を活用することもなかった。こうして、条約採択後の1980年代にお

---

29) R-J Depuy, "The International Regime for the Deep Sea-bed," in R-J Depuy and D.Vignes. (eds.), *supra* note 11, p. 560.
30) *ILM*, Vol.21 (1982), pp. 950-962.
31) *ILM*, Vol.23 (1984), pp. 1354-1360.

いては、先進国の中で条約に署名する国はあったが、締約国になる国はアイスランドを例外としてほかにはなかった。もっとも、次に述べるような深海底資源をめぐる状況変化もあって、資源開発に実際に着手する国はなかった。こうして90年代に入ろうとする時期を迎えたが、その頃になると、ほとんどすべてが途上国であったものの、締約国の数は徐々に増加し、条約の効力発生の要件が段々と整いつつあった。しかし、途上国だけで条約を発効させても、深海底制度の実施が不可能であることは明らかだった。深海底制度のみならず、海洋の国際制度を包括的に規定する条約だけに、それが効力を発生する限りは、条約への広範な諸国の参加を通じて、その普遍性をいかにして高めるかという課題が、重要なテーマとして浮上していたのである[32]。

そこで、当時の国連事務総長デクエヤル（J. P. de Cuellar）は、1990年7月、先進国の参加を困難にしている条約第11部を見直すため、非公式協議を開始することを諸国に呼びかけた。呼びかけの対象には、条約の非締約国も含まれていた。この呼びかけは、先進国・途上国の違いを問わず、諸国の受け入れるところとなった。海洋法会議の頃における議論の対立状況からして、およそ予測できなかった事態であるが、この背景には、事務総長自身の指摘にもあるが、次のような事情があった。すなわち、国連海洋法条約の採択後の8年間の間に、深海底制度にも影響を及ぼす重要な経済的および政治的な変化が生じたということである。たとえば、第1に、ニッケルやコバルトなど深海底から得られる鉱物資源の市場価格が下落し、実際の商業ベースでの開発は当初の予想に反して大幅に遅れざるをえず、実際の開発は2010年以降にずれ込むことが確実視されるようになった。これにともない、先進国が一方的開発に乗り出す事情も消滅した。第2に、ソ連・東欧諸国の崩壊という政治状況の激変が、深海底の制度にも影響を及ぼした。つまり、中央統制型の経済システムが敬遠され、いわゆる市場経済の原理を重視する傾向が強まり、このことが広範な任務と強力な権限を有する国際海底機構の見直しにつながった。

---

32) For example, see UN Doc. GA Res. 44/26 of 20 November 1989.

第 3 に、80 年代を通じて、途上国の経済状況がほとんど改善されなかったこともあり、深海底制度の見直しに応じるという政治的な妥協をなしうる条件が、途上国の中に生まれていたということがいえるであろう[33]。

こうして、条約第 11 部の見直し作業が始まった。交渉は国連事務総長主催の非公式協議の形をとり、毎年 3 回前後の協議が行われた。当初、主だった先進国を含む 17 カ国でスタートした協議も、参加国の数を次第に広げ、最後の協議には 90 カ国ほどが参加したと伝えられている。見直し作業の途中、93 年 11 月 16 日に 60 番目の批准書が寄託され、国連海洋法条約はその 1 年後に効力を発生することが確定した。それゆえ、見直し作業もそれまでに完了する必要が生じたが、果たせるかな、条約の効力発生の直前の 94 年 7 月 28 日、国連総会は賛成 121、反対 0、棄権 7 により、深海底制度実施協定の採択に成功した[34]。

(3) 実施協定による条約の実質的修正

国連海洋法条約の枠外での交渉を通じて、条約を実質的に修正した実施協定は、条約と協定の関係をどのように処理したのか。この点、協定は次のような規定を設けた。協定の締約国は、この協定にしたがって条約第 11 部の規定を実施することを約束する（第 1 条 1 項）。協定と条約第 11 部は単一の文書として一括して解釈・適用され、両者に抵触がある場合には、協定が優先する（第 2 条 1 項）。協定の採択後は、条約の批准書、正式確認書または加入書は、協定に拘束されることについての同意も表すものとされ、いかなる国または主体も、条約に拘束されることについての同意をすでに確定しているか、または同時に確定しない限り、協定

---

[33] Law of the Sea, Report of the Secretary-General, A/48/950, 9 June 1994, pp. 1-7. B. H. Oxman, "The 1994 Agreement relating to the Implementation of Part XI of the UN Convention on the Law of the Sea," in D. Vidas and W. Ostreng (eds.), *Order for the Oceans at the Turn of the Century* (Brill, 1999), pp. 15-22.

[34] こうした経過と事情については、前掲注 (33) の事務総長報告のほかに、S. N. Nandan, "A Report on the Consultations of the Secretary-General," in M. H. Nordquist and J. N. Moore (eds.), *Entry into Force of the Law of the Sea Convention* (Martinus Nijhoff, 1995), pp. 119-129; 林司宣「国連海洋法条約第 11 部に関する事務総長協議と実施協定」『国際法外交雑誌』第 93 巻 5 号 (1994 年) 60 頁以下参照。

の締約国になることはできない（第4条1項・2項）。そして、協定に拘束されることについての同意を表明する方法は、協定の批准等の通常の手続のほかに、協定の採択の日以前に条約の締約国になっている国については、第5条に定める簡易手続を条件として協定に署名すれば、原則として1年が経過した後に、協定に拘束されることについての同意を確定したものとみなされるものとされた（第4条3項・第5条1項）。

　ところで、実施協定の効力が発生するのは、国連海洋法条約の効力発生の日より後になることが予想された。しかし、協定に基づく第11部の実施を、協定の効力発生まで待つことは困難だった。効力発生の前と後において、深海底に異なるルールが適用され、複雑な問題が惹起されるからである。したがって、深海底制度については、条約の効力が発生する時点から、協定に基づいて修正された条約第11部を適用していくことが求められた。このために導入されたのが、協定の暫定的適用の制度である。すなわち、協定は、効力が発生するまでの間、原則として、協定の採択に同意した国、協定に署名した国、書面による通告により暫定的適用に同意した国、または協定に加入する国により、その国内法令または内部の法令に従って暫定的に適用するものとされ、暫定的適用は協定の効力発生の日に終了するが、ただし、いかなる場合でも、1998年11月16日を超えて行われることはないと規定されたのである（第7条1項・2項・3項）。協定は、条約との一体的で同時的な適用という課題を、以上のような規定によって処理している[35]。

　さて、条約第11部の修正を規定したのは、協定の附属書である[36]。機構が深海底活動を組織し、管理するための機関とされることに変更はない。しかし、締約国の費用負担を最小にするため、設置されるすべての機関は費用対効果の大きいものとし、機関の設置や任務は、発展的アプローチに基づくものとされた（第1節1-3。以下、I-1-3と表記する）。

---

35) L. B. Sohn, "International Law Implications of the 1994 Agreement," *AJIL*, Vol.88, No.4 (1994), pp. 700-705.

36) 協定の附属書に関する詳細な注釈的解説として、高林『成果と課題』（注3）72頁以下参照。see also, Oxman, *supra* note 33, pp. 22-35.

具体的には、条約に規定のあった経済計画委員会は当面設立せず、法律・技術委員会がその任務を代行することになった (I-4)。機構が、最初の開発のための業務計画を承認するまでに行う任務も、探査のための業務計画の申請の処理、準備委員会が行った登録済みの先行投資者に関する決定の実施、金属市場の分析、陸上生産国の経済が受ける影響の研究、海洋環境保護のための規則の採択などに縮小された (I-5)。さらに、機構の財政に関して、条約で認められていた機構の借り入れ権限は、行使しないものとされた (I-14)。

機構の事業体について、条約では早期の操業が想定されていたが（附属書IV）、しかし、協定では、事業体が独立して運営を開始するまでは、機構の事務局がその任務を遂行し (II-1)、事業体の初期の操業は合弁事業により行い、操業開始の時期の問題などは、理事会で検討されることとなった (II-2)。条約の附属書IV第11条3項に定める、事業体への締約国の資金提供義務は適用しないものとされた (shall not apply) (II-3)。なお、業務計画の申請と承認に関して、条約の附属書IIIは厳しい条件と手続を定めていたが、後述するように (4 (1) 参照)、この点に関しても、協定はその条件と手続を大幅に緩和した。

機構の意思決定と表決手続についても、重要な変更が加えられた[37]。総会と理事会における意思決定は、原則としてコンセンサス方式で行われ (III-2)、その方式による決定のための努力が尽くされた場合に限り、表決が行われることになった。総会では、手続問題に関する決定は出席し投票する構成国の過半数で、実質問題に関する決定は出席し投票する構成国の3分の2の多数で議決する (III-3)。ただし、理事会の権限事項に関する総会の決定は、理事会の勧告に基づくものとされた (III-4)。理事会では、手続問題に関する決定は構成国の過半数で、実質問題についての決定は、条約がコンセンサス方式での決定を定めている場合を除いて、構成国の3分の2の多数で議決する。ただし、理事会の構成国の選出順序

---

[37] T. Iguchi, "Perspectives on Proposed Revisions in Part XI," in M. H. Nordquist and J. N. Moore (eds.), *supra* note 34, pp. 135-136.

に関して定められている各集団のうち、①消費大国と輸出大国の4カ国、②最大投資国の4カ国、③深海底鉱物輸出国の4カ国、および④選出される途上国の集団の合計四つは、それぞれ理事会における投票のためのチェンバーとして扱われ、理事会での決定は、いずれのチェンバーにおいても過半数の反対がないことが条件とされる (III-5・9 など)。このような変更に伴い影響を受ける条約規定は、適用しないものとされた (III-8、11 (b)、16)。

次に、技術移転、生産政策、機構との契約の財政的条件について見ると、実際に開発に従事する国や企業に対して課されていた義務が、大幅に緩和された。まず、技術移転についていえば、事業体と途上国は、公開市場において公正かつ妥当な商業的条件で技術を入手するものとされ、機構との契約者に課されていた、強制的な技術移転の義務に関する規定 (条約附属書III第5条) は、適用しないものとされた (V-1・2)。機構の生産政策に関しては、深海底資源の開発は健全な商業原則に従って行い、GATTおよびその関連協定が深海底活動にも適用され、資源開発の年間生産上限枠を設けることを定めた条約規定は、適用しないものとされた (VI-1・7など)。さらに、機構との契約者に課されることになっていた100万ドルの年間固定手数料や、生産賦課金の支払い額の計算方法などに関する条約規定も、適用しないものとされた (VIII-2)。協定は、15人の委員で構成される財政委員会を新たに設置し (IX-1・3)、この委員会に対して、機構の機関の財政規則、構成国の分担金、機構の年次予算案を含む財政事項、締約国の財政上の義務、深海底活動から生じる経済的利益の衡平な配分に関する規則などに関して勧告を行う権限を付与した。総会と理事会での決定は、この財政委員会の勧告を考慮するものとされた (IX-7)。

最後に、実施協定は、深海底制度の再検討会議に関する条約第155条の規定のうち、再検討の際でも、人類の共同財産の原則を含む、深海底制度の基本原則は維持されると定めた規定は残すが、それ以外の規定は適用しないものとした[38]。総会は、理事会の勧告に基づいて、条約第155

---

38) *Ibid.*, pp. 136-138.

条1項に定める事項の再検討をいつでも行うことができる (Ⅳ)。

4　深海底制度の実施

(1) 先行投資保護決議の実施

　深海底制度の実施については、国連海洋法条約の効力発生後にのみ着目するのではなく、先行投資保護決議に基づく準備委員会の活動から見ておく必要がある。先行投資保護制度の目的は、いうまでもなく、条約に定める制度と両立する範囲で、国または企業に過渡的な先行活動を認め、先進国に条約の下に留まることを促すことにあった[39]。

　先行投資保護決議は、先行投資者として登録できる主体として、次の三つのグループを指定していた。(i) フランス、インド、日本およびソ連（現ロシア）の国営企業、自然人または法人。(ii) 自然人または法人である構成者が、ベルギー、カナダ、西ドイツ〔現ドイツ〕、イタリア、日本、オランダ、イギリスおよびアメリカの国籍を有するか、その国または国民によって有効に支配されている四つの主体。(iii) 発展途上国、その国営企業、もしくはこれらの国の国籍をもつ自然人または法人。これらのうち、(ii) に属する四つの主体というのは、いずれもアメリカ企業を中心とする国際コンソーシャムであったが、先に述べたように、アメリカなどは条約に署名もせず、先行投資保護制度の活用自体を考慮しなかったために、いずれも先行投資者としての登録を行うことはなかった。しかし、(i) に属する4主体はいずれも登録申請を行った。まず、1987年8月17日にインド政府自らが[40]、続いて、同年12月17日には、フランスと日本のそれぞれの企業連合と、ソ連の国営企業が申請を行った[41]。続いて、(iii) に属

---

39) F. H. Paolillo, "Institutional Arrangements," in R-J Depuy and D.Vignes (eds.), *supra* note 11, pp. 795-819. 高林秀雄「深海底制度の現段階」林久茂・山手治之・香西茂編『海洋法の新秩序』(東信堂、1993年) 225頁以下。

40) LOS/PCN/94 and LOS/PCN/94/Corr.1.

41) Application by IFREMER/AFERNOD (France), LOS/PCN/97; Application by DORD (Deep Ocean Resources Development Company) (Japan), LOS/PCN/98; Application by Yuzhmorgeologiya (Union

する三つの主体が登録申請を行った。すなわち、1991 年 3 月 5 日に中国の企業連合が[42]、同年 8 月 21 日にロシアを含む東欧諸国とキューバの合同企業が[43]、そして、1994 年 8 月 2 日に韓国政府自らが申請を行った[44]。準備委員会は、これらの申請をいずれも受理し、あわせて、七つの主体を先行投資者として登録した[45]。

　準備委員会は、先行投資保護制度を着実に実施したが、実施協定は、この制度の下で先行投資者に課されていた義務を緩和し、修正した[46]。たとえば、先行投資者としての登録申請手数料は、25 万米ドルとされていたが（決議 II (a)）、実施協定では、その申請手数料は、条約と協定の下で行われる探査のための業務計画の申請のための手数料とみなされることになった (I-6 (a) (ii))。先行投資者は、条約の効力発生後 6 カ月以内に、探査および開発のための業務計画を申請するものとされていたが（決議 II 8 (a)）、協定では、36 カ月以内に探査のための業務計画を申請すればよいこととされ、しかも、商業的な開発の目途が立つまでは、5 年ごとに業務計画の延長を申請することも認められた (I-6 (a) (ii)・9)。

　ところで、登録された先行投資者は、条約が効力を発生しかつ準備委員会が決議 II の遵守を証明した場合、探査のための業務計画を機構に申請すれば、その申請は自動的に承認されることになっていた（決議 II 8 (a)）。しかし、準備委員会に登録されていない主体、たとえば、アメリカ企業を中心とする国際コンソーシアムは、そうした待遇を受ける条件に欠けることになっていた。しかも、条約では、条約の効力発生後に探査のた

---

of Soviet Socialist Republics [now the Russian Federation], LOS/PCN/99. これらの 3 国はそれぞれ、1983 年から 84 年にかけて申請を行ったが、日ソ間と仏ソ間で鉱区の重複があることが判明し、その後、準備委員会の主導の下で交渉を重ね、86 年に入って重複回避に成功した。LOS/PCN/130, paras. 12-34.

42) Application by COMRA (China), LOS/PCN/117.
43) Application by IOM (Bulgaria, Cuba, the Czech and Slovak Federal Republic [now the Czech Republic and Slovakia], Poland, and the Union of Soviet Socialist Republics [now the Russian Federation], LOS/PCN/122.
44) LOS/PCN/L.115/Rev.1 and Corr.1.
45) LOS/PCN/153, Vol. I, 30 June 1995, pp. 104, 114, 120, 127, 152, 171 and 195.
46) 高林『成果と課題』(注 3) 35-37 頁参照。

めの業務計画を申請する場合には、その申請を保証する国が必要とされ、保証国は条約の締約国に限るものとされていた（附属書Ⅲ第4条3項）。要するに、先行投資保護制度と条約の下では、先行投資者として登録されていない主体は、条約の効力発生後、登録済みの先行投資者に比べ、不利な取り扱いを受ける仕組みになっていた。

　実施協定は、この取り扱いの違いを解消し、アメリカ系の企業にも登録済みの先行投資者と、ほぼ同じ扱いを受けることができるようにした。すなわち、探査のための業務契約の承認申請は、法律・技術委員会の勧告に基づき、理事会が検討する。未登録の先行投資者から出される申請の場合には、必要な資格を保有していることを保証国が証明すれば、業務計画の承認のための必要な資格は満たされているものとされる。この業務契約は、条約、規則および手続の要件を満たす場合には、理事会により契約の形で承認されることになった (I-6 (a) (i))。協定は、保証国についても、先行投資者としての登録の有無にかかわらず、締約国のほかに、協定を暫定的に適用している国や、機構の暫定的構成国でもよいこととした (I-6 (a) (iv))。なお、暫定的構成国の地位を認められるのは、最長でも1998年11月16日までとされていた (I-12 (a) (b))。このように、協定は、先行投資保護決議の実施に関しても、条約第11部の修正に応じて必要な変更を加えたのである。

　準備委員会は、先行投資者の登録の作業のほかにも、機構と国連との協定、機構と国際海洋法裁判所との協定、機構の特権免除に関する協定などの原案の検討を行っている。同委員会はさらに、深海底資源の開発に伴う途上国の経済への影響の研究や、深海底における多金属性団塊の概査および探査のための規則および手続の作成のための作業も進めてきた[47]。これらの作業はすべて、機構によって引き継がれた。

(2) 国際海底機構の活動

---

47) 準備委員会は、機構に職務を引き継ぐに当たり、全部で13巻に及ぶ膨大な活動報告書をまとめている。LOS/PCN/153, Vol. I-XIII（前掲注 (7) で引いた文書は Vol. I.）

機構は、ジャマイカの首都キングストンに設置された。機構の発足直後においては、130カ国以上の諸国が協定を暫定的に適用する国であり、そのほとんどは機構の暫定的構成国の地位にあった。しかし、現在では、暫定的適用は終了し、暫定的構成国という地位も存在しない。機構は、総会、理事会、法律・技術委員会、財政委員会および事務局で構成される[48]。機構が発足後に直面した課題は、機構の組織的および行政的な問題を解決することとともに、機構の実質的な業務への取り組みを開始することにあった[49]。

まず、前者の分野での最初の重要な課題は、理事会の構成国の選出であった。アメリカは暫定的構成国であったが、ロシアとともに、自動的にグループ(a)の理事国として選ばれることになっていた。36カ国から成る理事会の構成について合意が達成されたのは、1996年3月である[50]。理事会がいったん構成されると、その推薦に基づき、事務局長、法律・技術委員会、財政委員会の委員が、同年中に順次選出され、機構を構成する機関が立ち上がった。そして、その後直ちに、国連など他の国際機構との関係を確立し、受入国との関係を明確にする課題への取り組みが開始された。

国連との関係に関して、機構は国連でのオブザーバーの地位を求めるように要請し、国連も1996年11月の総会決議によって、その地位を承認した。機構と国連との間では、事務局間の協力をはじめ、種々の便宜の供与や必要な情報の交換を円滑にするための関係を確立する必要があった。この課題については、準備委員会の原案を基礎に交渉が行われ、1997年11月に「国際連合と国際海底機構の関係に関する協定」が締結された[51]。機構と受入国との関係を明確にするために、機構とジャマイカ

---

48) 法律・技術委員会の構成については、条約第163条に基づき、理事会が当初の15名から22名に増員することを決定した。ISBA/C/2, 15 August 1996.
49) 古賀衞「深海底制度の今日」『法学論集(西南学院大学)』第32巻2・3号(1999年)45頁以下参照。
50) ISBA/A/L.8, 21 March 1996.
51) ISBA/3/A/L.2, Agreement concerning the relationship between the United Nations and the

との間で本部協定を締結する課題については、1999年8月、機構の本部に関する国際海底機構とジャマイカ政府の協定が締結された[52]。本部協定は、機構の構成国の代表および機構の事務局の構成員に与えられる特権・免除を規定するだけでなく、本部の場所・施設の提供および条件などに関する事項を規定している。機構の特権免除に関する議定書案については、準備委員会が起草していた原案を検討した結果、機構の総会は、1998年3月、「国際海底機構の特権・免除に関する議定書」をコンセンサスによって採択した[53]。この議定書は、国連の特権免除条約に準拠したもので、条約(第176条-183条)が扱っていない問題を規定している。なお、機構と国際海洋法裁判所の間において、情報の交換を含む協力関係を確立することも、準備委員会の段階から重視されてきた課題で、両機関の間において、まもなく合意される予定である。

　さて、次に、機構の実質的業務の遂行状況を見ておこう。機構が専念すべき業務は、協定附属書Ⅰ-5に(a)から(k)までにわたり、11項目の業務が列挙されている(その一部は前述3(3)で紹介した)。実際、機構もこの規定に基づき業務を設定している。ここでは、便宜上、探査のための業務計画の承認に関する活動と、それ以外の活動に分けて整理しておきたい。

　まず前者について見れば、準備委員会で登録済みの七つの先行投資者は、1997年8月19日に探査のための業務計画の承認申請を提出した[54]。申請は直ちに、法律・技術委員会で検討され、その後、理事会は、法律・技術委員会の勧告に基づき、七つの申請を承認することを決定し、事務局長に対して、契約の形で業務契約を発給できるよう、必要な措置をとることを要請した[55]。条約(附属書Ⅲ第6条2項)と協定(Ⅰ-6(a))は、探査

International Seabed Authority.

52) ISBA/5/A/11, Annex, Agreement between the International Seabed Authority and the Government of Jamaica regarding the Headquarters of the International Seabed Authority.

53) ISBA/4/A/8, Annex, Protocol on the Privileges and Immunity of the International Seabed Authority.

54) ISBA/4/A/Rev.2, Report of the Secretary-General, 2 September 1998.

55) ISBA/3/C/9, 28 August 1997.

のための業務計画の承認は、契約の形をとることを求めている。ところが、取り交わすべき契約の項目、内容、形式などに関する統一の基準がなかったので、理事会が先行投資者の探査のための業務計画を承認できると決定しても、次の段階に進むことができなかった。そのため、いわゆる「マインニングコード (mining code)」と呼ばれる、「深海底における多金属性団塊の概査および探査のための規則および手続」を作成することが急がれた。

　この課題も、準備委員会の段階から自覚されていたもので[56]、機構の法律・技術委員会も、その第1回会合から原案の検討に入っていた。法律・技術委員会が、理事会に最終案を提出したのは1998年3月である[57]。最終案は、探査のための業務計画の申請と承認を規律する規則と、契約の標準的形式と契約の基本条項とから成っていた。その後、非公式協議が繰り返され、最終的には、理事会の議長と事務局が作成した草案が、2000年7月の理事会で承認され、同日中に総会においても承認された[58]。こうして、懸案のマインニングコードが採択され、業務計画の承認を契約の形で行うことができるようになった。今後は、探査のための業務計画の実施をモニターし、契約にしたがって提出される報告を検討することが、具体的な機構の業務になる。ちなみに、これまでのところ、準備委員会において登録済みの先行投資者以外、探査のための業務計画の承認申請を出してはいない。

　次に、探査のための業務計画の承認にかかわる活動以外のものを、4点ほどにまとめて紹介しておこう。第1に、法律・技術委員会を中心に、深海底活動が海洋環境に及ぼす影響を評価するためのガイドラインを策

---

56) LOS/PCN/153, Vol. XIII, 30 June 1995, pp. 310-323.
57) ISBA/4/C/4/Rev.1, 23 March 1998.
58) ISBA/6/C/12, and ISBA/6/A/18, Annex, Regulations on Prospecting and Exploration for Polymetric Nodules in the Area. マインニングコードの採択経過における議論状況については、M. Lodge, "The International Seabed Authority and the Development of the Mining Code," in M. H. Nordquist and J. N. Moore (eds.), *Ocean Policy — New Institutions Challenges and Opportunities* (Brill, 1999), pp. 47-57. 古賀「前掲論文」(注49) 62-66頁。

定する作業が進められている[59)]。深海底の海洋環境を保護する課題については、国際的なシンポジウムの開催を含め、毎会期に何らかの取り組みの報告と提案が行われている。深海底の活動が海洋環境に対してどういった影響を及ぼすかは、まだ未知の部分がほとんどであるが、機構は海洋環境の保護に対してきわめて積極的な姿勢を見せている。第2に、深海底とその資源ならびに深海底活動の技術に関する科学的知識の修得の課題が重視され、その課題への取り組みが始まっている。世界の金属市況を含め深海底資源に関する傾向と発展を調査する活動も、準備委員会の作業を引き継ぎながら続けられている。また、深海底には、多金属性の団塊資源のほかに、まだ解明されていない多様な自然現象があるといわれており、機構に留保されている鉱区の調査を開始することと合わせ、深海底の科学的調査の重要性が繰り返し確認されている[60)]。

　第3に、深海底の活動に関係する訓練活動が、すでに始まっている。先行投資保護決議は、先行投資者に対して、準備委員会の指定する人員について、あらゆるレベルの訓練を提供することを求めていた（決議II 12 (a) (ii)）。準備委員会の下で、先行投資者は、訓練に関する上記の義務を履行していた[61)]。機構においても、要員の訓練活動が再開されつつある。もともとこの制度は、深海底活動に関する高度の技術に接する機会を、多くの国の人々に提供しようとする趣旨で設けられたもので、訓練の対象となるのは途上国の要員である。最後に、機構においては、情報の管理とセキュリティ確保のためのシステムが重視され、すでにそのシステムの確立・向上が図られている。機構には、種々の活動や研究を通じて、秘密を保護すべき情報を含め、高度で貴重な情報が寄せられ、蓄積されている。それゆえ、こうした情報を適切かつ安全に管理し、必要に応じて有効に活用するシステムが求められており、すでに基礎的なシステム

---

59) ISBA/5/A/1 and Corr.1, Report of the Secretary-General to the Assembly of the Authority, 5 July 1999, paras. 33-35. ISBA/6/A/9, Report of the Secretary-General to the Assembly of the Authority, 6 June 2000, para. 37. See also, ISBA/5/LTC/1, 21 June 1999 including the Draft of the Guidelines.
60) ISBA/6/A/9, *ibid.*, para. 74.
61) LOS/PCN/153, Vol. IV, 26 June 1995, Part I, pp. 9-36.

の構築は完了している[62]。

(3) 機構の構成国に関する課題

条約第154条は、条約の効力発生後5年ごとに、深海底制度の運用について全般的かつ系統的な再検討を行うように求めている。機構のナンダン（S. N. Nandan）事務局長は、この規定に基づき、2000年6月、深海底制度の定期的再検討を行うための情報を総会に提供した[63]。事務局長が提供した情報は、前述の(2)で紹介した機構の活動を含め、機構発足後の活動を全般的に要約したものである。彼は、その情報提供の最後のところで、次のように結んでいる。

条約第154条は、機構の総会に対して、その経験と変化する状況に照らして、条約と協定に定める制度を改善するための勧告を行うことを認めている。しかし、深海底の国際制度はまだ誰によっても試されてはいない。むしろ、それは、実施協定の採択に導いた国連事務総長の非公式協議によって、事実上の再検討と修正を受けてきた。機構の活動の最初の4年間は、自立的な国際組織として、その任務の開始にあたり必要な組織問題を解決することに力点が置かれてきた。一方、機構は、先行投資者の業務計画を承認し、マインニングコードの作成に関する作業を続けており（筆者注：この直後に理事会と総会で採択された）、その実質的な業務の遂行を開始した。ただし、まだ活動は始まったばかりであって、条約と協定が設立した制度が実際に有効に機能するかどうかは、まだ判断できず、制度の運用の改善に導くような措置に関して、何らかの勧告を総会に対して行う段階にはない。

こうして、深海底制度は実施過程に入ったばかりの段階にある。機構の当面の課題もほぼ明確にされているといってよい。ただし、深海底制度の今後に重要な影響を及ぼす可能性のある、若干の不確定な要因が残

---

62) ISBA/4/A/11 Report of the Secretary-General to the Assembly of the Authority, 20 July 1998, paras. 51-52.
63) ISBA/6/A/9, *supra* note 59, paras. 55-63.

されていないわけではない。ここでは、最後に、まだ触れていなかった、機構の構成国についての問題を指摘しておくことにしたい。

構成国の問題とは、協定の採択前に条約の締約国になっているが、協定の締約国になるために必要な手続をとっていない国が、現時点でさえもまだ相当数存在している事実から、今もなお注意が払われている問題である。機構が発足して以降、事務局長は、総会に対して年次報告を提出しているが、実は最初の年次報告の時から、この問題に言及している。たとえば、最初の年次報告は1997年7月31日付けで出されており、機構の第1会期から第3会期までの状況を一括して報告したのであるが、その中では、「総会の注意を喚起する必要のある重要な問題の一つは、条約の締約国であるが、まだ協定の締約国になっていない国の地位についてである。1997年7月23日現在、機構の構成国である134カ国（筆者注：暫定的構成国を含む）のうち、38カ国は協定の採択前に条約の締約国になっているが、協定の締約国になるために必要な手続をとっていないことに留意すべきである」と述べて、38の国の名前を列挙していた[64]。これ以後、毎年、この問題の推移が報告されている。2000年6月6日付けの報告では、同年6月5日現在、機構の構成国の数は133となり、協定の採択前に条約の締約国になっているが、協定の締約国になるために必要な手続をとっていない国の数は35となっている[65]。締約国の数が一挙に増加したことは容易に理解できるが、注意を喚起されている国の数はあまり減っていない。

この問題は、協定の採択前に条約の締約国になっている国のすべてが、協定の締約国になる手続を完了すれば解消する。その意味で、かかる手続の完了を見届けた段階で、注意を向ける必要のなくなる問題である。もっとも、機構の事務局は何ら明言してはいないが、この問題は、理論的には、条約法にかかわる未知の問題と直結しているところがある。協定の採択前に条約の締約国になった国にとっては、協定が条約との関係

---

64) ISBA/3/A/4, Report of the Secretary-General to the Assembly of the Authority, 31 July 1997, para. 11.
65) ISBA/6/A/9, *supra* note 59, para. 4.

をどのように規定しようとも、協定はあくまでも条約とは別の独立した文書として扱いうる性格のものではないのか、という問題である[66]。確かに、協定の採択に対する反対はなかった。その後、協定によって条約第11部を実質的に修正したことに対して異議を唱えた国も存在しない。協定の採択は、国家間の合意を基礎にしており、確立した条約法の理論に照らしてみても、手続的な問題は存在しないとする評価も有力である[67]。しかし、条約も協定もともに効力を発生し、両者はすでに一体のものとして解釈・適用されているが、まだ協定の締約国になる手続をとっていない国は、協定に基づいた条約の修正に対して、いつ同意を与えたと見なしうるのであろうか[68]。まだ協定の締約国になっていない国がすべて、必要な手続を完了させることを見届ける必要性は、実際上も理論上も、引き続き重要な課題として残されている。

なお、2000年12月末現在、条約・協定の締約国になっていない国の一つに、アメリカがある。協定の暫定的適用は、その効力発生 (1996年7月28日) にともない終了したが、理事会は、アメリカを含む若干の国の暫定的構成国としての地位を、最大限1998年11月16日まで延長することを認めてきた[69]。しかし、機構の暫定的構成国も、すでに現在では存在しない。機構の構成国ではない国は、機構の総会において、オブザーバーとしての地位を付与されているにすぎない[70]。アメリカの今後の動向は、条約と協定の普遍性を確保するためだけでなく、深海底制度の実際の運

---

66) トレベス (Treves) は、条約の締約国でまだ協定の締約国になっていない国が、できるだけ早く手続を完了する重要性を意識し、実施協定の定める簡易手続が活用されるべきであると強調していた。T. Treves, "The Agreement Completing the UN Law of the Sea Convention : Formal and Procedure Aspects," in M. H. Nordquist, and J. N. Moore, (eds.), *Entry into Force of the Law of the Sea Convention*, 1994 Rhode Papers (1995), pp. 104-110. なお、林司宣「前掲論文」(注34) 84-85頁、田中則夫「実施協定の採択」(注3) 8-12頁参照。
67) L. B. Sohn, *supra* note 35, p. 697, S. Rosenne, *supra* note 3, pp. 494-497.
68) P. B. Payoyo, *Cries of the Sea - World Inequqlity, Sustainable Develoment and the Common Heritage of Humanity* (Martinus Nijhoff, 1997), p. 444.
69) ISBA/C/9, 29 August 1996.
70) 1995年3月に採択された「総会の手続規則」(ISBA/A/6) の規則82による。

用に関しても、大きな影響を及ぼす要因になっている[71]。

5　おわりに

　国連海洋法条約によって樹立された海洋制度の中でも、深海底制度をめぐる議論ほど、諸国の主張が鋭く対立し、めまぐるしい変遷を遂げたものも少ないであろう。現在、そうした対立や変遷などはなかったかのように、深海底制度は淡々と実施の過程を歩んでいる。深海底資源の市場価格の低迷などにより、実際の開発は大幅に遅れることになったとはいえ、21世紀に入った今日、本格的な活動が始まるのは、もはやそれほど遠い先のことではない[72]。深海底活動の多くの局面は、諸国民にとって初めての経験となるものばかりであろう。制度の根幹とされる人類の共同の財産という原則は、実施協定の採択によっても修正の対象とはされなかった。深海底活動がどのような形で人類に利益をもたらすのか。深海底制度の実施の仕方いかんによって、この原則の将来の発展の度合いも大きく左右されることになろう。

---

71) 国際コンソーシャムのように、一以上の国籍を有する者が、探査のための業務計画の承認申請を行う場合には、関係する国のそれぞれが保証の証明を発給しなければならない（条約附属書Ⅲ第4条3、マインニングコード第11条）。それゆえ、アメリカが締約国にならない限り、アメリカ系の企業が深海底開発に参加することが困難になる場合もありうる。
72) 日本の国内法制整備の課題に関していえば、1982年に制定された「深海底鉱業暫定措置法」の見直しが不可欠だと思われる。今後、DORDが中心となり、条約および実施協定ならびにマインニングコード、さらには環境保護に関するガイドライン等に基づき、深海底活動を展開していくためには、それなりの体制整備が必要となろう。山本草二「深海底鉱業国内法の『暫定性』」『海洋関係国内法制の比較研究』第1号（日本海洋協会、1995年）133頁以下参照。

第３部
海洋生物多様性と海洋保護区

第8章

国際法における海洋保護区の意義

1　はじめに——海洋保護区とは何か——
2　海洋保護区の国際法的基盤
　(1) 一般多数国間条約
　(2) 地域条約
　(3) 主要国の実行——アメリカ・オーストラリア——
3　公海における海洋保護区設定の動向
　(1) 公海海洋保護区の主張——議論の経緯——
　(2) 先行事例
　(3) 法的問題点
4　おわりに——海洋保護区の国際法的インパクト——

1　はじめに —— 海洋保護区とは何か ——

「海洋保護区（Marine Protected Areas：以下、MPA という）」は、海洋の特定の区域において設定され、そこにおける人間の活動をさまざまに規制しようとするものである。MPA が設定される理由、ないしは、設定する必要があると主張される理由は、海域によって異なるが、海洋の生物資源、生物多様性、生態系あるいは海洋環境それ自体を保護するという目的が、MPA 設定の基礎に共通にある。

もっとも、国際法上、MPAの統一された定義はまだ存在しない。MPAは、もともと、海洋公園など海域部分を含む保護区(Protected Areas)の一種として、国の領域内に設定されていたものである。世界の国々には、MPAとは異なって、陸地内の自然環境や野生生物を守るために設立された保護区が多数あり、1872年に設立されたアメリカのイエローストーン国立公園は、その最初の事例であるといわれる[1]。これに対して、MPAの最初の事例は、同じくアメリカにおいて、1935年にフロリダ州に設立されたジェファーソン・ナショナル・モニュメントであるといわれる[2]。このMPAは、一部の陸地区域を含め、広大な海域を包摂する国立海洋公園であった。

海洋公園がMPAの一つとされるように、MPAというのは、海洋の特定の区域に設定される、さまざまな名称の保護区を総称する概念でもある。たとえば、海洋公園のほかに、自然保護区、漁業保護区、野生動物保護区、自然生態系保護区、国定遺跡など、その名称は十数種類を超えるほどの多様性がある。より最近では、後でも述べるが、国際海事機関(IMO)の決議に基づいて設定され、船舶通航等の規制が行われる「特別敏感海域(Particular Sensitive Sea Areas)」も、MPAの一つとして位置づけられている[3]。こうしたMPAの存在形態の多様性が、その定義を難しくしている要因になっていることは否めない。しかし、他方で、現在、各国はMPAについてそれぞれ独自の定義づけを与え、統一的な設定基準や管理方法の確立に努めている。それゆえ、MPAという概念自体は、海洋に設けられる種々の保護区を総称するものとして、認知されていると見ることができる[4]。

---

1) IUCN, *United Nations List of National Park and Protected Areas* (1997), p. 3.
2) T. Scovazzi, "Marine Specially Protected Areas under Domestic Legislation," in T. Scovazzi (ed.), *Marine Specially Protected Areas - The General Aspects and the Mediterranean Regional System* (Kluwer Law International, 1999), p. 6; S. Gubbay, "Marine protected areas- past, present and future," in S. Gubbay (ed.), *Marine Protected Areas - Principles and techniques for management* (Springer, The National Academies Press, 1995), p. 1.
3) 本章2(1)(v)を参照。
4) たとえば、1987年に、地中海の海洋汚染の防止に関するバルセロナ条約の締約国会合で採択された指針によると、MPAは次の八つのタイプに分類されていた。① Scientific Reserve, Strict Nature Reserve, Strict Marine Reserve、② National Park, Marine National Park、③ Natural/

アメリカ政府の定義を見てみよう。アメリカは、古くからMPAの設定に熱心であった国の一つであるが、2000年5月26日付けの「行政命令13158号」で、「合衆国のMPA」を次のように定義した[5]。「海洋の天然資源および文化資源の一部または全部を持続的に保護するために、連邦、州、地域、部族または地区の各法令によって指定される海洋環境のいずれかの区域をいう。」ここでいう「海洋環境」とは「合衆国が国際法に従って管轄権を行使する沿岸海域、五大湖及びそれに接続する水域、並びにこれらの下にある海底の区域をいう」とされている。アメリカのこの定義による限りは、MPAは、国家管轄権の範囲内に設けられる区域として位置づけられている。

また、たとえば、MPAの設定を積極的に推進している国の一つである、オーストラリア政府の説明を見ると、次のようになっている[6]。MPAとは、「特に生物多様性の保護・保全および天然資源とそれに関連する文化資源の保護・保全のために設けられる海域であって、法的な手段またはその他の効果的な手段を通じて管理されるものをいう。」この説明では、MPAが設けられる場所は特定されてはいない。もっとも、現在までに、オーストラリアが国家管轄権の範囲外にMPAを設定したことはない。オーストラリアのMPAは、アメリカなど他の諸国と同様に、自国の領域内に設けられているものが多いが、しかし、グレート・バリア・リーフのように、領海を超えて広大な排他的経済水域 (Exclusive Economic Zone, 以下、EEZという) にまたがって設けられているものもある (1975年のグレート・バリア・

Cultural Monument、④ Managed Natural Reserve, Wildlife Sanctuary, Marine Sanctuary、⑤ Protected Landscape/Seascape、⑥ Resources Reserve、⑦ Natural Biotic Area/Anthropological Reserve、⑧ Multiple Use Management Area, Managed Resource Area, Fisheries Reserve；See, T. Scovazzi, "Marine specially protected areas : the legal aspects," in *Colloquy on Marine and Coastal Ecological Corridors, Proceedings*, Llandudno (Wales) 20-21, June 2002, (Council of Europe publishing), p. 47.

5) Executive Order 13158 of May 26, 2000, Marine Protected Areas, Federal Register / Vol. 65, No. 105 / Wednesday, May 31, 2000 / Presidential Documents.

6) Australian Government, Department of the Environment and Heritage, *The Benefits of Marine Protected Areas*, 2003, p. 4.

リーフ海洋公園法〈後述〉7)）。

　他方、MPA の普及と推進にもっとも積極的な環境 NGO である国際自然保護連合 (International Union for Conservation of Nature and Natural Resources, 以下、IUCN という) が、1988 年に採択した決議の中で示した定義も 8)、よく引用されるものの一つである。それによれば、MPA とは、「潮間帯または潮間帯下のいずれかの区域であって、その上部水域および関連する動植物相、歴史的および文化的特徴が、閉鎖環境の一部または全部を保護するために、立法またはその他の適切な手段により保護されている区域をいう。」IUCN は、1948 年に設立された世界最大の自然保護機関であって、1962 年に第 1 回世界公園会議を主催し、以後、おおむね 10 年に一度の割合で、同会議を開催している。この第 1 回会議において、保護の対象とする区域（場所）と生物を特定するという視点が提起され、これ以後、ある区域それ自体を保護し、あるいは、ある区域に生息する特定の生物を保護する、という発想が定着していくようになったといわれている 9)。

　ところで、MPA なる海域は、世界でどれくらい設定されているのであろうか。MPA の定義が未確立で、MPA の数え方自体に議論の余地があるため、その正確な数が掌握されているとはいえないが、たとえば、2003 年 6 月に開催された国連海洋法条約の非公式締約国会合の第 4 会期にドイツ政府が出したペーパーによると、100 を超える国々に 1,000 を超える MPA が存在していると指摘された 10)。また、それより以前、1990 年代の半ば頃、IUCN が行った調査によると、世界中で 1306 の MPA が確認され

---

7) 本章 2 (3) を参照。

8) IUCN, *Guidelines for Marine Protected Areas*, edited by G. Kelleher, 1999, p. 98.

9) Committee on the Evaluation, Design, and Monitoring of Marine Reserves and Protected Areas in the United States, Ocean Studies Board, Commission on Geosciences, Environment, and Resources National Research Council (eds.), *Marine Protected Areas: Tools for Sustaining Ocean Ecosystems* (The National Academies Press, 2001), p. 147.

10) Legal Background to Marine Protected Areas : A European Perspective (Information Paper), submitted by Germany in UN Open-ended Informal Consultative Process on Ocean Affairs and the Law of the Sea, 4th Meeting 2-6 June 2003, p. 4.

たという[11]。ちなみに、日本には、現在、140 ほどの MPA があるといわれている[12]。

　MPA は、それが国の領域内に設定される場合には、基本的に、国際法上の問題を生じさせることはなかった。しかし、状況は大きく変わろうとしている。というのは、MPA を、国の領域の外に設けるべきだという主張と実行が、強められているからである。現在では、領海に隣接する EEZ に MPA が設けられている例は、かなりの数にのぼるようになっている。さらに最近になって、より強く展開されつつあるのは、国家管轄権の限界を超える海域、つまり、深海底や公海に MPA を設定すべきであるという主張である。海洋の生物多様性を保護するためには、そうした MPA の設定が必要だとする見方が、かなりの支持を受けるようになってきているのである。

　国際法の観点からは、どういった内容の MPA がいずれの海域に設定されるかが問題となろう。EEZ においてはもとより、公海上における MPA の設定は、当該の MPA の具体的な内容にもよるが、国連海洋法条約（United Nations Convention on the Law of the Sea、以下、UNCLOS という）をはじめとする現行国際法との抵触問題を生じる可能性がある。しかし、MPA をめぐる議論は、そうした国際法上の合法性の問題があることが意識されながらも、衰えるところを知らないほどに活発になっている。MPA をめぐる動向いかんによっては、海洋秩序の再編が進まざるを得なくなる可能性もある。本章では、MPA をめぐる議論の展開を検証しながら、MPA が有する国際法上の意義について考えてみたい[13]。

---

11) G. Kelleher, C. Bleakley and S. Wells (eds.), *A Global Representative System of Marine Protected Areas*, Volumes I (GBRMPA/World Bank/IUCN), 1995), p. 14. なお、世界各地の MPA に関するデータベースがウェッブ上に公開されており便利である。次のサイトを参照。http://www.MPAglobal.org/home.html

12) 日本の MPA の設定に関する国内法は、自然公園法や自然環境保全法などがあり、現在では、海中公園地区が 139 カ所、海中特別地区が 1 カ所あるといわれている。海洋政策研究財団『海洋と日本　21 世紀の海洋政策への提言』（海洋政策研究財団、2006 年）33 頁。

13) MPA に関する全体的な議論状況を検討したものとして、田中則夫監修（高村ゆかり・河錬洙共同執筆）『海洋保護区の国際法的検討』（外務省海洋室、2004 年）参照。

2　海洋保護区の国際法的基盤

(1) 一般多数国間条約

　MPAを直接に規律する一般多数国間条約は存在しない。しかし、MPAをめぐる議論においては、MPAの設定に関係する既存の一般多数国間条約の存在が認められている。ここではまず、そうした条約の中でも、主要なものについて概観しておきたい[14]。

(i) 国際捕鯨取締条約 (1946年12月2日署名、1948年11月10日発効)

　国際捕鯨取締条約が適用される海域は、締約国が捕鯨を行うすべての水域とされているから (第1条2項)、公海、EEZ、領海の違いは問われない。条約の目的は、鯨族の適切な保全と捕鯨産業の秩序ある発展を確保することである (前文参照)。この目的を実現するために、各締約政府の一人の委員から構成される国際捕鯨委員会 (IWC) が設立され (第3条1項)、同委員会は、保護される鯨の種類、禁漁期、禁漁水域など、鯨資源の保全と利用に関する規則を採択し (これを附表という)、附表の規定を随時修正することができる (第5条1項)。附表は、条約の不可分の一部をなすものであり (第1条1項)、漁期や捕獲に関する詳細な規則を定めている。IWCは、少なくとも、条約の目的の遂行ならびに鯨資源の保全、開発および最適の利用を図るために必要で、科学的認定に基づくものである場合に、附表を修正することができる (第5条2項)。

　この条約の前身は、1937年にロンドンで署名された国際捕鯨取締協定であるが、IWCは、同協定の下で1938年に設置された、南緯40度以南、西経70度と西経160度の間の南極保護区を、1955年まで維持した。南極保護区が設定された当初の理由は、同区域においてまだ商業捕鯨が行われておらず、この地域の鯨の捕獲を凍結することが望ましいと考えられ

---

14) 諸条約の概観について、高村ゆかり「海洋保護区に関連する特徴的な普遍的条約」田中則夫監修『同上書』(注13) 32頁以下を参照。

たからであった。1979年になると、IWCは、インド洋保護区の設置を決定した。インド洋保護区は、北半球のアフリカ沿岸から、紅海、アラビア海、オマーン湾を含む、東経100度までの水域と、南半球の、南緯55度を南の境界線とする東経20度から東経130度の水域からなる地域で、商業捕鯨が禁止されている。インド洋保護区は、当初、10年の予定で設置され、その後2回延長された。2002年の段階でさらに延長すべきかが検討されることになっていたが、同年の第54回年次会合で、IWCは、商業捕鯨禁止の継続に合意した。ただし、その見直しの時期を定めるかどうかについては議論しなかった[15]。

IWCはさらに、1994年の第46回年次会合で、南氷洋保護区を商業捕鯨禁止地域として決定した。この保護区の北の境界線は南緯40度である。ただし、すでに南緯55度まで保護区が設置されているインド洋地域では、南緯55度以南とされている。南米と南太平洋では、南緯60度が北の境界線となる。商業捕鯨の禁止は、この保護区におけるひげ鯨または歯鯨資源の保全状態に関係なく適用される。商業捕鯨の禁止は、決定採択後10年で再検討され、その後10年ごとにIWCで再検討される予定である。この決定の規定に基づき、2004年の第56回年次会合で再検討されたが、南氷洋保護区を撤廃すべきとする提案は否決された。翌2005年の第57回年次会合でも、撤廃の提案は否決された。南氷洋保護区は、南緯40度以南の南半球に鯨の保護区を設置しようという、1992年のフランス提案に遡る。その目的は、南極の海洋生態系の回復とその捕食地での南半球の鯨の種と個体数の保護であり、さらに、インド洋保護区と合わせて、鯨が商業捕鯨から免れる広範な地域を設定することにあった[16]。

こうした保護区設置の決定(附表の修正)は、IWCにおいて4分の3の多数決により行われ(第3条2項)、IWCが各締約政府に通告した後90日で効力を生じる(第5条3項)。ただし、いずれかの締約政府が90日以内に異議を申し立てた場合は、当該締約国に対して修正は効力を有しない。たと

---

15) 次のサイトを参照。http://www.iwcoffice.org/conservation/sanctuaries.htm.
16) *Ibid.*

えば、南氷洋保護区について、日本政府は、南極のミンク鯨ストックへの適用について異議を申し立て、それを維持している。そのため、この修正（保護区設置の決定）は、1994年12月6日に効力を発生したが、日本については異議を申し立てた点に関して、附表の修正は適用されない[17]。

インド洋保護区も南氷洋保護区も公海部分を含んでいる。これらの保護区の設置は、特定の国が一方的に行うものではなく、締約国の代表からなる条約機関が行う集団的措置として行われている。現在、国際捕鯨取締条約は52カ国が参加し、主要な捕鯨国がすべて参加しているが、この条約に参加しない第三国に対してこのような保護区の効果が及ぶのかについて、IWCは見解を示してはいない[18]。

(ⅱ) 南極制度関連諸条約

1959年の南極条約は、南緯60度以南の海域と氷の大陸に適用されるが（第6条）、そこには領海もEEZもないので、南極大陸に隣接して設定されるMPAは公海上に設けられることになる。ただし、第6条は、この条約のいかなる規定も、同地域内の公海に関する国際法に基づくいずれの国の権利または権利の行使をも害するものではなく、また、これらにいかなる影響をも及ぼすものではないと定めている。もっとも、1980年の南極の海洋生物資源の保存に関する条約（1982年4月7日効力発生）、および、1991年の環境保護に関する南極条約議定書（1998年1月14日効力発生）は、いずれも、南緯60度以南の南極地域において、それぞれの条約・議定書の目的を達成する上で必要な場合には、一種のMPAに相当する区域の設定を認めている。

南極海洋生物資源保存条約に基づいて設置される委員会（CCAMLR）[19]は、次の任務をもつ（第9条1項）。(a) 南極の海洋生物資源および南極の海洋生態系に関する調査および包括的な研究を促進すること。(b) 南極の

---

17) 小松正之『くじら紛争の事実』（地球社、2001年）213-223頁参照。
18) インド洋保護区および南氷洋保護区を含め、IWCの活動状況については、IWCの公式サイトを参照。http://www.iwcoffice.org/index.htm
19) CCAMLRについては次を参照。http://www.ccamlr.org/pu/e/gen-intro.htm

海洋生物資源の量の状態および変化に関する資料ならびに採捕の対象となる種またはこれに依存しもしくは採捕の対象となる種と関係のある種もしくは個体群の分布、豊度および生産性に影響を及ぼす要素に関する資料を取りまとめること。〈中略〉(f) 5 の規定にしたがうことを条件として、利用可能な最良の科学的証拠に基づいた保存措置を作成し、採択しおよび修正すること。この (f) に規定する保存措置には、次のことを含めることができる (第 9 条 2 項)。(a) この条約の適用される地域において採捕することのできる種別の量を指定すること。(b) 南極の海洋生物資源の分布に基づいて区域および小区域を指定すること。(c) 区域および小区域において採捕することのできる資源の量を指定すること。(d) 保護される種を指定すること。〈以下、略〉。

　一方、南極環境議定書は、南極の環境とこれに依存する生態系を包括的に保護するために、南極地域を平和および科学に貢献する自然保護地域に指定した (第 2 条)。この議定書に基づいて環境保護委員会 (CEP) が設置され (第 11 条 1 項)、この委員会が附属書の運用を含む議定書の実施に関する任務を遂行する (第 12 条 1 項)[20]。この議定書には、議定書の不可分の一部を構成する附属書がついているが、附属書Ⅴ「地区の保護及び管理」は[21]、いかなる地域 (海域を含む) も、南極特別保護地区または南極特別管理地区として指定することができる。これらの地区における活動は、この附属書に基づいて採択された管理計画にしたがい禁止され、制限されまたは管理されると規定した (第 2 条)。

　南極特別保護地区とは、環境上、科学上、歴史上、芸術上もしくは原生地域としての顕著な価値もしくはこれらの価値の組合せまたは実施中もしくは計画中の科学的調査を保護するために指定される地域 (海域を含む) をいう (附属書Ⅴ第 3 条 1 項)。過去の南極条約協議国会議により特別保護地区および特別科学的関心地区として指定された地区は、ここに南極

20) CEP については次の公式サイトを参照。http://www.cep.aq/
21) 附属書Ⅴについては次を参照。http://www.cep.aq/default.asp?casid=5113
　http://www.env.go.jp/earth/nankyoku/kankyohogo/kankyo/hogo/kokusai/jyouyaku/protocol_j.pdf;
　http://www.biodic.go.jp/biolaw/nan/index.html

特別保護地区として指定され、かつ、これに応じて名称および番号が変更されるものとする（同第3条3項）。南極特別保護地区への立入りは、第7条の規定にしたがって発給される許可証による場合を除くほか、禁止される（同第3条4項）。他方、南極特別管理地区とは、活動が行われているかまたは将来行われる可能性のある地域（海域を含む）であって、活動を計画しおよび調整することを補助し、生ずることのある紛争を回避し、締約国間の協力を一層推進させまたは環境への影響を最小にするために指定されるところをいう（同第4条1項）。南極特別管理地区への立入りについては、許可証を必要としない（同第4条3項）。

　締約国、CEP、南極研究科学委員会、またはCCAMLRは、管理計画案を南極条約協議国会議に提出することにより、いずれかの地域を南極特別保護地区または南極特別管理地区として指定する提案を行うことができる（同第5条1項。指定の手続については、第6条で詳しく規定されている）。こうして、CCAMLRおよびCEPは、互いに連携しながら、南極地域におけるMPAの設定を進めており、現在では、公海MPAを指定する手続を定めるべく、作業を継続している。すでに、南氷洋においては、六つ以上の南極特別保護区（海域）が設定されており、その海域には公海部分が含まれている[22]。

(iii) ラムサール条約 (1971年2月2日採択、1975年12月21日発効)

　湿地は多様な生物を育み、特に水鳥の生息地として重要である。しかし、湿地は干拓や埋め立て等の開発の対象になりやすく、湿地の破壊をくい止める必要がある。湿地には国境をまたぐものもあり、また、水鳥の多くは国境に関係なく渡りをするため、国際的な取り組みが求められていた。1971年2月にイランのラムサールで採択されたのが、特に水鳥の生息地として国際的に重要な湿地に関する条約である。

---

22) G. Kelleher and K. Gjerde, on behalf of the WCPA High Seas Marine Protected Areas Task Force, *Summary of Progress on High Seas MPAs*, distributed in a limited way at the 1st International Maritime Protected Areas Congress(23-27 October 2005), Geelong, Australia.

ラムサール条約は、国家領域内の一定の条件を有する動植物の生息地の保護を目的としている。この条約適用上、湿地とは、天然のものであるか人工のものであるか、永続的なものであるか一時的なものであるかを問わず、さらには水が滞っているか流れているか、淡水であるか汽水であるか鹹水（かんすい。注：塩水のこと）であるかを問わず、沼沢地、湿原、泥炭地または水域をいい、低潮時における水深が6メートルを超えない海域を含む（第1条）。締約国は、その領域内の適当な湿地を指定するものとし、指定された湿地は、国際的に重要な湿地に係る「リスト（登録簿）」に掲げられる（第2条1項）。湿地は、その生態学上、植物学上、動物学上、湖沼学上または水文学上の国際的重要性にしたがって、登録簿に掲げるために選定される。特に、水鳥にとっていずれの季節においても国際的に重要な湿地は、登録簿に掲げられるべきである（第2条2項）。締約国は、登録簿に掲げられた湿地の追加・拡大をすることができ、また、緊急な国家的利益のために湿地の廃止あるいは縮小をする権利を有する。ただし、その場合、こうした変更について、できる限り早期に事務局に通報しなければならない（第2条5項）。また、そのような変更を行う場合、水鳥の保護、管理および適正な利用についての国際的責任を考慮しなければならない（第2条6項）。湿地の廃止あるいは縮小を行う場合、できる限り湿地資源の喪失を補うべきであり、特に新たな自然保護区を創設すべきとされている（第4条2項）。

締約国は、登録簿に掲げられている湿地の保全を促進しおよびその領域内の湿地をできる限り適正に利用することを促進するため、計画を作成し、実施するものとされている（第3条1項）。もっとも、条約は、湿地に生息する動植物の捕獲、利用を禁止も制約もしておらず、登録簿に掲載される国際的に重要な湿地の保全と締約国領域内にある湿地の適正な利用のために、締約国が条約の定める義務を履行し、また、義務の履行のために締約国間で協力することを求めているに止まっている。ここでいう湿地の適正な利用の概念は、締約国会議においてある程度明確にされてはきているが、実際にその適正な利用の実現のために何をすべきか

は、当面、締約国の裁量に委ねられている。すなわち、締約国は、湿地の保全と適正な利用について、計画を作成し、実施する義務を負っているが、計画が満たすべき要件などを条約は直接には定めておらず、締約国会議の決定によって指針が採択されているに止まる。

ラムサール条約は、MPA あるいは保護区といった概念を用いてはいないが、湿地を法律による特別の保護の対象にした点で、ある種の MPA を定めた条約として位置づけられている。湿地の構成部分は、湿原、河川、湖沼、干潟、藻場、マングローブ林、サンゴ礁などであって、いずれも生物多様性を保全する観点から重要な場所ということができ、湿地のすべてが海洋ではないとしても、いくつかの湿地あるいは湿地の一部は海洋である場合もあるので、湿地をいわば保護区として登録するラムサール条約は、MPA に関係する条約といえる。2006 年 1 月末現在、150 カ国が参加し、条約湿地数 1579 カ所、条約湿地の総面積は 1 億 3,400 万ヘクタールとなっている[23]。

(ⅳ)ユネスコ世界遺産保護条約(1972 年 11 月 16 日採択、1975 年 12 月 17 日発効)

ラムサール条約が採択された翌年の 1972 年には、ユネスコの総会で、世界の文化遺産および自然遺産の保護に関する条約が採択された。締約国は、条約で定義される「文化遺産」(第 1 条)と「自然遺産」(第 2 条)であって、自国の領域内に存在するものを認定しおよび区域を定める役割を担い(第 3 条)、その上で、文化遺産および自然遺産で自国の領域内に存在するものを認定し、保護し、保存し、整備しおよび将来の世代へ伝えることを確保するために最善を尽くす義務を負う(第 4 条)。また、締約国は、自国の領域内に存在する文化遺産および自然遺産の保護、保存および整備のための効果的かつ積極的な措置がとられることを確保するよう努めなければならない(第 5 条)。

ちなみに、条約の定義によれば、「自然遺産」とは、「無生物又は生物の生成物又は生成物群から成る特徴のある自然の地域であって、鑑賞上又

---

[23] ラムサール条約事務局の公式サイト参照。http://www.ramsar.org/

は学術上顕著な普遍的価値を有するもの」、「地質学的又は地形学的形成物及び脅威にさらされている動物又は植物の種の生息地又は自生地として区域が明確に定められている地域であって、学術上又は保存上顕著な普遍的価値を有するもの」、「自然の風景地及び区域が明確に定められている自然の地域であって、学術上、保存上又は景観上顕著な普遍的価値を有するもの」とされている。現在では、「自然遺産」とされる地域の中で、海洋区域を含むものの場合には、その地域はMPAに該当するものと理解されるようになっている。これまで、たとえば、ガラパゴス諸島（エクアドル）、ベリーズ・バリア・リーフ保護地区（ベリーズ）、グレート・バリア・リーフ（オーストラリア）などのMPAが、世界遺産一覧表に記載されている[24]。1995年の時点で、海洋または沿岸の要素を有する世界遺産は31ほどを数える[25]。

　なお、この条約は、ラムサール条約と同様に「リスト（一覧表）」を手法として用いている。ラムサール条約との違いは、ラムサール条約が「リスト（登録簿）」への登録を、締約国の自由な選択によるものとしているのに対し、世界遺産保護条約は、一覧表への登録には世界遺産委員会によるスクリーニングを経ねばならないこととしている。世界遺産保護条約においては、一覧表への挿入によって、一覧表に挿入された遺跡に国際的なプレスティージを与え、締約国は遺産保護のための財政的・技術的援助を委員会の決定に基づいて受ける権利を有し、同時により厳格な遺産保護の義務を負っている。

(ⅴ) MARPOL73/78（1978年2月17日採択、1983年10月2日発効）
　IMOにおける審議を基礎に採択された、1973年の船舶による汚染の防止のための国際条約（11月2日採択）は、15以上の国であって、その商船船腹量の合計が総トン数で世界の商船船腹量の50％以上となる国が締

---

24) ユネスコの世界遺産に関する公式サイトを参照。http://whc.unesco.org/
25) G. Kelleher, C. Bleakley and S. Wells (eds.), *A Global Rpresentative System of Marine Protected Areas*, Volumes I-IV (GBRMPA/World Bank/IUCN) 1995).

約国になることを発効要件としていたが、1976年の時点で3カ国のみが批准したにとどまり、その総トン数も世界全体の1％未満であったため、条約の発効は見込めなくなった。そこで、IMOは、1978年2月17日、1973年の船舶による汚染の防止のための国際条約に関する1978年議定書(MARPOL73/78)を採択した。

　この議定書は、1973年の条約に一定の修正を加えた上でそれを実施することを定めたものである。二つの条約は形式的には別個の条約であるが、MARPOL73/78の締約国は、両者を単一の文書として扱うものとされた(第1条)。1973年条約は、条約本文において、一般的義務や条約の適用に関する規定を定めた上で、油に関する規則(附属書Ⅰ)、ばら積み輸送される有害液体に関する規則(附属書Ⅱ)、容器に収納した有害物質に関する規則(附属書Ⅲ)、汚水に関する規則(附属書Ⅳ)、および廃物に関する規則(附属書Ⅴ)を有し、各附属書において規制を行う対象物質ごとに詳細な規定を置いている。MARPOL73/78は、各国が1973年条約を締結できない障害と感じていた附属書Ⅱについて、議定書発効後3年までは拘束力を有しないと規定した(第2条)。附属書Ⅰは、MARPOL73/78と同じ日に発効し、附属書Ⅱは1987年4月6日に、附属書Ⅲは1992年7月1日に、附属書Ⅳは2003年9月27日に、附属書Ⅴは1988年12月31日にそれぞれ発効した(なお、1997年9月に採択された附属書Ⅵ(船舶からの大気汚染の防止に関する規則)は、まだ発効していない)〔編注：2005年5月19日発効〕[26]。

　MPAに関連するのは、「特別海域(special areas)」について言及する附属書Ⅰ、附属書Ⅱ、附属書Ⅴ、附属書Ⅵである。先に、IMOによって特別敏感海域(Particular Sensitive Sea Areas, 以下、PSSAという)の設定が行われていることに触れたが、船舶航行の安全確保や船舶起因の汚染防止という任務を有するIMOは、1980年代以降における海洋環境保護委員会での検討を基礎に、MARPOL73/78に基づく「特別海域」と、IMO独自の基準に基

---

[26] IMOの公式サイトには、MARPOL73/78およびすべての附属書の概要と2005年までの改正の経緯に関する詳しい説明がある。http://www.imo.org/

づく PSSA の指定のための指針づくりを進めてきた[27]。1991 年、IMO は、決議 A.720(17) を採択し、初めて指針を採択し、1999 年の決議 A.885(21) において、指針の改定を行い、2001 年の決議 A.927(22) によって、それらの二つの決議を統合し、MARPOL73/78 に基づく「特別海域」と PSSA の指定のための新しい指針を採択した。決議 A.927 によれば[28]、「特別海域」とは、「海洋学上、生態学上の条件ならびに交通の特別の事情に関連して認められた技術的理由のゆえに、油、有害液体物質または廃棄物からの海洋汚染を防止するため、特別の義務的な方法を採択することが求められている海域をいう。」他方、PSSA とは、「承認された生態学的、社会経済的もしくは科学的な理由により、また、国際的海運活動によって損害を受けやすいという理由により、IMO の行動を通じて特別の保護を必要としている区域をいう。」

IMO によって指定されるこれらの海域は、いずれも MPA の一形態であって、とりわけ PSSA は、最近において特に注目されている。IMO は、PSSA の認定基準について、上記の決議 A.927(22) の附属書Ⅱで定めたものを、2005 年の決議 A.982(24) の附属書で一部改定している。後者によれば、①PSSA として認定を受けるためには、生態学的、社会・経済的、または科学的な基準の一つを満たさねばならず、②当該海域が、そこにおける船舶通航の特徴や自然的要素から見て、国際海運活動によって影響を受けやすいぜい弱性を有しており、③当該海域でとられる保護措置が IMO によって承認され、もしくは採択されるものでなければならない、とされている[29]。PSSA に認定されると、その海域での海洋活動を規制するために、航路指定措置、MARPOL73/78 の船舶の排出・設備条件の厳格な適

---

27) A. Merialdi, "Legal Restraints on Navigation in Marine Specially Protected Areas," in Scovazzi (ed.), *supra* note 2, pp. 36-39; F. Spadi, "Navigation in Marine Protected Areas: National and International Law," *OD&IL*, Vol.31 (2000), pp. 295-296.

28) IMO Doc., A.927 (22) Guidelines for the Designation of Special Areas under MARPOL73/78 and Guidelines for the Identification and Designation of Particularly Sensitive Sea Areas. Annex I, para. 1 and Annex II, para. 2.

29) IMO Doc., A.982 (24) Revised Guidelines for the Identification and Designation of Particularly Sensitive Sea Areas. Annex, paras. 4-6.

用、船舶運航サービス(VTS)の設置といった特定の措置がとられることになる。2005年7月現在、IMOがPSSAとして認定しているのは、次の11の区域である〔編注：現在15区域〕[30]。①グレート・バリア・リーフ(オーストラリア。2005年に一部拡大)、②サバナ・カマゲイ群島(キューバ)、③マルペロ島(コロンビア)、④フロリダ・キース周辺(アメリカ)、⑤ワデン海(デンマーク、ドイツ、オランダ)、⑥パラカス国立保護区(ペルー)、⑦西欧区域(ベルギー、フランス、アイルランド、ポルトガル、スペイン、イギリス)、⑧トレス海峡(オーストラリア、パプアニューギニア)、⑨カナリア諸島(スペイン)、⑩ガラパゴス諸島(エクアドル)、⑪バルト海区域(デンマーク、エストニア、フィンランド、ドイツ、ラトビア、リトアニア、ポーランド、スウェーデン)。これらの区域は、単に当該沿岸国の国内法令によって一方的に特別の保護区とされているのではなく、IMOという国際機関による認定に基づいて、一定の保護措置がとられている点に特徴があり、海域の一部が領海を超えてEEZに及んでいるところもある。

(vi)国連海洋法条約(1982年4月30日採択、1994年11月16日発効)

UNCLOSが、MPAの設定に関連する条約であることはいうまでもないであろう。ただし、UNCLOSには、MPAなる用語があるわけではなく、MPAを直接規律するような規定があるわけでもない。しかし、次のような規定は、MPAの設定に関係を有するものであると指摘されることが少なくない[31]。

たとえば、一般的な義務を定める規定ではあるが、一般多数国間条約では初めての規定といってよい、国の海洋環境保護義務を定めた第192

---

30) IMOの公式サイトを参照。http://www.imo.org/en/OurWork/Environment/PSSAs/Pages/Default.aspx；加々美康彦「国連海洋法条約の実施と海洋保護区の発展」『海洋政策研究』第1号(シップ・アンド・オーシャン財団海洋政策研究所、2005年) 199-204頁、加々美康彦「海洋保護区——場所本位の海洋管理——」栗林忠男・秋山昌廣編『海の国際秩序と海洋政策』(東信堂、2006年) 194-199頁。
31) T. Scovazzi, "Marine Specially Protected Areas under International Law," in Scovazzi (ed.), *supra* note 2, p. 23.

条（いずれの国も海洋環境を保護しおよび保全する義務を有する）があげられる。そして、海洋環境の汚染を防止し、軽減しおよび規制するための措置をとることを定めた第194条では、UNCLOS第12部の規定によりとる措置には、希少またはぜい弱な生態系および減少しており、脅威にさらされておりまたは絶滅のおそれのある種その他の海洋生物の生息地を保護しおよび保全するために必要な措置を含めると規定されている（同条5項）。

また、第211条は、船舶からの汚染の防止に関する規定であるが、同条6項(a)号は、沿岸国は自国のEEZ内の特定の水域において、船舶からの汚染を防止するために特別の措置をとることができると定めている。すなわち、沿岸国は、同条1項に規定する国際的な規則および基準が特別の事情に応ずるために不適当であり、かつ、自国のEEZの明確に限定された特定の水域において、海洋学上および生態学上の条件ならびに当該水域の利用または資源の保護および交通の特殊性に関する認められた技術上の理由により、船舶からの汚染を防止するための拘束力を付する特別の措置をとることが必要であると信ずるに足りる合理的な理由がある場合には、権限のある国際機関を通じて他のすべての関係国と適当な協議を行った後、当該水域に関し、当該国際機関に通告することができるものとし、その通告に際し、裏付けとなる科学的および技術的証拠ならびに必要な受入施設に関する情報を提供する。当該国際機関は、通告を受領した後12カ月以内に当該水域における条件が第1段に規定する要件に合致するか否かを決定する。当該国際機関が合致すると決定した場合には、当該沿岸国は、当該水域について、船舶からの汚染の防止、軽減および規制のための法令であって、当該国際機関が特別の水域に適用しうるとしている国際的な規則および基準または航行上の方式を実施するための法令を制定することができる、という規定である。

以上の諸規定にいう、「必要な措置」や「特別の措置」の中には、MPAの設定も入りうると解釈できるとされる[32]。ほかには、たとえば、公海に

---

32) R. Lagoni, "Marine Protected Areas in the Exclusive Economic Zone," in A. Kirchner (ed.), *International Marine Environmental Law* (Kluwer Law International, 2000), pp. 161-164.

おける生物資源の保存および管理について、国家間の相互協力について規定する第118条、深海底における活動に関して、当該活動により生ずる有害な影響から海洋環境を効果的に保護するため、国際海底機構が必要な措置をとるべきことを規定する第145条、あるいは、海洋環境の保護のために、世界的または地域的基礎における協力について規定する第197条等があげられる場合もある。このうち、第145条に関連しては、深海底における海洋環境や生物多様性の保護のためにとるべき措置について、国際海底機構において検討が重ねられている[33]。

UNCLOSの場合、MPAに関係すると思われる規定はいくつかあるが、他面において、そうした諸規定はいずれも一般的な規定に止まっており、MPAの直接の根拠になるかどうかは、設定されるMPAの内容や海域を見た上でないと、判断しにくいところがあることは否めないであろう。この点で付言すれば、UNCLOSの場合には、その実施過程での議論の方が注目される。すなわち、1999年の国連総会決議54/33によって、UNCLOS非公式協議締約国会合(UNICPOLOS)が設置され、2000年6月に第1回会合を開いて以来、毎年1度討議を重ねている。そして、実はその討議の中で、MPAのUNCLOSとの整合性やMPAの科学的根拠を明らかにする必要性に留意しながら、MPAの設定問題に関する議論が重ねられつつある。この議論の中で、国家管轄権の限界を超える海域、つまり公海上でのMPAの設定に関する議論も提起されている(改めて後述)。

(vii) 生物多様性条約(1992年6月5日採択、1993年12月29日発効)

国連環境発展会議(リオ・サミット)で署名に開放された、生物の多様性に関する条約(Convention on Biological Diversity: CBD)は、生物多様性の保護、生物多様性の構成要素の持続可能な利用、遺伝子資源の利用から生ずる利益の公正かつ衡平な配分をその目的としている(第1条)。CBDの第2条には、「保護地域(protected area)」の定義があり、この規定はMPAにも適

---

[33] たとえば次を見よ。http://www.isa.org.jm/en/publications/IA_ENG/ENG4.pdf

用されると考えられている[34]。「保護地域」とは、保全のための特定の目的を達成するために指定されまたは規制されおよび管理されている地理的に特定された地域をいう。

　CBD は、締約国の責務として、保護地域または生物の多様性を保全するために特別の措置をとる必要がある地域に関する制度を確立すること、必要な場合には、保護地域または生物の多様性を保全するために特別の措置をとる必要がある地域の選定、設定および管理のための指針を作成すること、生物の多様性の保全のために重要な生物資源の保全および持続可能な利用を確保するため、保護地域の内外を問わず、当該生物資源について規制を行いまたは管理することなどをあげている（第 8 条 (a) 号・(b) 号・(c) 号）。

　CBD には、MPA に直接言及する規定はないが、しかし、CBD の実施過程においては、CBD の目的を実現するために、MPA をめぐる議論を取り込む必要性が当初から認められてきた。1995 年の第 2 回締約国会議（インドネシア・ジャカルタ）は、海洋および沿岸の生態系の保存と持続可能な利用に関するジャカルタ・マンデイトを採択し、海洋の生物多様性を保護するため、生態系アプローチの一部として MPA の設定を奨励するとともに、この問題に関するグローバルな対応を締約国に求めた[35]。MPA の設定が、海洋・沿岸の生物の多様性の保全と持続可能な利用にとって効果的な手法であることが認められたのである。

　ただし、CBD の実施過程においては、MPA という用語よりも、むしろ「海洋・沿岸保護区（Marine and Coastal Protected Area, MCPA）」なる概念が用いられている。1998 年の第 4 回締約国会議で設けられた、MCPA に関するアドホック技術専門家グループは、海洋・沿岸保護区の国内制度の設置および管理に関する技術的助言の中で、「海洋・沿岸保護区」を次のように定義した。すなわち、その上部水域ならびに関連する植物、動物ならび

---

34) L.A. Kimball, *International Ocean Governance: Using International Law and Organizations to Manage Marine Resources Sustainability*, IUCN, 2003, p. 35.
35) The Jakarta Mandate, A/51/312, Annex II, decision II/10, para. 12.

に歴史的および文化的特質をともなう、海洋環境の中でまたは海洋環境に隣接して、特定された地域であって、法令または慣習を含むその他の効果的な手段で保護され、その海洋および／または沿岸の生物多様性が、その周辺地域よりも高い水準の保護を享受している地域をいう、と。アドホック専門家グループが、IUCN の MPA の定義を参考にしながらも、「海洋・沿岸保護区」という用語を選択した理由は、MPA という用語が沿岸地域や陸と海の境界面を含まないように使用される場合もあり、それでは、河口、海水が入ってくる沼地などの重要な海洋環境の一部が対象とならなくなってしまうことを懸念し、あらゆる種類の保護区を包括する広範な定義が望ましいと考えたからである[36]。

　CBD は、その適用範囲について、一方で、生物の多様性の構成要素については、自国の管轄の下にある区域（第 4 条 (a) 号）としつつも、他方で、自国の管轄または管理の下で行われる作用および活動（それらの影響が生ずる場所のいかんを問わない）については、自国の管轄の下にある区域およびいずれの国の管轄にも属さない区域（第 4 条 (b) 号）にも及ぶと規定している。したがって、CBD は、国家管轄権外の地域の生物多様性の保護もその射程の一つにしているということができるが、しかし、国家が特別な規制を行う地域を管轄権外に設定することを通じて、いずれの国家の管轄権も及ばない地域の生物多様性を保護することまでは想定していなかった。それにもかかわらず、CBD の実施過程においては、国家管轄権の限界を超える海域での MPA の設定問題を検討することなしには、CBD の本来の趣旨・目的が達成できなくなっているという認識が定着しようとしているのである。この点は、UNCLOS の実施過程における議論と一体の関係にある（改めて後述）。

(2) 地域条約

(i) 1992 年の北東大西洋の海洋環境の保護に関する条約（OSPAR 条約）

　北海ならびに北東大西洋に面するヨーロッパ諸国は、1967 年のトリー・

---

[36] 髙村ゆかり「生物多様性条約と海洋保護区」田中監修『前掲書』（注 13）53 頁。

キャニオン号事件を契機として、海洋汚染の防止のための地域協力の体制を創り上げるために努力を重ねてきた。北東大西洋の海洋環境の保護に関する条約は、1972年のオスロ条約と1974年のパリ条約を統合し、両条約にとって代わるために1992年9月に採択され、98年3月に効力を発生した（以前の両条約の名前をとってオスパール（OSPAR）条約という）[37]。締約国は、ベルギー、デンマーク、フィンランド、フランス、ドイツ、アイスランド、アイルランド、オランダ、ノルウェー、ポルトガル、スペイン、イギリス、ルクセンブルグ、スイスおよびECである。この条約は、陸上起因汚染源、海洋廃棄物投棄、沿岸沖汚染源を含め、海洋汚染の原因を包括的に規制対象としており（第4条－7条）、締約国に対して予防原則の適用を義務づけ（第2条2項）、条約の実施機関として委員会（OSPAR委員会）を設置した（第10条）。

　MPAの設定に直接的な関係を有するのは、オスパール条約の締約国が1998年に採択した、附属書V「海洋区域の生態系と生物多様性の保護および保存」である（2000年8月以降順次各締約国ごとに効力発生）。オスパール委員会は、この附属書Vに基づいて検討を続け、2003年6月、「MPAのネットワークに関する勧告2003/3」を採択した[38]。この勧告によれば、MPAとは、「海洋環境の生物種、生息地、生態系および生態学的過程を保護および保存するために、国際法に合致した保護、保存、回復または予防的な措置がとられる海洋区域における海域をいう。」

　この勧告が掲げる目標は、人間の活動によって悪影響を受ける生物種、生息地、生態系および生態学的過程を保護するために、オスパール海域においてMPAのネットワークを2010年までに確立することである。オスパール海域とは、オスパール条約の適用される海域であって、締約国の領海、それに接続して沿岸国の管轄権の下に服する海域、その外側の公海ならびにその下の海底であって、次の緯度と経度で囲まれる海域を

---

37) OSPAR条約、同附属書、OSPAR委員会の活動などについては次の公式サイトを参照。http://www.ospar.org/eng/html/welcome.html

38) OSPAR Recommendation 2003/3 on a Network of Marine Protected Areas, OSPAR Commission, Bremen, 23-27 June 2003, Summary Records OSPAR 03/17/1-E, Annex 9.

いう。つまり、一つは、北緯 36 度以北の大西洋等で、西経 42 度と東経 51 度の間の海域で、バルト海などを除いたところであり、もう一つは、北緯 59 度以北の大西洋等で、西経 42 度と西経 44 度で囲まれる海域で、地中海等を除いたところである (第 1 条 (a) 号)。これらの海域では、冷水海域に存在する珊瑚礁や、深海魚種を含む漁業資源の保護が緊急の課題とされている。オスパール条約の下で計画されている MPA には、沿岸国の領域内という限定はなく、公海上での MPA の設定も目指されている[39]。もっとも、オスパール委員会自身、オスパール・ネットワークを確立する上で、法的なギャップが存在するのであれば、UNCLOS に基づき権限のある国際機関と協議することなど、そのギャップを埋めるために必要な段階を経なければならないことを指摘している[40]。

　2003 年 6 月には、また、オスパール委員会において、オスパール海域における MPA の識別と選定のためのガイドライン、ならびに、MPA の管理のためのガイドラインも採択され、MPA の設定作業を促進する準備が整えられた[41]。さらに、同年同月の委員会においては、次に見るバルチック海洋環境委員会 (HELCOM) と協力して、2010 年までに両方の海域において MPA のネットワークを構築する共同作業計画 (Joint HELCOM/OSPAR Work Programme on Marine Protected Areas) が提起され、検討が続けられることになっている。

(ⅱ) 1992 年のバルチック海の海洋環境の保護に関する条約 (ヘルシンキ条約)

　バルチック海の海洋環境の保護に関する条約は、1974 年に採択された

---

39) K.M. Gjerde, "High Seas Marine Protected Areas," *The International Journal of Marine and Coastal Law*, Vol.16, No.3 (2001), p. 522.

40) 2003 Strategies of the OSPAR Commission for the Protection of the Marine Environment of the North-East Atlantic, Reference number: 2003-21, OSPAR Commission, Summary Records OSPAR 03/17/1-E, Annex 31, p. 4.

41) なお、オスパール委員会は、1997 年に中部大西洋の公海下の海底海嶺で発見された 30 余りの熱水鉱床を「レインボー熱水噴出口フィールド」と名づけ、その MPA としての管理のあり方の検討を続けている。Case-Studies on the Establishment of Marine Protected Areas beyond National Jurisdiction, UNEP/CBD/WG-PA/1/INF/3, 17 May 2005, paras. 2-6.

バルチック海の海洋汚染防止条約を、1992年4月に改正したものである（2000年1月効力発生）。締約国は、デンマーク、エストニア、フィンランド、ドイツ、ラトビア、リトアニア、ポーランド、ロシア、スウェーデンおよびECである[42]。条約の実施機関として、バルチック海洋環境委員会（HELCOM）が設置されている。1992年の改正により、生物多様性の保護が締約国の義務として付け加えられた。すなわち、締約国は、バルチック海の生物種、生物多様性および生態学的過程を保護し、バルチック海の天然資源の持続可能な利用を確保するために必要な措置をとることを求められる（第15条）。

1994年3月、HELCOMは、勧告15/5「沿岸・海洋のバルチック海保護区のシステム（System of Coastal and Marine Baltic Sea Protected Areas）」を採択し、締約国に対して、バルチック海保護区（BSPA）の候補地として62の海域をあげた上で、BSPAのシステムを確立するために必要なすべての措置をとるよう求めた[43]。バルチック海のいずれの部分も、沿岸国の領海またはEEZで構成されている。BSPAはいずれも締約国の領海内に位置しているが、勧告15/5は、領海に接続する外側の海域にも特別の注意を向けるように要請していた。

2001年5月に開催されたBSPAに関するワークショップでは、締約国に対して、勧告15/5で指定したBSPAの保護に関して、一層有効な措置をとるよう要請が行われた。これは、裏返していえば、62の指定されたBSPAの保護は、必ずしも予定どおりに進んでいない状況の現れとされる。バルチック海の場合には、MARPOL73/78条約の下で「特別海域」に指定されており、また、IMOによりPSSAに指定されうる可能性も有しており、さらに他方では、BSPAの多くは、後に見るEUのNatura 2000のネットワークにも組み込まれている。バルチック海では、このように、保護区に関する複数の制度が錯綜している状況があるため、統一的で合理的な海洋

---

[42] ヘルシンキ条約について次の公式サイトを参照。http://www.helcom.fi/
[43] http://www.helcom.fi/recommendations/rec15_5.html

管理をいかにして実現するかという問題の検討が続けられている[44]。

なお、HELCOM の下で、「HELCOM HABITAT」というグループが発足しており、このグループの活動は、①生態系アプローチ、②統合沿岸水域管理、③BSPA、④漁業、海産哺乳類、⑤鮭という五つのテーマに即して行われている。現在では、BSPA の問題は、このグループの一つのテーマに組み込まれている。他方、2010 年までに MPA のネットワークを確立するために、HELCOM とオスパール委員会の共同作業計画が始まっていることは、先に述べたとおりである。

(iii) 地中海の海洋環境保護と MPA——バルセロナシステム

地中海では、海洋環境保護のための地域的国際協力について、蓄積された経験がある。この分野の最初の条約は、1976 年 2 月に採択された地中海汚染防止条約である（通称、バルセロナ条約。1978 年 2 月効力発生。[45]）この条約はいわゆる枠組条約であったので、その後、この条約に関連する六つの議定書が採択されて、地中海における環境保護のシステムが樹立された。条約と六つの議定書を合わせて、バルセロナシステムと呼ばれる場合がある[46]。六つの議定書のうち、MPA に関連するものは、1982 年 4 月の「地中海の特別保護区 (Specially Protected Areas) に関する議定書」と、1995 年 6 月の「地中海における特別保護区と生物多様性に関する議

---

44) 2003 年 6 月 25 日に HELCOM で採択された勧告 24/10 は、この課題に応えようとする試みの一つである。Implementation of Integrated Marine and Coastal Management of Human Activities in the Baltic Sea Area, Adopted 25 June 2003, having regard to Article 20, Paragraph 1 b) of the 1992 Helsinki Convention.

45) その後、1995 年に改正されて、「地中海の海洋環境および沿岸地域の保護のための条約」（通称、バルセロナ条約）となった（未発効〔編注：2004 年 7 月効力発生〕）。締約国は次の 21 カ国と EU である。アルバニア、アルジェリア、ボスニア・ヘルツェゴビナ、クロアチア、キプロス、エジプト、フランス、ギリシャ、イスラエル、イタリア、レバノン、リビア、マルタ、モナコ、モロッコ、スロベニア、スペイン、シリア、チュニジア、トルコ、ユーゴスラビア。なお、地中海の海洋環境保護システムにつては、次の公式サイトを参照。http://www.unep.org/regionalseas/Issues/marine_prtectedares/default.asp

46) バルセロナシステムについて、T. Scovazzi, "Regional Cooperation in the Field of the Environment," in Scovazzi, (ed.), *supra* note 2, pp. 82-99.

定書」である。後者は、前者にとって代わるものであるが、前者の改正議定書としてではなく、新しい議定書として採択された(1999年12月効力発生[47])。

1982年の議定書は、もっぱらMPAを対象にした最初の条約であったが、保護区の設定は締約国の努力目標とされていたにすぎず(第3条1項)、また、議定書の適用範囲も締約国の領海内に限定されていた(第2条)。それに対して、95年の議定書は、地中海のすべての海域(海底とその下を含む)に適用される(第2条1項)。この適用範囲の拡大は、高度回遊性の魚種の保護のために必要と判断されたといわれている[48]。地中海に面する沿岸国の多くは、領海の外側にEEZを設定しておらず、したがって、領海の外側はほとんどが公海であるというのが、地中海の特徴である[49]。締約国は、一般的な義務として、特別保護区の設立を通じて、自然的および文化的な価値のある区域を、持続可能でかつ環境上優れた方法によって保護し、保全しおよび管理しなければならず、また、脅威にさらされているかまたは危機に瀕している動植物の種を保護し、保全しおよび管理しなければならない(第3条1項)。特別保護区の目的は、沿岸・海洋の生態系と生物多様性を保護することにある(第4条)。締約国は、自国の主権または管轄権の及ぶ海域に特別保護区を設定することができる(第5条1項)。

95年の議定書で注目されるのは、「地中海で重要性を有する特別保護区(Specially Protected Areas of Mediterranean Importance, 以下、SPAMIという)」のリストを作成し(第8条1項)、締約国が次のことを約束した点にある。すなわち、(a)リストに記載された地域について、その特別の重要性を認めること、ならびに、(b)その地域に適用される措置を遵守し、その地域が設定

---

47) 2003年10月1日現在、締約国は、アルバニア、クロアチア、キプロス、エジプト、フランス、イタリア、マルタ、モナコ、スロベニア、スペイン、チュニジア、トルコ、EC。
48) Scovazzi, *supra* note 2, pp. 7-11.
49) 1976年のバルセロナ条約の21の締約国の海洋への管轄権の設定状況については、次を参照。Table of claims to maritime jurisdiction (as at 22 January 2004), Division for Ocean Affairs and the Law of the Sea, Office of Legal Affairs, U.N.

された目的に反する活動を承認もせず、行ったりもしないことである (第8条3項)。SPAMIのリストに加えることのできる区域は、「地中海における生物多様性の構成要素を保護するために重要な区域、地中海区域に特有の生態系もしくは危険にさらされている種の生息地を含んでいる区域、科学的、美観的、文化的または教育的レベルで特別の価値を有する区域」とされる (第8条2項)。SPAMIのリストの選定は、次の手続にしたがって行われる。第一は、締約国の主権または管轄権の下に区域が提案される場合、かかる提案がSPAMIの基準・指針に合致していれば、締約国の会合に通知されて、そこで決定される (第9条2項(a)号・4項(b)号)。第二は、提案される区域の一部または全部が公海に及ぶ場合、もしくは、主権または管轄権の限界がまだ明確になっていない区域に及ぶ場合には、「関係する二またはそれ以上の隣接国」の合意に基づいて提案されなければならず、当該の区域をSPAMIに加えるかどうかの決定は、かかる提案がSPAMIの基準・指針に合致している場合には、締約国の会合でコンセンサスに基づいて行われる (第9条2項(b)号・(c)号・4項(c)号)。

　ちなみに、締約国は、SPAMIの選定のための共通の基準、ならびに、SPAMIの設定と管理のための指針を採択するものとされている (第16条)。この規定に基づき、1996年11月、次の三つの附属書、すなわち、附属書Ⅰ「SPAMIリストに含めうる保護される海洋・沿岸区域の選定のための共通基準」、附属書Ⅱ「危険にさらされもしくは脅威にさらされている種のリスト」、附属書Ⅲ「開発が規制されている種のリスト」が採択された。なお、議定書に基づきSPAMIが設定されれば、そこでは種々の活動の規制が行われることになるが、特にSPAMIの区域が公海部分に及んでいる場合には、第三国に対して規制措置をどれほど及ぼしうるかどうかが問題となる。この点、議定書においては、締約国は、議定書の締約国でない国および国際機構に対して、議定書の実施について「協力するよう要請する」と定められた (第28条1項)。2001年にモナコで開催された第12回締約国会合で、12のSPAMIを設けることが初めて承認された[50]。この中

---

50) Scovazzi, *supra* note 4, p. 54.

には、次節で説明する、地中海の公海上に設けられた海洋哺乳類のための保護区も含まれている。

(ⅳ) EU の保護区

MPA に関連する EU の法令として、野鳥の保全に関する 1979 年 4 月 2 日の理事会指令 79/409/EEC（以下、「野鳥指令」という）、ならびに、自然の生息地および野生動植物の保全に関する 1992 年 5 月 21 日の理事会指令 92/43/EEC（以下、「生息地指令」という）の二つがある[51]。後者は、欧州生態ネットワーク (Natura 2000) 設置の根拠法ともなっている[52]。

まず、野鳥指令は、構成国の領域内において、野生状態で生息するすべての鳥類を保護し、保全することを目的としている（第1条1項）。構成国は、この目的のために、特に、以下のことを行う（第3条2項）。①保護地域の創設、②保護地域の内外の生息地の維持および管理、③破壊された生活圏の復元、④生活圏の設置である。さらに、構成国は、野鳥指令の附属書Ⅰに定める一定の鳥類および移動種の保存のために、その個体数と規模の点から最も適当な範囲の区域を、特別保護地域 (Special Protection Areas, SPA) として指定しなければならない（第4条1項）[53]。

次に、生息地指令は、構成国の領域内における自然の生息地および野生動植物の保全を通じて生物多様性の維持に貢献することを目的としている（第2条）。ここでいう自然の生息地とは、地理的、非生物的および生物的な特徴によって区別される、陸生または水生の区域をいう（第1条(b)）。生息地指令に基づき、本指令に従って構成国が指定する「特別保全地域 (Special Areas of Conservation; SAC)」と、野鳥指令に従って分類される特

---

51) 生息地指令および野鳥指令の本文等は、次の公式サイトからの検索により閲覧・入手可能。http://europa.eu.int/pol/env/index_en.htm
52) EU の環境政策については、これらの二つの理事会政令を含め、高村ゆかり「主要国の環境政策と環境法体系　EU」『環境政策と環境法体系』（社団法人産業環境管理協会、2004 年）164-177 頁参照。
53) 野鳥指令に基づく特別保護地域の設定状況を含め、同指令の運用状況全般について詳しくは、たとえば次をみよ。Council of the European Union, Report from the Commission on the Application of the Directive 79/409/EEC on the Conservation of Wild Birds, 7772/02, 10 April 2002.

別保護地域を含む、欧州レベルでの生息地のネットワークである欧州生態ネットワーク (Natura 2000[54]) が設置される (第3条)。構成国は、特別保全地域の生息地の保全を保証し、その悪化を回避するために必要な措置をとる (第6条2項)。その場所に重大な影響を生じさせる可能性のある計画または事業は、その場所の保全という目的に照らしてその場所への影響を評価し、その評価を踏まえて、権限ある機関は計画または事業に合意しなければならない (第6条3項)。優先的な公共の利益が絶対不可欠な状況では、「Natura 2000」の一貫性が確保されるよう、構成国は補償措置をとらなければならない (第6条4項)[55]。

なお、野鳥指令と生息地指令はいずれも、構成国の EEZ にも適用される。欧州司法裁判所の判例によれば、構成国の領域を超えて共同体法が適用される前提は、当該事項に関する共同体の立法権限が確立していることである。裁判所によれば、構成国の主権または管轄権の及ぶ海域が拡張すれば、共同体法の適用範囲は拡張された海域にも及ぶ。EC 条約第175条は、共同体における環境保護原則を定める第174条にいう目的を達成するために、共同体の環境政策の枠内で必要な措置をとることを認めている。第174条であげられた目的の一つは環境の保全・保護であり、自然の生息地および野生動植物の保全はその目的の中に入るものであり、第175条は生息地指令を採択する法的根拠を提供している。

1987年に「環境」と題する EC 条約第19編が導入されるまでは、環境政策に関する共同体の措置は、野鳥指令が出されたときと同じように、条約に定めのない場合の共同体の行動に関する一般的権限を定めた第308条に基づいてとられていた。野鳥指令と生息地指令はいずれも、環境の保全と保護に役立つものである。海洋の区域がそれらの指令の対象とな

---

54) Natura 2000 について、加々美「前掲論文 (「国連海洋法条約の実施と海洋保護区の発展」)」(注30) 185-189 頁。

55) 生息地指令に基づく特別保全地域の設定状況を含め、同指令の運用状況全般について詳しくは、たとえば次をみよ。Council of the European Union, Report from the Commission on the Implementation of the Directive 92/43/EEC on the Conservation of Natural HABITATs and Wild Fauna and Flora, 5161/04, 9 January 2004.

ることは、両指令の文言から直接にいえることであり、共同体は、構成国が国際法に基づき EEZ において権利を行使しうる事項について立法権限を有している。UNCLOS は、EEZ における海洋環境保護に関する機能的な管轄権を沿岸国に与えている。それゆえ、以上に見た二つの指令は、UNCLOS に定める沿岸国の義務に考慮を払うことを条件として、構成国の EEZ にも適用されるものと理解されている[56]。

(3) 主要国の実行——アメリカ・オーストラリア[57]——

(i) アメリカ

アメリカは、古くから MPA の設定に熱心な国であって、多くの MPA を抱えるが、連邦政府、州政府、地方自治体等が独自に設定してきた保護区域が部分的に重複している場合が少なくなく、各保護区について統合された管理システムを確立することが課題であるといわれている。

そうした状況の下で、国際法との関連で注目されるものとして、1972年の「国家海洋サンクチュアリ法（海洋の保護、調査および保護区に関する法律）」がある。アメリカは、この法律に基づき、海洋の保護区（Marine Sanctuary）を設定したが、そこにおいて必要な規制を行う場合には、国際法の承認された原則を遵守するとし、領海での無害通航の権利の保護を含む、航行の権利やその他の海洋で認められる権利は保障するとの立場を表明していた[58]。

もっとも、1990年代に入り、チャンネル諸島国立海洋保護区（Channel Islands National Marine Sanctuary）に関連しては、同保護区を設定する法令を改正し、当該海洋保護区域内の特定の航路においては、原油その他の油を

---

[56] D. Czybulka and P. Kersandt, *Legal Regulations, Legal Instruments and Competent Authorities with Relevance for Marine Protected Areas (MPAs) in the Exclusive Economic Zone (EEZ) and the High Seas of the O.S.P.A.R Maritime Area* (Federal Agency for Nature Conservation, 2000), p. 25-26.

[57] EEZ に設定される MPA に関して、アメリカ、カナダ、オーストラリアの実行を検討したものとして、加々美「前掲論文（「国連海洋法条約の実施と海洋保護区の発展」）」（注30）167頁以下参照。

[58] Spadi, *supra* note 27, p. 293.

含む商取引の物品を運搬する船舶の通航を禁止した。この措置が適用される海域はアメリカの領海である。そのため、ごく限定された海域における例外的な船舶通航規制の措置であるとはいえ、沿岸国の領海において外国船舶に認められてきた無害通航権に照らしてみた場合、法的には新たな論点を提起する実行といえるところがある。なお、フロリダ・キーズ周辺が、IMOによってPSSAとされたことは先に述べたが、その結果、同周辺海域では、投錨の禁止される海域が指定され、船舶航行を規制する措置が実施されることになっている。

とはいえ、上記の1972年法に基づき、海洋の保護区を設定した場合に明言されていたように、MPAの設定は関連する国際法を遵守した上で行うというアメリカの立場は、基本的に変えられてはいないと思われる。本章の冒頭でふれたように、「合衆国のMPA」を定義した、2000年5月26日付けの「行政命令13158号」[59]によれば、本命令の目的は、現在および将来の世代の利益のために、MPAに関する国のシステムを強化・拡張することにより、海洋環境内にある重要な自然と文化の資源を保護することにあるとされている（第1節）。そして、本命令にしたがって行動する連邦機関は、合衆国の領海、EEZおよび接続水域に関する大統領声明を含め、国際法にしたがって行動しなければならないと明記されている（第7節）。（アメリカのMPAは、現在までのところ、国家管轄権の及ぶ海域内で設定されるものであることは、本章1で述べた通りである。）

アメリカのMPAは、およそ300を数えるといわれている[60]。アメリカはMPAの国内でのシステム整備だけでなく、近隣の諸国と連携してMPAの国際プログラムの構築にも取り組んでいる。一例をあげると、アメリカ、カナダ、メキシコの3カ国は、1993年に環境協力に関する北米協定を締結し、これらの3カ国に存在するMPAを相互に連携させ、海洋の生物多様性の保護に努めている。2004年1月、アメリカの国家海洋大気局（NOAA）は、北米海洋保護区ネットワークの発展に資するために、国

---

59) See, *supra* note 5.
60) http://www.publicaffairs.noaa.gov/oceanreport/marineareas.html

家海洋保護区センターを立ち上げた。上記の協定は、北米自由貿易協定（NAFTA）の環境条項を実施するためのものでもある。

(ii) オーストラリア

オーストラリアのMPAは、それが設定されている海域に応じて、州、準州、および連邦政府の機関のいずれか（場合によって、それらの複数が協力して）によって管理されている。原則として、領海の基線より3カイリまでの海洋環境について責任を負っているのは、州および北部の準州である。連邦政府は、州または準州の海側の管轄の限界より外側の海域で、距岸200カイリまでの海域（EEZ）において管轄権を行使する。こうした海域の違いに応じて、MPAの管理主体が決まるのが原則である[61]。

例外は、グレート・バリア・リーフである。オーストラリアのMPAに関係する基本的な国内法は二つあって、一つは、1975年のグレート・バリア・リーフ海洋公園法（GBRMP法）であり[62]、もう一つは、1999年の環境保護および生物多様性法（EPBC法）である[63]。GBRMP法は、領海部分から始まり広大なEEZにまたがって存在する、34万平方キロに及ぶグレート・バリア・リーフ（珊瑚礁の海域）を保護し、管理し、維持し、発展させるための法律である（5節）。この法律の目的を達成するために、グレート・バリア・リーフ公園局が設立され（第2部6節以下）、EPBC法とは別に独立した法律とされる、GBRMP法に基づき、維持・管理等が行われる。

広大な珊瑚礁とそこに生息する多様な生物種を保護するために、広大な海域をいくつかのゾーンにわけた上で、資源開発の禁止、船舶航行の規制、海洋投棄の禁止・規制など、きめ細かな海洋環境保護措置が、海域ごとにとられる仕組みになっている（第5部30節以下）。グレート・バリア・リーフは、1981年にほぼその全域が世界遺産に登録され、1990年にはIMOによりPSSAに指定された[64]。そうした経緯を経て、91年には

---

61) http://www.deh.gov.au/coasts/mpa/about/australian.html#2
62) http://www.deh.gov.au/coasts/mpa/gbrmpa/index.html
63) http://www.deh.gov.au/epbc/about/index.html
64) 加々美「前掲論文（「海洋保護区——場所本位の海洋管理——」）」（注30）191-194頁参照。

GBRMP法の改正が行われ、公園内の一定の指定海域（強制水先案内海域）では、70メートル以上の船舶、もしくは、原油、化学物質または液化ガスを輸送している船舶は、水先案内を搭乗させることが義務づけられた。指定海域を水先案内人を乗せずに航行し、または、航行した後にオーストラリアの港に入ることは違法行為とされている（3節1(a)(b)・59節A～D）。ただし、オーストラリア国防軍に属する船舶、または外国の軍隊に属する船舶は除く（3節1(c)・(d)）。

一方、EPBC法は、グレート・バリア・リーフと州および準州のMPAには適用されず、連邦政府の管理の下におかれる連邦保護区（Commonwealth reserves）の設置と管理のために適用される基本法である。連邦政府のMPAは連邦保護区の一部として、この法律の下で設置・管理される。連邦保護区は、EPBC法が制定されるまでは、1975年の国立公園および野生生物保護法に基づいて設定され、管理されていたが、同法の下で保護区とされたところは、EPBC法に引き継がれている。EPBC法の目的は、次の諸点におかれている。(a)環境の保護、(b)天然資源の保護および持続可能な利用の促進、(c)生物多様性の保護の促進、(d)環境の保護・管理についての協調的アプローチの促進、(e)オーストラリアの環境に関する国際責任の協調的実施、(f)オーストラリアの生物多様性の保護および持続可能な利用における先住民の役割の承認、(g)生物多様性について先住民が有する知識の活用の促進（3節1）。

連邦政府のMPAを含む連邦保護区の管理に責任を負っているのは、国立公園局長（Director of National Park）である。すべての連邦保護区は管理計画をもたねばならず、管理計画は国立公園局長が準備し、環境・遺産省の長官が承認しなければならない。管理計画には、保護区の保護や管理の方法、保護区内で許される活動とその活動方法などが含まれていなければならない。EPCB法は、保護区の管理計画で明示的に許可されている場合は別として、連邦保護区内で行われる活動のいくつかを禁止している。たとえば、在来種に悪影響を与える活動、商業活動、採掘活動などである。他の活動についても、当該保護区の保護・保全のために必要で

ある場合には、EPCB 法に基づき禁止することができるようになっている。

なお、オーストリアの MPA は、現時点では国家管轄権の範囲内で設定されているが、オーストラリア政府は、今後、MPA を国家管轄権の外へと拡げていくことに、消極的であるより、むしろ積極的な姿勢を示していることに、注目しておく必要がある[65]。

3　公海における海洋保護区設定の動向

(1) 公海海洋保護区の主張——議論の経緯——

さて、現在、MPA をめぐる議論で無視しえなくなってきているのは、領海や EEZ を中心に MPA の設定が奨励、促進されているというだけに止まらず、国家管轄権の限界を超える海域、つまり深海底を含む公海においても MPA を設定する必要があるとの主張が、急速に拡がってきていることである。

(i) アジェンダ 21 と WSSD の実施計画

IUCN において公海問題プロジェクトのコーディネイターをつとめるポーランドの法律家、クリスティーナ・ジャーディ (Kristina Gjerde) によれば、1991 年にアメリカの国家海洋大気局 (NOAA) の海洋学者、シルビア・アール (Sylvia Earle) が、NOAA の主催した Wild Ocean Reserve に関する国際会議 (ハワイ) において、国家管轄権の限界を超える海洋が汚染と乱開発のために深刻な脅威に直面していると警告し、これがきっかけとなり、MPA の一種として位置づけられる Wild Ocean Reserve を、公海上に設定する必要があると勧告したとされる[66]。この勧告は、翌 92 年のリオ・デ・ジャネイロで開催された国連環境発展会議でも紹介される機会があったが、同会議ではまだ、公海上での MPA の設定問題が正面から討議され

---

65) たとえば次を参照。http://www.deh.gov.au/coasts/international/highseas/index.html#1
http://www.deh.gov.au/coasts/mpa/nrsmpa/about.html#status
66) Gjerde, *supra* note 39, pp. 515-516.

る段階にはなく、同会議で採択されたアジェンダ21においては、保護区（Protected Areas）への一般的な言及がなされるに止まった。

アジェンダ21は、海洋および海洋生物資源の保護を扱った第17章において、保護区へ何度か言及している[67]。第1は、沿岸国は、自国の管轄下にある海洋で生物多様性を維持するための措置をとるにあたり、保護区の設定と管理を行うことができると指摘したところである（17・7）。第2は、沿岸国は、海洋に影響を及ぼす活動に関する情報を収集・分析する能力を向上させるために、沿岸海域の保護区のプロフィールを作成する必要があると指摘したところである（17・8）。第3に、沿岸国は、自国の管轄下にある海洋において、高レベルの生物多様性を示す海洋エコシステムを識別し、特に保護区の指定などを通じて、かかる海洋の利用に必要な制限を加えるべきであると指摘したところである（17・85）。アジェンダ21では、いずれの保護区も、自国の管轄下にある海洋での設定というふうに、その範囲を限定していた点に留意しておく必要がある。

しかし、2002年9月、持続可能な発展に関する世界サミット（WSSD）が採択した「実施計画」では、変化の兆しが見られるようになっていた。「実施計画」のパラグラフ32は、まず(a)項において、国家管轄権の内と外の双方の海域を含め、すべての海洋のぜい弱な生産能力と生物多様性を維持すること、また(b)項では、ジャカルタ・マンデイトに基づく作業計画を実施することの重要性を指摘し、続いて(c)項において、アジェンダ21の第17章にしたがって、海洋の保存と管理を促進するために行うべきこととして、生態系アプローチの採用、有害な漁業慣行の撤廃とともに、国際法にしたがいかつ科学的情報に基づいたMPAを、その代表的なネットワークの確立を含め、2012年までに設定することをあげていた[68]。「実施計画」は、MPAを公海上にも設定すべきであるといった直接的な表現

---

67) Agenda 21 Chapter 17, Protection of the Oceans, All Kinds of Seas, Including Enclosed and Semi-enclosed Seas, and Coastal Areas and the Protection, Rational Use and Development of their Living Resources. http://www.un.org/esa/sustdev/documents/agenda21/english/agenda21chapter17.htm

68) World Summit on Sustainable Development, Plan of Implementation, 4 September 2002, para. 32, A/CONF.199/20, pp. 24-25.

は用いていないが、国家管轄権の内外の海域において生物多様性の維持が重要になっていると指摘することにより、MPA の公海上での設定を示唆していた。

(ⅱ) CBD の実施過程における議論

上でいうジャカルタ・マンデイトとは、本章2(1)(ⅶ)でも述べたように、CBD の第2回締約国会議(1995年)において、海洋の生物多様性を保護するため、生態系アプローチの一部として MPA の設定を奨励したものである。また、CBD の会合では、MPA という用語よりも、むしろ「海洋・沿岸保護区(MCPA)」なる概念が用いられていること、第4回締約国会議では、MCPA に関するアドホック技術専門家グループが設けられたことも、既述の通りである。実は、その後に展開される CBD の実施過程における討議の中で、公海 MPA への注目が一層増大してきている。たとえば、アドホック技術専門家グループの第1回会合(2001年)および第2回会合(2002年)での議論は、その端緒を開くものであった[69]。

アドホック技術専門家グループは、その両会合において、MCPA の価値と効果について検討し、MCPA が、生物多様性の保全と持続可能な利用双方に関連して多くの利益を生み出し、統合的な海洋・沿岸地域管理制度を効果的にする最善の戦略となることを認めた。しかし、現在の MCPA の制度が、海洋・沿岸の生物多様性の保全と持続可能な利用を確保するために効果的であるかどうか、明確ではない点が多数残されているので、そうした点の解明が将来の優先課題の一つであると指摘している。もっとも、他方で、MPA がカバーしている海洋・沿岸生物多様性はまだ大変少ないので、効果的に管理され、生態学的に代表的な MCPA のネットワークの制度を地球規模で発展させることが将来の目標の一つであり、この目標は、WSSD の実施計画と合致しているという。

アドホック技術専門家グループでは、国家管轄権の限界を超える海域における MPA についても議論が行われた。すなわち、第1に、多くの

---

69) 高村「前掲論文」(注36) 61-62頁。

生態系が、国家管轄権の限界を超える海域に存在していること、第2に、現在のところ、広範な生物多様性を効果的に保護するMPAは存在しないが、かかる海域における生物多様性は大きな脅威にさらされているので、MPAがこれらの海域に設定される必要があること、第3に、ただし、公海や深海底の環境に関しては、適用可能な多くの国際的・地域的文書があるので、公海MPAに関しては、その討議の場や方法を吟味することが不可欠であり、また関係機関との協議を開始する必要があることなどが議論された。

2003年3月、締約国会議の下に置かれている科学的・技術的助言に関する補助機関(SBSTTA)は、その第8回会合において、公海MCPAをめぐる問題を討議した[70]。公海には公海自由の原則をはじめ、UNCLOSに定める諸規則が適用されているだけに、公海にMCPAを設定するといっても、現行国際法との関係をどのように考えるべきか自体難問であった。それゆえ、議論の中心は、UNCLOSを軸とする現行の海洋秩序との関係をどう見るべきかという点であり、公海MCPAはそもそも公海自由の原則と抵触するという見解から、逆に公海MCPAの設定に積極的に賛成する見解まで、各国政府の代表が示した見解は多様であった。この会合が採択した勧告Ⅷ/3 Aは、MCPAの設置・管理に関する基準等を検討するため、統合的海洋・沿岸地域管理に関するアドホック技術専門家グループの設置を決定した。

もう一つの勧告Ⅷ/3 Bは、MCPAの目標が、MCPAが海洋・沿岸の生物多様性の保全と持続可能な利用の不可欠な要素であり、国家管轄権の下にある地域でのMCPAの設置は、国内法、国内計画、国内政策にしたがって行われなければならず、国家管轄権を超える地域でのMCPAの設置は、国際法にしたがってかつ科学的情報に基づいて海洋・沿岸保護区をさらに設置する緊急の必要性があることを確認し、事務局長に対して、関係する国際機関と協力して、このようなMCPAの設置と効果的管理に関する適切なメカニズムを検討するよう要請した。

---

70)「同上」63-65頁。

こうして、その後も討議が重ねられ、2004年2月には、CBDの第7回締約国会議が開催された。ここでの審議の結果、MPAとりわけ国家管轄権の限界を超える海域におけるMPAに関しては、次のような関連する決定が行われた。

まず、決定Ⅶ/5(「海洋および海岸の生物多様性」)[71]の中の「国家管轄権を超える海域におけるMPA」と題する箇所で、次のように規定した。「国家管轄権を超える海洋区域における生物多様性に危機が増大しており、MCPAがこの区域における目的、数および対象の点できわめて不十分であることに注目し」(29項)、「国際法に合致し、かつ、科学的な情報に基づく、さらなるMPA(海山、熱水噴出口、冷水海域珊瑚礁およびその他のぜい弱な生態系のような区域を含む)の設定を含め、国家管轄権を超える海洋区域における生物多様性の保存と持続可能な利用を改善するための国際協力と行動の緊急の必要性があることに同意し」(30項)、「海洋法が国家管轄権の海洋区域における活動を規律する法的枠組を提供しており、事務局長に対して、国連事務総長および関係する国際機関・地域機関と協力し、国家管轄権を超えるMPAの将来の設定および効果的な管理のために適切なメカニズムを明らかにするために国連総会の作業を支援することを要請する」(31項)。

決定Ⅶ/28(「保護区」)[72]は、保護区に関するアドホック・オープンエンディッドな作業グループ(アドホックWG)の設置を決定した(25項)。このアドホックWGの任務の一つは、「国連海洋法条約を含む国際法に合致し、かつ、科学的な情報に基づいた、国家管轄権の限界を超える海洋区域でのMPAの設定のための協力についての選択肢を調査すること」にある(29項(a)号)。こうして、より具体的な検討作業は、このアドホックWGに引き継がれて行われることになった。2005年4月、CBDの事務局長は、アドホックWGの作業を支援するため、「国家管轄権の限界を超える海洋

---

71) Decision VII/5, Marine and coastal biological diversity, Decisions adopted by the Conference of the Parties to the Convention on Biological Diversity at its Seventh Meeting, UNEP/CBD/COP/7/21, pp. 133-175.
72) Decision VII/28, Protected areas (Article 8(a) to (e)), *ibid.*, pp. 339-358.

区域における MPA の設定のための協力に関する選択肢」と題する詳細な討議素材を提供した[73]。これに基づき、同年 6 月にアドホック WG の第 1 回会合が開催され、公海 MPA に関しても議論が行われた[74]。

(ⅲ) 海洋法の実施過程における議論

海洋法の実施過程においても、MPA に関する議論が活発になってきている。たとえば、本章 2 (1) (ⅵ) で述べたように、UNCLOS の非公式協議締約国会合 (UNICPOLOS) において、MPA に関する議論の積み重ねが見られる。2000 年 6 月の第 1 回会合から 2002 年 6 月の第 3 回会合では、EEZ 外での乱開発防止の観点から公海 MPA に、あるいは、海洋環境保護の目的達成の観点から MPA に言及する若干の代表があったに止まっていた[75]。しかし、2003 年以降、状況は大きく変わりつつある。

UNICPOLOS において、MPA とりわけ公海 MPA の問題が正面から議論されたのは、議題の一つに「ぜい弱な海洋の生態系の保護」をあげた 2003 年 6 月の第 4 回会合においてであった。ここでは、後に紹介するように、かつては海洋先進国として歩調を揃えることが少なくなかったヨーロッパの諸国が、公海上での MPA の設定に関しては、現行国際法上の下でも合法と見る立場 (イタリア)、逆に公海自由の原則に抵触して違法であると見る立場 (ノルウェー)、そして、まだ合法か違法かを断定する段階にはなく、問題の一層の検討が必要ではないかと見る立場 (オランダ) の三つに分かれて、対立したのである[76]。こうしたまったく異なる評価があることからもうかがえるように、公海 MPA に関する各国代表の見解も多様であった。この会合では、ぜい弱な海洋の生態系を保護するために、2002

---

73) Options for Cooperation for the Establishment of Marine Protected Areas in Marine Areas beyond the Limits of National Jurisdiction, Note by the Executive Secretary, UNEP/CBD/WG-PA/1/2, 20 April 2005.
74) 議論の全体を詳しく知る資料はまだ公表されていないが、第 1 回会合の概略については次を参照。Report of the First Meeting of the Ad Hoc Open Ended Working Group on Protected Areas, UNEP/CBD/WG PA/1/6, 20 June 2005.
75) A/55/274, 31 July 2000, para. 73; A/56/121, 22 June 2001, para. 84; A/57/80, 2 July 2002, para25.
76) 後述の本章 3 (3) 参照。

年に WSSD が採択した「実施計画」でも強調されていた、2012 年を目途にして MPA のネットワークを確立することを、国連総会が再確認するよう提言された。一方、この会合では、MPA がいずれの海域に設定されようと、設定される MPA は、国際法にしたがったものであり、かつ、科学的な根拠に基づいたものでなければならないことが指摘されていた。この点は、「実施計画」でも指摘されていたことを想起しておく必要がある[77]。

2004 年 6 月の第 5 回会合では、同年 2 月に開催された CBD の第 7 回締約国会議で行われた二つの決定に注目が集まった。すなわち、先に述べた、決定Ⅶ/5 および決定Ⅶ/28 である。この会合でも繰り返し、MPA の設定は、いずれの海域であっても、それが国際法にしたがったものであり、かつ、科学的な根拠に基づいたものでなければならないことが強調された。また、従来よりも一歩踏み込んで、公海上に MPA を設定した地中海諸国の実行の存在に触れつつ、それが UNCLOS 第 192 条や第 194 条 5 項に基礎を置くと解釈する政府代表もあった。また、MPA は、海洋・沿岸の生物多様性の保護と持続可能な利用のための重要なツールの一つであることを強調する代表もいた。しかし、他方で、海洋の生態系を保護することと、公海における公海自由の原則を尊重することとは、ともに考慮されるべきであるが、MPA の安易な設定は現行国際法に抵触すると指摘する代表もあり、公海 MPA に関しては、なお検討されるべき問題点が少なくないことが明らかにされた[78]。

2005 年 6 月の第 6 回会合では、同年 3 月に開催された FAO（国連食糧農業機関）の漁業委員会が、MPA に関して行った勧告に注目が集まった。FAO は、この会合において初めて、漁業管理の目的を達成する上で、MPA の重要な役割を認識したといわれる[79]。FAO の漁業委員会では、多くの委員が、漁業資源の保存と漁業管理のツールの一つとして MPA を用いることに支持を表明した。委員会では、そのように MPA を用いる場合

---

[77] A/58/95, 26 June 2003, paras. 13-23 and 103-105.
[78] A/59/122, 1 July 2004, paras. 58-60, 84, 88 and 89.
[79] Kelleher and Gjerde, *supra* note 22.

には、科学的な根拠に基づき、効果的な監視・実施および適切な法的枠組に裏打ちされなければならないことについて、合意があったといわれている。もっとも、委員会では、公海で MPA を設定することに関しては、委員の間で賛否両論にわかれる状況が見られただけでなく、地域的漁業機関が MPA を設定することに関しても、それを肯定的に評価する見解がある一方で、かかる機関の MPA 設定権限に関しては、法的な観点からすると現状では直ちに認められないとする見解まで、さまざまであった。結局、委員会は、若干の反対があったものの、FAO が MPA の設計、実施および規準に関する技術的ガイドラインを発展させることを勧告した[80]。

UNICPOLOS の会合では、かかる勧告および FAO の作業が歓迎されるとともに、FAO や CBD の下で設置された機関を含め、関係する国際機関の密接な協力・協働の必要性が指摘され、また、海洋の生物多様性を保護するための区域と、漁業管理のための区域とでは、相互に違いを設ける必要性も強調された。さらに、2002 年 9 月に WSSD で採択された「実施計画」が強調している、2012 年を目途にした MPA のネットワークの確立という目標が再確認され、全体として、MPA に関する議論を一層重ねる必要性が指摘されていた。もっとも、他方において、公海 MPA となると、それが公海の自由の制約につながる可能性があるので、現行国際法に抵触するとの指摘はなくなってはいない。MPA の内容にもよるので、一概に断定しえないものの、公海の自由の制約をもたらすような MPA の設定は、かかる MPA の正当性や実効性を考慮に入れて交渉され、合意に基づき拘束力のある文書にしたがって行われるべきことが、複数の政府代表によって指摘された[81]。

(iv) 国連総会決議とアドホック WG の設置

公海 MPA に関連する総会決議は少なくないが、ここでは、2004 年 11

---

[80] Report of the twenty-sixth session of the Committee on Fisheries, Rome, 7-11 March 2005, paras. 100-103.
[81] A/60/99, 7 July 2005, paras. 11, 43-44 and 81-82.

月17日の国連総会決議59/24(「海洋および海洋法」)[82]と、それらに基づく新たな動きに触れておくことにする。

　この決議は、「海洋環境、海洋資源、海洋の生物多様性およびぜい弱な海洋生態系の保護」と題するセクションにおいて、上述のCBDの第7回締約国会議で採択された二つの決定を歓迎し、次のことを確認している。すなわち、ぜい弱な海洋生態系の保存と管理のために、国際法に合致しかつ最良の利用可能な科学的情報に基づいたMPAの設定を含め、また、2012年までにかかるMPAの代表的なネットワークを発展させることをも含め、多様な方法と道具の利用を発展させ、かつ、容易にするための諸国家の努力を継続する必要性である。その上で、この決議は、「国家管轄権の区域を超える海洋の生物多様性の保存と持続可能な利用に関する諸問題を研究するための、オープンエンディッドな非公式作業グループ」(以下、アドホックWGという)を設置することを決定した[83]。

　アドホックWGに与えられた主な任務は、国家管轄権外の海洋の生物多様性の保存および持続可能な利用に関する、国連諸機関の過去・現在の活動を調査し、この問題の科学的、技術的、経済的、法的、環境的、社会経済的な側面を検討すること、そして、適切な場合には、この問題に関する国際協力を促進するため、考えられうる選択肢や方法を示すことである。この決議は、国連事務総長に対して、アドホックWGを支援するために、これらの諸問題に関する報告書を提出するよう要請した。この要請に基づき、事務総長は、2005年7月15日、アドホックWGの検討課題に関して包括的な報告書を提出した[84]。これを受けて、アドホックWGの第1回会合は、2006年2月に開催されることになった[85]。アドホックWGの検討課題が列挙される際、MPAという用語は用いられてはいないが、アドホックWGの設置が、CBDやUNCLOSの実施過程において、MPAをめぐって展開されてきた議論の延長線上にあることは明らかであ

---

82) A/Res/59/24, Oceans and the law of the sea. 賛成141、反対1、棄権2で採択。
83) *Ibid.*, paras. 69-74.
84) Oceans and the law of the sea, Report of the Secretary-General, A/60/63/add.1, 15 July 2005.
85) A/Res/60/30, Oceans and the law of the sea. 賛成141、反対1、棄権4で採択。

る。

　アドホック WG の共同議長のまとめによれば、第 1 回会合では、次の諸点が議論されたと伝えられている[86]。主だった点をあげると、第 1 に、UNCLOS は、海洋において行われるすべての活動の法的枠組を定めており、国家管轄権外の海洋の生物多様性の保存と持続可能な利用に関するいずれの活動も、その法制度に合致して行われなければならないこと。つまり、UNCLOS が法的枠組の中心となること。第 2 に、国家管轄権外の海洋の生物多様性の保存および持続可能な利用は、最良の利用可能な科学的知識に基づき、予防的・生態系アプローチを用いて行われるべきこと。第 3 に、海洋の生物多様性にとっての最大の脅威は、IUU (Illegal, Unreported, Unregulated) 漁業（違法、無報告、無規制な漁業）を含む破壊的な漁業慣行にあるので、旗国の責任、寄港国の措置、遵守と執行といった問題を検討するために、すべての関連あるフォーラムにおいて、統合的なアプローチをとること。第 4 に、MPA のような海域ごとの管理が広く受け入れられているので、かかる保護区の選別、設定および管理のための基準の一層の精緻化が求められていること。第 5 に、科学的知識に基礎を置いた多目的な MPA の設置と規制について検討するために、UNCLOS の下で実施協定を発展させる必要についての評価を含め、取り組み方法を明確にする必要があること。第 6 に、国家管轄権外の遺伝資源を含む、海洋の生物多様性の法的地位について検討すること。とりわけ、かかる資源を対象とした活動をどのように規制しうるか、現行のツールや取り決めは十分かどうか、あるいは、新しいツールが海洋の生物多様性の保存と持続可能な利用に必要かどうかについて検討すること。第 7 に、海洋の生物多様性に関しては、国家管轄権内の海域はもとより、国家管轄権外の海域における保存・管理が、緊急の行動を必要とする重要課題として浮上していること、などである。

---

86) Report of the Ad Hoc Open-ended Informal Working Group to study issues relating to the Conservation and Sustainable Use of Marine Biological Diversity beyond Areas of National Jurisdiction, A/61/65, 20 March 2006, Annex I, Summary of trends prepared by the Co-Chairpersons.

以上のほかにも、検討の対象となった問題は少なくない。検討対象の多さと広さに驚かされるが、こうしたアドホック WG での議論の行方は、MPA をめぐる動向にも大きな影響を与えるものといえよう[87]。

(2) 先行事例

公海上に MPA が設定されている事例は、すでにいくつか存在している。本章 2 (1) (i) で見たように、国際捕鯨取締条約の下で、IWC が設定したインド洋保護区と南氷洋保護区は、ともに公海部分を含んでいるものであった。また、本章 2 (1) (ii) で見たように、南極地域においても、すでに公海部分を含んだ南極特別保護地区等が設定されている[88]。

さて、そうした国際捕鯨や南極の制度を定める条約の実施過程の中で設定されるようになった保護区とは異なり、当初より、公海上に MPA を設定するために条約を締結した実行もある。1999 年 11 月、フランス、イタリア、モナコの三国が締結した、「地中海における海産哺乳動物の保護区の設定に関する協定」がそれである (2002 年 2 月効力発生)[89]。この協定の締約国は、第 3 条に定める地中海の海域内であって、そこにある生物の多様性と豊かさが海産哺乳類とその生息地の保護のために不可欠の属性を示しているところに海洋保護区を設立する (第 2 条 1 項)。締約国は、この保護区にある海産哺乳類のあらゆる種を保護する (第 2 条 2 項)。保護区は、フランス共和国、イタリア共和国およびモナコ公国の内水と領海、ならびに、隣接する公海の部分に位置する海洋区域で構成される (第 3 条)。

---

[87] なお、MPA をめぐる議論においては、国際環境 NGO の提言や活動も大きな影響を与えている。NGO の動向について、たとえば、田中則夫「公海における海洋保護区の設定」田中監修『前掲書』(注 13) 70-73 頁参照。

[88] このほか、オスパール条約の下で公海海底の熱水鉱床のある区域の管理の仕方が検討されており、また、カナダの沿岸沖の公海上にも拡がっているグランド・バンクスの MPA としての管理の仕方も検討され始めていることについて、Case-Studies on the Establishment of Marine Protected Areas Beyond National Jurisdiction, *supra* note 41.

[89] Agreement concerning the Creation of A Marine Mammal Sanctuary in the Mediterranean (France, Italy and Monaco, signed in Rome on 25 November 1999, entered into force on 21 February 2002). 協定文は次のサイト。http://www.tethys.org/sanctuary_text.htm

具体的には、リグリア海を中心にしたところであって、フランスの地中海沿岸の西にあるジャン半島からサルディニア島の西海岸に引いた線と、イタリアの西海岸フォッソ・チアローネからサルディニア島の東海岸に引いた線で囲まれる、およそ8万7千平方キロに及ぶひし形に近い海域である（第3条）。地中海においては、EEZの設定がまれであって、これらの三国も地中海ではEEZを設定していないため、保護区の中に公海が含まれている。保護区の内訳は、3カ国の内水が15％、領海が32％、公海が53％である。

　この協定の内容を、いま少し具体的に見ておくとすれば、次の通りである。締約国は、保護区において、人間の活動から生じる否定的な直接または間接の影響から、海産哺乳類とその生息地の双方を保護することにより、海産哺乳類の望ましい保存状態を確保するために、この協定に定める適当な措置を採用する（第4条）。締約国は、海産哺乳類の個体数の状態や死亡の原因等を定期的に評価するために協力し（第5条）、国際的な義務を考慮に入れた上で、保護区において、モニタリング活動を実施し、いかなる形態の汚染との闘いも強化する（第6条）。締約国は、保護区において、海産哺乳類の故意の捕獲を禁止し、外洋性流し網の使用と保持に関する国際規制およびECの規制を遵守する（第7条(a)，(b)）。締約国は、観光目的での海産哺乳類のウオッチングを保護区で規制する（第8条）。

　第三国との関係については、締約国は、第3条に定める海洋区域で活動を行う他の国に対して、この協定で定める保護措置と同様の措置をとることを要請する（第17条1項）。この協定は、国際的または地域的なレベルで権限のあるすべての国際機関、ならびに、地中海の海洋環境および沿岸地域の保護のための条約の締約国に通知される（第17条2項）。この協定の発効要件は、署名国（前記の3カ国）による批准、受諾または承認であるが（第18条・第19条）、この協定は、発効後に、他のすべての国と国際機関の加入のために開放される（第20条1項・2項）。ただし、この協定に加入した国や機関はまだ存在しない。

　この協定が採択されるに至るきっかけは、1990年に、イタリアにあ

るTethys研究機構(環境NGO)がこの区域を保護区とするよう提言したことが契機となり、3カ国の共通の関心事へと高まっていったことによる。この協定で保護区とされたリグリア海周辺は、歯鯨やイルカをはじめとする豊かな海産哺乳類の生息地であったが、近年、たとえば、漁業活動の展開、船舶の通航量の増大や高速ボートの就航、鯨ウオッチングなど海洋観光の活発化、あるいは軍事演習の実施など、さまざまな諸活動にともなう海洋汚染の進行と生物資源への悪影響などが懸念されるようになっていた。しかし、この海域をMPAとする上で最大の問題は、公海上にMPAが及ぶことであって、国際法の中心的な原則の一つと抵触することであった。しかし、リグリア海周辺をMPAとする考えは、そうした国際法のメインストリームに対する一種の挑戦と位置づけられ、1991年3月にモナコで計画が公表されるや、その後は、とりわけNGOの間で広範な支持を集めるようになった。その後、数年間、イタリアとフランスの国内事情により、計画の実現に向けた動きは停止していたが、1998年になると、再び3カ国の間でMPAの設定に向けた動きが始まり、翌99年11月、協定の締結に至ったのである[90]。

　この協定は、本章2(2)(iii)で述べたように、地中海における環境保護条約の形成・発展過程の中から生まれたものということもできる[91]。1995年の「地中海において特別に保護される区域と生物多様性に関する議定書」は、公海をも含む地中海のすべての海域を適用対象にし、地中海特別保護区(SPAMI)の設定を促進していた。2001年の第12回締約国会合は、12の海域をSPAMIリストに登録することを承認したが、その中で公海部分を含んでいたのは、上記3カ国の協定に基づく海域だけである。上記の3カ国のMPAは、公海の部分を含んでいるとはいえ、限定された範囲の海域でしかなく、保護の対象とされているのは、歯鯨やイルカ等特定の生物資源である。しかし、公海上へのMPAの設定が公海自由の原則と抵触することを承知しながらも、関係国が、自国沖合の海域の生物

---

90) 以上の経過説明について次を参照。http://www.tethys.org/sanctuary.htm
91) Scovazzi, *supra* note 4, pp. 52-54.

多様性の保護をいわば優先的に考慮した実行は、重要な先例を提供するものといわなければならない。2005年12月、イタリアは、締約国会議において、協定の対象とする保護区をユネスコの世界遺産リストに登録するよう提案した[92]。

(3) 法的問題点

　公海MPAに関しては、いうまでもなく、国際法的な問題点は数多くある。ここでは、さしあたり、先にもふれたように、2003年6月に開催されたUNICPOLOSにおいて、公海上でのMPAの設定の問題をめぐり、三つの立場にわかれ、興味ある論争が繰り広げられたので、それを紹介しておくことにしたい。

　(i) 〔合法説〕

　最初に、公海上でのMPAの設定に関しては、現行国際法上の下でも合法と見る考え方を紹介しておこう。これは、公海上にMPAを設定した国の一つであるイタリアが主張した。イタリア代表は、1999年の3カ国協定の紹介を行い、それに続けて、要旨次のような主張を展開した[93]。

　ある条約に基づいて、MPAが領海の外側に設定された場合、かかる条約の締約国によって執られる保護措置が、条約の非締約国にも適用されるかどうかである。条約は、原則として第三国の権利や義務を創設せず、締約国の間でのみ有効である。しかしながら、MPAという特別の事例については、次の点を考慮する必要がある。第1に、すべての国は、ぜい弱な生態系を保護する義務を負っており、この義務は、慣習国際法から導くことができるだけでなく、UNCLOS第194条5項にも反映されている。第2に、第三国との関係に関する新たな規則が定められるようになっ

---

92) See also, *supra* note 75.

93) Italy, Statement on Discussion Panel B "Protection of Vulnerable Marine Ecosystems", New York, 5 June 2003, pp. 1-3.

ている。たとえば、1995年のバルセロナ議定書は、第28条において、締約国は、議定書の締約国でない国および国際機構に対して、議定書の実施に関して協力を要請すると規定した。第3に、公海上に特別の保護区域を設定し、適切な管理を行うことに対して、伝統的な公海自由の原則が障害になると考えることは正しくない。なぜならば、公海自由の原則を含め、いかなる国際法上の原則も、法体系の発展との関連において理解されるべきであり、かつ、当該原則が適用されるべき個々の事情に照らして理解されなければならないからである。

　公海自由の原則は、17世紀の初めにグロティウスによって提唱され、それ以来、確固たる地位を築いてきた原則である。当時においては、しかし、誰も、海洋環境に悪影響を及ぼす諸活動、たとえば、巨大タンカーの就航、有害危険物質を運搬する船舶の激増、沿岸沖合海底の掘削、深海底の鉱物資源の開発、流し網漁業などの実施などを想定したことはなかった。この明らかな海洋利用形態の変化は、また明らかな一つの結論を導く。すなわち、今日、われわれは、4世紀も前にグロティウスが用いたのと同じ概念を用いることは適当ではない。今日、海の自由という考え方は、現在の海洋活動がカバーしている範囲に照らして、また、抵触し合う可能性のある海洋利用・海洋の利害との関係において、捉え直されなければならない。航行の自由さらには他の国際的に認められた海洋の利用は、依然として考慮されるべき重要な要素である。しかし、それらの海洋利用の自由は、UNCLOSに反映されている他の利益、とりわけ、国家管轄権の限界を超える海洋環境のように、国際社会全体に帰属する利益とバランスさせて、かつ調和させて、行使するようにしなければならない。UNCLOS第194条は、海洋環境の汚染を防止し、軽減しおよび規制するための措置について規定した条文であって、同条5項は、「この部の規定によりとる措置には、希少又はぜい弱な生態系及び減少しており、脅威にさらされており又は絶滅のおそれのある種その他の海洋生物の生息地を保護し及び保全するために必要な措置を含める」と規定している。こうした規定も、公海上でのMPA設定の根拠となりうる。

(ⅱ)〔違法説〕

次に、以上とは対照的に、公海上での MPA の設定は、公海自由の原則に抵触して違法であると見る考え方で、ノルウェーがとった立場である。ノルウェー代表は、要旨次のように主張した[94]。

公海における生物多様性の保護が重要な課題であることを否定するものではない。しかし、海洋環境を保護し、公海のぜい弱な生態系を保護するための努力は、現行国際法上のさまざまな義務との調和をはかりながら進めるべきである。2002 年の WSSD の「実施計画」や同年の国連総会決議 57/141 (53 項) が諸国に要請していることも、国際法に合致した MPA のネットワークの確立である。それゆえ、たとえば、深海底の生態系の保護などを実現しようとする場合には、何よりもまず、UNCLOS の深海底制度を踏まえて検討されるべきであろう。また、CBD や UNCLOS のその他の関連諸規定、あるいは国連公海漁業実施協定なども考慮に入れる必要が生じるであろう。

CBD の関連規定についていえば、まず第 8 条は、「締約国は、可能な限り、かつ、適当な場合には、次のことを行う」として、「保護地域又は生物の多様性を保全するために特別の措置をとる必要がある地域に関する制度を確立すること」をあげている（同条 (a) 号）。ここでいう「保護地域」とは、「保全のための特定の目的を達成するために指定され又は規制され及び管理されている地理的に特定された地域をいう」（第 2 条）。他方、UNCLOS は、船舶からの汚染の防止に関する第 211 条の中で、沿岸国は自国の EEZ 内の「明確に限定された特定の水域」において、船舶からの汚染を防止するために「特別の措置」をとることができると定めている（同条 6 項 (a) 号）。

しかし、CBD でいう「保護地域」と、UNCLOS 第 211 条 6 項 (a) 号でいう「明確に限定された特定の水域」とは、同じものではない。CBD は、「締約国は、海洋環境に関しては、海洋法に基づく国家の権利及び義務に適

---

94) Norway, Protection and conservation of vulnerable marine ecosystems in areas beyond national jurisdiction, A/AC.259/10, 4 June 2003, pp. 1-2.

合するようこの条約を実施する」と規定し、UNCLOSに抵触してはならない旨を明示している（第22条2項）。しかるに、公海におけるMPAの設定は、UNCLOS第89条（公海に対する主権主張の禁止）に抵触するだけでなく、UNCLOS第137条3項（深海底とその資源の地位＝主権、専有などの禁止）にも抵触する。また、いかなる海洋科学調査活動も、海洋の環境もしくはその資源に対するいかなる主張の法的根拠を提供するものではないことも明らかである。CBDの締約国は、同条約第8条(a)号にしたがい、自らの管轄権に基づき、かつ、UNCLOSにしたがって、「保護地域」を指定することができるが、この「保護地域」は公海上に設定することはできない。CBDの適用範囲は、「生物の多様性の構成要素については、自国の管轄の下にある区域」（第4条(a)号）に限られていることにも、留意しておくべきである。

(iii)〔折衷説〕

最後に、公海上でのMPAの設定が現行国際法上合法か違法かを断定しうる段階にはなく、問題の一層の検討が必要と見るオランダが示した考え方を紹介しておこう。オランダ代表は、要旨次のように主張した[95]。

2002年12月の国連総会決議57/141は、関係する国際機構や地域機構に対して、UNCLOSの枠組内で、「海山や他の海中の特徴など海洋の生物多様性に対する危機管理を、科学的な根拠に基づいて統合し、改善するための方法を緊急に検討すること」を求めている。重要なのは、生態系の個々の構成要素を保護することよりも、国家管轄権の限界を超える海域におけるものを含め、海洋の生態系を全体として保護する課題を検討することである。WSSDの「実施計画」も、「国家管轄権を超える……海域を含め、重要でかつぜい弱な海洋・沿岸区域の生産能力と生物多様性を維持するために、関連する国際文書に考慮を払い、あらゆるレベルでの行動をとること」を要請している。

---

95) Netherlands, The need to protect and conserve vulnerable marine ecosystems in areas beyond national jurisdiction, A/AC.259/8, 22 May 2003, pp. 2-7.

こうした課題に関連し、適用可能な国際法上の原則がないわけではない。UNCLOS について見れば、たとえば、第 192 条は、「一般的な義務」として、「いずれの国も、海洋環境を保護し及び保全する義務を有する」と規定している。また、「海洋環境の汚染を防止し、軽減し及び規制するための措置」について定める第 194 条には、「この部の規定によりとる措置には、希少又はぜい弱な生態系及び減少しており、脅威にさらされており又は絶滅のおそれのある種その他の海洋生物の生息地を保護し及び保全するために必要な措置を含める」という規定が設けられている（同条 5 項）。さらに、「生物資源の保存及び管理における国の間の協力」を求める第 118 条の規定や、「世界的又は地域的基礎における協力」を求める第 197 条の規定も、上の課題に関係する規定だと見ることができる。深海底についていえば、国際海底機構の活動が重要となろう。ぜい弱な深海底の生態系を保護する権限と義務が機構にはある。しかし、他方において、公海では公海自由の原則とともに、旗国主義の原則が適用されることを忘れてはならない。

次に、国連公海漁業実施協定についていえば、この協定は、公海のぜい弱な生態系を漁業活動から保護する上で、重要な役割を果たしうるものといえる。予防原則をはじめとする環境保護に関する一般原則を含め、高度回遊性魚種の保存と管理のための規則を整備した協定として重要である。また、法的拘束力はないが、たとえば、責任ある漁業に関する行動綱領、IUU 漁業の防止と撤廃に関する国際行動計画など、FAO の作業に基づく国際文書もある。さらに、CBD は、生物多様性の保護に関する法的枠組を提供し、条約に基づいて設立される機構が定める指針に基づき、国内レベルで実施すべき締約国の義務、目標、一般原則などを定めている。CBD は、国家管轄権の限界を超える海域に適用される義務については、規定していない。しかし、この条約は、締約国の管理と管轄内で実施される活動であって、国家管轄権の限界を超える海域の生物多様性に悪影響を与える活動には適用されるのである。締約国は、「自国の管轄又は管理の下で生ずる急迫した又は重大な危険又は損害が他国の管轄

の下にある区域又はいずれの国の管轄にも属さない区域における生物の多様性に及ぶ場合には、このような危険又は損害を受ける可能性のある国に直ちに通報すること及びこのような危険又は損害を防止し又は最小にするための行動を開始すること」を求められている（第14条(d)号）。

海洋の生態系の保護に関して、UNCLOS も CBD も相互に補完的な関係にあると見るべきであるが、現時点では、国家管轄権の限界を超える海域におけるぜい弱な生態系を保護することを目的とした単一の条約は存在してはいない。かかる目的を達成するためには、学際的で統合された生態系アプローチに基づく検討が不可欠である。UNCLOS の立脚点は、海洋の問題は相互に密接に関連しており、全体として検討されるべきだというものであった。公海を含む海洋の生態系保護のために、特にグローバルなレベルでの検討と協力が不可欠であるという観点から、当面、次の諸点が緊急に求められている。第1は、この問題が国連において適切な関心を受けるよう、一層の工夫と改善を試みることである。第2は、国家管轄権外の海域におけるぜい弱な生態系について、科学的な知識と理解を共有しうるようにすべきである。第3は、国家管轄権外の海域におけるぜい弱な生態系を保護するために、現行の国際条約や関連する文書の利用可能性と有効性を明らかにし、その上で、法的枠組における欠陥を埋めるためには、いかなる作業・行動が必要であるかを示すことである。

(iv)〔小括〕

かつて海洋の自由に関しては、基本的には同じ立場を共有していたヨーロッパの先進国が、海洋自由の捉え方が改めて問い直される問題、つまり MPA の評価・位置づけ方をめぐっては、見方を大きく異にして議論するまでになっている。もちろん、これらの諸国の立場も、今後不変だというわけではないであろう。公海 MPA が孕む法的論点が、三つの国の代表が指摘した範囲に止まらないことも、いうまでもない。

MPA については、*lex lata* の観点から論ずるか、*lex ferenda* の観点から論ずるか、視点の置きどころによっても、見解は異ならざるを得ないよう

に思われる。イタリア代表の見解は、lex lata というよりも lex ferenda の観点から注目しうるだけでなく、公海自由の原則の捉え方を含め、海洋法の発展過程を歴史的に分析する方法の重要性について、傾聴に値する見解を含んでいる[96]。ノルウェー代表の見解は、lex lata の観点からする現行国際法の解釈としては、一定の根拠を有する見解だと思われる[97]。他方、オランダ代表の見解は、MPA をめぐる今後の討議の仕方を的確に指摘しているという意味で、もっともバランスのとれた見方であるということができると思う。いずれにしても、現時点で重要だと思われるのは、MPA の合・違法性に性急な結論を出すことではなく、先にも見た、2006年から開始されたアドホック WG での議論状況も参考にしながら、検討すべき法的論点をより一層明確にしていくことではないかと思われる[98]。

---

96) イタリア政府の見解は、イタリアの国際法学者、テュリオ・スコバッティが以前から行ってきた指摘を参考にしていると思われる。Scovazzi, *supra* note 4, pp. 50-52; see also, T. Scovazzi, "Marine Protected Areas on the High Seas : Some Legal and Policy Consideration," Paper Presented at the World Parks Congress, Governance Session "Protecting Marine Biodiversity beyond National Jurisdiction", Durban, South Africa, 11 September 2003.

97) ノルウェーは、CBD の事務局長が準備した「国家管轄権の限界を超える海洋区域における MPA の設定のための協力に関する選択肢」と題する討議素材に基づき議論された、2005年6月のアドホック WG の第1回会合においては、次のような主張を行っている。公海の生物多様性に関心が高まっていることは歓迎するが、公海 MPA の設定は、UNCLOS を含む国際法に合致したものでなければならない。公海 MPA の設定は、関連する国際機関や国際条約に裏打ちされた現実的な制度に基づくものでなければならず、それゆえ、諸国はさらに一層の調査・研究を行う必要がある。生物多様性に関する知識と科学的な情報を広めることも重要である。しかしながら、我々は、公海 MPA を設定する目的のために、特別に新しい法制度を樹立する必要があるとは考えない。現行の国際法を修正するため、交渉を行うといったことは難しい。新しい法的文書の創出に力を注ぐのではなく、現在ある諸制度を活用するために諸国は協力すべきである。現時点で明らかなことは、海洋における生物多様性に対して主要な脅威となっているのは、持続困難な漁業活動にほかならず、この活動を是正することが優先されなければならない。したがって、新しい法制度の創出は当面の目標とされてはならない。なお、CBD の締約国会議の決定Ⅱ/10 の第12パラグラフは、CBD の事務局に対して、国連法務局海洋法部と協議しながら、深海底の遺伝資源の保存と持続可能な利用に関する、CBD と UNCLOS の関係の研究を行うよう要請したことに注意を喚起したい。Report of the First Meeting of the Ad Hoc Open Ended Working Group on Protected Areas, *supra* note 63, para. 160.

98) 先に触れたように、アドホック WG を支援するために、2005 年7月に国連事務総長が提出した報告書 (*supra* note 85) は、検討対象を MPA に限定してはいないものの、多面的な論点

4　おわりに――海洋保護区の国際法的インパクト――

　かつて、1970年代の初めに、アフリカの諸国が200カイリEEZの主張を提起するや、それからわずか2年前後の間に、かかる主張は世界の多数派を形成した。領海の外側で沿岸国が資源管轄権をもつという主張が、公海自由の原則と抵触するといった問題は、検討する余地さえもないほどであった。EEZの主張は、世界の海洋の大部分を自由な空間としておくことが万人の利益につながるという、伝統的な海洋自由の思想に対する根本的な批判を内包していた。そして、かかる批判は、国際社会の構造変化にともなって、一定の合理的で正当な根拠をもっていたからこそ、伝統的な国際法を変革する力となった。深海底とその資源を人類の共同財産とする、新しい国際海底制度の主張(特に発展途上国による主張)にも、深海底資源開発に自由競争の原理をもちこむことへの強い抵抗があった。EEZや深海底を条約上に規定したUNCLOSは、海洋法における海洋自由の思想の位置づけを、かなりはっきりとした形で変更した、最初の一般多数国間条約であった[99]。

　もとより、ここにおいて、MPA設定の主張や動き、とりわけ公海MPAのそれが、EEZの制度の形成過程等と同様の軌跡をたどるであろうといったことを、いわんとするものではない。当時と比べ、現在は、海洋に関する国際法規の整備状況は、国際環境に関するそれと合わせ、著しく進展しており、それゆえ、MPAに関する議論も、現行の関連する国際法規の検討なしには、もはやなし得なくなっている。本章でみたように、MPAに関する検討を深める上では、設定されるMPAが国際法にしたがったものであること、ならびに、科学的な根拠(情報)に基づいたものであること、これら二つの条件を満たすことが繰り返し求められている。前

　　の整理として有益である。
99) 田中則夫「国連海洋法条約にみられる海洋法思想の新展開――海洋自由の思想を超えて――」林久茂・山手治之・香西茂編『海洋法の新秩序』(東信堂、1993年) 39頁以下参照〔本書第1章〕。

者、つまり、国際法への合致ということの意味には、設定される MPA がその内容いかんによって、現行法と抵触する場合には、抵触を解消するような何らかの調整(現行法の修正や新規の法定立を含む)が行われなければならない、ということが含意されていると思われるが、いずれにしても、現行法を無視するような議論・実践は、容易になしえない状況になっていることに、留意しておく必要があろう。

　本章を終えるにあたり、考えておきたいと思うのは、MPA の主張は、国際法の思想史的な展開過程の中で見た場合、海洋自由の思想に対する批判を新たな形で反映したものと位置づけうるのではないか、という点である。換言すれば、生物多様性の保護という新たな要請を受けて、自由から管理へと大きく弧を描いている海洋秩序の動きの中で[100]、海洋管理のあり方を改めて問い直す契機になっているのではないか、という点である。筆者は、13 年ほど前〔1993 年〕に「国連海洋法条約にみられる海洋法思想の新展開」〔本書第 1 章収録〕を検討した際、次のように述べたことがある[101]。「ながらくのあいだ、海洋秩序の根幹を支えてきたのは、海洋自由の思想であった。日本において海洋法の思想史研究に先駆的に取り組んだ高林秀雄は、『伝統的な海洋制度を基礎づけていたのは、海洋の自由、つまり広大な海洋を万人の自由な使用に開放しておくことが、世界全体の利益に奉仕するという観念であった。これは、自由放任と自由競争がすべての人に最良の結果をもたらすという、資本主義高揚期の思想を表現する国際制度』であったと指摘している。海洋の自由は、グロティウスによって理論的な基礎づけを与えられ、国際法上、公海自由の原則として確立した実定規範であるが、それは同時に、海洋秩序の基本的なあり方を示しつづけた、重要な国際法思想でもあった。ところが、海洋自由の思想は、国連海洋法条約によって樹立される新海洋秩序の下では、そうした意味での指導的役割をもはや果たしえなくなったように思う。

---

100) 杉原高嶺「海洋法の発展の軌跡と展望——*mare liberum* から *mare communs* へ——」栗林忠男・杉原高嶺編『海洋法の歴史的展開』(有信堂高文社、2004 年) 271 頁以下参照。
101) 田中「前掲論文」(注 99) 40 頁。

国連海洋法条約には、海洋の自由に対する批判が様々なかたちで反映しており、そのことが、この条約の見逃せない特徴の一つになっている。」これより前の 1987 年、芹田健太郎は早くも、公海の自由を軸とした伝統的な海洋秩序が大きく変容したとの評価に基づき、「公海の自由は死んだ」と指摘していたが [102]、筆者の見方と同じ趣旨であったと解される。

また、UNCLOS を分析の対象にしたものではなかったので、比較参照のレベルには注意が必要であるが、小田滋は、第 5 福竜丸事件をきっかけに論争となった、公海での水爆実験の合法性の問題に関して次のように論じ [103]、それを自らの「公海自由論」と名付けていた [104]。「公海自由の原則は、歴史的には航海や漁業などの利益を保護するものとして、いわば交通もしくは生産の手段としての海洋利用という限定的な目的のために形成されてきたもの、ということが看過されてはならない。公海においては、何をするのも自由であったわけではなく、航海や漁業こそが国際社会において保護されるべき利益であり、それを侵害するような行為が違法と考えられた。公海上に効果をおよぼす水爆実験は、まさにそうした他国の航海あるいは漁業の利益を害う限りにおいて、不法行為としての損害賠償責任を生ぜずにはおかないのである」。「しばしば水爆実験に関連して、海軍の艦隊演習がひきあいに出される。しかし艦隊演習は権利である、あるいは保証された自由であるというような観念のとかれたことはない。しかしまたそれが今日まで、時期的にまた場所的に、他国の航海もしくは漁業の利益を妨げるようなしかたで行われたものではなかったが故に、ことさらにその違法性も問題にされることはなかったという事実を見おとしてはならない。」

いうまでもなく、海洋自由の思想に対する批判といっても、それが海洋の自由を消滅させてしまうわけではない。公海の自由が海洋秩序の主要な柱の一つとなっていること自体に変わりはない。以上に引用した高

---

102) 金東勲・芹田健太郎・藤田久一『ホーンブック国際法』(北樹出版、1987 年) 104 頁 (芹田健太郎執筆部分)。
103) 小田滋『海洋の国際法構造』(有信堂高文社、1956 年) 245-246 頁。
104) 小田滋『海洋法二十五年』(有斐閣、1981 年) 25-28 頁。

林、芹田、小田の見方も、それぞれが論じた対象が異なるだけに、まったく同次元で評価することには無理があろうが、しかし、それにもかかわらず、注目されるのは、それぞれ独自の観点から、海洋秩序の根幹をなす海洋の自由という考え方の本質を、解きほぐそうとする思考がみられる点である。

　MPAについていえば、それをめぐる議論の根底には、海洋の自由という考え方とは対照的な位置にある海洋の管理という考え方が潜んでおり、21世紀に入り、海洋秩序のあり方を改めて問い直す契機が内在しているように思う。いま、学説上、MPAを素材として、MPAの思想史的意義が直接に論じられている状況にはない。MPAは、海洋の生物多様性や生態系を保護するという、現実の必要性の認識に基づき提起されている、実定法上の制度的な問題提起にほかならない。もっとも、実定法上の議論を通じて現れてくる新しい法現象を対象とし、そこに通底する思想的な変化や発展を抽出しようとする試みは、決して的はずれな思考方法ではない。MPAは、UNCLOSの採択過程においては、諸国の認識の範囲外の問題であった。しかし、いまや、海洋の生態系や生物多様性さらには海洋環境それ自体を保護するためには、MPAの設定といったかたちでの、新たな海洋利用の規制措置が不可欠だという認識が浸透しつつある。

　このことの意味を若干敷衍して考えてみることが重要だと思われる。これまで、UNCLOSの解釈問題とも関連して、条約が掲げる公海の自由は例示的にすぎないので、明示的な許容規則がなくても、ある活動を積極的に禁止する規則がない限りは、公海では自由に行動しうるといった議論がしばしば提起されてきた。UNCLOSには、その採択過程において諸国の見解の対立が激しいために、対立する両極のいずれの考え方も採用されず、当該の問題を直接規律する規定が置かれていない場合(たとえば、軍艦の無害通航権の問題)や、あるいは、かかる両極の考え方を妥協させるかたちで、抽象的ないし一般的な規定が置かれただけにとどまった場合(たとえば、海洋の平和利用原則)などもあり、いまなお、条約解釈がわかれる問題は少なくない。他方で、UNCLOSは、海洋法上のすべての問

題を解決し尽くした条約ではない。そのため、UNCLOS の採択によっても、なお未解決のままに残された問題、あるいはまた、UNCLOS の審議過程では認識されず、その採択後に登場した新しい問題も、決して少なくない。

　さて、そうした UNCLOS の特徴を念頭に置きつつ、ここでは、公海や EEZ での軍事演習を例にとって考えてみよう。筆者は、先にあげた小田滋と同様、軍事演習の自由なるものが公海の自由として確立したことはないと考えるものであるが[105]、この点については逆の見方もあり、いまでもなお、国家間のみならず、学説上も見解対立が続いている[106]。しかし、MPA をめぐる議論動向は、何を指し示しているであろうか。たとえば、オーストラリアのグレート・バリア・リーフのある EEZ で、軍事演習の自由が認められるであろうか。認められないとすれば、なぜなのか。他の沿岸国の EEZ あるいは公海であれば、権利として自由なのであろうか。軍事演習が海洋の生物多様性や生態系にどういった影響を及ぼすかといった問題は、軍事演習の規模や態様にもよるので一概にいうことはできず、また、その影響の度合いが科学的に解明され尽くしているというわけでもない。もっとも、他方で、科学的不確実性のあることをもって、環境保護のために必要な措置をとらない理由にしてはならないという、予防原則が重視される傾向にあることを、今日では考慮しなければならない。軍事演習の自由を認める場合でも、明文の禁止規定がないことを理由にそれを肯定する見方、あるいは、軍事演習にも種々の態様があるので、公海を利用する他国の利益に妥当な考慮を払って行われる軍事演習に限り、その自由を肯定する見方など、複数の見方があるように思われる。しかし、MPA をめぐる議論動向は、こうした見方の妥当性ないしはその判断基準に対して、根本的な再検討を迫るものということは

---

105) 田中則夫「排他的経済水域における軍事演習の規制可能性」海洋法制研究会第 2 年次報告書『EEZ 内における沿岸国管轄権をめぐる国際法および国内法上の諸問題』(日本国際問題研究所、2000 年) 53 頁以下参照。

106) 坂元茂樹「排他的経済水域における軍事活動」栗林・秋山編『前掲書』(注 30)) 93 頁、林司「他国の排他的経済水域における軍事的活動」島田征夫・杉山晋輔・林司宣編『国際紛争の多様化と法的処理』(信山社、2006 年) 363 頁以下参照。

できないであろうか[107]。

　MPA のインパクトは、船舶の航行の自由あるいは漁業の自由といった、これまで疑われることなく安定的に確立してきた公海の自由の内実に対しても、及ばざるを得なくなっている。MPA の登場により、新しい海洋管理のあり方が問い直されている。その中で、UNCLOS の実施方法や解釈問題にも影響が出る可能性が生まれている。MPA をめぐる議論が、今後、どういった形で展開していくのかを、現段階で予測することは簡単ではないが、MPA は、今後の海洋管理のあり方を象徴的に示す、新しい考え方の一つになっていくことは、間違いないように思われる。海洋の生物多様性の保存と持続可能な利用という課題の登場に伴い、海洋管理のあり方についての議論が、これまでには経験したことのない次元で本格化しようとしている。

---

[107] スコバッティは、海洋法の歴史的展開を詳細に分析した最近の論稿において、公海自由の原則の歴史的な性格分析の重要性を指摘し、さらに、UNCLOS を解釈する場合にも、海洋制度の歴史的な形成・変化の過程を踏まえつつ、発展的な解釈の方法をとることの重要性を指摘している。T. Scovazzi, "Evolution of International Law of the Sea," *Recueil des Cours*, Tome 286(2000), pp. 228-232.

第 9 章

国家管轄権の限界を超える海域における生物多様性保全の課題

1　はじめに
2　関係する二つの基本条約——生物多様性条約と国連海洋法条約——
3　国家管轄権の限界を超える海域における生物多様性保全の課題の提起——1990 年代から 2000 年代初頭にかけて——
　(1) 1992 年の国連環境発展会議から 2002 年の世界サミット
　(2) CBD の締約国会議における議論——CBD 採択（1992 年）後から 2000 年代初頭にかけて——
　(3) UNCLOS の締約国会議における議論——非公式協議締約国会合（2000 年以降）の主要な議論——
　(4) 国連総会での議論——2002 年以降アドホック WG の設置まで——
4　国家管轄権の限界を超える海域における生物多様性保全に関する国際法
　(1) 漁業
　(2) 海洋統合管理・生態系アプローチ・環境影響評価
　(3) 海洋保護区
　(4) 海洋遺伝資源と深海底制度
5　むすびにかえて

1 はじめに

　生物多様性は、生命を支える生態系の公益的機能を維持する役割を果たす。とりわけ、海洋は、その物理的な形状に関して複雑な特徴を有し、水深の浅い沿岸域から遠方の深海底に至るまでの範囲で、生態系と種の驚異的な多様性を有している。

　たとえば、深海底では、長い間、種の多様性という点では、特に顕著な特徴が確認されたことはなく、深海底には、鉱物資源だけがあると考えられていた。しかし、1970年代の後半に、ガラパゴス諸島の近海の海底で、熱水鉱床が発見され、その後、他の海底でも次々に発見され、熱水鉱床が単なる堆積物等に止まるものではなく、その周辺には多様な生物が生息していることに加えて、熱水鉱床自体が生命の淵源に関する研究の対象ともなりうる生態系であることが明らかになっている[1]。

　さらに、他の場所でのさまざまな発見・調査を通じて、深海底には種の生息地や生物多様性が豊富に存在していることが明らかになっている。それらの中には、海山や冷水深海珊瑚礁、あるいは、多様な微生物の宝庫になっている海底（海域）なども含まれる。ただし、以上の生息地や種の全体像については、科学的な知見が十分に得られたとまではいえず、近年特に活発な調査・研究が行われているが、まだ未知の世界の部分を多く残しており、一層の調査・研究が必要であるといわれる[2]。

　海洋の生物多様性と生態系は、地球上の自然の循環やすべての生命の維持にとって重要であるだけでなく、健全な環境の確保にとって不可欠であり、人間の暮らしにも重要な貢献を行っている。そのような特徴を有することが明らかになってきているだけに、他方で、今日、それらをいかにして保全し、その持続可能な利用を行うかという課題が、大きく

---

[1] Division for Ocean Affairs and the Law of the Sea, Marine biological diversity beyond areas of national jurisdiction, updated 27 October 2011, http://www.un.org/Depts/los/biodiversityworkinggroup/marine_biodiversity.htm

[2] Robin Warner, *Protecting the Oceans Beyond National Jurisdiction-Strengthening the International Law Framework* (Brill, 2009), pp. 1-26.

クローズアップされるようになっている。人間のさまざまな活動が原因となって、海洋の生物多様性と生態系がさまざまな影響を受けていることが明らかになりつつあるからである[3]。

とりわけ、国家管轄権の限界を超える海域における生物多様性に与える影響について関心が高まっており、国連を中心に、かかる区域における生物多様性の保全と管理のあり方に関する多面的な検討が続けられている。国家管轄権の限界を超える海域というのは、国連海洋法条約に従った海域区分に基づいている。しかし、本来、海洋の生物多様性は、法律上で区分された海域ごとに異なった特性をもって存在するわけではない。それゆえ、なぜ、国家管轄権の限界を超える海域における生物多様性なのか。こういう素朴な疑問も生じるのであるが、本章では、そうした点にも留意しながら、現在までに展開されている国際法上の議論を概観し、今後さらなる検討を必要としている課題を整理してみたい。

2　関係する二つの基本条約──生物多様性条約と国連海洋法条約──

本章の主題に関係する基本条約をあげるとすれば、現時点では、生物多様性条約と国連海洋法条約の二つであろう。それぞれの条約と本章の主題との関連性を簡潔にみておこう。

1992年の国連環境発展会議で採択された生物の多様性に関する条約(以下、CBDという)は、「生物多様性」を次のように定義している。「すべての生物(陸上生態系、海洋その他の水界生態系、これらが複合した生態系その他生息又は生育の場のいかんを問わない。)の間の変異性をいうものとし、種内の多様性、種間の多様性及び生態系の多様性を含む」(第2条)。CBDでいう生物多様性は、陸上および海洋の区別を問わず、地球上の生物多様性の全体をカバーしている。また、CBDの適用範囲は、「(a) 生物の多様性の構成要素については、自国の管轄の下にある区域、(b) 自国の管轄又は管

---

[3] Oceans and the law of the sea, Report of the Secretary-General, A/62/66/Add.2, 2007, paras. 1-64.

理の下で行われる作用及び活動（それらの影響が生ずる場所のいかんを問わない。）については、自国の管轄の下にある区域及びいずれの国の管轄にも属さない区域」（第4条）とされており、自国の管轄権外の区域の生物多様性の保護もその射程に組み入れているということができる。しかし、国家が特別な規制を行う区域を自国の管轄権外に設定することを通じて、いずれの国家の管轄権も及ばない区域の生物多様性を保護することまでは、明確には規定していない。CBD の目的についても確認しておけば、「この条約は、生物の多様性の保全、その構成要素の持続可能な利用及び遺伝資源の利用から生ずる利益の公正かつ衡平な配分をこの条約の関係規定にしたがって実現することを目的とする。この目的は、特に、遺伝資源の取得の適当な機会の提供及び関連のある技術の適当な移転（これらの提供及び移転は、当該遺伝資源及び当該関連のある技術についてのすべての権利を考慮して行う。）並びに適当な資金供与の方法により達成する」（第1条）と定められている。つまり、生物多様性の保全だけでなく、その構成要素の利用および遺伝資源の利用から生ずる利益を衡平に配分するという目的も、重視されているのである。

　もちろん、CBD は、その前文が強調している通り、「生物の多様性が進化及び生物圏における生命保持の機構の維持のため重要であることを意識し」、「生物の多様性の保全が人類の共通の関心事であることを確認し」、「諸国が、自国の生物の多様性の保全及び自国の生物資源の持続可能な利用について責任を有することを再確認し」、「生物の多様性がある種の人間活動によって著しく減少していることを懸念し」、「生物の多様性に関する情報及び知見が一般的に不足していること並びに適当な措置を計画し及び実施するための基本的な知識を与える科学的、技術的及び制度的能力を緊急に開発する必要があることを認識し」、「生物の多様性の著しい減少又は喪失の根本原因を予想し、防止し及び取り除くことが不可欠であることに留意し」、「生物の多様性の著しい減少又は喪失のおそれがある場合には、科学的な確実性が十分にないことをもって、そのようなおそれを回避し又は最小にするための措置をとることを延期する

理由とすべきではないことに留意し」、「更に、生物の多様性の保全のための基本的な要件は、生態系及び自然の生息地の生息域内保全並びに存続可能な種の個体群の自然の生息環境における維持及び回復であることに留意し」、地球環境の保護に対する国際社会全体の課題意識が高揚する中で、生物多様性の保全という課題に史上初めて正面から向き合うかたちで採択された条約である。もっとも、CBDの採択段階では、国家管轄権の限界を超える海域における生物多様性の保全という独自の課題を立てる必要性は、まだ十分には意識されてはいなかった[4]。

CBDよりも10年早く、1982年に採択された国連海洋法条約(以下、UNCLOSという)は、第12部において、海洋環境の保護・保全に関する規則を整備した。その中では、生物多様性や遺伝資源といった用語こそ出てこないが、たとえば、第12部に基づいてとる措置には、「希少又はぜい弱な生態系及び減少しており、脅威にさらされており又は絶滅のおそれのある種その他の海洋生物の生息地を保護し及び保全するために必要な措置を含める」ことができると定められている(第194条5項)。また、排他的経済水域の制度について定める第5部、公海の制度について定める第7部、深海底の制度について定める第11部などでも、海洋の生物資源や環境の保護に関する規定が設けられており、生物多様性の保全という課題と密接な関係を有する規定は存在している。さらに、海洋の科学的調査の制度について定める第13部は、一方で、領海、排他的経済水域、大陸棚、公海、深海底というふうに、科学的調査に関して海域別に適用される規則を整備するとともに、他方で、公海での海洋の科学的調査は公海自由の一つとされ、社会発展のために果たす科学的知識の重要性を前提としつつ、人類の知見を増大させるという観点から、海洋の科学的調査の実施を奨励している。もっとも、UNCLOSは、海洋の科学的調査の定義に関する規定を設けることができなかったこともあり、海洋の生物多様性保全の課題に資する観点からみて、どのような活動がUNCLOS

---

[4] Y. Tanaka, *A Dual Approach to Ocean Governance — The Cases of Zonal and Integrated Management in International Law of the Sea* (Ashgate, 2008), pp. 140-147.

の定める海洋の科学的調査にあたるのかが、必ずしも自明の問題とはなっていない。UNCLOSの審議過程では、生物多様性の保全という課題を立てる根拠となりうる科学的な知見は、十分に蓄積されてはいなかったといわなければならない[5]。

　しかしながら、次節以下で紹介するように、海洋の生物多様性の保全と持続可能な利用という課題を検討するにあたっては、CBDとUNCLOSの二つがもっとも基本的な国際条約であることが繰り返し確認されており、仮に新たな国際法制度を構築する場合でも、この両条約との整合性を保ちながら（両条約に違反しない形で）、検討を重ねる必要性が指摘されている。とりわけ、UNCLOSは、いかなる活動であってもそれが海洋において行われるものである限りは、当該の活動に適用される基本条約であることが強調される傾向が一般的となっている。もっとも、海洋の生物多様性の保全と持続可能な利用という課題に対して、一方で、この両条約だけでは対応困難であり、新たな法制度の整備が不可欠であるという見解があるのに対して、他方で、現行の国際法制度で十分対応可能であるという見解もあり、現時点で諸国の見方は一致していない。しかも、両条約の関連規定の解釈・適用の仕方に関しても、その捉え方は多様である。本章の主題に取り組むにあたって、両条約が基本条約であることに不一致はないとしても、関係する諸規則の具体的な解釈・適用のレベルの議論になると、まだ、なお、多様な見解が展開されていることを知らねばならない。

3　国家管轄権の限界を超える海域における生物多様性保全の課題の提起——1990年代から2000年代初頭にかけて

　国家管轄権の限界を超える海域における生物多様性保全の課題というのは、いつ頃からどういう経緯で提起されるようになったのであろう

---

5) *Ibid.*, pp. 134-140.

か。国家管轄権の限界を超える海域というのは、UNCLOSに依拠した海域区分に基づいており、具体的には、沿岸国の管轄権の及ぶ排他的経済水域と大陸棚の限界の外側の海域、すなわち公海と深海底を指している。UNCLOSに基づき、公海では、公海自由の原則を軸にした公海制度が適用されており、深海底では、人類の共同財産の原則を軸にした深海底制度が適用されている。それぞれの制度内容は異なっているにもかかわらず、両者の海域をともに包摂する海域において、海洋生物多様性の保全という課題が提起されているのである。

(1) 1992年の国連環境発展会議から2002年の世界サミット

　国際自然保護連合（IUCN）において公海問題プロジェクトのコーディネイターをつとめるポーランドの法律家、クリスティーナ・ジャーディ（Kristina Gjerde）よれば、1991年にアメリカの国家海洋大気局（NOAA）の海洋学者、シルビア・アール（Sylvia Earle）が、NOAAの主催したWild Ocean Reserveに関する国際会議（ハワイ）において、国家管轄権の限界を超える海洋が汚染と乱開発のために深刻な脅威に直面していると警告し、これがきっかけとなり、海洋保護区の一種として位置づけられるWild Ocean Reserveを、公海上に設定する必要があると勧告したとされる[6]。この勧告は、翌92年のリオデジャネイロで開催された国連環境発展会議でも紹介される機会があったが、同会議ではまだ、公海上での海洋保護区の設定問題を正面から討議する段階にはなく、同会議で採択されたアジェンダ21においては、保護区（Protected Areas）への一般的な言及がなされるに止まった。

　アジェンダ21は、海洋および海洋生物資源の保護を扱った第17章において、保護区へ何度か言及している[7]。第1は、沿岸国は、自国の管轄

---

6) K. M. Gjerde, "High Seas Marine Protected Areas", *The International Journal of Marine and Coastal Law*, Vol.16, No.3 (2001), p. 515-516.

7) Agenda 21 Chapter 17, Protection of the Oceans, All Kinds of Seas, Including Enclosed and Semi-enclosed Seas, and Coastal Areas and the Protection, Rational Use and Development of their Living Resources.

下にある海洋で生物多様性を維持するための措置をとるにあたり、保護区の設定と管理を行うことができると指摘したところである (17・7)。第2は、沿岸国は、海洋に影響を及ぼす活動に関する情報を収集・分析する能力を向上させるために、沿岸海域の保護区のプロフィールを作成する必要があると指摘したところである (17・8)。第3に、沿岸国は、自国の管轄下にある海洋において、高レベルの生物多様性を示す海洋生態系を識別し、特に保護区の指定などを通じて、かかる海洋の利用に必要な制限を加えるべきであると指摘したところである (17・85)。もっとも、アジェンダ21では、いずれの保護区も、自国の管轄下にある海洋での設定というふうに、その範囲が限定されていた。

しかし、2002年9月、持続可能な発展に関する世界サミット (WSSD) が採択した「実施計画」では、明らかに変化の兆しが見られるようになっていた。「実施計画」のパラグラフ32は、まず (a) 項において、国家管轄権の内と外の双方の海域を含め、すべての海洋のぜい弱な生産能力と生物多様性を維持すること、また (b) 項では、1995年のCBD第2回締約国会議 (ジャカルタ) で採択された、海洋および沿岸の生態系の保全と持続可能な利用に関するジャカルタ・マンデイト[8]に基づく作業計画を実施することの重要性を指摘し、続いて (c) 項において、アジェンダ21の第17章にしたがって、海洋の保存と管理を促進するために行うべきこととして、生態系アプローチの採用、有害な漁業慣行の撤廃とともに、国際法にしたがいかつ科学的情報に基づいた海洋保護区 (以下、MPAという) を、その代表的なネットワークの確立を含め、2012年までに設定することをあげていた[9]。「実施計画」は、国家管轄権の内外の海域において生物多様性の維持が重要になっていると指摘し、その維持のために公海上での海洋保護区の設定を提案したのであった。

---

8) The Jakarta Mandate, A/51/312, Annex II, decision II/10, para. 12.
9) World Summit on Sustainable Development, Plan of Implementation, 4 September 2002, para. 32, A/CONF.199/20, pp. 24-25.

(2) CBDの締約国会議における議論――CBD採択（1992年）後から2000年代初頭にかけて――

　CBDの採択後、その実施過程において、当然のことながら、陸上のみならず海洋における生物多様性についても、その保全が重要な課題であるとの指摘が行われるようになった。たとえば、1995年の第2回締約国会議は、前述の通り、海洋および沿岸の生態系の保全と持続可能な利用に関するジャカルタ・マンデイトを採択し、海洋の生物多様性を保護するため、生態系アプローチの一部としてMPAの設定を奨励するとともに、この問題に関するグローバルな対応を締約国に求めた。具体的には、MPA（CBDの締約国会議等では「海洋・沿岸保護区（MCPA）」という用語が用いられた）を設定することが、海洋・沿岸の生物の多様性の保全と持続可能な利用にとって効果的な手法であることが認められたのである。

　続いて、1997年の第4回締約国会議は、MCPAに関するアドホック技術専門家グループを設置した。同専門家グループは、第1回会合（2001年）および第2回会合（2002年）において、MCPAの価値と効果について検討し、MCPAが生物多様性の保全と持続可能な利用の双方に関連して効果を生み出し、統合的な海洋・沿岸地域管理制度を有効にする最善の戦略となることを認めた。同専門家グループでは、国家管轄権の限界を超える海域におけるMPAについても議論が行われた。すなわち、第1に、多くの生態系が、国家管轄権の限界を超える海域に存在していること、第2に、現在のところ、広範な生物多様性を効果的に保護するMPAは存在しないが、かかる海域における生物多様性は大きな脅威にさらされているので、MPAがこれらの海域に設定される必要があること、第3に、ただし、公海や深海底の環境に関しては、適用可能な多くの国際的・地域的文書があるので、公海でのMPAに関しては、その討議の場や方法を慎重に検討するとともに、関係機関との協議を開始する必要性などが議論された[10]。

　2003年3月、締約国会議の下に置かれている科学的・技術的助言に関する補助機関（SBSTTA）は、その第8回会合において、公海MCPAをめぐ

---

10) UNEP/CBD/SBSTTA/8/9/Add.1, 27 November 2002, p. 14.

る問題を討議した。公海には公海自由の原則をはじめ、UNCLOSに定める諸規則が適用されているだけに、公海にMCPAを設定するといっても、現行国際法との関係をどのように考えるべきか自体難問であった。それゆえ、議論の中心は、UNCLOSを軸とする現行の海洋秩序との関係をどのように見るかという点であり、公海MCPAはそもそも公海自由の原則と抵触するという見解から、逆に公海MCPAの設定に積極的に賛成する見解まで、各国政府の代表が示した考え方は多様であった。このように、公海MCPAをめぐっては、諸国の見解が一致する状況にはなかったが、しかし、議論の動向としては、国家管轄権外の海域におけるMPAを設定することなしには、CBDの本来の趣旨・目的が達成できなくなっているという認識が有力になりつつあった[11]。

2004年2月には、CBD締約国会議の第7回会合が開催され、審議の結果、MPAとりわけ国家管轄権の限界を超える海域におけるMPAに関しては、次のような関連する決定が行われた。まず、決定Ⅶ/5(「海洋および海岸の生物多様性」)の中の「国家管轄権を超える海域におけるMPA」と題する箇所で、次のように規定した[12]。「国家管轄権を超える海域における生物多様性に危機が増大しており、MCPAがこの区域における目的、数および対象の点できわめて不十分であることに注目し」(29項)、「国際法に合致し、かつ、科学的な情報に基づく、さらなるMPA(海山、熱水噴出口、冷水海域珊瑚礁およびその他のぜい弱な生態系のような区域を含む)の設定を含め、国家管轄権を超える海域における生物多様性の保全と持続可能な利用を改善するための国際協力と行動の緊急の必要性があることに同意し」(30項)、「海洋法が国家管轄権を超える海域における活動を規律する法的枠組を提供しており、事務局長に対して、国連事務総長および関係する国際機関・地域機関と協力し、国家管轄権を超えるMPAの将来の設定お

---

11) Recommendation VIII/3, Marine and coastal biodiversity: review, further elaboration and refinement of the programme of work, 10-14 March 2003.

12) Decision VII/5, Marine and coastal biological diversity, Decisions adopted by the Conference of the Parties to the Convention on Biological Diversity at its Seventh Meeting, UNEP/CBD/COP/7/21, pp. 133-175.

よび効果的な管理のために適切なメカニズムを明らかにするために国連総会の作業を支援することを要請する」(31項)。

決定Ⅶ/28(「保護区」)は、保護区に関するアドホックな作業グループの設置を決定した(25項)[13]。この作業グループの任務の一つは、「UNCLOS を含む国際法に合致し、かつ、科学的な情報に基づいた、国家管轄権の限界を超える海域での MPA の設定のための協力についての選択肢を調査すること」にある(29項(a)号)。こうして、より具体的な検討作業は、この作業グループに引き継がれて行われることになった。2005年4月、CBD の事務局長は、作業グループの作業をサポートするため、「国家管轄権の限界を超える海域における MPA の設定のための協力に関する選択肢」と題する詳細な討議素材を提供した[14]。

(3) UNCLOS の締約国会議における議論――非公式協議締約国会合(2000年以降)の主要な議論――

1999年の国連総会決議 54/33 によって、UNCLOS 非公式協議締約国会合(以下、UNICPOLOS という)が設置され、2000年以降、毎年会合がもたれているが、実はこの会合の討議の中で、海洋環境や海洋生物多様性を保全する課題に関する議論が重ねられている。たとえば、「ぜい弱な海洋の生態系の保護」を議題とした2003年の第4回会合においては、MPA とりわけ国家管轄権外の海域に設定する MPA の問題が議論された。もっとも、この会合では、公海での MPA の設定に関しては、現行国際法の下でも適法とみる立場(イタリア)、逆に公海自由の原則に抵触して違法であるとみる立場(ノルウェー)、まだ合法か違法かを断定する段階にはなく、問題の検討を重ねる必要があるとする立場(オランダ)にわかれて、見解が対立した[15]。

---

13) Decision VII/28, Protected Areas (Article 8(a) to (e)), *ibid.*, pp. 339-358.
14) Options for Cooperation for the Establishment of Marine Protected Areas in Marine Areas beyond the Limits of National Jurisdiction, Note by the Executive Secretary, UNEP/CBD/WG-PA/1/2, 20 April 2005.
15) これらの3カ国それぞれの見解について詳しくは、田中則夫「国際法における海洋保護区

2004 年の第 5 回会合では「国家管轄権を超える区域の海底における生物多様性の保全と管理を含む海洋の新しい持続可能な利用」を、2005 年の第 6 回会合では「漁業および持続可能な発展に対する漁業の貢献」を、2006 年の第 7 回会合では「生態系アプローチ」を、2007 年の第 8 回会合では「海洋遺伝資源」をそれぞれ議題として、討議が行われた。議題の推移をみるだけでも、UNICPOLOS における問題関心が、どのあたりにあるのかが理解できる。前述の第 4 回から第 8 回までの会合において、一貫して共通に見られることは、MPA (とりわけ公海での MPA) の設定や、あるいは、国家管轄権外の海域の生物多様性の保全策を検討する場合には、UNCLOS を含む国際法にしたがい、かつ、科学的な情報に基づくものでなければならないという点が、くりかえし指摘されることである。

ところで、UNCLOS の関係規定の適用可能性については、2003 年の会合で公海での MPA をめぐり見解がわかれたように、海洋の生物多様性の保全という課題への適用可能性をめぐっても、諸国家間で見解が一致しているわけではない。そのことは、たとえば、2007 年の会合で取り上げられた「海洋遺伝資源」に関する討議でも明らかになった[16]。そこでは、海洋の生物多様性の一部を構成する遺伝資源については、汚染、気候変動、生息地の破壊、破壊的な漁業活動、海洋環境の物理的な改変、あるいは海洋資源の乱獲などによって、そのぜい弱性が明らかになっており、それゆえ、遺伝資源を保護する緊急の必要性があることが強調された。海洋遺伝資源は、生物地球科学的な循環と地球上の生命維持に関して重要な役割を果たしているとされる。もっとも、海洋遺伝資源については、海洋生物多様性と同様に、科学的にはまだ未知の部分の方が多く、それゆえ、今後、ますます、科学的な調査・研究が必要だとされる点では、共通の認識が形成されつつある。

の意義」中川淳司・寺谷広司編『国際法学の地平——歴史、理論、実証——』(東信堂、2008 年) 669-674 頁〔本書第 8 章〕。

[16] Report on the Work of the United Nations Open-ended Informal Consultative Process on Oceans and the Law of the Sea at its eighth meeting, Annex: Marine Genetic Resources: Co-Chairpersons' possible elements to be suggested to the General Assembly, 30 July 2007.

しかし、UNCLOS の起草過程では、海洋遺伝資源への対応の必要性は自覚されてはおらず、そうした用語自体が UNCLOS にはない。したがって、海洋遺伝資源の保全について、UNCLOS の規定がどの程度適用可能なのか。また、海洋遺伝資源に関する科学的調査を行う場合、それが公海で行われる場合には公海の自由として行いうるのかどうか。あるいは、深海底で行われる場合、深海底制度の適用があり、国際海底機構の管轄下に入るのかどうか。こうした点について、UNICPOLOS では、諸国の間で見解に相違のあることが次第に明らかになってきている。

(4) 国連総会での議論——2000 年以降アドホック WG の設置まで——

　国連総会も、総会決議の採択や、国連事務総長による「海洋および海洋法」に関する年次報告書の刊行を通じて、海洋の生物多様性の保全の課題のあることを指摘してきた。この取り組みは、21 世紀に入り、特に活発になってきたといってよいように思われる。たとえば、2002 年の総会決議 57/141 は、海洋の生物多様性の喪失をくい止めるための取り組みを行うこと、ならびに、国際法にしたがい、かつ、科学的な情報に基づいた MPA の代表的なネットワークを 2012 年までに設立し、生態系アプローチを採用し、IUU 漁業（違法・無報告・無規制な漁業）を含む破壊的な漁業慣行を除去することを各国に要請していた。同決議はまた、諸国と関係する国際機関に対して、海山および他の海中の海洋生物多様性へのリスク管理を統合し、改善する方法を、科学的情報に基づき検討するよう緊急に要請した[17]。

　2003 年の国連総会は、決議 58/14 を通じて同様の要請を行うとともに、決議 58/240 を採択して、関係する一般的・地域的な機関に対して、予防原則を含む科学的な根拠に基づき、次の諸点に関する望ましい対処方法を、緊急に調査するよう要請した[18]。すなわち、国家管轄権を超える区域における、ぜい弱で脅威にさらされている海洋の生態系と生物多様性

---

17) GA/RES/57/141, 12 December 2002.
18) GA/RES/58/14, 24 November 2003; GA/RES/58/240, 23 December 2003.

に対する脅威と危機、このプロセスにおいて利用可能な現行の国際条約および関連文書であって、国際法特に UNCLOS に合致するものにどういったものがあるか、ならびに、優先課題とするよう警告されている海洋の生態系の種類の識別を含め、管理についての統合された生態系アプローチの諸原則に合致するものにはどういったものがあるか、そして、海洋の生態系と生物多様性の保護と管理のための可能性のあるアプローチにはどういったものがあるか調査することである。

国連総会の種々の取り組みの中では、底引き網漁業の規制に向けた動きも注目される。関連する決議は数多いが、たとえば、2004 年 11 月の持続可能な漁業に関する決議 59/25 は[19]、諸国に対して、ぜい弱な海洋生態系（国家管轄権を超える区域におけるそれを含む）に悪影響を与える底引き網漁業を含む破壊的な漁業慣行を暫定的に——適当な保存・管理措置が採択されるまでの間——禁止することを検討するよう要請した (66 項)。同決議は、底引き網漁業を規制する権限を有する地域的漁業機関に対して、ぜい弱な海洋生態系に及ぼす底引き網漁業の悪影響に対処するために保存・管理措置を採択するよう要請し (67 項)、底引き網漁業を規制する権限を有しない地域的漁業機関に対しては、規制権限を拡張するよう要請し (68 項)、かかる権限を有する地域的漁業機関が存在しない海域があれば、そうした新しい地域的機関を設立するよう諸国に対して要請した (69 項)[20]。

さて、国連総会は、同年同月（2004 年 11 月）、決議 59/24 を採択し[21]、同

---

[19] GA/RES/59/25, 17 November 2004.
[20] その後の経過について若干付言すると、2006 年 12 月の持続可能な漁業に関する総会決議 61/105 は、同じ趣旨の要請をくりかえし行った上で、さらに、ぜい弱な海洋生態系のある海域での底引き網漁業の悪影響に対処するため、旗国に対して、国家管轄権を超える海域において底引き網漁業に従事することを許可した船舶のリストと、かかる船舶の活動に関してとった措置を FAO に提出するよう求めた (87 項)。さらに、底引き網漁業を規制する権限をもつ新たな地域的漁業管理機関を設立する交渉に参加している諸国は、2007 年 12 月 31 日までに交渉を終えて、暫定措置を採択して公表することを要請された (85 項)。総会は、公海の底引き網漁業を規制し、ぜい弱な海洋の生態系を保護するために、同決議に基づき旗国および地域的漁業管理機関がとった措置を検証することになっている。
[21] GA/RES/59/24, 17 November 2004.

決議中の「海洋環境、海洋資源、海洋の生物多様性およびぜい弱な海洋生態系の保護」と題するセクションにおいて、前述の CBD 第 7 回締約国会議で採択された二つの決定を歓迎し、次のことを確認している。すなわち、ぜい弱な海洋生態系の保全と管理のために、国際法に合致しかつ最良の利用可能な科学的情報に基づいた MPA の設定を含め、また、2012 年までにかかる MPA の代表的なネットワークを発展させることをも含め、多様な方法と道具の利用を発展させ、かつ、容易にするための諸国家の努力を継続する必要性である。その上で、この決議は、「国家管轄権の限界を超える海洋の生物多様性の保全と持続可能な利用に関する諸問題を研究するための非公式作業グループ」(以下、アドホック WG という)を設置することを決定した[22]。

アドホック WG に与えられた主な任務は、国家管轄権外の海洋の生物多様性の保全および持続可能な利用に関する、国連諸機関の過去・現在の活動を調査し、この問題の科学的、技術的、経済的、法的、環境的、社会経済的な側面を検討すること、そして、適当な場合には、この問題に関する国際協力を促進するため、考えられうる選択肢や方法を示すことである。この決議は、国連事務総長に対して、アドホック WG を支援するために、これらの諸問題に関する報告書を提出するよう要請した。この要請に基づき、事務総長は、2005 年 7 月 15 日、作業グループの検討課題に関して包括的な報告書を提出した[23]。これを受けて、アドホック WG の第 1 回会合は、2006 年 2 月に開催された。アドホック WG の設置が、CBD や UNCLOS の実施過程における議論の延長線上にあることは明らかである。こうして、国家管轄権外の海洋の生物多様性の保全の課題を正面から議論するフォーラムが設置されたのである。

---

22) *Ibid.*, paras. 69-74.
23) Oceans and the law of the sea, Report of the Secretary-General, A/60/63/add.1, 15 July 2005.

4 国家管轄権の限界を超える海域における生物多様性保全に関する国際法

　国連のアドホックWGは、これまで、第1回会合を2006年2月、第2回会合を2008年4月〜5月、第3回会合を2010年2月、第4回会合を2011年5月〜6月に、いずれもニューヨークの国連本部で開催している（2011年末現在）〔2015年1月までに第9回会合が開催された。〕いずれの会合に関しても、アドホックWGの共同議長により、討議の状況を要約して伝える文書が公開されている[24]。現在までの討議を通じて、特定の方向性や将来の法制度の枠組が明確になったわけではなく、課題の大きさからして当然のこととはいえ、今後の討議方法の模索や論点整理の努力が重ねられている状況にある。

　これまでの会合を通じて特徴的だと思われる基本点は、まず何よりも、UNCLOSは海洋におけるすべての活動の法的枠組を定めている条約であるため、国家管轄権外の海洋の生物多様性の保全と持続可能な利用に関するいずれの活動も、UNCLOSに合致して行われなければならないことが確認されてきている点である。また、CBDについても同様であって、CBDの趣旨・目的に常に留意しながら、検討を行うことが要請されている。これらは、他のさまざまなフォーラムでも、繰り返し指摘される点であることは、すでに述べた通りである。次に、国家管轄権外の海洋の生物多様性の保全と持続可能な利用は、最良の利用可能な科学的な知識・根拠に基づき、生態系および予防的アプローチを用いて行われるべきであり、そのために、海洋の生物多様性に関する科学的な調査・研究が促進されなければならないことが、くりかえし指摘されることも共通している。

　海洋の生物多様性の保全のための法的枠組を検討しようとする場合、海洋の生物多様性に関する科学的で正確な知見が不可欠であるにもかか

---

[24] A/61/65, 20 March 2006; A/63/79, 16 May 2008; A/65/68, 17 March 2010; A/66/119, 30 June 2011.

わらず、それが解明され尽くされている段階には至っていないことが、議論の進行を難しくさせている要因の一つにもなっている。もっとも、科学的な解明は完全ではないとはいえ、現在までの調査・研究を通じて、一定の魚類や哺乳類、珊瑚礁（深海ないし冷水海域のそれを含む）、海山、海底熱水鉱床、あるいは種々の微生物など海洋遺伝資源の範疇に分類しうると考えられているものなど、その保全策を講じるべきだと判断されている生物多様性があることは、おおむね国際社会の共通認識になりつつあるといってよい。

　アドホックWGでの議論は、現在、国際社会において、国家管轄権外の海洋の生物多様性の保全と持続可能な利用の課題に関して行われている議論の一端にすぎないが、ある意味では、論点が凝縮され示されているところがあるだけに、議論の到達点を知る上では有益である。以下、主にアドホックWGでの議論を参考にしつつ、焦眉の課題となっている国際法上の主要問題についてみておきたい。

(1) 漁　業

　先に、底引き網漁業の規制に向けた国連総会の最近の取り組みについて紹介したが、アドホックWGの第1回会合において焦点となったのは、海洋の生物多様性にとって最大の脅威の一つとみなされる、底引き網漁業を含む破壊的な漁業慣行、ならびに、IUU漁業に対する規制問題であった。まず、前者に関しては、国連総会、FAOおよび地域的漁業管理機関を含め、関連するフォーラムにおいて緊急に検討されるべきであるとされ、総会は、この問題を決議59/25ならびに決議60/31にしたがって継続して検討すべきこと、また、諸国家および地域的漁業管理機関は、事務総長がFAOと協力して報告書をまとめるために、とられるべき行動に関する必要かつ十分な情報を提供することが重要であるとされる。さらに、2008年8月、FAOは、公海の深海漁業の管理のための国際指針を採択した[25]。この指針は、国家管轄権外の海域で行われる漁業であって、漁具

---

25) International Guidelines for the Management of Deep Sea Fisheries in the High Seas, Annex F of

を海底で用いて行われる漁業等を対象としており、漁業活動の海洋環境への影響を評価し、関連する国際文書の遵守が確保されることを、旗国、FAO さらに地域的漁業管理機関に求めている。

後者に関しては、IUU 漁業は、海洋の生物多様性の保全と持続可能な利用にとって主要な障害であり続けているとされ、旗国の責任、寄港国の措置、関連条約の遵守と執行といった問題の改善策を検討すべきであるという議論が大勢を占めた。とりわけ、IUU 漁業は、国家管轄権外の海洋におけるものを含め、無差別にあらゆる魚種を捕獲する漁業だけに、IUU 漁業従事者に補助金が交付される仕組みを各国が除去する必要とともに、IUU 漁業で捕獲された漁獲物を経済市場から除外する措置を各国がとる必要がある[26]。FAO は、IUU 漁業を防止し、抑制し、かつ、除去するための国際行動計画(2003 年)にしたがって、各国が実効的な措置をとることを求めているが、十分効果が確認できない困難を指摘していた。

この点で、そうした努力の上に FAO で 2009 年に採択された、「IUU 漁業を防止し、抑制し、かつ、除去するための寄港国の措置に関する協定」は、重要な意義を有する[27]。この協定は、寄港国に対して、外国漁船が入港を希望する場合には事前の通告を求め、入港にあたっては、港の指定、必要な証明書類の携行と提示、漁獲物の陸揚げ等の条件を定め、IUU 漁業に従事しているとの疑いのある漁船に関しては、立ち入り検査等の執行措置をとることを認めるものである。効力発生には 25 ヵ国の批准書等の寄託が必要である。国連総会は、加盟国に対して、この協定の批准等を促す決議を採択するとともに、漁船の旗国による管理に関するガイドラインをさらに検討し、発展させることを要請している。

---

the Report of the Technical Consultation on International Guidelines for the Management of Deep Sea Fisheries in the High Seas. Rome, 4–8 February and 25-29 August 2008.

26) D. J. Doulman, "FAO Action to Combat IUU Fishing: Scope of Initiatives and Constraints on Implementation", in Vidas, D., (ed.), *Law, Technology and Science for Oceans in Globalisation* (Brill, 2010), p. 131 *et seq.*

27) Agreement on Port State Measures to Prevent, Deter and Eliminate Illegal, Unreported and Unregulated Fishing, Oceans and the law of the sea, Report of the Secretary-General, A/60/63/add.1, 15 July 2005, paa.34.

FAO では、漁業に従事する漁船、冷凍運搬船および補給船のグローバルレベルの登録簿の整備に関する作業が進められている。この登録簿が整備されれば、漁業活動に従事することを許可された船舶を識別することが容易になり、管理措置の実効性も高まることが期待される。2010年11月には、かかる登録簿の作成に関し、技術的な問題を検討する会合が開催され、さらに、2011年1月には、FAO 漁業委員会もその作成の意義を認め、作業を継続することを確認している[28]。

国家管轄権外の海域における生物多様性の保全を図る上では、地域的漁業管理機関の果たす役割も特に重視されるようになっている。地域的機関は、先に述べた2004年11月の総会決議59/25や2006年12月の総会決議61/105により要請されている底引き網漁業の規制措置の確立に継続して取り組むとともに、地域的漁業管理機関が相互の取り組みを参考にしながら、IUU 漁業の抑制と廃止に向けた活動を展開している。たとえば、大西洋まぐろ類保存委員会(ICCAT)は、加盟国に対して、ICCAT のルールに反する漁獲物の流通防止を確実にするため、漁獲物の合法性を検査する漁獲物証明制度を実施することを促している[29]。北東大西洋漁業委員会(NEAFC)は、IUU 漁船のリストと入港国による規制を通して IUU 漁業対策に成果をあげていることを報告しており、また、北西大西洋漁業機関(NAFO)は、IUU 漁業に対しては海上での臨検、オブザーバー（乗船監視員）による操業の監視、漁船監視システム(VMS)および入港国での査察の義務化に向けたモニタリング計画の実施等について公表している。さらに、北大西洋さけ保存機関(NASCO)も、監視システムの強化とデータの交換を通じて、無報告漁獲量の水準が大幅に減少しつつあると報告している。

なお、2009年11月、南太平洋の公海漁業資源の保存と管理に関する条約が採択され、これにより南太平洋地域漁業管理機関(SPRFMO)が設立さ

---

28) *Ibid.*, para. 35.
29) T. Lobach, "Combating IUU Fishing : Interaction of Global and Regional Initiatives", in *supra* note 26, pp. 115-116.

れることになった。この地域条約の採択により、漁業に関連してではあるが、太平洋のほぼ全域における海域における生物多様性の保全につながる条約のネットワークが確立したことになる[30]。

(2) 海洋統合管理・生態系アプローチ・環境影響評価

　国家と権限ある国際機関は、国家管轄権外の海洋生物多様性の保全と持続可能な利用に関して、分野横断的な協力および分野ごとに蓄積された成果を発展させるために、海洋統合管理のアプローチおよび生態系アプローチに基づく取り組みを行うべきであるという指摘は、アドホックWGの第1回会合から第4回会合まで一貫して行われている。また、海洋統合管理および生態系アプローチに加え、予防的アプローチに基づく取り組みを実効的なものとするために、環境影響評価の重要性が日増しに強く認められるようになっている。国連総会は、事務総長に対して、「海洋および海洋法」に関する年次報告書の中で、環境影響評価に関する情報を含めることを要請し、特に国家管轄権外の海域での計画的活動に関する評価、国家と権限ある国際機関から要請のあった情報にもとづく評価に関する情報を含めるように要請している。

　アドホックWGでの議論では[31]、現在のシステムの下では、国家管轄権外の海洋の生物多様性の保全と持続可能な利用について、グローバルなレベルで統合的なアプローチをなしうる枠組が欠如しており、地域ごとあるいは問題ごとの対応がなされているため、協調的かつ包括的なアプローチをとることができない。当面は、少なくとも、現存するさまざまな国際機関が十分に協力、協働して活動することが不可欠だと指摘されている。国家管轄権外の海洋における生物多様性の保全と持続可能な利用を図るために、生態系アプローチと予防的アプローチに基づく取り組みを行うことが、国内的、地域的、世界的レベルの文書に導入される

---

30) *Ibid.*, pp. 116-117. また次も参照。『世界漁業・養殖業白書2010年版』（国際農林業協働協会、2011年）54-56頁。

31) 以下については、主にアドホックWGの第3回会合における議論参照。A/65/68, *supra* note 22, paras. 47-56.

べきであり、具体的には、これらのアプローチを反映する、次のような諸原則が明確にされるべきであるとされる。すなわち、海洋資源の長期にわたる保存と持続可能な利用、危機・危険の評価・管理ならびに最良の科学的情報に基づく海洋管理の決定、海洋の生態系と生物多様性に対する有害な影響の回避、環境影響評価の実施と改善、海域ごとの管理方法の確立、海洋の科学的調査の促進と情報の収集・共有等である。

　海洋における人間の活動の増大にともない、国家管轄権外の海洋の生物多様性に対する人為的な影響を評価する必要性が高まっている。海洋の環境影響評価は、生態系アプローチおよび予防的アプローチに基づく海洋管理を行う際には、不可欠かつ重要なツールである。海洋の環境影響評価に関する現行の関連規定としては、特に次の諸規定が重要であるとされる。まず、UNCLOS 第 204 条によれば、いずれの国も、汚染の危険又は影響を観察し、測定し、評価しおよび分析するよう、実行可能な限り努力するとされ、特に、自国が許可しまたは従事する活動が海洋環境を汚染するおそれがあるか否かを決定するため、当該活動の影響を監視すると規定されている。また、第 205 条では、いずれの国も、前条の規定により得られた結果についての報告を公表し、または適当な間隔で権限のある国際機関に提供すると規定され、さらに、第 206 条では、いずれの国も、自国の管轄または管理の下における計画中の活動が実質的な海洋環境の汚染または海洋環境に対する重大かつ有害な変化をもたらすおそれがあると信ずるに足りる合理的な理由がある場合には、当該活動が海洋環境に及ぼす潜在的な影響を実行可能な限り評価するものとし、前条に規定する方法によりその評価の結果についての報告を公表しまたは国際機関に提供すると定められている。アドホック WG の討議によれば、従来、特別の関心を抱かれなかったこれらの規定の効果的な実施が重要な課題とされる。

　いずれにしても、国家管轄権外の海洋における活動に関する環境影響評価については、その評価の基準や方法が明確に確立していないため、評価の活動と結果を蓄積していきながら、得られた知識、経験、技術な

どに関する情報を共有する必要がある。なお、CBD の実施過程ですでに行われている環境影響評価の活動を、国家管轄権外の海洋における環境影響評価の活動にも拡げていくべきであるという主張とともに、総会決議 61/105 で要請された海底漁業活動に関する環境影響評価の活動を、国家管轄権外の海洋におけるすべての活動、特にぜい弱な海洋生態系に悪影響を与える活動にも拡げていくべきであるという見解がある。しかし、これに対しては、強い反対の見解もある。つまり、国家管轄権外の海洋におけるすべての活動を機械的に環境影響評価の対象にするべきではなく、環境に悪影響を与えない科学的調査や探査の活動があることも認めた上で、対応策を検討することが必要ではないかとの見解である。海洋の環境影響評価に関しては、その対象をどこまで拡げるかという基本問題に関して、まだ諸国家間の見解は一致してはいない。

(3) 海洋保護区

MPA の設定、とりわけ国家管轄権外の海域における設定は、国際法にしたがい、かつ、科学的な根拠に基づき行われなければならない。この点が、繰り返し確認されてきたことは、すでに述べた通りであり、アドホック WG での討議においても同様である。もっとも、公海上での MPA の設定の基準 (法的根拠)、あるいは保護区内での規制内容等については、統一的な基準あるいは標準的な規制内容といったものが確立しているわけではない。それゆえ、2003 年の UNICPOLOS で見解の対立があったように、アドホック WG においても、その見解の相違は解消されてはいない。

しかし、そうした状況下でも、国家や国際機関の実行のレベルでは、公海を含むさまざまな海域に MPA の設定が徐々に積み重ねられているのが、現在の状況である[32]。MPA 設定の実行をここで詳しく紹介することはできないが、アドホック WG の討議において、公海上での MPA の設定を関係諸国の合意に基づき推進している代表例としてあげられるのは、1992 年に採択された北東大西洋の海洋環境の保護に関する条約 (OSPAR 条

---

32) Tanaka, *supra* note 4, p. 161 *et seq.*

約)の下での実行である[33]。この条約は、陸上起因汚染源、海洋廃棄物投棄、沿岸沖汚染源を含め、海洋汚染の原因を包括的に規制対象としており(第4条〜7条)、締約国に対して予防原則の適用を義務づけ(第2条2項)、条約の実施機関としてOSPAR委員会を設置した(第10条)。

OSPAR委員会が2003年6月に採択した「MPAのネットワークに関する勧告2003/3」によれば[34]、MPAとは、「海洋環境の生物種、生息地、生態系および生態学的過程を保護および保存するために、国際法に合致した保護、保存、回復または予防的な措置がとられる海洋区域における海域をいう」。この勧告が掲げる目標は、人間の活動によって悪影響を受ける生物種、生息地、生態系および生態学的過程を保護するために、OSPAR海域においてMPAのネットワークを2010年までに確立することである。OSPAR海域とは、OSPAR条約の適用される海域であって、締約国の領海、それに接続して沿岸国の管轄権の下に服する海域を指し、その外側の公海ならびにその下の海底をも含む(第1条(a)号)。これらの海域では、冷水海域に存在する珊瑚礁や、深海魚種を含む漁業資源の保護が課題とされてきた。OSPAR条約の下で計画されているMPAには、沿岸国の領域内という限定はなく、公海上でのMPAの設定も目指されている[35]。OSPAR委員会は、2003年6月にはまた、OSPAR海域におけるMPAの識別と選定のための指針(2007年に改訂)、ならびに、MPAの管理のための指針(2006年に改訂)を採択し、MPAの設定を促進する体制を整備した[36]。

こうして、OSPAR委員会は、2010年に入り、新たにMPAを六つ設定する決定を行った。このうち四つは、公海に設定されたものであるが、いずれの保護区も、OSPAR委員会の勧告にしたがって、ポルトガルが公

---

[33] A/66/119, *supra* note 22, paa.29. この条約の締約国は、ベルギー、デンマーク、フィンランド、フランス、ドイツ、アイスランド、アイルランド、オランダ、ノルウェー、ポルトガル、スペイン、イギリス、ルクセンブルグ、スイスおよびECである。

[34] OSPAR Recommendation 2003/3 on a Network of Marine Protected Areas, OSPAR Commission, Bremen, 23-27 June 2003, Summary Records OSPAR 03/17/1-E, Annex 9.

[35] Tanaka, *supra* note 4, pp. 148-153.

[36] OSPAR委員会の活動などに関する詳細な情報は同委員会のHPから得ることができる。http://www.ospar.org/

海の海底についてとっている保全措置と協働し、かかる措置を補い、隣接海域の生物多様性と生態系を保護することを目的として設定されたものである。そして、いずれの決定においても、「この決定は、UNCLOS および慣習国際法にしたがって、沿岸国、その他の国および国際機関が有する権利・義務に影響を与えるものではない」と明記されていることが注目される[37]。

アドホック WG での討議では[38]、多数の代表が、国家管轄権外の海洋の生物多様性の保全と持続可能な利用のために、MPA を含む海域ごとの管理方法の重要性を承認している。これらの方法は、予防的アプローチや生態系アプローチをとる場合にも、不可欠であると指摘されている。ただし、重要なのは、生態学的あるいは生物学的に保護する必要のある海洋区域を識別する科学的な基準、ならびに、MPA を選定する科学的な指針を定める作業だという指摘も、ほぼ共通して出されている。このための作業は、主に CBD の実施過程においてなされているが、FAO で進められている、ぜい弱な海洋生態系を識別する基準に関する作業も関連していると指摘されている。かくして、アドホック WG では、MPA の識別に関する共通の理解と方法を発展させること、ならびに、MPA の選定と管理につき、科学的な根拠に基づき、権限ある国際機関が検討しうるような、生態学的・生物学的に重要な海洋区域の国際リストを作成することが要請された。

なお、いく人かの代表は、国家管轄権外の海域における MPA は、国際法に合致したものでなければならず、そのためには、保護区の範囲が明確にされること、とられる保全措置と措置の対象となる被害または脅威との間に密接な関連性のあること、国際法とりわけ UNCLOS が遵守さ

---

37) 公海における MPA は次の四つである。OSPAR Decision 2010/3 on the Establishment of the Altair Seamount High Seas Marine Protected Area, OSPAR Decision 2010/4 on the Establishment of the Antialtair Seamount High Seas Marine Protected Area, OSPAR Decision 2010/5 on the Establishment of the Josephine Seamount High Seas Marine Protected Area, OSPAR Decision 2010/6 on the Establishment of the MAR North of the Azores High Seas Marine Protected Area.
38) A/63/79, paras. 26-31, A/65/68, paras. 58-67, A/66/119, paras. 23-28.

れること、そして、既存の国際機関特に国際海底機構（以下、ISA という）の管轄権を承認することが必要である旨を強調した。もっとも、最後のISA の権限・位置づけに関しては、次にみる海洋遺伝資源をめぐる議論の中では、国家間に基本的な見解の相違がある。

(4) 海洋遺伝資源と深海底制度

　海洋遺伝資源について、アドホック WG の第 1 回会合では、次のような討議が行われた[39]。まず、国家管轄権外の遺伝資源を含む、海洋の生物多様性の法的地位に関する検討が必要になっている。すなわち、かかる遺伝資源のアクセスと収益配分に関する問題の検討を含め、遺伝資源の利用規制をどのようにするか、現行の諸規則や取り決めは十分かどうか、あるいは、新しい制度が海洋の生物多様性の保全と持続可能な利用に必要かどうかの検討が必要である。さらに、深海底の遺伝資源、深海底区域の生物多様性と、国家管轄権外の非生物資源の共生関係が注目されているので、これらの関係についての一層の検討も求められている。検討を進めるにあたっては、すべての国の正当な利益に考慮が払われねばならず、また、責任ある海洋科学調査のための行動綱領、指針および影響評価を含む、行動綱領の採択を検討することも有用である。

　次に、海洋遺伝資源に関する調査を含め、海洋の科学調査は、UNCLOS に合致して行われなければならない。科学的な情報と知識は公表され普及されるべきで、また、深海底における海洋の科学的調査は、人類全体の利益のために行われなければならない。海洋の生物多様性の保全と持続可能な利用についての関心は、これまでは国家管轄権の及ぶ海域に向けられてきたが、今では国家管轄権外の海域における生物多様性の保全と管理が、緊急の関心と行動を必要とする課題として浮上している。

　ところで、UNICPOLOS において海洋遺伝資源が議題とされたのは、先にも述べたように、2007 年に開催された第 8 回会合においてであっ

---

39) A/61/65, *supra* note 24, para. 22.

た[40]。ここでの討議の特徴についてもふり返っておけば、次の諸点にあったとされる[41]。まず、海洋遺伝資源については、その豊かさ、海洋の生物多様性の重要な構成要素としての役割、また、生物地球科学的な循環と地球上の生命維持における役割等に注目することが重要である。海洋遺伝資源は、それに関する科学的な研究とあいまって、人類に多大の恩恵をもたらす可能性を有していることにも、注目する必要がある。しかし、同時に、他方では、海洋遺伝資源のぜい弱性も明らかになりつつあり、それを保護する必要性にも注意が喚起されている。汚染、気候変動、生息地の破壊、破壊的な漁業活動、海洋環境の物理的な改変、あるいは海洋資源の乱獲などにより、海洋遺伝資源が危機に瀕しているとの認識が前提にある。

　海洋遺伝資源については、しかし、未知の部分が数多く残されているため、その保護と利用に関する法的枠組を明確にする作業は容易ではない。基本となるUNCLOSやCBDの何を補い、あるいは、修正する必要があるのか、さらに、両条約とは別個の新しい条約ないし実施協定を締結する必要があるのかどうか、仮にあるとすれば、どういう内容の条約ないし実施協定が必要とされているのか、といった点に関しては、これから検討が行われようとする段階である[42]。もっとも、海洋遺伝資源の調査・研究や実際の利用はすでに始まっているため、国家実行のレベルでは、海洋遺伝資源をめぐる活動に適用される国際法に関して、異なる見解が示されている。たとえば、一方で、国家管轄権外の海域における海洋遺伝資源に関する調査・研究は自由に行いうる活動であるとみる見解があるのに対して、他方で、深海底制度の適用を受ける対象とみるべ

---

40) 1990年代半ば頃にすでに深海底の遺伝資源に関する研究の必要性が指摘されていたことについて次を参照。L. Glowka, "Evolving Perspectives on the International Seabed Area's Genetic Resources: Fifteen Years after the 'Deepest of Ironies'", *supra* note 26, p. 397 *et seq*.

41) Report on the Work of the United Nations Open-ended Informal Consultative Process on Oceans and the Law of the Sea at its eighth meeting, *supra* note16.

42) T. Scovazzi, "Is the UN Convention on the Law of the Sea the Legal Framework for All Activities in the Sea", in *supra* note 26, pp. 309-317.

第9章　国家管轄権の限界を超える海域における生物多様性保全の課題　331

きだとする見解が示されている。また、国家管轄権の内と外のいずれの海域においてであれ、そもそも、UNCLOSに定める海洋の科学的調査の制度が海洋遺伝資源の調査に適用可能かどうかをめぐり、UNICPOLOSの討議では異なる見解が示される状況が生まれていた[43]。

　アドホックWGの第2回から第4回の会合においても、そうした状況に基本的な変化はみられない。たとえば、第3回の会合では[44]、国家管轄権外の海域における海洋遺伝資源に関するUNCLOSの制度に関しては、大きく二つにわかれる正反対の見解が示された。一つは、深海底制度を定めるUNCLOS第11部（その一部は慣習法になっている）は深海底のすべての資源に適用され、ISAは、深海底の海洋遺伝資源に関しても権限をもつ。UNCLOSの下では、海洋の資源に適用される法制度は、その資源が鉱物資源であるか生物資源であるかにかかわらず、それが所在する海洋の区域によって決定されるという見解である。これに対して、もう一つの見解は、深海底制度はもっぱら鉱物資源を対象にしており、国家管轄権外の海洋における海洋遺伝資源に関する活動は条約第7部の公海制度によって規律される。海洋の生物多様性に関するISAの任務は、深海底での活動に関し海洋環境の保護に関係する条約第145条に特に定められている範囲に限定されているというものである。このほか、UNCLOSおよびCBDのほかに、それらを補足する実施協定のような新たな条約の必要性に関する認識についてみても、何らかの新条約が必要ないし有益だとする見解と、現行のそれら二つの条約で対応可能だとする見解が併存している。

　アドホックWGにおいて、多くの代表は、かかる見解の相違に関しては、双方のギャップを埋める必要があると指摘し、海洋の科学的調査の促進、海洋遺伝資源に関する調査を通じて得られる情報・知識の共有、環境影響評価の実施、海洋遺伝資源へのアクセスを容易にする方法を含め利益配分の実際上の仕組の検討、海洋遺伝資源に関する知的財産権の検討等

---

43) D. Leary, "International Law and the Genetic Resources of the Deep Sea", in *supra* note 26, pp. 361-367.
44) A/65/68, *supra* note 24, paras. 70-77

の実践を通じて、海洋遺伝資源に関する法制度のあり方を探るべきだという立場に立っているように思われる。アドホックWGでの討議では、いずれにしても、国家管轄権外の海域の海洋遺伝資源についても、統合的、生態系的、予防的なアプローチの必要性が強調されており、また、海洋遺伝資源を対象とする活動を律する政策は、海洋環境の保護、科学的調査の自由、ならびに、国際社会の利益の間の均衡をとることに留意すべきであるといった見解も示されている。

　海洋遺伝資源をめぐる国際法は、その輪郭を明確に描くことのできる段階には、まだ達していないように思われる。たとえば、UNCLOSの下では、深海底制度の適用対象となる「深海底における活動」とは、「深海底の資源の探査及び開発のすべての活動」(第1条1項(3)号)を指しており、深海底の「資源とは、自然の状態で深海底の海底又はその下にあるすべての固体状、液体状又は気体状の鉱物資源(多金属性の団塊を含む。)」とされ、「深海底から採取された資源は、『鉱物』という」と定義されている(第133条)。それゆえ、海洋遺伝資源は鉱物資源とは異なるので、深海底の資源ではないことになり、深海底の科学的調査の活動等を通じて海洋遺伝資源を取得したとしても、当該資源について適用可能な規則はUNCLOSには十分整ってはいないといった評価もなされている[45]。

　もっとも、ISAは、海洋遺伝資源に対して、そうした立場からの対応はしていないことに留意しておく必要はある。ISAが、深海底における多金属性団塊の探査から生じる環境上の影響評価のための指針を採択したのは、2001年7月のことであったが、その翌年から2007年にかけて、ISAは民間のカプラン基金との共同事業として、深海底における生物多様性と海洋遺伝資源の調査研究を行っており、2008年には、共同事業の最終報告として、ハワイの南方海域に位置するクラリオン・クリッパートン区域における生物多様性の保全のためのMPAの設定が必要であると

---

[45] R. Wolfrum and N. Matz, "The Interplay of the United Nations Convention on the Law of the Sea and the Convention on Biological Diversity", *Max Planck Yearbook of the United Nations Law*, Vol.4 (2000), p. 469.

第 9 章　国家管轄権の限界を超える海域における生物多様性保全の課題　333

の提言が出された[46]。同年、ISA は、OSPAR 委員会と深海底での MPA に関する協議・協力を開始している[47]。クラリオン・クリッパートン区域における生物多様性の保全のための MPA の設定については、2009 年の ISA の法律・技術委員会での審議にもとづき、時期尚早であるとの判断が下され、慎重な対応を行うことが確認されたが[48]、深海底の海洋遺伝資源を含む生物多様性の保全という課題に向き合う ISA の現在の立場は、以下のように、一定の柔軟さを保持したものであるように思われる。

　すなわち、ISA の事務総長が 2011 年に出した年次報告書によれば[49]、ISA は、一方で、UNCLOS 第 143 条に基づき、海洋の科学的調査の実施を促進し、奨励する責任を有しており、他方で、第 145 条および第 209 条に基づき、深海底の海洋環境を保護する責任を負っている。深海底の科学的調査の結果、一定の知識と情報が得られているが、しかし、深海底の生態系の全容が解明されるにはほど遠い状況にあり、今後も引き続き、深海底の生物多様性や生態系の調査を継続して実施していくことは、重要な課題となっている。とりわけ、国連を中心に、国家管轄権外の海域における生物多様性の保全と持続可能な利用を確保する課題が提起されているだけに、ISA としてもこの課題の検討に貢献しなければならない。そのことを通じて、深海底に関する科学的な知識および情報が蓄積されなければ、深海底の環境を保護する責任を果たすことが難しくなるだけでなく、深海底の鉱物資源開発が環境に及ぼす影響を評価することもなしえない[50]。ISA は、このように、海洋の生物多様性の保全という新しい

---

46) Biodiversity, species range and gene flow in the abyssal Pacific nodule province: predicting and managing the impacts of deep seabed mining Report of the Secretary-General, ISBA/14/C/2, paras. 1 and 10-12, 27 March 2009; Summary report of the Chairman of the Legal and Technical Commission on the work of the Commission during the fifteenth session, ISBA/15/C/5, paras. 7-12, 27 May 2009.

47) Report of the Secretary-General of the International Seabed Authority under article 166, paragraph 4, of the United Nations Convention on the Law of the Sea, ISBA/15/A/2, paras. 19-22, 23 March 2009.

48) Report of the Secretary-General of the International Seabed Authority under article 166, paragraph 4, of the United Nations Convention on the Law of the Sea, ISBA/17/A/2, para. 68, 13 June 2010.

49) *Ibid.*, paras. 66-68 and 100-111.

50) 類似の見解はある程度一貫して示されているように思われる。たとえば、2004 年の段階でも、事務局長の年次報告書によれば、ISA は、深海底の生態系に影響を及ぼす可能性の

課題に対して、深海底での状況把握を通じて対応しようとしていることがわかる。ISA が示す見解は、海洋遺伝資源にかかわりのある UNCLOS の諸規定の解釈・適用のレベルにまで到達しているわけではないが、今後の ISA の実行に注目していく必要があろう。

5　むすびにかえて

　生物多様性の保全と持続可能な利用という課題の設定にあたり、国家管轄権の限界を超える海洋という空間的な特定がなされているのは、海洋の生物多様性の調査・研究に基づく判断によるのではなく、世界の海洋が国家管轄権の内と外に分けられている、現在の海洋制度に考慮を払わざるをえないためである。沿岸国の管轄権が及ぶ海域における生物多様性の保全の課題は、第一義的には各沿岸国の責任で対応すべきものであるのに対して、国家管轄権外の海域におけるそれについては、国際的レベルでの検討が要請されることは、現在の海洋の国際制度を前提にする限りは、ある意味では当然の帰結ということができる。このことは、換言すれば、私たちは、海洋に適用される現行の国際制度を踏まえつつ、議論せざるをえない状況の下に置かれていることを意味している。

　国家管轄権の限界を超える海洋における生物多様性の保全と持続可能な利用という課題の解決にとって、UNCLOS の定める諸制度――とりわけ、海洋環境保護の制度、深海底制度、海洋の科学的調査の制度、公海制度など――が、あるいは、CBD の定める諸制度――生物多様性の保護・保全の制度、海洋遺伝資源に関する制度――が、どの程度有効なのか、

ある科学的調査の活動に対して、責任を負わざるをえないとの見解が示されている。すなわち、深海底で実施される科学的調査は、多くの場合、熱水鉱床の周辺で行われ、その活動を通じて、海洋遺伝資源に関する多くの情報が取得されているが、かかる科学的調査の活動がくりかえされると、深海底の生態系に悪影響がでることが懸念されている。そうした場合には、ISA の主たる任務は、本来、鉱物資源に関する活動を規制・管理することにあるとはいえ、深海底の環境保護のために、遺伝資源を対象とする活動についても、ISA が責任ある対応をとらざるをえないと指摘されていた。ISBA/10/A/3, 31 March 2004, paras. 127-135.

あるいは逆に、どういった限界を有しているのか。こうしたスケールの大きい問題が論じられている。UNCLOSとCBDはいずれも、海洋の生物多様性の保全と持続可能な利用という課題に適用可能な諸規則を備えているものの、それぞれが採択された当時には、この課題を、国家管轄権の限界を超える海洋においてどのように扱うべきかについては、十分には意識されてはいなかった。それゆえ、両条約の締約国会合や国連のアドホックWG、さらにはFAOほか関係する国際機関などにおいて、現行の関連国際法規則の検証作業が進められており、この作業は相当の時間を要するであろうことは推測に難くない。種々の立法論、解釈論がこの作業の中で展開されているというのが現状である。

　一方、海洋環境保護や漁業規制などに関する普遍的または地域的な国際機関は、UNCLOSやCBDとの整合性に留意しつつ、独自の実行を積み重ねつつある。本章では、OSPAR委員会の実行など、わずかの事例にふれただけであるが、今後は、国家管轄権の限界を超える海洋における生物多様性の保全と持続可能な利用の課題に取り組む広範な実行に注目していくことが、重要になっているように思う。そうした広範な実行を通じて、どのような国際法的な調整・工夫が行われているかを知ることができ、上述の立法論や解釈論を展開する場合にも、そして、海洋の生物多様性の保全のための国際法制度を確立していく上でも、参考になることが少なくないと考えられるからである。OSPAR委員会の実行をみるだけでも、そのことは十分にうかがえる。国際法の立場からの検討課題も、次第に明確になりつつあるように思われる。

II　法源論

第10章

慣習国際法の成立要件
―― 再考 ――

1 なぜ、慣習国際法の成立要件を問題にするのか

1　なぜ、慣習国際法の成立要件を問題にするのか

　国際法は、条約または慣習国際法（以下、本文では、単に慣習法という）として成立する[1]。条約は、国家や国際機構の間で合意に基づき締結される成文法であるのに対し、慣習法は、国際社会の構成員の慣行を通じて生まれる不文法である。また、条約は、その中の規則が慣習法を表現している場合を除き、原則として、当事者間で適用される特別国際法たる性質をもつのに対し、慣習法は、地域的な法を除けば、原則として、国際社会のすべての国家に適用される一般国際法たる性質をもつ。そして、現在、国際社会のすべての国家の間で締結された条約がない以上、国際社会全体に妥当する国際法は、慣習法として存在するとされてきた[2]。し

〔編注：本章は、1987年に『龍谷法学』に掲載された本章のタイトルと同名の論文が初出である。同論文には（一）が付されており、続編が期待されたが未完に終わった。そのため目次も1のみで終わっている。詳細は「あとがき」を参照されたい。〕

1) 現在〔1987年当時〕、条約と慣習法以外に、第3の法源が存在するかどうかが問われているが、本章ではこの問題に深く立ち入らない。なお、文明国が認めた法の一般原則（国際司法裁判所規程第38条1項(c)）が国際法の法源かどうかについては、周知の通り、学説上対立があるが、否定的に解すべきであろう。さしあたり、田畑茂二郎『国際法Ⅰ（新版）』（有斐閣、1973年）119-135頁参照。
2) 田畑『前掲書』（注1）91頁。

たがって、ある規則を慣習法であると認定しうるかどうかは、当該規則の関連分野の国際法状況を決定的に左右する問題となる。この慣習法の認定問題は、現代国際法の形成、発展を見る場合、とりわけて重要になってきている。

　国際法は、現在、構造転換の過程にあるといわれるごとく[3]、まさに、壮大な変動期を迎えており、規範内容と規律対象事項の双方において、目をみはる発展をとげつつある。その背後に、国際社会の構造変化[4]、さらに、科学技術の進歩や国際関係の緊密化といった諸要因があることは、あらためて、述べるまでもない。こうして生み出される現代国際法の定立過程は、同質的な諸国の実践と合意を基礎に形成された近代国際法のそれとは、まったく様相を異にしているといわねばならない。今日、国際法の定立過程には、かつて近代国際法の形成、発展を担い、現在では先進資本主義国へと成長を遂げた諸国だけではなく、今〔20〕世紀の初頭に誕生し、現在では世界の人口の約3分の1がその下で生活している社会主義諸国、さらに、つい最近に至るまで欧米を中心にした大国の植民地支配の下におかれていたが、民族自決権に基づき独立を達成し、数の上では圧倒的多数派になった発展途上諸国といった、政治的経済的基盤を各々異にする諸国が参加している。それだけに、実に多様な価値観やイデオロギーがその過程に反映されざるを得ず、国家体制の基本にかかわる問題になればなるほど、国際社会のすべての国家の間での合意は、容易に達成されない状況が生まれている。法の定立をめぐる国家間の協力と闘争は、近代国際社会の頃とは比べものにならないほど、複雑かつ

---

3) 石本泰雄「国際法――その構造転換への始動（一）」『法学雑誌』第26巻3・4号（1980年）351頁以下。
4) 伝統的な国際法は国際社会の構造変化によりどのような影響を受けたのか。この分析視角を一貫して重視してきたのは、わが国では、田畑茂二郎である。さしあたり、田畑茂二郎『国際法（第2版）』(岩波書店、1966年) 116頁以下参照。その後、この視角から、現代（実定）国際法の規範構造の特質を解明する研究が各分野で進められているが、最近では、同じ視角から、現代国際法の定立過程や法源の問題に関する研究の重要性が認められてきているように思われる。

困難になってきているといえよう[5]。

　とはいえ、他方では、国際法の法典化や漸進的発達のための努力が、国際法委員会をはじめとする国連の諸機関や各種の国際機構・国際会議を通じ、組織的・系統的につみあげられてきていることも、まぎれもない事実である[6]。この努力の中で、すでに、国際社会の広範な諸国の参加が期待される、数多くの多数国間条約が採択されてきた。さらに、それだけではなく、かかる条約の定立が一層組織的に統一された形態をとって進みつつあることから、国際立法論に関する研究の必要さえ、提唱されるに至っている[7]。また、条約の採択には至らないが、国際機構・国際会議での宣言・決議という形で、種々の意義深い国際文書も数限りなく採択されており、国際法の定立はそれらにより飛躍的に促進されている。とりわけ、国連総会決議は、それ自身国際法の独自の法源とは認められていないが、国際法の動向や発展段階を見る場合、最も注目を集めるものの一つである[8]。

---

[5] Hanna Bokor-Szego, *The Role of the United Nations in Internationl Legislation* (North-Holland Pub. Company, 1978), pp. 11-12.

[6] 国連が、総会決議の採択を含む精力的な活動を通じ、条約と慣習法の定立を促進していることについての実証的研究として、Hanna Bokor-Szego, *ibid.*, p. 20 *et seq*; See also, Edward McWhinney, Q. C., *United Nations Law Making* (Holmes & Meier Publishers, 1984), p. 80 *et seq.*

[7] 村瀬信也「国際立法学の存在証明」深津栄一先生還暦記念『現代国際社会の法と政治』(北樹出版、1985 年) 105-129 頁参照 (村瀬信也『国際立法』(東信堂、2002 年) 所収、同書 187 頁以下)。

[8] 国連総会決議を分析した文献はおびただしい数にのぼるが、さしあたり、Obed Y. Asamoah, *The Legal Significance of the Declarations of the General Assembly of the United Nations* (Martinus Nithoff,1966); Gaetano Arangio-Ruiz, *The United Nations Declaration on Friendly Relations and the System of the Sources of International Law* (Sijthoff & Noordhoff,1979); 最近のものとして、Oscar Schacter, "The Nature and Process of Legal Development in International Society", in R. St. J. MacDonald and Douglas M. Johnston (ed.), *The Structure and Process of International Law : Essays in Legal Philosophy Doctrine and Theory* (Martinus Nijhoff Publishers, 1983), p. 787 *et seq*; Edward McWhinney, Q. C., *supra* note 6, p. 55 *et seq*. わが国での先駆的研究として、竹本正幸「総会の決議の効力」田岡良一先生還暦記念論文集『国際連合の研究』(第 2 巻) (有斐閣、1963 年) 51 頁以下。最近のものとして、松田竹男「国際法の民主的変革と参加」長谷川正安編『現代国家と参加 (公法学研究 2)』(法律文化社、1984 年) 183-187 頁、藤田久一「現代国際法の法源」『現代法哲学　第 3 巻・実定法の基礎理論』(東京大学出版会、1983 年) 301-303 頁参照。なお、内田久司「国際組織の決議の効力」『法学教室』32 号 (1983 年 5 月) 69-75 頁は、総会決議が国際法の独自の法源になる場合があると述べている。

このようにして、数多くの多数国間条約や国際法の形成・発展にかかわる国際文書が採択されてきているが、その場合にしばしば問題となるのは、どの規則が慣習法になっているのか、ということである。条約が採択され、それに拘束されることへの同意を表明した諸国の間では、国際法関係は一応はっきりするけれども、その条約の当事国にならない諸国が条約に定められた規則の適用を受けるかどうかは、条約の当事国が第三国に権利を付与しまたは義務を課すことを意図している場合は別にして、当該規則が慣習法になっているかどうかの問題に帰着する。特に、この問題は、条約が国際社会のすべての国にとって共通の関心事項を扱う多数国間ベースのものである場合、重要となる。そうした条約上のある規則を慣習法であると認定できれば、当該条約に参加すると否とにかかわらず、かかる規則に基づき、すべての国家の権利あるいは義務を一般的に主張しうるからである。また、条約の採択という形では法定立が行われないが、国際社会のすべての国の利益にかかわる問題であって、かつ、その問題をめぐり一定の諸国が一定の方向性をもった主張や実践をくりひろげている場合に、その問題に関連する規則が慣習法であると認定できれば、みずからの権利・行動を国際法的に正当化しうることにもなれば、あるいは、他国の義務を強調しその行動を国際法的に非難しうることにもなるので、かかる認定問題はきわめて重要な論争点となる。今日、慣習法の認定をめぐりしばしば激しい論争が展開されるのは[9]、多

---

9) ここで、いくつかの代表的事例を見てみよう。海洋法の分野では、まず、国際海峡における通過通航権、ならびに、群島航路帯通航権に関し、それらが慣習法上の権利かどうかが争われている。たとえば、アメリカは、深海底制度の内容に強い不満をもっているがゆえに、国連海洋法条約への不参加を表明しているが、同条約の中で慣習法として確立している規則は第三国にも適用があるとして、そのような規則の一例として、上記の権利に関する規則があると主張している (Cf. A/CONF.62/WS/37, pp. 8-12; United States Ocean Policy : Statement by the President, March 10, 1983, *ILM*, Vol.22, No.2 (1983), p. 463.)。周知の通り、第3次海洋法会議において、領海の幅を12カイリまで認め、さらに、群島水域の制度を認める方向に審議が進んだため、従来、公海部分を残し、国際航行に使用されてきた海峡およびそれに適した群島水域が、沿岸国の主権の下に服する可能性が生じた。しかし、そうなると、これまで行使し得た航行や上空飛行の自由がそうしたところでは存在しなくなり、その結果、軍用航空機や軍艦・潜水艦の行動が大幅に制約されることになる。この権利、すなわち、国

際海峡および群島航路帯において、すべての船舶と航空機に対し認められる継続的かつ迅速な通過のための権利は、通常の国際交通の面だけでなく、軍事戦略の面でより深刻な影響を受けることをおそれた海洋大国が、12 カイリ領海や群島水域、さらに、200 カイリ排他的経済水域の制度を認めることとの、いわばひきかえに主張したものだった（高林秀雄「領海の幅に関する国際合意」『法政研究』第 49 巻 1 〜 3 合併号（1983 年）143-170 頁参照）。沿岸国は、この通過通航を停止してはならない義務を負っている。以上のような権利であるだけに、アメリカにとって、それを享有しうるかどうかは、重大関心事項になる（Ken Booth, *Law, Force and Diplomacy at Sea* (George Allen & Unwin, 1985), pp. 97-119 参照）。アメリカが、国連海洋法条約の当事国にならなくても、通過通航権を享有しうる条件は、それが慣習法上確立していることである。同国の主張は、こうした認識に立脚して展開されていると見ることができよう。しかしながら、これに対し、他の多くの諸国は、かかる通過通航権は、条約当事国にのみ認められる権利であるとの主張を展開している（この主張は、条約のいわゆる「選択的適用」否認の一環としても行われている。Cf. A/CONF.62/SR.183, para. 7, *Third United Nations Conference on the Law of the Sea, Official Records*, Vol.XVII, p. 3；中村道「国連海洋法条約と第三国（一）」『国際法外交雑誌』第 84 巻 5 号（1985 年）1 頁以下参照）。いずれにしても、これまでの国際法理論からすれば、国連海洋法条約に参加しない諸国が国際海峡や群島航路帯において有する権利内容は、通過通航権が慣習法化しているかどうかの認定いかんにより、まったく異なることになる。

　次に、同条約に定める深海底資源開発のレジームが、すべての国を拘束するものかどうかについても、鋭い見解の対立がある。アメリカを先頭とする先進資本主義国のいくつかは、かかる条約レジームが慣習法化しているとは考えられないので、条約に参加しない国家は、深海底とその資源を人類の共同財産とする原則を尊重しながらであれば、別のレジームに基づいて開発を行うことは、適法であると主張している。しかしながら、これに対して、多くの発展途上国や社会主義国は、条約レジームに基づかない開発を違法とする慣習法の存在を主張している（田中則夫「深海底の法的地位をめぐる国際法理論の検討（一）（二・完）」『国際法外交雑誌』第 85 巻 5 号（1986 年）35-60 頁、および、86 巻 2 号（1987 年）1-38 頁〔本書第 5 章〕参照）。

　以上は、海洋法の中でも特に注目を集めている分野であるが、他の分野では、たとえば、国有化の際の補償に関して、伝統的に唱えられてきた、十分・迅速・実効的という補償 3 原則が慣習法上の地位にあるのかどうか、それとも、1962 年の国連総会で採択された「天然の富と資源に対する永久的主権」決議以来、しばしば国際文書で規定されてきた、「適当な補償」を支払うべきとする規則、あるいは、1973 年の国連総会で採択された同名の決議で規定されるに至った、「可能な補償」の支払いで足りるとする規則のいずれが、慣習法上の地位を獲得しているのかどうかについて、見解が対立している（佐分晴夫・松井芳郎「新国際経済秩序・自決権および国有化」『経済』201 号（1981 年 1 月）125-148 頁。B. Oswaldo de Rivero, *New International Economic Order and International Development Law* (Pergamon Press, 1980), pp. 104-108 参照）。国有化の際の補償に関して、天然資源に対する永久的主権概念を根拠に国有化国に有利な規則を確立しようとする動きは、新国際経済秩序樹立運動の中心をなしているゆえ、慣習法上、この分野においてどのような規則が形成されているのかは、すべての諸国にとって重要な意味をもつことになる。このほか、国際人道法の分野でも、核兵器の使

数国間ベースで解決されるべき課題が増え、国際社会全体に妥当する国際法の確立が要請されながらも、さまざまの利害を有する諸国が法定立過程に参加しているため、条約という最もすっきりした形ですべての諸国の合意をとりつけ、それへの広範な諸国の参加を確保することが容易でないこと、しかし、慣習法であれば国際社会全体に妥当し、すべての国家に対しその慣習法の適用を主張しうるとされてきたことによる、といえよう[10]。

さて、そこで、必要なことは、慣習法の成立要件を確認し、その要件に照らし、それぞれの分野における慣習法の生成、確立、消滅または不成立を、実証的な検討を通じ解明することなのであろうが、しかし、その場合、問題なのは、慣習法の成立要件が、現在、各分野で生じている慣習法の認定をめぐる見解対立を正しく判定する基準として耐えられるほどに、明確にされているとは思えないことである。われわれは、慣習法は、事実的要素たる国家の慣行と心理的要素たる法的信念という、二つの要件が満たされたときに成立すると見る説を、最も有力な説と理解してきた[11]。実際、この説は、1969年の北海大陸棚事件判決を筆頭に、いくつかの国際判例でも採用されてきただけに、それを支持すると否とにかかわらず、成立要件の検討を行う場合には、検討対象の中心にすえられるべきものとなっている。とはいえ、慣習法の成立要件に関しては、学説上、一致が見られるどころか、むしろ、種々の説が混在しているというのが、実状である。たとえば、社会主義国際法理論においては、国家の意思＝合意が重視されており、1969年判決の行った成立要件に関す

用の違法性に関連して、核兵器への現行国際人道法の適用可能性とともに、その適用を通じ核兵器を違法とする慣習法の成立問題が、論争の対象とされる（リチャード・フォーク（ほか共著）（三好正弘訳）「核兵器と国際法（一）（二・完）」『国際法外交雑誌』第80巻5号（1981年）1-38頁、および、同6号（1982年）48-80頁。Obed Y. Asamoah, *supra* note 8, pp. 116-120参照）。以上のように、国際社会全体の関心が寄せられている分野において、慣習法の存否が鋭く問われている例は少なくない。

10) Cf. Anthony A. D'Amato, *The Concept of Custom in International Law* (Cornell University Press,1971), p. 4 *et seq.*

11) 田畑『前掲書』（注1）90頁以下参照。

る定式化に、全面的支持が与えられているわけではない[12]。また、欧米においてはもとより[13]、わが国においてすら、成立要件についての理解は一様ではなく、たとえば、慣習法を、明示の合意たる条約に対し、黙示の合意と説明する文献は、少なくない。現代国際社会において、慣習法の認定問題がきわめて重要な争点とされながらも、学説が、そのように必ずしも一致しているとはいえない状況にあることは、その事実だけでも、慣習法の成立要件を再考してみる理由になるであろう。

　もっとも、上において、かかる成立要件が、慣習法の認定をめぐる見解対立を判定する基準として明確にされているとは思えないと述べたのは、学説の不一致という状況のみを指してのことではない。今日、慣習法の成立要件を、国家の黙示の合意ではなく、慣行と法的信念の二つと見る前提に立った場合でも、具体的に、個々の分野において慣習法の認定が行われるに際しては、国により、あるいは、論者により、まったく正反対の結論が提示されることが多いが、そうした場合、問題にされてよいと思われるのは、それが一体いかなる理由に基づいているのか、また、成立要件に関する理論のうちに、恣意的な認定を行わしめる余地が残されてはいないのかどうかという点である。従来より、慣習法の認定は容易でなく、成立要件のあいまい性については、指摘されてはいた。しかし、そのあいまい性に潜む問題が、慣習法の認定をめぐり現実に生起している見解対立の中で顕在化し、成立要件の再考を必要ならしめているのが、現在の状況であるように思う。小森光夫は、慣習法の認定が問題となった国際判例の分析に基づき、「慣習法の存在を否定するばあいには、判断を成り立たせるための要件、しかも、より厳格な要件が提示され、それに即した論証がなされるのに対し、その他のケースのように慣習法の存在を認めるばあいには、それを成り立たせる要件を明確にしないまま判

---

12) たとえば、ソ連科学アカデミー編（高橋通敏訳）『ソビエト国際法の基礎理論』（有信堂高文社、1971年）207-211頁。ゲ・イ・トゥンキン（安井郁監修・岩淵節雄訳）『国際法理論』（法政大学出版局、1973年）108-127頁。Hanna Bokor-Szego, *supra* note 5, pp. 39-42 参照。

13) Godefridus J. H. van Hoof, *Rethinking the Sources of International Law* (Kluwer, 1983), pp. 85-116; Anthony A. D'Amato, *supra* note 10, pp. 47-72 参照。

断を提示」する傾向のあることを指摘している[14]。現在でも、慣習法の認定が問題とされているケースを具体的に検討すれば、常に、国家の慣行と法的信念の存在または不存在が丁寧に検証された上で、議論が展開されているとは限らないことに、気がつく。また、特定分野における特定規則の慣習法化が争われる場合、それを肯定する議論と否定する議論では、仮に両者とも慣習法の成立要件として上の二つの要素の必要を認めていたとしても、国家の慣行と法的信念の捉え方・評価が、実際にはまったく異なっていることが少なくない[15]。以上の状況は、国家の慣行とは

[14] 小森光夫「条約の第三者効力と慣習法の理論（二）」『千葉大学法経研究』10号（1981年）87-88頁。

[15] 以上につき、ふたたび、海洋法を例にとり見てみよう。国連海洋法条約に定める深海底資源開発のレジームに関連して、深海底とその資源は主権、主権的権利または専有の対象とされてはならない、また、深海底資源開発は人類全体の利益となるよう行われなければならない、といった規則は、同条約の当事国であると否とにかかわらず、すべての国家に適用されるものであることに、大きな見解の対立はない。つまり、これらの作為・不作為を求める規則が慣習法化していることが、認められる方向にある。ところが、その認定に際し、国家の慣行と法的信念はどのようにして検証されているのかという点になると、すべての議論に明確な共通性があるわけではない。発展途上諸国を中心にした議論では、かかる諸規則を慣習法へと導く国家の慣行と法的信念に相当するものとして、深海底制度をめぐり1968年以来積み上げられてきた審議、その中で諸国により表明された同諸規則への支持、ならびに、1970年に反対なしに採択された国連総会決議「深海底を律する原則宣言」などがあげられている。しかし、そのほかの議論においては、そのように、国家の慣行と法的信念の存在を積極的に検証しようとした形跡は、見あたらない（田中「前掲論文」（注9）（二・完）参照）。このように、一定の規則が慣習法化している（または、しつつある）と説かれる場合でも、常に、国家の慣行と法的信念の存在が丁寧に検証されているとはいえないところがある。また、ここで、さらに問題となるのは、あるべき規則に関する国家の主張や態度表明、また、国連総会決議は、それ自体が慣習法の成立要件たる慣行や法的信念を構成しうるものであるのかどうかという点である。先にもふれた通り（注9）、国連海洋法条約の枠外での深海底資源開発については、それを違法とする慣習法の存否につき見解が対立しているが、その場合、そうした慣習法の成立を認める発展途上諸国を中心にした議論では、「深海底を律する原則宣言」をはじめとする、国家の主張や態度表明が、前と同様、その根拠にあげられている。これに対し、その成立を否定する議論では、成立要件を厳格に解し、かかる法に対する先進諸国の一貫した反対がある上に、国連総会決議や国家の単なる態度表明は、それ自体、国家の慣行や法的信念を構成するものではないゆえ、慣習法の成立要件が充足されていないことが説かれている（中村道「深海底を律する原則宣言と慣習国際法の成立──一方的国内立法問題との関連で──」『日本の海洋政策』第2号（外務省、1979年）109-117頁、同「一方的国内立法問題再論」同第3号（1980年）57-64頁。D. W. Arrow, "The

何か、また、法的信念とは何かについて、これまでの議論を整理しつつ、あらためて検討を加える必要性を示しているように思われる。ところで、そのような検討を行う場合には、慣習法をめぐる次のような問題状況にも留意しておく必要がある。

すなわち、現代国際法定立過程において、国際社会全体に妥当する国際法は、もっぱら慣習法なる概念でもってのみ語られているわけではない。たとえば、新国際経済秩序の樹立を通じ、先進国と発展途上国の発展の不平等の是正がめざされているが、その過程で新しく形成されつつある、いわゆる開発の国際法は、慣習法化が問題とされている規則がその中にあることは勿論であるが、その基本原則にかかわる部分については、むしろ、プログラム法、ソフトロー、あるいは、形成途上の法といった名称で語られることが多い。位田隆一は、こうした新しい法概念が用いられる理由を、次のように述べている。すなわち、第1に、開発の国際法は、「国際社会の最大価値の実質的確立を目的として機能する目的追求型の法であり、それゆえ現状変革的性格を帯び」ていること、第2に、それは先進国と発展途上国の対立関係の中から生成されるというダイナミズムを有しているため、「『全き法であるか否か』という従来型の法的性格論議にはなじみにくい」こと[16]、第3に、「国際社会においては、特に南北問題に明らかなように、国家の行動の合法性と正当性が必ずしも一致していない状況がある。……これは、国際社会の変化に対して、よりつきつめていえば、価値の変動に対して、法がパラレルに発達していない状況」であり、法の成立に時間がかかる従来の法源では、この状況に対応しにくくなっていることである[17]。かくして、このような新しい法形成のプロセスは、国際法の法源論に大きな影響を与えずにはおかない。位田は、新しい法概念が登場せざるを得ない国際法状況に注意を喚

Customary Norm Process and the Deep Seabed," *OD&IL*, Vol.9, No.1 (1981), pp. 1-59.。

16) 位田隆一「開発の国際法における発展途上国の法的地位――国家の平等と発展の不平等――」『法学論叢』第116巻1号‐6号(1985年)644頁。

17) 位田隆一「ソフトローとは何か――国際法上の分析概念としての有用性批判――(二・完)」『法学論叢』第117巻6号(1985年)20頁。

起し、法源論研究の必要性をも示唆する。また、同様の認識を有する村瀬信也も、伝統的法源論の桎梏と動揺を、鋭く指摘している[18]。開発の国際法は、明らかに、国際社会全体における妥当を予定している法であり、そうでなければ、存在意義は半減してしまう法であるといえよう。それだけに、慣習法という従来の法源の枠組だけでは十分に説明しきれない現象が、さまざまの角度から分析の対象とされているのである。もっとも、こうした現象とて、慣習法の理論とまったく無縁なものといえるかという点になると、そうとはいえない。開発の国際法の中のいくつかの原則を、どのような法概念で説明するにしても、かかる法自体が一般に適用される根拠は何か、つまり、慣習法として適用されるのか、それとも、まったく独自の法形式として適用されるのかという問題については、一応の回答を与えることが必要だからである。開発の国際法などに見られる現代国際法現象については、現時点ではまず、法の適用根拠よりも、かかる現象が生じていることの意味や、現実の国際関係における法の展開を具体的に分析することのほうが重要といえるが[19]、ただ、法源論とのかかわりが否定できない以上、このような課題設定も意味をもつと思われる。一般的にいって、国際立法のような、そしてまた、上に見られるような新しい国際法現象を契機にして、国際法の新しい法源が成立す

[18] 村瀬信也「現代国際法における法源論の動揺――国際立法論の前提的考察として――」『立教法学』25号（1985年）81-111頁（村瀬『前掲書』（注7）所収、同書5頁以下）。村瀬は、法源論の動揺の原因として、慣習法の「一般性」としての機能が変容し「個別化」したこと、それぞれ独立的・完結的に存在してきた慣習法と条約の相対化が進行したこと、さらに、ソフトロー概念に示されるような「法」と「非法」との関係の相対化現象が生じたことをあげている。

[19] たとえば、位田は、1974年に採択された国連総会決議「国家の経済権利義務憲章」を開発の国際法の形成を促進するものと位置づけ、そこに示された二つの原則、「主権＝国際共同体」と「実質的平等」は、「具体的な規則や措置については後のより詳細な立法に委ねるが、それらの原則の構成する規範枠組の否定もしくはそこからの逸脱はもはや認められない、いわば『プログラム法』的性格をもつ」としつつも、同時に、「総会決議としての経済憲章が実定法化したか否かを抽象的に議論するよりも、……その中に盛り込まれている諸内容がどのように具体的に実施されていくかを分析、検討することが重要」であると指摘している。位田隆一「新国際経済秩序の法的構造――国家の経済権利義務憲章を素材として――」『法学と政治学の現代的展開（岡山大学創立30周年記念論文集）』（有斐閣、1982年）396頁。

る可能性は常にあるが、しかし、統一的な立法機関を欠く国際社会では、さしあたり、条約や慣習法といった既存の法源を媒介とせず、まったく新しい法源が成立することはないと考えられている[20]。そうだとすれば、慣習法の概念でもって語られていない新しい法現象といえども、国際社会全体への適用が問題となる場合、慣習法理論との関連——同理論の有効性・限界性・再生可能性などの検討を含む——は無視できないといわねばならない[21]。

　ところで、慣習法理論に関しては、最近、法源論研究が活発化する中で、その歴史的性格についての分析も深められつつある。たとえば、藤田久一は、慣習法理論成立の基盤を、自然法主義が法実証主義へととって代わられる19世紀に見出し、その後に支配的となった、国家の慣行と法的信念の二要素を成立要件にする理論は、西欧中心の同質的諸国からなる近代国際社会に適合するものであったと述べ、特に、法的信念をめぐる理論のイデオロギー性を次のように指摘する。「所与の国際社会における強国ないし多数国の意思を慣習法特にその要素としての法的信念を介して普遍化する作用がなされてきた」。従来の理論の欠陥は、「法的信念の証明は国家関係やその構造の分析と不可分であるにもかかわらず、国家構造の多様性を考慮に入れず、義務的感情を包括的に説明しようとした点」にある。こうして、藤田は、伝統的慣習法理論の問題点を指摘しながら、他方では、近代国際法から現代国際法への転換にともない、*erga omnes* な一般慣習規則の形成は「必要」であるとして、慣習法の成立要件や妥当範囲の問題を再検討すべきことを指摘している[22]。さらに、前述の小森

---

20) 中村道（ほか共著）『国際法 1』（蒼林社、1980年）47-48頁。H. W. A. Thirlway, *International Customary Law and Codification* (A. W. Sijthoff, 1972), p. 39.

21) なお、国際社会全体に妥当するユス・コーゲンス＝「一般国際法の強行規範」に関しても、その成立——現行のユス・コーゲンス、ならびに、将来における新しいユス・コーゲンスの成立——が、慣習法の形式をとるものかどうかについて議論がある。小川芳彦「国際社会とユス・コーゲンス」『現代国際社会の法と政治』前掲（注7）65-73頁、Christos L. Rozakis, *The Concept of JUS COGENS in the Law of Treaties* (North-Holland Pub. Company, 1976), p. 52 *et esq.*

22) 藤田「前掲論文」（注8）283頁以下、特に、284-296頁。藤田は、また、次のように述べている。「法的信念のイデオロギー性は、一見『民主的』にみえた慣習法形成にも、現在のそれにも当て

は、法源論研究の視角と方法につき、藤田と見解を異にしながらも、今日いうところの慣習法理論が成立した時期は、歴史的に見れば、自然法主義に代わり、「合意絶対論に依拠する個別主義・実定主義的な国際法論の支配した19世紀以降のこと」であると述べている[23]。わが国におけるこれらの研究により、慣習法理論を歴史的に見直す必要が提示されていることは、間違いない。慣習法理論が歴史的な所産であるとすれば、今日、成立要件はもとより、同理論全体の再検討は、いわば必然であるともいえよう[24]。

　検討されるべき課題はきわめて多く、各々の課題は相互密接に関連している。こうした状況下で、本章が、とりあえず、成立要件の問題を軸に検討を進めようとするのは、すでに示した理由のほかには、次のような事情と理由に基づいている。すなわち、第1は、筆者に、すべての問

　　はまる。慣習法形成へのすべての国の積極的参加という意味での民主的形式は今日までほとんど実現していないともいえよう。とはいえ今日のように、弱小国であれ圧倒的多数の国の意思が強国であれ少数の国の意思を排してまたは少なくともその沈黙により一般慣習法を生み出す余地を認めることは、必ずしも非民主的とはいえないであろう」(295頁)。
23) 小森は、国際社会全体に適用される国際法を、慣習法の概念で説明すること自体に疑問を提示しつつ、次のように述べている。つまり、19世紀以降、慣習法が一般国際法と同一視されるようになったが、その結果、国際社会には、慣習法自体についても、また、その成立要件についても共通の認識がないにもかかわらず、すべての国を拘束する国際法を慣習法の概念で説明することになったため、慣習法の認定がさまざまの矛盾を孕むことになった。したがって、「国際社会全体を拘束する法を『慣習法』の概念によって捉えるよりも、一般国際法として捉え、一般性が何の要因によって構成されているかを分析するほうがはるかに問題を明確にする」ゆえ、かかる法の「一般的妥当性の論証」こそ重要である、と。小森「前掲論文」(注14)(一)(二)(三・完)『千葉大学法経研究』9号、10号、12号(1980-1982年)参照。直接の引用は、(一)56頁および(三・完)91頁。また、同「慣習国際法の現代的特性」『法学教室』38号(1983年11月)45-52頁。一般国際法論の再構築をめざすこれらの論稿は、貴重な問題の提起を含み、示唆に富む。ただし、その前提として明確にされるべきと思われる、国際法の法源の中で慣習法がどのような位置を占めるのかという問題は、論じられていない。
24) 島田征夫は、学説の周到な分析に基づき、国家の慣行と法的信念の二つを慣習法の成立要件とする理論が登場したのは、19世紀末以降のことであるが、以来、しかし、法的信念の意味は必ずしも明確にされてこなかったと述べ、現代国際社会の状況に適合するよう、成立要件再検討の必要性を指摘している。島田征夫「慣習国際法の形成と法的確信の要件」宮崎繁樹教授還暦記念『二十一世紀の国際法』(成文堂、1986年)95-118頁。

題を一括して論じる準備と能力がないこと、第2は、慣習法をめぐるこれまでの議論の中心が成立要件におかれてきた事実、ならびに、前述の藤田の指摘を考慮したこと、第3は、今後、一方で、慣習法の認定は、理論的にも実践的にも国際法の各分野でますます重要な争点になり、他方で、いわば同時平行的に、現代国際社会における国際法定立過程の変容など種々の要因に促され、慣習法理論の構造が問い直されていくと思われるが、その場合、成立要件の問題はなお議論の中心に止まるものと考えられること、第4は、1986年6月、国際司法裁判所が下したニカラグア事件判決は、後に見る通り、慣習法の概念に全面的に依拠しており、成立要件について、前に述べた二つの要素の必要を承認しながら、同時に、新しい考え方をも付加している。それゆえ、この判決により、成立要件の問題を検討する上で、最新の素材が提供されているように思うからである。慣習法なる概念が当面消滅しないとすれば、慣習法は、その機能と理論内容の双方につき、どのような現代的展開を見せるのか。以下での検討を通じ、可能な範囲で、こうした問題に接近することにも努めたい。

第11章

条約交渉における誠実の原則
―― 条約法条約第18条について ――

1　はじめに
2　起草過程
　(1) 国際法委員会
　(2) 条約法会議
3　国際判例・学説・国家実行
　(1) 国際判例
　(2) 学説・国家実行
4　おわりに ―― 解釈上の問題点に触れて ――

1　はじめに

　条約法に関するウィーン条約（以下、「条約法条約」という）第18条は、「条約の効力発生前に条約の趣旨及び目的を失わせてはならない義務」を、次のように規定している。

　　　いずれの国も、次の場合には、それぞれに定める期間、条約の趣旨及び目的を失わせることになるような行為を行わないようにする義務がある。
　　(a) 批准、受諾若しくは承認を条件として条約に署名し又は条約を構成

する文書を交換した場合には、その署名又は交換の時から条約の当事国とならない意図を明らかにする時までの間

(b) 条約に拘束されることについての同意を表明した場合には、その表明の時から条約が効力を生ずる時までの間。ただし、効力発生が不当に遅延する場合は、この限りでない。

　本条は、条約がまだ効力を発生する前の時点における条約目的阻害行為禁止義務を定めた、ユニークな規定である（以下、単に「義務」という場合は、この義務を指す）。国家がこの義務を負うのは、(a)号・(b)号いずれの場合でも、当該国家にとっては未発効の条約についてであり、したがって、この義務は、当該条約それ自体から導かれるものではない。そのこともあって、条約法条約の起草過程においては、当初、そもそもこの義務は法的な義務といえるかどうかといった点までが問題となったが、討議が進む中で、これは誠実(good faith)の原則から導かれる国際法上の義務であるとの見方が、おおむね定着したということができる。

　ただし、その場合でも、たとえば、義務の適用対象となる国の範囲や、義務の発生時期などをめぐって、かなりの議論があった。前者についていえば、条約交渉に参加した国にも義務を適用してはどうかという提案が、国際法委員会(International Law Commission: 以下「ILC」という。)で特別報告者によって行われたことがあった。この提案は賛同を得られなかったが、後者については、ILCの終盤での討議において、次のような提案が行われ、一定の支持を集めた。すなわち、右の(a)号・(b)号の場合のほかに、条約締結のための交渉に入ることに同意した国は、その交渉が進行中である時にも義務を負うというもので、この提案はILCの最終草案に採り入れられ、条約法会議（ウィーン）での検討に委ねられた。しかし、条約法会議では、その提案を支持する国よりも、反対する国がわずかに多く、結局、条約交渉を行う国は交渉進行中にも義務を負うとする規定は、条約法条約からは削除されることになったのである（条約法条約第18条とILC最終草案の規定（第15条）の原文（英文テキスト）は（注122）に掲載してある）。

本章では、まず、このような起草過程をやや詳しくふり返りながら、第18条の成立の経緯を明らかにし、次に、この義務に関係する国際判例・学説および実行を検討する[1]。

2 起草過程

(1) 国際法委員会

(i) 1951年第3会期

条約目的阻害行為禁止義務に関する規定がILCで初めて提起されたのは、1951年のことであった。この年のILC第3会期において、条約法に関する特別報告者のブライアリ (J. L. Brierly、イギリス) が提出した第2報告書第7条は、「条約の効力発生前の署名国の義務」を規定した[2]。本条は、署名国は自国に関して条約の効力が発生するまでの間は条約上の義務に服しないが、「ただし、ある場合には、署名国は誠実 (good faith) の問題として、署名後条約の効力発生までの合理的期間、他の当事国が条約に規定された義務を履行することを不可能にし、又は一層困難にするような行動をとることを慎むよう求められる」と定めていた。ブライアリによれば[3]、本条は1935年のハーヴァード条約法草案の第9条[4]を採用したも

---

[1] 筆者は以前、別稿 (「条約交渉における誠実の原則―深海海底制度をめぐる交渉に関連しての若干の考察―」『龍谷法学』第12巻4号 (1980年) 30頁以下) において、第18条の起草過程を紹介したことがあるが、そこでの関心事項はもっぱら、条約交渉の進行中における交渉国の義務をめぐる議論にあった。本章での起草過程の紹介は、別稿とかなりの部分で重複しているが、第18条自体を検討することを目的とした紹介なので、今回あらためて必要だと思われた追加や修正を行った。なお、別稿執筆時に見落としていた日本の文献として、鷲見一夫「条約の発効前の国家の義務について―条約法に関するウィーン条約第一八条の検討」『国際法政研究』第11号 (国際法政研究会、1970年) がある。

[2] UN Doc. A/CN.4/43, Second report: Revised articles of the draft convention, by J. L. Brierly, Special Rapporteur, *YILC*, 1951, Vol.II, p. 73.

[3] *Ibid.*, p. 73 and *YILC*, 1951, Vol.I, p. 34, para. 110.

[4] Harvard Research in International Law, Draft Convention on the Law of Treaties with Comment (hereinafter cited as Harvard Draft), *AJIL*, Vol.29, No.4, Supplement (1935), pp. 778-787. ブライアリ案は、二つの用語の違いを除いて、このハーヴァード草案第9条と同文。

のであるが、「法的義務というよりは道徳」を規定したものであり、討議の素材にすぎないと説明された。彼自身は、討議の中で、「国際道徳の法典化は ILC の任務ではない」と述べ、この規定の不必要性を指摘していた[5]。もっとも、ILC 委員の見解は、本条の必要性や義務の法的性質をめぐって対立した。

　まず、特別報告者と同じように、本条を削除すべきであると考えた委員は、本条に定める義務の法的性質を疑問視するとともに、義務のあいまいさやその適用の困難さを指摘した。たとえば、アマド（G. Amado、ブラジル）は、本条の出所とされたハーヴァード条約法草案第 9 条に付けられたコメント自体が[6]、第 9 条は法的な義務を規定したものではないと断っていたことに注意を喚起し、条約の効力発生前の義務は法典化の対象にはならないと主張した[7]。サンドストレーム（A. E. F. Sandström、スウェーデン）[8]やスピロプーロス（J. Spiropoulos、ギリシャ）[9]は、特別報告者が示した第 7 条の文言のあいまいさ——たとえば「ある場合には」とか「合理的期間」など——を指摘しながら、本条の実際の適用は困難なので削除すべきだと主張した。スピロプーロスはまた、条約が署名の時点で効力を発生する場合はともかく、批准を効力発生の要件にしている場合には、批准前の署名国の行為が条約違反になることはありえない、という点をも強調していた[10]。

　以上に対して、第 7 条の必要性を主張した委員のうち、たとえばイェープス（J. M. Yepes, コロンビア）は、条約の署名後批准に至る期間において、条約の目的を阻害しないことを署名国の法的義務として認めた条約（1885 年のベルリン議定書・1922 年のワシントン条約）、判例（1928 年のメガリディス対トルコ事件でのトルコ・ギリシャ混合仲裁裁判所判決）、学説（1926 年のフォーシー

---

5) *YILC*, 1951, Vol.I, p. 34, para. 112 and p. 39, para. 44.
6) Harvard Draft, *supra* note 4, p. 781.
7) *YILC*, 1951, Vol.I, pp. 40-41, paras. 58 and 60.
8) *Ibid.*, p. 40, para. 51.
9) *Ibid.*, p. 40, para. 52
10) *Ibid.*, p. 41. paras. 74-75.

ユ（P. Fauchille）の見解）があると指摘するとともに（これらの条約・判例・学説については本章3を参照）、前記スピロプーロスが強調した点については、第7条は署名後批准に至る期間において条約の履行を求めているのではなく、その期間内に署名国が批准を無意味にしてしまうような行為を慎むべきことを求める規定であると反論した[11]。コルドヴァ（R. Córdova、メキシコ）は、義務は道徳的であると同時に法的でもあると述べて、第7条を残すように主張した[12]。

なお、権利濫用論の視角から第7条を支持する立場を表明したのはセル（G. Scelle、フランス）であったが、彼は、条約への署名が批准の義務を発生させるものではないが、しかし、国が署名した条約に反する行為を行う意図をもって批准を拒否すれば、権利（批准の自由）の濫用になる場合がありうると述べ、署名が一定の法的効果を生む行為であることは明らかだと主張した[13]。もっとも、これに対しては、第7条の検討にあたって、権利濫用論を持ち込むこと自体を疑問視する主張もあった[14]。結局、1951年のILCでは、義務をめぐる見解の相違は解消されないままに、第7条を削除する提案が、賛成5、反対4、棄権1で可決された[15]。

（ⅱ）1953年第5会期・1956年第8会期・1959年第11会期

ブライアリに代わる特別報告者ローターパクト（H. Lauterpacht、イギリス）は、しかし、1953年の第5会期に第2報告書を提出し、「署名の法的効果」を規定した第5条において、署名国の義務をふたたび取り上げた[16]。すなわち、第5条は、1項において、条約当事国が同意すれば署名により直ちに条約の効力が発生することを定め、2項において、「その後の追認を条件とする署名……は、いかなる拘束的効果も有しない。ただし、次のこと

---

11) *Ibid.*, pp. 39-40 and 42, paras. 46-49 and 81.
12) *Ibid.*, p. 35, para. 126.
13) *Ibid.*, p. 34, paras. 115-119 and p. 35, paras. 129-132 and p. 41, paras. 67-69.
14) *Ibid.*, p. 35, para. 125.
15) *Ibid.*, p. 42, paras. 83 and p. 51, para. 87.
16) UN Doc. A/CN.4/63, Report by H. Lauterpacht, Special Rapporteur, *YILC*, 1953, Vol.II, p. 108.

を誠実に履行する義務を含む」として、(a)号と(b)号の二つを定めた。すなわち、(a)号は、条約の批准の検討のために、国内の適当な憲法上の機関に条約文書を付託することであり、(b)号は、「批准する前に、署名した条約の価値を実質的に損なうように意図された行為を行わないこと」である。

本条に付されたコメントによれば、①署名は批准の義務をもたらすものではないが、署名国は誠実の原則に基づいて、署名前と同様にまったく自由に行動することはできない。②本条2項(b)号の義務は法的義務であって、道徳的義務ではない。③2項(b)号の目的は、条約によって正当に獲得しうる当事国の利益を、その国から奪うように意図された悪意の行動を禁止することにある、と説明されていた[17]。こうして、ローターパクトは、2年前のブライアリとは異なる立場を、「署名の法的効果」を扱う条文の中で示したのである。

ローターパクトの国際司法裁判所判事就任にともない、新たに特別報告者に指名されたフィッツモーリス(G. Fitzmaurice、イギリス)は、1956年の第8会期に提出した第1報告書において、ローターパクトの立場を継承した[18]。すなわち、「締結行為にすぎないと考えられる署名の法的効果」について規定した第30条は、上記のローターパクトの第1報告書第5条2項をより詳細にした条文であったが、義務に関しては、同条1項(c)号において、次のように規定されていた。条約の署名は、「批准についての最終的決定が行われるまでの間、若しくは合理的期間、署名国政府に対して、条約の目的を損なうか又は阻害するような行動をとらない義務を、課すことができる」。フィッツモーリスはローターパクトと同じ見解をとったことを表明した[19]。

ところで、フィッツモーリスは、この報告書の第17条「条約文の作成の法的効果」において、新しい考え方を示唆した。本条は、条約を採択するための交渉への参加は、仮に条約が全会一致で採択されたとしても、

---

17) *Ibid.*, pp. 108-111.
18) UN Doc., A/CN.4/101, Report by G. G. Fitzmaurice, Special Rapporteur, *YILC*, 1956, Vol.II, p. 113.
19) *Ibid.*, p. 122, para. 58.

その条約を受諾する義務を生じさせるものではない、といったことなどを規定したものであるが、その際、交渉への参加はまた、「条約文の主題に関係する行為を行い、又はその行為を行うことを控える義務をともなうものではない」、というふうにも規定していた。この条文は、1959年のILC第11会期での討議を経て修正され、同年の国連総会に対するILCの報告書第8条(「条約文の作成の法的効果」)となった。本条は、1項において、交渉や国際会議へ参加しただけで、条約を受諾する義務や実施する義務が生じるものではないことを確認し、2項において、「ただし、このことは、交渉への参加者が、国際法の一般原則に従って、交渉の目的を阻害するか又はそれに悪影響を与え、若しくは条約が効力を発生する場合には、条約の意図された効力を生み出すことを妨げるような行為を行うことを、一定期間控える義務に影響を与えるものではない」と規定した[20]。

ここに至って、条約交渉へ参加する国には若干の義務がともなうという考えが浮上し、以後の討議でその是非がさらに検討されることになるのであるが、第8条のコメンタリーは、1959年のILCでの討議の状況を、次のようにまとめている[21]。まず、ILCの多くの委員は、条約交渉がまったく法的効果を有しないとは考えられず、交渉参加国は積極的義務(positive obligation)を負うものではないが、消極的義務(negative obligation)、すなわち条約の効力発生までの合理的期間、条約目的を阻害することにより、交渉自体を無意味にしてしまうような行為を行わない義務を負うと考えた。これに対して、何人かの他の委員は、この義務は署名の法的効果として規定されるのであればともかく、条約交渉への参加といった事実からは導き得ないものであって、上にいう行為は、政治的良識に欠けるところがあっても、法的義務に違反するとまではいえないと考えた。なお、義務の淵源、すなわち、それは誠実の原則、権利濫用の理論、あるいは条約に関する一般国際法のいずれから導かれるのかについて、ILC委員の認識は必ずしも一致してはいなかったと述べている。

---

20) Report of the Commission to the General Assembly, UN Doc., A/4169, *YILC*, 1959, Vol.II, p. 101.
21) *Ibid.*, p. 102.

(ⅲ) 1962 年第 14 会期

　フィッツモーリスと同じ理由に基づき、新たに特別報告者になったウォルドック（H. Waldock、イギリス）は、第 14 会期に第 1 報告書を提出し、「完全な署名の法的効果」について規定した第 9 条において、「署名国は、条約の批准又は受諾に関する自国の決定を他の関係国に通告するまでの間、若しくはこの通告が行われない場合には合理的期間、条約の目的を阻害するか又は条約の履行を不可能にするような行為を行わない誠実の義務に服する」(2 項 (c) 号) という条文を提案した[22]。本条のコメンタリーは、2 項 (c) 号はローターパクトおよびフィッツモーリスの見解を踏襲したものであって、条約目的を阻害する行為を一定期間慎む誠実の義務は、国際判例および学説により承認されているように思われる、と述べていた[23]。ここであげられていた国際判例は、1951 年の ILC でイェープスが指摘した前述の判例に加えて、1926 年のポーランド領上部シレジアにおけるドイツ権益事件に関する常設国際司法裁判所の判決であり、学説は、同じく前述のフォーシーユに加えて、マクネア（A. D. McNair、1961 年）およびビン・チェン（Bin Cheng、1953 年）の見解である（これらの判例・学説については本章 3 を参照）。

　また、ウォルドックは、この報告書の第 5 条 3 項の「条約の本文の採択」において、条約の作成に参加した国に対しても、その参加の法的効果として義務が課されるという考え方を、より明確かつ簡潔に提示した。すなわち、第 5 条 1 項において、条約本文の採択方法を定め、2 項において、条約交渉への参加により直ちに条約の署名又は批准の義務が生じるものではないことを定め、そして 3 項において、「ただし、本条 2 項の規定は、条約の作成に参加する国が、国際法の一般原則に基づいて、条約の効力発生までの間、提案された条約の目的を阻害する行為を行わない義務に影響を与えるものではない」と規定した。本条のコメンタリーによれば、

---

22) UN Doc., A/CN.4/144, Report by H. Waldock, Special Rapporteur, *YILC*, 1962, Vol.II, pp. 46-47.
23) *Ibid.*, pp. 46-47.

上記の 2 項および 3 項は、1959 年の国連総会に対する ILC の報告書の第 8 条「条約文の作成の法的効果」を、一部修正した規定であると説明されていた[24]。

1962 年の討議においては、条約交渉参加国の義務を規定した第 5 条 3 項をめぐって意見が対立した。この規定の削除を主張した委員のうち、たとえば、カストレン（E. Castrén、フィンランド）は、条約交渉に参加した国に一定の義務を課す国際法上の規則が確立しているとは考えられず、5 条 3 項はあるべき法としての提案としても賢明ではないと主張した[25]。鶴岡（日本）は、3 項のような規定は、条約交渉への参加を国に躊躇させることになりかねず、実際の適用の面でも種々の困難をもたらすことになると指摘した[26]。アマドは、交渉への参加という事実だけに基づく義務は交渉国に「過度の責任」を負わせるものであると主張し[27]、ネルヴォ（L. P. Nervo、メキシコ）[28]、バルトシュ（M. Bartoš、ユーゴスラビア）[29]、エル・エリアン（A. El-Erian、アラブ連合）[30]らも、ほぼ同様の観点から 3 項の削除を主張した。他方、これに対して、アゴー（R. Ago、イタリア）は、3 項の文言を修正する必要性を認めながらも、誠実の原則は条約交渉を規律すべき重要な原則であるので、3 項の趣旨は生かすべきであると主張した[31]。また、フェアドロス（A. Verdross、オーストリア）も、3 項は基本的重要性をもつ革新的規定であると論じ[32]、エライアス（T. O. Elias、ナイジェリア）[33]らとともに、ウォルドック提案を支持したのである。

次に、第 9 条「完全な署名の法的効果」の 2 項 (c) 号で規定された署名

---

24) *Ibid.*, pp. 39-41.
25) *YILC*, 1962, Vol.I, p. 79, para. 41.
26) *Ibid.*, p. 81, para. 71 and p. 86, paras. 44-45.
27) *Ibid.*, p. 84, para. 15.
28) *Ibid.*, p. 81, para. 74.
29) *Ibid.*, p. 82, para. 86.
30) *Ibid.*, p. 82, para. 90.
31) *Ibid.*, p. 82, para. 91.
32) *Ibid.*, p. 80, para. 56.
33) *Ibid.*, p. 81, para. 81.

国の義務については、1951年当時のILCで見られたほどの見解の相違は、すでになかったように思われる。バルトシュ[34]やカストレン[35]は、交渉参加国の義務には反対したが、2項(c)号については、誠実の原則を規定したもので有益であると述べていたし、ヤシーン（M. K. Yasseen、イラク）は、合理的かつ実践的な規定であると評価していた[36]。そこで、とりあえず、義務について定めた第5条と第9条の規定をまとめ、独立の条文を作成する必要性が認められ、起草委員会で検討されることになった[37]。同委員会は、検討の結果、第19条 *bis*「条約の効力発生前の国の権利義務」を提案した[38]。その後、1962年のILCでは特に強い反対が述べられることもなく、第19条 *bis* は若干の文言の追加を受けて採択され[39]、同年の国連総会に対するILCの報告書においては、第17条として規定された[40]。

第17条（条約の効力発生前の国の権利義務）
1 条約の交渉、作成又は採択に参加するか若しくは批准、受諾又は承認を条件として条約に署名した国は、その条約の当事国となる意図のないことを通告しない限り、条約が効力を発生するまでの間、条約の目的を阻害するような行為を行わないようにする義務がある。
2 この義務は、条約の効力発生までの間、効力発生が不当に遅延されない限り、署名、批准、加入、受諾又は承認に基づいて条約により拘束されることへの同意を確立した国にも適用される。

(ⅳ) 1965年第17会期
前記1962年のILCの報告書については、各国政府のコメントが求めら

---

34) *Ibid.*, p. 88, para. 86.
35) *Ibid.*, p. 89, para. 12.
36) *Ibid.*, p. 89, para. 18.
37) *Ibid.*, p. 98, para. 31.
38) *Ibid.*, p. 212.
39) *Ibid.*, p. 258.
40) *Report of the International Law Commission*, UN Doc., A/5209, 1962, p. 18.

れたが、第17条にコメントを寄せた国のほとんどは、義務の適用範囲を条約交渉参加国にまで拡大した同条1項には、特に強い反対の意思を表明した。コメントを寄せたのは9カ国であったが、そのうち、アメリカだけが、条約交渉国の義務を定めたことは現行法の枠を超えているものの、法の発展の見地から見れば「きわめて望ましい」と好意的評価を加えていたのを除けば、7カ国（オーストラリア、フィンランド、日本、オランダ、ポーランド、ニュージーランド、スウェーデン）までが、一致してゆきすぎであるというふうに批判したのである。残りの1カ国イギリスは、第17条の文言のあいまいさを指摘しつつ、この規定の実際の適用可能性を疑問視するコメントを寄せていた[41]。そのため、これらの政府見解に考慮を払った特別報告者ウォルドックは、1965年のILC第17会期に提出した第4報告書おいて、次のような理由により、条約交渉参加国の義務を削除した新しい条文を提案した[42]。つまり、①1962年のILCの報告書に示した第17条1項は、誠実の義務を規定したものであるが、条約の採択に反対投票を行った国にまで義務を課すことは不合理である。②条約目的は、条約が採択されるまで最終的かつ法的には定義され得ない。③第17条1項は、政治的道徳的には好ましい規定だと考えられるが、諸政府がいうように、法的義務として課すことには問題が残る、という理由である。その新しい条文を、説明の便宜上、以下では修正第17条と呼ぶことにして、次に掲げておく。

　　修正第17条
　1　条約が効力を発生するまでの間、
　　　(a) 批准、受諾又は承認を条件として条約に署名した国は、他の署名国

---

41) Comments by Governments on parts I, II and III of the Draft Articles on the Law of Treaties drawn up by the Commission at its fourteenth, fifteenth and sixteenth sessions, *Report of the International Law Commission*, UN Doc., A/6309/Rev.1, 1966, pp. 106-185. オランダを除く8カ国政府のコメントの要旨は *YILC*, 1965, Vol.II, pp. 43-44 にも掲載されている。
42) UN Doc., A/CN.4/177 and Add.1 and 2, Fourth Report on the Law of Treaties, by H. Waldock, Special Rapporteur, *YILC*, 1965, Vol.II, pp. 44-45.

に対して、条約を批准し、若しくは場合によっては受諾し、又は承認する権利の放棄を通告しない限り、条約の目的を阻害するような行為を行わないようにする義務がある。
(b) 署名、批准、加入、受諾又は承認によって、条約により拘束されることについての同意を確立した国は、条約が廃棄の条件の下に置かれてはおらず、かつ、条約からの自国の脱退を他の関係国に通告していない限り、右と同じ義務がある。
2 ただし、前項に定める義務は、条約が効力を発生しない場合には、国の署名、批准、受諾又は承認の日から10年を経過すれば終了する。

1965年のILCでは、この修正第17条をめぐって活発な討議が行われた。そこでは、条約の効力発生前の義務を規定する条文を、条約法条約に挿入すること自体については、徐々に合意が形成されつつあったように思われる。条文全体の削除を主張したのは、修正第17条は道徳の分野の問題までを扱っていると考えたタビビ（A. H. Tabibi、アフガニスタン）ぐらいであった[43]。カストレン[44]、デ・ルーナ（A. de Luna、スペイン）[45]、ヤシーン[46]などは、諸政府による批判の対象となった条約交渉参加国の義務が削除された点を評価し、修正第17条の骨子を支持する見解を表明した。なお、ヤシーンは、義務に関する規定が現時点で実定国際法といえるかどうかは疑問であるとしながらも、バルトシュ[47]とともに、修正第17条が国際法の漸進的発達に貢献しうることを認めていた。ルーダ（J. M. Ruda、アルゼンチン）[48]やブリッグズ（H. W. Briggs、アメリカ）[49]、さらにはエル・エ

---

43) *YILC*, 1965, Vol.I, p. 90, paras. 25 and 30.
44) *Ibid.*, p. 88, paras. 5 and 8.
45) *Ibid.*, p. 88, para. 9.
46) *Ibid.*, p. 89, paras. 17-19.
47) *Ibid.*, p. 93, para. 78.
48) *Ibid.*, p. 90, paras. 31-32.
49) *Ibid.*, p. 91, para. 45.

リアン[50]やラックス（M. Lachs、ポーランド）[51]も、結論的には、修正第17条は有益な規定であると考えた。パル（R. Pal、インド）は、条約目的阻害行為禁止義務はあらゆる法体系で認められている「暫定的な義務」の一種であると指摘しながら、同条文を支持した[52]。

そうした中で、ルテール（P. Reuter、フランス）は、修正第17条は「暫定的な期間」における誠実の義務を定める有意義な規定であると評価しながらも、規定の趣旨や文言にかかわる問題、たとえば、条約の目的とは条約のすべての目的であるのか、それとも一つの目的であればよいのか、また、目的が阻害されるというのは、条約の当事国に関することか、それとも後に当事国になるかもしれない国に関することかといった点が、必ずしも明確ではないことなどを問題にした。彼は、国が条約により拘束されることに同意する場合には、相手方にも（条約の遵守について）一定の期待を寄せることを意味するのであって、この期待の不履行が誠実の義務と両立しないと考えることが重要だという。そして、ILCは、「その相手方の正当な期待を欺くような行為を行わない」といったような表現を用いることによって、誠実の義務に対する違反の有無を個々の事例に即して、総合的に判断すべきであると提言した。彼の想定した事例としては、たとえば、関税に関する約束を含む条約を締結した場合、その条約が効力を発生する前に、その約束に反する高い関税率の設定を行えば、その行為は誠実の義務に違反するものと見なされる、というものだった。いずれにせよ、ルテールによれば、上記の表現はきわめて主観的な基準であるが、そうした基準を用いるほうが、誠実の原則の独自性を確保し、その原則の遵守と条約の実際の執行とを区別する上で、有益ではないかと説明されていた[53]。

ところで、修正第17条自体に対する強い批判がまったくなかったわけではない。最も厳しい意見を述べたのはロゼンヌ（S. Rosenne、イスラエル）

---

50) *Ibid.*, p. 93, para. 73.
51) *Ibid.*, p. 97, para. 38.
52) *Ibid.*, p. 92, para. 65.
53) *Ibid.*, pp. 90-91, paras. 35-40.

であった。彼も、条約の効力発生前の義務を定める規定を残すべきであるとは考えていたが、しかし、まず第 1 に、多数国間条約については、批准を条件にして署名が行われる場合のほかに、署名を行わずに加入の手続がとられる場合もあり、国はいずれをも選択可能であるにもかかわらず、修正第 17 条 1 項 (a) 号は前者の場合、つまり署名をした国に対して義務を課すことに、重点を置きすぎていると批判した。第 2 に、最近では、署名がなされることなく、単に条約文が認証されるだけの条約が増えているが、修正第 17 条はこうした事態をカバーせずに、義務をもっぱら形式的な署名に基礎づけていると批判した。第 3 に、修正第 17 条 1 項 (a) 号は批准する権利の放棄といったことに触れているが、いったん放棄すれば後の段階で批准することはできなくなるのかどうか。いずれにしても、条約の当事国になるために必要な措置をとる考えがあるかどうかを、他国に対して通告する義務があるかのように定める規定は、問題だと指摘した。こうして、ロゼンヌは、修正第 17 条はそのままでは受け入れられないと批判し、仮にこの規定を練り直すとすれば、義務は条約の採択に賛意を積極的に表明した国に対して課されるように、改めるべきではないかと提言した[54]。

　以上のように、修正第 17 条をめぐっては、基本的にそれを支持する委員が多数であったとはいえ、種々の意見が出されていたのであるが、討議の大きな転換点を作ったのは、なによりも、アゴーによる次のような提案だった。修正第 17 条で条約交渉参加国の義務が削除されたことに不満をもっていた彼は、条約がまだ発効していない段階における誠実の義務は、未発効の条約それ自体からは導き出せないので、義務は一般国際法上の規則であると強調しつつ、条約の交渉中 (during negotiation) における誠実の義務に着目すべきことを提唱したのである。彼は、その理由として、修正第 17 条に定める義務について大きな異論はないと思われるが、問題は、「条約交渉国は交渉の進行中に交渉相手国の有する正当な期待に反して、交渉の目的を破壊する特定の行為をなす権利をもつか否か」であると

---

54) *Ibid.*, pp. 91-92, paras. 49-58.

指摘し、「ILC が誠実の義務は署名の時点から生じると決定してしまうならば、この義務は交渉中には存在しないと主張されることにもなる」と強調した。そして、彼は、義務が特に問題となるのは二国間条約の場合であって、たとえば、ある国が他国の領域に有する施設を譲渡したり、あるいは、他国の領域から以前に持ち出した芸術作品を返還することについて、条約交渉を行っているときに、それらの施設や芸術作品を破壊してしまうような行為を行うとすれば、それは明らかに誠実の義務に違反することになるのではないかというふうに、問題を提起した[55]。

アゴーが提唱した、条約交渉の進行中における義務を検討する必要性は、トゥンキン (G. I. Tunkin、ソ連) も認めるところであった[56]。アレチャガ (H. Aréchaga、ウルグアイ) も、アゴーに賛同しつつ、誠実の原則は、条約交渉国に対して、「交渉に参加している間、条約の実質的目的を無効にするような行為を慎むべき」ことを要求していると述べ、交渉中という時間的限定を行いながら義務の存在を主張した[57]。このような新しい主張にかんがみて、条約交渉参加国の義務を提案したことのあるウォルドックは、条約交渉国の義務を規定する場合には、義務の存在する期間を限定する必要性を指摘していた[58]。しかしながら、アゴーらの主張に対しては、強い反対意見も表明された。たとえば、エル・エリアンは、条約目的は条約が採択されるまで最終的かつ法的に定義し得ないので、交渉の進行中の段階では、ある行為が条約目的を阻害するものかどうかは判断できないと指摘した[59]。ロゼンヌ[60]やタビビ[61]は、条約交渉が誠実に行われるべきことを認めはしたが、条約法条約の中で条約交渉国の義務を規定することには反対した。同様に、アマドも、条約交渉における誠

---

55) *Ibid.*, p. 92, paras. 61-62 and pp. 96-97, paras. 26-32.
56) *Ibid.*, p. 93, para. 66.
57) *Ibid.*, p. 93, para. 71 and p. 97, paras. 33-34.
58) *Ibid.*, p. 96, para. 25.
59) *Ibid.*, p. 93, para. 73.
60) *Ibid.*, p. 97, para. 37 and p. 98, para. 42.
61) *Ibid.*, p. 89, para. 24 and p. 98, para. 41.

第 11 章　条約交渉における誠実の原則　367

実の原則の重要性を認めながらも、交渉が各国の利害追求を基調にして行われる点に留意すれば、交渉中に自国の行動を拘束する規則を承認する国はありそうもないと述べて、反対した[62]。

　こうして討議の焦点は、条約交渉の進行中における義務を規定すべきかどうかといった点にまで拡がっていったが、しかし結局、その点に関する意見の対立は解消されないまま、ウォルドックの提案に基づき、修正第 17 条をどのように規定し直すかの問題をも併せて、起草委員会で検討されることになった[63]。なお、討議の中で、修正第 17 条 2 項が 10 年という期間を区切った点について、何人かの委員から、その期間は場合によって長すぎたり短すぎたりするので、一律に期間を区切ることは必ずしも適切ではない、といった趣旨の批判が出されていた[64]。かくして、エライアスは、討議を終えるにあたって、意見の対立が残っていることを考慮し、次のような妥協をはかる発言を行った。すなわち、彼自身は条約交渉国の義務を規定することに反対であったが、仮にその義務を残すのであれば、条約法会議において、条約交渉国の義務だけを他の規定を修正することなく簡単に削除できるように、独立の項において規定しておくべきである、と[65]。また、バルトシュ（議長）も、外交会議に対しては、外交会議が選択するオータナティブテキストのみならず、特定の規定を分離できるようなテキストをも付託する、共通の慣行があると述べていた[66]。

　起草委員会は、以上の討議を踏まえ、第 812 会合において、国は「条約締結の交渉に入ることに同意したときは、その交渉が進行中であるとき」にも、「条約目的を阻害するような行為を行わない誠実の義務を有する」とした、独立の項を新しく挿入し、10 年という期間を区切ることは止めるなど、修正第 17 条にさらにいくつかの修正を加えた条文（第 17 条）を提

---

62) *Ibid*., p. 98, paras. 43-44.
63) *Ibid*., p. 99, paras. 55 and 58.
64) See, e.g., *ibid*., p. 92, para. 63.
65) *Ibid*., p. 98, para. 51.
66) *Ibid*., p. 98, para. 52.

示した。この新条文についての立ち入った討論を行う時間的余裕はなかったが、発言を行った委員の中では、鶴岡だけが、条約交渉国の義務を規定したことに関して、交渉中に条約目的を語ることは、法的観点から見れば問題が残ると指摘したのを除けば[67]、フェアドロス[68]、ラックス[69]、アゴー[70]、カストレン[71]などの委員は、新条文を好意的に評価していた。もっとも、「誠実の」という文言を明示的に書き込む必要はないという意見などが出たため[72]、起草委員会は再度検討を行い、第816会合において、若干の文言の削除または追加を行った新テキスト(「誠実の」という文言は削除)を提示した。そこでILCは、この新テキストを表決に付し、賛成17、反対なし、棄権1で採択したのである[73]。前述のエリアスやバルトシュの妥協をはかる発言が、この表決結果にどれほどの影響を与えたのかは定かでないが、いずれにせよ、新テキストは、翌1966年のILCにおいて、用語上の若干の修正を再度受けた後に[74]、条約法に関するILC最終草案第15条とされ、条約法会議へ送付された[75]。

第15条(条約の効力発生前に条約の目的を阻害しない国の義務)
　いずれの国も、次の場合には、それぞれに定める期間、提案された条約の目的を阻害するような行為を行わないようにする義務がある。
(a) 条約締結のための交渉に入ることに同意した時は、その交渉が進行中である時
(b) 批准、受諾又は承認を条件として条約に署名した場合には、その署名

---

67) *Ibid.*, p. 263, para. 117.
68) *Ibid.*, p. 262, para. 99.
69) *Ibid.*, p. 262, para. 100.
70) *Ibid.*, p. 262, paras. 101-102.
71) *Ibid.*, p. 263, para. 105.
72) R. Ago (*ibid.*, p. 262, para. 102), M. Bartoš (*ibid.*, p. 262, para. 104), E. Castrén (*ibid.*, p. 263, para. 105), S. Rosenne (*ibid.*, p. 263, para. 109), P. Reuter (*ibid.*, p. 263, para. 111).
73) *Ibid.*, pp. 282-283, paras. 37-38.
74) *YILC*, 1966, Vol.II, p. 116; *YILC*, 1966, Vol.I, pp. 292 and 326.
75) UN Doc., A/6309/Rev.1, *supra* note 41, pp. 34-35.

の時から条約の当事国とならない意図を明らかにする時までの間

(c) 条約により拘束されることへの同意を表明した場合には、その表明の時から条約が効力を生じる時までの間。ただし、効力発生が不当に遅延する場合は、この限りでない。

　第15条のコメンタリーは、「条約の目的の阻害を意図する行為を行わない誠実の義務が、批准を条件として署名した国に課されるということは、一般的に受諾されているように思われる」と述べて、(b)号については、それが国際法上確立した規則を定式化したものであることを示唆している。コメンタリーはまた、(a)号については、この義務はもっと早い時期から適用されるべきだと考えた結果であると述べ、(c)号については、「条約により拘束されることを約束した国が上記のような行為を行わない義務は、明らかに特別の適切さと重要性をもっている」と述べていた[76]。ILCにおける討議は、当初、義務の法的性質の有無を含め、そもそも義務を条約法条約の中で規定する必要があるのかどうかといったことから始められたが、ローターパクト以後、いずれの特別報告者も、義務を規定する必要性についてはそれを認めてきた。もっとも、義務を署名の法的効果としてのみ規定することが適当かどうか、あるいは、義務を誰に対していつの時点から適用すべきかといった点については、ILC委員の見解は直ちに一致するには至らなかったが、最終的には、義務を単に署名の法的効果としてのみ捉えるのではなく、上の通り、(a)号から(c)号の三つの場合に義務が生じるとすることで、意見のとりまとめが行われたということができる。なお、ILCでの討議を通じて、義務の根拠は誠実の原則にあると見る見解が支配的になったということもできよう。

(2) 条約法会議

　条約法会議におけるILC草案第15条に関する討議は、1968年の第1会

---

76) *Ibid*; 小川芳彦「国際法委員会条約法草案のコメンタリー (1)」『法と政治』第18巻4号 (1967年) 107-108頁。

期においてほぼ尽くされている。この条文は、提出された 12 の修正提案[77]を考慮に入れながら、全体委員会の第 19 回会合および第 20 回会合において集中的に討議された。それらの修正提案の内訳は次の通りである（いくつかの提案は複数の項目に関係している）。第 15 条全体の削除提案が一つ（イギリス提案）、条文の表題の修正提案が二つ（白ロシア提案、ベトナム共和国提案）、第 15 条の冒頭の規定の文言についての修正提案が四つ（白ロシア提案、ベトナム共和国提案、オーストラリア提案、アメリカ提案）、(a) 号に関係する提案は全部で八つあるが、そのうち (a) 号の削除提案が四つ（ベルギー・西ドイツ・フィンランド・ギニア・日本共同提案、ギリシャ・ベネズエラ共同提案、マレーシア提案、オーストラリア提案）、(a) 号の文言についての修正提案が四つ（スイス提案、白ロシア提案、タンザニア提案、コンゴ提案）、(b) 号の文言についての修正提案が一つ（マレーシア提案）、そして、(c) 号の文言についての修正提案が一つ（アルゼンチン・エクアドル・ウルグアイ共同提案）である。修正案の内訳から見ると、諸国が特に関心を寄せたのは (a) 号だったことがわかるが、まず、条文全体の削除を主張したイギリスの提案理由からみていこう。

　イギリスは、国が条約交渉において誠実に行動すべきであるという原則は認めるが、この原則を「条文化することは難しく、指針を提供する国家の慣行はほとんどない」。また「条約目的を阻害する行為を決定することも難しく」、したがって、第 15 条は「実際に適用することが困難」（特に (a) 号）であると主張していた[78]。イギリス提案は、第 15 条が「国際関係において不必要な議論をまきおこしやすい」と述べた韓国や[79]、発言を行った

---

[77] これらの修正案については、United Nations Conference on the Law of Treaties, First and Second sessions, 26 March-24 May 1968 and 9 April - 22 May 1969, *Official Records, Documents of the Conference*, pp. 130-131 参照。

[78] United Nations Conference on the Law of Treaties, *Official Records*, First session, 26 March-24 May 1968, p. 97, para. 9.

[79] *Ibid.*, p. 101, para. 55.

国の中では、インドネシア[80]、イラン[81]、レバノン[82]、日本などから支持された。(a)号だけを削除する共同提案に加わっていた日本は、誠実の原則を規定した「理由と動機に無関心ではない」が、第15条を適用する場合の難しさにかんがみて、イギリス案を支持する用意があると述べていた[83]。

　次に、条文全体を削除することまでは支持しないが、(a)号だけの削除を提案した諸国の主張についてみれば、それらの国も一様に、英国が削除提案の理由としてあげていた諸点を指摘していた。たとえば、(a)号削除の提案国であったフィンランドは、討議の冒頭に発言を行い、ある行為を条約目的を阻害する行為であると決定することは、「(条約が採択されて) 条約の目的が明確になるまでは不可能」であって、その決定を行おうとすれば「主観的基準」に依拠せざるを得なくなる、と指摘した[84]。このように、条約目的は条約が採択されるまで (交渉中) は明確にならないとする指摘は、すでに見たILCにおける討議の中でも行われていたが、条約法会議ではさらに、ガーナ、ギニア、フランスなどの国によって行われた。ガーナは、「(a)号によれば、明らかに、条約の目的はすでに交渉が開始される前に存在していることになる」が、これは疑わしいとし[85]、ギニアも、「条約の目的は交渉が開始されたにすぎない時点で知ることは困難」であると主張した[86]。フランスは、「交渉の終了前に条約目的が明確になる範囲は、法的にみれば争いの余地がある」ので、条約交渉国が義務を負うというのは問題が残ると述べていた[87]。これらの指摘は、(a)号の実際の適用の困難性を強調していたともいえよう。ウルグアイは、この点をより具体的に、次のように指摘した。「条約の目的を阻害する行為」

---

80) *Ibid.*, p. 99, para. 28.
81) *Ibid.*, p. 101, paras. 60-61.
82) *Ibid.*, p. 101, para. 51.
83) *Ibid.*, p. 98, para. 20.
84) *Ibid.*, p. 97, para. 2.
85) *Ibid.*, p. 98, para. 23.
86) *Ibid.*, p. 99, para. 25.
87) *Ibid.*, p. 100, para. 43.

といっても、各国の国内立法や司法判決の執行まで対象になるのかどうか、第15条(a)号によればきわめて不明確である、と[88]。

また、(a)号はこれまでの慣行、学説、判例に照らしても例をみない規定であるという認識に基づいて、西ドイツは、(a)号は国際法の漸進的発達の観点からも支持できず、「国の交渉参加意欲を減少させる」規定であると述べ[89]、インドは「交渉の成功を促進するよりもむしろ妨害する」規定であると述べた[90]。また、オーストラリアは若干の国際判例を引きながら、いずれの判決も、条約の署名後批准に至る期間における、署名国の義務にかかわるものでしかないと指摘し、(a)号の削除提案を支持した[91]。このほか、西ドイツやインドと同様、(a)号は条約交渉国の負担になるばかりか、交渉への参加を躊躇させる効果をもつと指摘した国は、ベネズエラ[92]、スイス[93]、マレーシア[94]、トルコ[95]などであった。コンゴの表現を借りれば、(a)号は国際法における「若干危険な革新」と考えられたのである[96]。ただし、これらの国のうち、スイスは、(a)号をより柔軟な規定にするという観点から、その中に、「かつ、誠実の原則がそのように求める（場合には）」という一句（条件）を挿入してはどうかという修正提案を行っていたし、また、コンゴは、一方で(a)号を削除する考えに同調しながらも、(a)号を単に「条約の締結のための交渉が進行中である時」というふうに代える修正提案を行っていた。前に述べたように、(a)号の修正提案は四つ出されていたが、残りのうちの一つ、白ロシア提案は、(a)号を単に「条約の締結のための交渉を行っている時」というふうに代える提案であり、もう一つのタンザニア提案は、(a)号の最後に、「その交渉

---

88) *Ibid.*, p. 102, para. 4.
89) *Ibid.*, p. 101, para. 53.
90) *Ibid.*, p. 98, para. 18.
91) *Ibid.*, p. 100, para. 50.
92) *Ibid.*, p. 97, para. 4.
93) *Ibid.*, p. 97, para. 5.
94) *Ibid.*, p. 97, para. 7.
95) *Ibid.*, p. 100, para. 48.
96) *Ibid.*, p. 103, para. 20.

が不当に遅延しない限り」という一句を挿入するよう求めたものであった。

　以上に対して、第15条全体を支持する諸国は、国連憲章第2条2項で確認されている誠実の原則は普遍的に認められた国際法の基本原則であり、協力的かつ公正な国家間関係を規律する根本規則でもある。第15条は、この原則が条約定立過程のすべての段階において国家を導くべきであるという考え方を表明したものにほかならず、この考え方は誠実の原則から引き出される必然的帰結である。第15条の目的は、国連憲章に合致する新しい秩序理念を国際法上確立することにある、と、このように主張したのである。これらの主張を行った国は、発言した国の中では、イタリア[97]、オランダ[98]、ポーランド[99]、ハンガリー[100]、マリ[101]、スペイン[102]、パキスタン[103]、キプロス[104]などであった。

　これらの諸国によれば、第15条全体の削除は論外であったが、(a)号の削除を求める主張に対してはいかなる反論が行われていたのか。まず、条約の採択前に条約目的を確定することは難しく、したがって、(a)号の解釈、適用は実際上困難であるとの主張に対して、コートジボワールは、「交渉国は常に特定の目的をもって交渉を行っている」はずであり、「条約目的が交渉段階ではわからないという議論を認めることはできない」と反論し、さらに、条約交渉国の義務を認めた先例や慣行はなかったとの見解に対しては、確かに以前においてそうした例は見あたらないが、「誠実の原則はすべての条約の定立に黙示されていた」と見るべきで、(a)号は国際法の漸進的発達となる優れた規定であると主張した[105]。なお、オラ

---

97) *Ibid.*, p. 99, para. 27.
98) *Ibid.*, p. 99, para. 32.
99) *Ibid.*, p. 100, para. 42.
100) *Ibid.*, p. 101, para. 65.
101) *Ibid.*, p. 103, paras. 9 and 11.
102) *Ibid.*, p. 103, para. 16.
103) *Ibid.*, p. 104, para. 33.
104) *Ibid.*, pp. 104-105, para. 34.
105) *Ibid.*, p. 102, paras. 63-64.

ンダも「交渉国が共通の目的を抱いている場合には、その目的を阻害する交渉国の行為は誠実の原則に反する」ことになると強調した[106]。イラクは、(a)号が国家に対する過度の負担になるという主張に対して、条約交渉国の義務を認めることが直ちにそのような効果をもつとは考えられず、交渉国は「交渉を続けるか打ち切るかの自由を残している」と反論した[107]。ハンガリーも同様に、「国は交渉を打ち切るのも自由である」が、「交渉の成立を悪意により阻害する権利を有するものではない」と指摘したのであった[108]。

　条約法会議に Expert Consultant として出席したウォルドックは、第15条を起草した ILC の意図を、条約法会議で出された疑問に答える形で、主に(a)号を中心として次のように説明した。「ILC は(a)号によって国から行動の自由を奪おうとしたのではない。交渉期間中、各交渉国は他の交渉国に対して誠実な交渉といえるある最低基準を期待している。国は交渉を打ち切る自由を有しているが、悪意の行動だけは排除されている」。彼はまた、第15条にいう「提案された条約の目的を阻害するような行為」とは、「条約がその行為により無意味なものとされ、その目的を失う」ような行為であると説明し、それに該当する場合として、次のようなケースを例示した。すなわち、沿岸沖の海底鉱物資源の開発問題を契機として、領海の限界に関する交渉が開始される場合があるとすれば、その交渉中に、交渉のきっかけとなった鉱物資源を開発により枯渇 (exhaust) させてしまう交渉国があれば、その国の行為は第15条(a)号に抵触することになる[109]。

　なお、ウォルドックは、討議の中で、(a)号の義務違反から生じる責任の法的性質に関する質問が出されたので、次のように答えている。「(a)号に抵触する行為を行った国が交渉を打ち切った場合には、責任の所在を考えることは難しい。他方、その国が交渉を継続し条約を締結した場

---

106) *Ibid.*, p. 99, para. 33.
107) *Ibid.*, p. 103, para. 13.
108) *Ibid.*, p. 102, para. 65.
109) *Ibid.*, p. 104, paras. 22-28. (特に paras. 25-26.)

合には責任問題が生じるが、この問題はその条約自体に基づいて解決することはできない。というのは、その条約は効力発生後の行為に関してのみ有効だからである。さらに、ここでいう行為は真の詐欺行為にあたるとまではいえないかもしれない。それゆえ、(a) 号には改正すべき欠陥がある。しかし、条約のすべての規定が不可避的に責任を生起させるものとは考えられず、第 15 条は責任問題を別にしてもきわめて有益である」[110]。

ところで、第 15 条の全体ないしは (a) 号に直接かかわる討議の概要は、おおむね以上のようであったが、他の修正提案は、第 15 条のどういった点を問題にしていたのか。まず、条文の表題に関する二つの修正提案について見ると、白ロシア提案は、表題を「効力を発生していない条約の将来の履行を不可能にするような行為を行わない国の義務」というふうに、変更してはどうかというものであり、もう一つのベトナム共和国提案は、「阻害する (frustrate)」という用語の代わりに、「歪めまたは制限する (distort or restrict)」という用語の使用を提案したものだった。次に、冒頭の規定に関する四つの修正提案について見ると、それらはいずれも、表題に関する修正提案と同様、もっぱら文言の一部の修正を提案したものである。白ロシア提案は、「提案された条約の目的を阻害するような」行為という文言に代えて、「締結される条約の将来の履行を不可能にしてしまう」行為という文言の使用を提案し、ベトナム共和国提案は、「阻害する」という語を、「阻害し、歪め又は制限する」という語に代えることを提案し、オーストラリア提案とアメリカ提案は、規定内容に実質的な変更を加えるものではなく、いずれも用語の選択（関係代名詞の使用）に関する提案だった。以上の諸提案は、要するに、第 15 条の趣旨をより一層明確にしようとする試みであって、すべてが起草委員会に回されて検討された。（結果的には、オーストラリアとアメリカの提案が参考にされたほかは、いずれも採用されなかった。）

さて、残りの修正提案は、(b) 号にある、条約の当事国とならない「意

---

[110] *Ibid.*, p. 104, para. 27.

図を明らかにする」という文言を、その「意図を最も明確な表現で明らかにする」という文言に代えるように求めたマレーシア提案と、もう一つは、(c) 号にある、「不当に遅延しない」いう文言を、「12 カ月を超えて遅延しない」という文言に代えるように求めたアルゼンチン・エクアドル・ウルグアイ共同提案であった。これらの提案の趣旨も、前に見た諸提案と同様、規定の意味をできるだけ明確にしようとするところにあったが、いずれも起草委員会で検討された結果、採用されるには至らなかった。(b) 号と (c) 号をめぐる討議においては、第 15 条全体の削除を求めた諸国の主張を別にすれば、いずれの規定に対しても、根本的な疑問が出されることはなかったといってよい。フランス[111]やレバノン[112]のように、国家が条約の当事国にならない意図を明らかにする最も手短な方法は、条約の目的を阻害することであるから、(b) 号は論理矛盾であり、また、(c) 号にいう「効力発生が不当に遅延する場合は、この限りでない」というのは、きわめてあいまいであるといった指摘を行う国がなかったわけではない（特に後者の指摘を行った国は若干目についた）が、多くの国は誠実の原則を表現した規定として、いずれの規定をも支持する態度を表明した。ギリシャは、それらの規定は国際法の漸進的発達になると述べ[113]、ウクライナは、実定国際法に基礎をもつ規定であると述べ[114]、スイスは、国際法の一般規則を確認した規定であると述べていた[115]。

　こうして、討議を終えた全体委員会では、まず、条文全体の削除を求めたイギリス提案が表決に付されることになった。イギリスは、削除提案の目的は第 15 条の抱えている多くの困難な問題に注意を喚起することにあっただけで、みずからも支持している誠実の原則の是非に関する直接投票を要請することではなかったと述べて、表決に付することに消極的であった。しかし認められず、結局、イギリス提案は賛成 14、反

---

111) *Ibid.*, p. 100, para. 45.
112) *Ibid.*, p. 101, para. 51.
113) *Ibid.*, p. 98, para. 16.
114) *Ibid.*, p. 100, para. 41.
115) *Ibid.*, p. 97, para. 5.

対 74、棄権 6 で否決された[116]。そこで次に、第 15 条(a)号を削除するか否かについての表決が行われ、その結果、賛成 50、反対 33、棄権 11 で、条約交渉国の義務は削除されることになったのである[117]・[118]。したがって、(a)号の文言に関する修正提案(スイス提案、タンザニア提案、コンゴ提案の三つ。白ロシア提案は事前に撤回されていた)について、表決を行う必要はなくなった。そして、全体委員会の議長は、第 15 条(b)号および(c)号については、基本的に支持を受けていると判断し、(a)号を削除した第 15 条を、表決に付されなかった他のすべての修正提案とともに、起草委員会に付託する旨を提案し、了承された[119]。

起草委員会は、第 61 回会合において、ILC 最終草案第 15 条の冒頭の規定を、「いずれの国も、次の場合には、それぞれに定める期間、条約の趣旨及び目的を失わせることになるような行為を行わないようにする義務がある」というふうに修正し(現行の規定)、最終草案の(b)号を(a)号に、(c)号を(b)号にした条文を提示した[120]。そして、さらに、翌 1969 年第 2 会

---

[116] *Ibid.*, p. 105, paras. 40-45.
[117] *Ibid.*, p. 106, para. 47. ここで削除理由をまとめておけば、次の 3 点に要約できるであろう。(1)条約目的が明確になるのは条約が採択された時であって、条約交渉が進行中に、ある行為が条約目的を阻害する行為にあたると主張しようとすれば、主観的判断に依拠せざるを得ない。それゆえ、条約交渉国の義務を規定する条文を実際に適用することは困難である。(2)交渉国に義務を課すことは過度の負担を課すことになり、条約交渉の進展を妨げるかもしくは国の条約交渉参加意欲を損なうことになる。(3)交渉国に義務を課した先例もしくはその義務の存在を認めた学説、判例がないこと。
[118] なお、(a)号の削除が決まった後で、削除に賛成または棄権した国のいくつかは、次のような発言を行っていた。すなわち、ウルグアイは、「削除への賛成は 誠実の原則に対する反対ではない。(a)号の規定の仕方(terms)が認められないことを示したかったにすぎない」。ギリシャは、「削除への賛成投票は誠実の原則に対する反対とみなされてはならない」。アラブ連合は、「(a)号に定められた原則には賛成であったが、その規定を残せばきわめて多くの問題が生起すると考えたので、削除に賛成した」。フランスは、(a)号の削除に賛成したのは、その規定の法的帰結が予測困難であって、将来の国際関係を危うくする可能性があると考えたからであり、(a)号の「考え方(idea)に反対したのではなかった」。中央アフリカは、(a)号のあいまいさを理由に棄権したが、「誠実の原則は条約交渉の段階でも適用されるべきである」と述べていた。*Ibid.*, p. 106, paras. 48-51 and 55.
[119] *Ibid.*, p. 106, para. 54.
[120] *Ibid.*, p. 361, paras. 100-105.

期の第10回本会議において、条文の表題が、「条約の効力発生前に条約の趣旨及び目的を失わせてはならない義務」というふうに修正され（現行の表題）、同時に、ポーランドの提案に基づき[121]、(a)号の中に、「若しくは、条約を構成する文書を交換し」という一文が追加された条文が、賛成102、反対および棄権なしで採択され、（条文番号も変更されて）現行の条約法条約第18条の成立をみた[122]。この追加の一文は、条約法会議において、「条約により拘束されることについての同意の表明の方法」の一つとして、「条約を構成する文書の交換」という方法が新たに認められたこと（条約法条約第11条および第13条）に対応するものである。なお、表決後に、カメルーンが、(b)号にいう効力発生が不当に遅延するとは、どれくらいの期間が経過すればよいのかと質問し、ウォルドックに回答を求めた。彼は、この問題については、「個々のケースの事情に照らして答えるしかない問題である」と回答した[123]。

---

121) United Nations Conference on the Law of Treaties, *Official Records*, Second session, 9 April-22 May 1969, p. 29.
122) *Ibid.*, p. 29. ILC最終草案第15条と条約法条約第18条の原文は、それぞれ次の通りである。

［ILC最終草案第15条］

Article 15 (*Obligation of a State not to frustrate the object of a treaty prior to its entry into force*)

A State is obliged to refrain from acts tending to frustrate the object of a proposed treaty when :

(a) It has agreed to enter into negotiations for the conclusion of the treaty, while these negotiations are in progress ;

(b) It has signed the treaty subject to ratification, acceptance or approval, until it shall have made its intention clear not to become a party to the treaty ;

(c) It has expressed its consent to be bound by the treaty, pending the entry into force of the treaty and provided that such entry into force is not unduly delayed.

［条約法条約第18条］

Article 18 (*Obligation not to defeat the object and purpose of a treaty prior to its entry into force*)

A State is obliged to refrain from acts which would defeat the object and purpose of a treaty when :

(a) It has signed the treaty or has exchanged instruments constituting the treaty subject to ratification, acceptance or approval, until it shall have made its intention clear not to become a party to the treaty ; or

(b) It has expressed its consent to be bound by the treaty, pending the entry into force of the treaty and provided that such entry into force is not unduly delayed.

123) *Ibid.*, p. 29.

3 国際判例・学説・国家実行
(1) 国際判例

条約への署名の後、効力発生までの時期における、署名国の義務ないしはその義務の存在可能性を認めた判例としては、次に紹介する（ⅰ）から（ⅲ）の三つがある。そのうち（ⅰ）と（ⅱ）は、先に触れたように（本章2(1)の(ⅰ)・(ⅲ)）、ILCでの討議において幾度か言及されていたし、また、後で見る学説においてもしばしば引用されるケースである。

(ⅰ) メガリディス対トルコ事件（トルコ・ギリシャ混合仲裁裁判所、判決：1928年7月26日）[124]

本件では、ローザンヌ条約に署名したトルコが、同条約の効力発生の前に行った行為が問題となった。トルコが同条約に署名したのは、1923年7月24日であったが、その直後の8月14日、トルコ当局は、ギリシャ国民であるメガリディスがトルコの銀行に保有していた財産（宝石、コイン、紙幣、流通証券）を押収した。ローザンヌ条約第67条は、ギリシャやトルコなどの条約当事国は、これらの国の領域において軍隊によって押収・没収され、あるいは持ち去られたあらゆる種類の動産の調査と返還を促進するために、適当な行政措置をとることを約束すると規定し、同時に、これらの調査と返還に関する請求は、条約の効力発生後6カ月以内に行わなければならないと定めていた。もっとも、この条約はまだ効力を発生していなかったので、トルコの行為についての法的判断をこの条約に照らして行いうるかどうかが問われたのである。押収された財産の返還請求に対して、トルコは、ローザンヌ条約に基づいて返還の義務を負うものではない、と主張した。しかし、裁判所は、トルコの主張を認めず、「条約の署名の時点からその効力発生までの間、締約国は条約の規定の運用を損なうことを行ってはならない義務がある」と述べて、トルコの側に押収した物件を返還する義務があると判示した。

---

124) *Megalidis v. Turkey*, *Annual Digest*, 1927-1928, Case No.272, p. 395.

(ⅱ) ポーランド領上部シレジアにおけるドイツ権益事件（常設国際司法裁判所、本案判決：1926 年 5 月 25 日）[125]

本件は、周知のように、上部シレジアにおけるドイツとポーランドの関係を定めた、1922 年のジュネーヴ条約にポーランドが違反したとして、ドイツが提訴したケースである。1925 年の管轄権判決の後、本案判決において裁判所は、ポーランドの側にジュネーヴ条約違反のあったことを認め、同時に、ポーランドの次のような主張、すなわち、ドイツが権利を濫用して上部シレジアにある財産（ホルジョウ工場の所有権）を、その地域の主権の譲渡が行われる前に移転したとする主張をしりぞけ、そのような権利の濫用は認められないと判示した。条約目的阻害行為禁止義務との関連で問題となったのは、ドイツ領土の割譲を受ける国は、そこにあるドイツに帰属するすべての財産を取得すると定めた、ヴェルサイユ条約第 256 条である。というのは、このヴェルサイユ条約は、1919 年 6 月 28 日に署名され、翌 1920 年 1 月 10 日にドイツ・ポーランド間で効力を発生したのであるが、ドイツが、ホルジョウ工場をドイツ国民所有の上部シレジア窒素会社に移転したのが、同条約の署名後効力発生前の時期である、1919 年 12 月 14 日であったからである。

裁判所は、ヴェルサイユ条約に基づくドイツの権利放棄は、単に当該地域の主権放棄であって、同条約の効力発生から上部シレジアに対する主権の譲渡が行われる日までの間、ドイツに属する財産（すべての動産および不動産）の固定化を意味するものではないと判示した。そして、続けて、「ドイツは疑いもなく、自らの財産を処分する権利を、実際に主権が譲渡される時までの間、保留していた。ただ、その権利の誤用 (misuse) は、譲渡行為にヴェルサイユ条約違反の性格を与えうるが、そうした誤用は推定し得ない」と判示したのである。このように、本判決は、条約目的阻害行為禁止義務の違反があったとは、何も述べてはいない。もっとも、この判示部分は、仮に権利の誤用があるならば、結論は異なるであろうこと、

---

125) *Affaire relative a certain intérêts allemands en Haute-Silésie polonaise* (fond), arrêt du 25 mai 1926, *PCIJ, Ser.A.*, N° 7 (1926).

つまり、かかる義務が存在しており、義務違反がありうることを示唆している。前に紹介はしなかったが、ILC が、最終草案第 15 条のコメンタリーにおいて、次のように述べたのは、この点に着目してのことだった。本件において、裁判所は、「もし批准が行われるならば、署名後批准に至る期間における署名国の権利の誤用は、条約に関する義務違反に相当するであろうことを、認めたように思われる」[126]。

（iii）

ILC での討議において言及されていたのは、以上の二つのケースであったが、これらのほかに、若干の学説においてよく引用されるのは、1871年のイグナシオ・トレス対合衆国事件の仲裁裁定である[127]。先に簡単に触れたように、条約法会議において、オーストラリアは、関係する国際判例はいずれも、条約の署名後批准に至る期間における、署名国の義務にかかわるものでしかないと指摘し、条約交渉国の義務を定めた ILC 最終草案第 15 条 (a) 号の削除を主張していたが、実は本件は、その際に同国代表があげた三つの判例のうちの一つでもあった（後の二つは前記（i）・（ii）の判例）。

アメリカ・メキシコ戦争を終結させる講和条約（グアダループ・ヒダルゴ条約）が、1848 年 2 月 2 日に署名されたが、その 3 週間ほど後、同条約の批准前に、アメリカ軍によってメキシコの町が攻撃され、その結果、メキシコ人が損害を被った。本件は、メキシコがアメリカに対して、自国民の損害の賠償を求めたケースである。メキシコは、講和が法律上（*de jure*）始まるのは、同条約を批准した時ではなく、両国が条約に署名した日からであって、したがって、アメリカの攻撃は違法であると主張した。換言すれば、アメリカが署名した講和条約を遵守していれば、損害は発生していなかったというのが、メキシコの主張であった。仲裁裁定人は、

---

126) UN Doc., A/6309/Rev.1, *supra* note 41, p. 34. 小川「前掲コメンタリー」（注 76）107 頁.

127) *Ignacio Toress v. United States (Zacualtipan Claims)*, The American and Mexican Joint Commission, 1871, in J. B. Moore, *History and Digest of the International Arbitrations to which the United States has been a Party*, Vol.4 (Government Printing Office, 1898), pp. 3798-3803.

「しかし、講和条約は批准されるまでは完全な条約ではない」と述べ、アメリカ軍の攻撃については、ゲリラ活動に伴う攻撃などから自国民を保護するために、やむを得ない行動であったと認定し、メキシコの主張をしりぞけたのである。

ただし、上のように述べるにあたり、その前後において、署名された条約の暫定的な地位について示唆を与える、次のような指摘が行われた。「講和条約が、その批准は間違いないという確信をもって署名された場合で、一方の交戦者がその後、最終的な批准の前に、割譲される予定の地域の土地を(誰かに)譲渡してしまうようなことをすれば、あらゆる誠実な法律家は、確かにそれは、詐欺的で無効な行為と考えるであろう。しかし、講和条約は批准されるまでは完全な条約ではない、というのが確立した理解である。……しかし、講和条約がいったん署名されるや否や、文明の精神に従って、また、戦争を終結させ平和を確立することをめざす、講和の全体の理念と目的にしたがって、実際の敵対行動を終了させるべきことに、何ら疑問の余地はない。そうした状況の下で、……激しい敵対行動をとり続けることは、正当化されない行動となろう」。

(iv)

関連する国際判例の概要は以上の通りであるが、論者の中には、1925年の英米請求権仲裁裁判所におけるイロイロ請求事件に関する判決[128]を、義務に関係するケースとして取り上げる者がいる[129]。本件の概要は

---

128) *Iloilo Claims Case*, Annual Digest, 1925-1926, Case No. 254, p. 336.
129) たとえば、Bin Cheng, *General Principles of Law as applied by International Courts and Tribunal* (Cambridge University Press, 1953), pp. 109-110; A. D. McNair, *The Law of Treaties* (Clarendon Press, 1961), pp. 201-202; D. P. O'Connell, *International Law*, Vol.I (Dobbs Ferry, London, 1965), p. 244. なお、以上のほかにも、署名されたが、まだ批准されていない条約の意義(ないしは暫定的な効果)などに触れたいくつかの判例に着目しつつ、そうした判例を条約目的阻害行為禁止義務に関係するものとして位置づけようとする議論も一部に見られる(たとえば、P. V. McDade, "The Interim Obligation Between Signature and Ratification of a Treaty," *Netherlands International Law Review*, Vol.32 (1985), pp. 16-17.)。しかし、そうしたケースのいずれにおいても、本章の主題である義務が論じられたり、あるいはその適用の可否が直接問われたわけではない。条約法条約の採択後は、義務が適用された判例はまだ現れていないように思われる。M. E. Villiger, *Customary International*

次の通りである。1898 年 12 月、スペインがフィリピンをアメリカに譲渡することを約束する条約が署名され、翌 99 年 4 月に批准書の交換が行われたが、その間の期間において、群島における主要都市イロイロで発生した暴動によって、イギリス人が損害を被った。そこで、イギリス政府は、アメリカ軍が条約の締結後すみやかにイロイロに展開し、条約に基づいて同地域を統治していれば損害の発生はなかったと主張し、アメリカの怠慢を根拠に賠償を求めたのである。しかし、判決は、批准されていない条約に基づいて、アメリカが義務を負うことはなく、法律上 (*de jure*) は、上記の条約が批准されるまで、同地域に対する主権は存在しない。アメリカとイギリスないしイギリス人との間において、平和と財産を保全するためにいかなる措置をとるのかは、裁量の問題であると述べて、イギリスの請求をしりぞけた。本件においては、アメリカが仮説的な事例——イグナシオ・トレス対合衆国事件の仲裁裁定が指摘したのとほぼ同じ事例——をみずからすすんで提示し、署名後批准までの間に、署名国が一定の義務を負う可能性を示唆していたといわれている。しかし、判決では、そうした義務の存在が特に肯定されたわけではなかった。その意味では、本件を条約目的阻害行為禁止義務に関係する判例として位置づけるには、やや無理があることに注意しなければならない。

(2) 学説・国家実行

　前に引いたハーヴァード条約法草案のコメンタリーにも紹介があるように[130]、条約に署名した国に条約目的阻害行為禁止義務があることを指摘する学説は、かなり以前から——上記の国際判例のうち、メガリディス対トルコ事件以前の段階でも——存在した。たとえば、これまでに最もよく引用されるのは、フォーシーユである[131]。彼は、1926 年に刊行した著書の中で、条約が効力を発生するために批准が必要な場合であって

　　Law and Treaties (Martinus Nijhoff Pulishers, 1985), p. 320.
130)　Harvard Draft, *supra* note 4, pp. 783-784.
131)　P. Fauchille, *Traite de droit international public*, Tome I (Rousseau et cie, Editeur, 1926), pp. 319-320.

も、「署名がそれ自体として重要性をもたないということにはならない。実際、署名されただけの条約は、一切の価値を有しないというのではない。いったん条約が署名された場合、署名を行った国は、批准するまでの間に、批准を意味のないものにしたり、あるいは、余計なものにする措置をとらない義務を有することが、認められなければならない。もしもそうではなくて、条約が必ずしも署名の時点での内容通りにしておかれなくてもよいのであれば、与えられた約束に対するある種の違反が生じ、恣意的な行動への門戸が広く開放されることになろう。……したがって、条約の侵害となることであって、批准を余計なものにしてしまうようなことを行わない義務が存在する」と述べている。

そして、フォーシユは、署名国は批准する時までに、作為または過失によって条約の実質を破壊してはならず、誠実に行動すべき義務があると指摘し、そうした義務を認めた事例として、1885年のベルリン議定書第38条をあげていた。その条文は次のように規定する。「この議定書の署名国は、批准までの間、この議定書の趣旨に反することになるいかなる措置もとらない義務を有する」。以上のようなフォーシユの見解とベルリン議定書の規定は、ILCにおける討議においてはもとより、その後多くの論者によって頻繁に引用されるところとなっている[132]。なお、フォーシユとほぼ同じ時期に、カヴァリエリ（A. Cavaglieri）も同様の見解を表明している。すなわち、彼によれば、「全権代表を通じて条約に署名した国は、署名と批准の間の期間において正しい態度をとり、条約の将来の履行を一層困難にしたり、あるいは不可能にしたりするすべての行動を控えなければならない」と指摘されていた[133]。また、クランダール

---

[132] 前に紹介したように（本章2(1)(i)）、1951年のILCにおいて、イェープスは、ベルリン議定書とともに、1922年のワシントン条約（海軍軍備の制限に関する条約）をあげていた。彼は、同条約第19条を念頭に置いていたが、第19条は、アメリカ、イギリスおよび日本は、それぞれの領土および属地において、要塞および海軍根拠地に関して、本条約署名時における現状を維持することを約束する、という規定であった（藤田久一編『軍縮条約・資料集』（有信堂高文社、1988年）227頁）。

[133] A. Cavaglieri, "Règles Genérales du Droit de la Paix," Recueil des Cours, Tome 26(1929-I), pp. 520-521.

(S. B. Crandall) は、条約は原則として批准によって拘束力をもつとしながらも、いずれの国も提案された条約を拒否しない限りは、誠実の問題として、条約の署名時に存在していた条件を守らないといった態度をとるべきではないという意味で、その条約は署名の日から暫定的な拘束力をもつと指摘していた[134]。

　オッペンハイム・ローターパクト (L. Oppenheim - H. Lauterpacht) は、メガリディス対トルコ事件の判決を引きながら、条約の効力発生前の署名国の義務に触れている。それによれば、この義務は、署名した条約の批准を拒否する権利を損なうものではないが、しかし、「条約に署名した後においては、署名国政府があたかもその条約にまったく関係がないかのように……振る舞うことを禁止するもの」であるとされている[135]。ビン・チェンは、先に見た判例をすべて引きながら、条約に署名した国は、批准するまでの間、誠実の原則に基づいて、署名国の権利を害することになる行為を慎むように求められており、この原則を侵犯する行為は詐欺であり、無効になると指摘している[136]。マクネアは、「署名され批准を待っている効力発生前の条約の効果」について論じ、先に見た判例や、ブライアリがILCで義務を最初に取りあげるにあたって依拠した、ハーヴァード条約法草案第9条などを引用しながら、批准を条件として条約に署名した国は、効力発生までの間、ある程度行動の自由を制約されていることを示す多くの根拠があると指摘している[137]。さらに、モルベイ (W. Morvay) やホロウェイ (K. Holloway) といった学者も同様に、署名後批准までの期間において、署名国は誠実の原則に基づく義務を負うことを認めており[138]、オコンネル (D. P. O'Connel) もまた、未批准条約はまだ有効な条約

---

134) S. B. Crandall, *Treaties: Their Making and Enforcement,* 2nd ed. (Byrne & Company, 1916), pp. 343-344.

135) L. Oppenheim - H. Lauterpacht, *International Law*, 5th ed. (Longmans, 1935), pp. 909-910; See also, *Oppenheim's International Law*, 9th ed., Vol.I, Parts 2 to 4, edited by R. Jennings and A. Watts (Longmans, 1992), pp. 1238-1239.

136) Bin Cheng, *supra* note 129, pp. 109-111.

137) A. D. McNair, *supra* note 129, pp. 199-205.

138) W. Morvay, "The Obligation of a State not to Frustrate the Object of a Treaty Prior to its Entry into Force," *ZaöRV*, 1967, pp. 451-462; K. Holloway, *Modern Trends in Treaty Law* (Stevens, 1967), pp. 56-64.

ではないということから、その条約は何ら法的意義をもたないというふうにはいえないと述べ、他の論者と同様、先に見た判例などを論拠としながら、署名国が誠実の原則に基づく義務を負うことを認めている[139]。

このように、条約に署名した国は、誠実の原則に基づき、条約の効力発生前に義務を負っていることを認める学説は、かなり有力なものとして存在してきたということができる。義務の論拠とされた国際判例や条約は、かなり以前のものがほとんどというだけでなく、数の上でもごくわずかの例があるだけなので、決して十分とはいえないが、それでもやはり、先例としての価値を有するものと見ることはできよう。もっとも、この義務の性格がどのように捉えられてきたのか、そして、現在どのように捉えられているのかという点になると、論者の間に微妙にではあるが、しかし重要な見解の相違があるように思われる。すでに見たように、ILCの初期の頃の討議では、ハーヴァード条約法草案がとった立場と同じように、義務の法的性質を否認する見解すら有力であったが、現在では、同草案を援用しつつ義務について語る論者でさえも、その法的性質を否認し、義務を道徳的要請と捉える立場はとっていないと解される。しかし、義務の性格に関する問題の中でも、義務のどの範囲までが一般国際法として確立しているといえるかどうかという点になると、はたして、同一の認識が広く共有されてきたといえるかどうか、必ずしも明確であるとはいえない。実は、この論点は、条約法条約第18条の捉え方の違いをどのようにみればよいのか、という点にも関係している。

条約法条約の個々の規定については、しばしば、それが慣習法の法典化であるのか、それとも国際法の漸進的発達であるのかといった点が問題となるが、第18条については、近年、それを慣習国際法ないしは一般国際法として捉えようとする見解が、次第に有力になってきているように思われる。しかし、条約法条約の採択後に示された学説を見る限りでは、むしろ、第18条を国際法の漸進的発達と捉える見解のほうが有力であった。シンクレア（I. Sinclair）や経塚作太郎は、そうした見解を表明して

---

[139] D. P. O'Connell, *supra* note 129, pp. 243-244.

いたし[140]、小川芳彦も、「信義誠実の原則に基づき、条約に参加する意思を表明した後は、みずから条約の目的を阻害するような行為を慎むべきことは当然であり、法典化にあたってこのような明文規定が設けられたことは、条約がより円滑に締結され、効力を生じる上で有益」であると指摘しながらも、「従来、このような義務について明確な慣習規則は存在しなかった」というふうに述べていた[141]。先ほど見たように、オコンネルも、署名国が誠実の原則に基づいて義務を負うことを認めていたけれども、条約法条約の採択後に改訂した著書の中では、かつての学説や判例でいわれた義務の内容と、第18条で定められた義務の内容とは同じではないと述べて、第18条は従来の慣習国際法を超えるものであるとする指摘を追加していた[142]。このように、第18条を国際法の漸進的発達とみなす見解は、ほかにも、ブラウンリー（I. Brownlie）、ニソット（J. Nisot）、ヘンキン（L. Henkin）などがとるところでもある[143]。

これに対して、第18条は慣習国際法の法典化であるとの見方は、エライアスなど若干の学者によって示されたが[144]、学説の上では、当初から有力であったわけではなかった。しかし、国家実行のレベルで、第18条を慣習国際法として捉える動きが出てきたこともあり、その一般的適用可能性を認める見解が、次第に有力になってきているということができる。たとえば、1971年、アメリカ国務省は、条約法条約を批准すべきかどうかの検討を議会に依頼する際、同条約の主要規定の解説を行った文書を送付したが、その中で、第18条の規定は「慣習国際法において広く承認されている」と述べていた[145]。アメリカ政府のこの見解は、1979年

---

140) I. Sinclair, *The Vienna Convention on the Law of Treaties*, 2nd ed. (Manchester University Press, 1984), p. 43; 経塚作太郎『続・条約法の研究』（中央大学出版部、1977年）30-31頁。
141) 小川芳彦ほか『国際法 I』（蒼林社、1980年）88頁。
142) D. P. O'Connell, *International Law*, 2nd ed., Vol.I (Stevens, 1970), p. 224.
143) I. Brownlie, *Principles of Public International Law*, 3rd ed.(Oxford University Press, 1975), p. 600; J. Nisot, "L'Article 18 de la convention de Vienne sur le droit des traités," *Revue belge de droit international*, Vol.6 (1970-2), p. 503; L. Henkin (*et al.*), International Law - Cases and Materials (West Pub. Co., 1980), p. 604.
144) T. O. Elias, *The Modern Law of Treaties* (Oceana Publications, 1974), p. 24.
145) Letter of Submittal to the Senate of the 1969 Vienna Convention on the Law of Treaties for advise and

に署名されたが批准はされずに終わった、第2次戦略兵器削減交渉（Strategic Arms Limitation Talks II, SALT II）条約の法的地位に関してたびたび出された声明などにおいて、繰り返し確認されている[146]。他方の当事国のソ連も、第18条に定める義務を支持する立場にあったといわれているが、米ソ両国は、1972年のSALT I 条約に付けられた共通了解においては、条約の効力発生前に条約が効力を発生すれば禁止されることになるであろう措置をとらないことを約束していた[147]。

ほかに注目される実行としては、カナダ政府によって第18条が援用されたケースがある。カナダは、1977年2月にアメリカと漁業協定を締結したが、その後、協定の効力発生前に行われたアメリカの行動が、協定に違反していることを問題にした。その際、カナダ政府は、協定の効力発生前であっても、その暫定的な適用を行うことについて、両国間には黙示的合意があったと主張し、さらに、条約法条約第18条に定められた義務を遵守すべきであるとしつつ、アメリカは協定を遵守しないのであれば、協定の当事国にならない意図を明らかにすべきであると主張したのである[148]。いま一つ見逃せない実行としては、国連海洋法条約にかかわるものがあるので、それについても簡単に触れておこう。国連総会は、1983年に採択した決議38/59において、すべての国に対して、国連海洋法条約の土台を崩したり、あるいはその目的を失わせるようになる行動をとらないように訴えた[149]。続いて、翌1984年に出された海洋法に関する国連事務総長報告は、次のような指摘を行っていた。「一般国際法上、ウィーン条約法条約第18条に規定されているように、署名国は条約の当事国にならない意図を明らかにする時まで、条約の目的を阻害するよ

---

consent to ratification, *International Lawyer*, Vol.6, No.2 (1972), p. 431.
146) M. J. Glennon and T. M. Franck (eds.), *United States Foreign Relations Law, Documents and Sources*, Vol.II (Oceana Publications, 1980), p. 212. 黒沢満『核軍縮と国際法』（有信堂高文社、1992年）123-125頁。
147) J. S. Charme, "The Interim Obligation of Article 18 of the Vienna Convention on the Law of Treaties: Making sense of an Enigma," *Geo. Wash. J. Int'l & Econ.*, Vol.25 (1991), p. 79.
148) *CYIL*, Vol.XVI (1978), pp. 366-367.
149) United Nations General Assembly Resolution 38/59A, 14 Dec. 1983.

うな行為を行わないようにする義務がある」[150]。これらの訴えや指摘は、具体的には、国連海洋法条約の枠外で進行しつつあった、深海底資源の一方的開発の動きを念頭に置いてのものであって、一部の技術先進国による条約の枠外での行動に、警告を発する意図があったものと考えられる。

　以上で見たように、第18条の一般国際法的性格については、それをなお否定する見解も少なくないが、逆に、それを肯定しようとする傾向が、徐々に強まってきているようにも思われる。ビリガー（M. E. Villiger）が、1985年に著した体系書の中で、第18条は慣習法の宣言であって、*erga omnes* な拘束力をもつと結論づけたことなどは、そうした傾向を象徴しているということができる[151]。もっとも、彼は、第18条は誠実の原則に具体的な意味を与えた規定であると述べながらも、同時に、起草過程での討議においては、第18条は誠実の原則から導かれると考えられたのではなく、一般国際法上の義務に由来すると考えられていたというふうに述べていた。しかし、そのように、誠実の原則と一般国際法上の義務とを峻別することが妥当かどうか。ロゼンヌは、ビリガーのこの議論を批判しており、ILC最終草案のコメンタリーでの指摘、すなわち、本章2（1）の最後でも紹介した、「条約の目的の阻害を意図する行為を行わない誠実の義務が、批准を条件として署名した国に課されるということは、一般的に受諾されているように思われる」との指摘を想起すべきだと強調している[152]。このILCコメンタリーに関連しては、そこにおいて、「誠実の義務」が「一般的に受諾されている」と指摘された点を重視し、ILCはもともと、条約目的阻害行為禁止義務に関しては、すでに確立していた慣習国際法規則を法典化するという立場であったとする指摘があるが[153]、しかし、

---

150) *Law of the Sea: Report of the Secretary-General*, UN Doc., A/39/647, 1984, para. 6.
151) M. E. Villiger, *supra* note 129, p. 321; See also, M. A. Rogoff, "The International Legal Obligation of Signatories to an Unratified Treaty," *Maine LR*, Vol.32 (1980), p. 271; P. V. McDade, *supra* note 129, p. 28; J. S. Charme, *supra* note 147, pp. 77 and 85.
152) S. Rosenne, *Developments in the Law of Treaties: 1945-1986* (Cambridge University Press, 1989), pp. 148-149.
153) J. S. Charme, *supra* note 147, p. 77.

前に行った紹介から明らかなように、コメンタリーでのこの指摘は、ILC最終草案第15条(b)号(現行の第18条(a)号)に関して行われたものであって、義務に関する規定の全体についての注釈ではなかったことに、注意すべきであろう。ILCは、条約法会議で削除された最終草案の第15条(a)号や、現行の第18条(b)号となった最終草案第15条(c)号については、「一般的に受諾」された規則であるといった注釈は行ってはいない。このように、あらためて、最終草案のコメンタリーでの指摘をふり返って見ると、ILCとしては、義務に関する規定を設けるにあたり、必ずしも一般国際法の法典化のみを企図していたわけではなかったといえる。この意味では、第18条は国際法の漸進的発達であると見る学説には、一定の根拠があったというべきで、第18条が全体として、条約法条約採択以前の段階において、すでに一般国際法上の義務として確立していたというには、慎重でなければならないことになろう。

　ところで、第18条のような規定についての評価が容易でないのは、義務の淵源が誠実の原則という一般的で抽象的な原則であることに、起因するところもある。すなわち、第18条については、それが慣習法の法典化であるのか、それとも国際法の漸進的発達であるのかといったことを直接問題にするのではなく、やや観点をかえて、それは、誠実の原則からいわば論理的に導かれる、一つの具体的な規則であるというふうに見るならば、評価の仕方も若干異なってくると思われるからである。もとより、国際法における誠実の原則自体、はたして確立した実定規則といえるかどうか、検証を必要とする大きな問題であるが[154]、たとえば、次のような指摘は、微妙なニュアンスを含んでおり興味深い。まず、田畑茂二郎によれば、「署名によって内容の確定した条約の目的を阻害するような行為を行ってはならない信義則があることは一般に認められているといってよい」とされている[155]。また、横田喜三郎によれば、「条約によっ

---

154) G. Schwarzenberger, "The Fundamental Principles of International Law," *Recueil des Cours*, Tome 87(1955-I), pp. 296-325; E. Zoller, *La bonne foi en droit international public* (Pedone, 1977); S. Rosenne, *supra* note 152, pp. 135-179.
155) 田畑茂二郎『国際法新構(上)』(東信堂、1990年) 343頁。

て拘束されることに、条件的または確定的に同意したときは、その条約の目的を阻害するような行為を行ってはならない。このことは、信義誠実の原則として、一般に契約にあてはまることであり、条約についても同じである」とされている[156]。先に紹介した小川芳彦の指摘にも、類似の見解が示されているが、これらの指摘は、義務がいつの時点でどの範囲において確立していたかといった点を特に問題にすることなく、第18条が誠実の原則を反映した規則であるということを述べたものと解される。したがって、こうした理解に基づけば、義務がいつの時点で確立したかといった点はともかくとして、第18条は今後、一般的な適用可能性をもった規定と見なしうることにもなろう。

　第18条を国際法の漸進的発達であるとみなす論者の多くは、条約法条約採択以前における判例・学説・実行において必ずしも認められていなかった規則が、第18条の中に新しく採り入れられていることを重視し、それゆえ第18条の実際の適用についても未知数の部分が多いと考え、その一般国際法的性格を認めないのに対して、逆に、そうした性格を認める論者の多くは、第18条の個々の規定内容が以前からあった判例や学説に照応するものかどうかといった点を特に問題にするのではなく、第18条が誠実の原則に基礎を置く規定であることを重視することにより、その一般的な適用可能性を主張しているものと考えられる。最近の(国家)実行において強まっている、第18条の一般国際法としての性格を認めていこうとする傾向は、基本的には後者の主張の流れに沿ったものと見ることができる。

4　おわりに ── 解釈上の問題点に触れて ──

　アメリカ国務省の見解や海洋法に関する国連事務総長報告などに見られるように、条約目的阻害行為禁止義務が明確に、慣習国際法上ないし一般国際法上のものとして捉えられていることは、第18条の今後の発展

---

156) 横田喜三郎『国際法Ⅱ〈新版〉』(有斐閣、1972年) 416-417頁。

を見るうえで、注目されるところといえよう。もっとも、これまでのところ、第18条が実際に適用されたケースはまだ見あたらず、しかも、この規定の解釈については、なお不確定な部分が多く残されていることに、留意しておく必要がある。

　たとえば、条約の目的を失わせる行為とは何かという点について、ターナー(R. F. Turner)は、条約規定の「取り返しのつかない違反(irreversible violations)」であるかどうかが基準になるという解釈を示している。これは、先に触れたアメリカによるSALT II条約への対応の中で、国務省法律顧問が示した解釈であるともいわれるが、ターナーによれば、仮に批准の前に戦略兵器の量的上限を定めたSALT II条約の規定に違反しても、上限を超えて製造した兵器については、批准までの時期に破壊することが可能であるゆえ、この基準に反することにはならないとされていた。そして、彼は、この基準の下で許されないのは、もっぱら条約で禁止されている兵器の開発と実験であるというふうに指摘していた[157]。しかし、こうした解釈は、黒沢満が指摘しているように[158]、SALT II条約の目的を狭く捉えすぎた点で問題があり、ターナーの示した上記基準自体、第18条の解釈として妥当といえるかどうか疑わしい。やはり、条約の目的を失わせる行為とは何かについて考える場合には、ターナー自身も言及していた、条約法会議でのウォルドックによる指摘、つまり「条約がその行為により無意味(meaningless)なものとされ、その目的を失う」ような行為であるかどうかが、重要であろう。ビリガーは、このウォルドックの指摘を踏まえつつ、「条約の後の段階における履行を無意味にする行為」が禁止されると指摘し、同時に、ここでいう「無意味にする行為」とは、「不可能にする行為」と同じではなく、国際法で許されている行為であるかどうかも、直接関係しないと指摘している。なお、彼はまた、第18条の適用にあたっては、条約の目的を失わせる行為が悪意で意図的になされる

---

157) R. F. Turner, "Legal Implications of Deferring Ratification of SALT II," *VJIL*, Vol.21, No.4 (1981), p. 764.
158) 黒沢『前掲書』(注146) 128-132頁。

ことを要しない、というふうにも考えている[159]。ただし、「無意味にする行為」と「不可能にする行為」を区別する彼の解釈に対しては、両者を区別し得ない場合も多いのではないかという観点からの批判もある[160]。

ところで、ビリガーはこのほかにも、第18条の一応包括的な解釈を試みているので、ここでそれを紹介しておこう[161]。まず、条約の目的を失わせるような行為を「行わない(refrain)」という文言の意味について、彼は、これをもっぱら不作為の義務を求めたものと解する見解[162]もあるが、それは全面的に支持できないとする。すなわち、第一義的にはそうだとしても、たとえば、条約によっては、その署名の時点における現状を維持することを求められる場合があり、そうした条約については、かかる現状維持のために、一定の能動的な行為をなすことが求められると指摘している。次に、第18条は条約の暫定的な適用を求める規定ではないことに注意すべきであるとし、また、批准などを条件として条約に署名した国が義務を負うのは、「条約の当事国とならない意図を明らかにする時までの間」（第18条(a)号）と規定されている点について、これは、署名国が条約の当事国とならない意図を明確にしない限り、第18条の適用を受けるという意味であって、第18条は当然のことながら、国がそうした意図を明らかにする自由を奪うものではないと指摘している。そして、第18条(b)号にいう、条約の効力発生が「不当に遅延する場合」については、条約法会議でウォルドックが行った説明の通り、あらかじめ特定の期限を設定しうるわけではなく、個々の状況に応じて判断するしかないと指摘している。最後に、彼は、第18条違反と国家責任の関係が問題になるであろうと考えているが、しかし、この点に関しては、起草過程での議論からすると、義務の違反についての責任を問う可能性は、排除されてはいないと述べるにとどめている。

以上のような指摘は、第18条の解釈・適用にあたって、参考になる

---

159) M. E. Villiger, *supra* note 129, pp. 322-323.
160) J. S. Charme, *supra* note 147, pp. 101-102.
161) M. E. Villiger, *supra* note 129, pp. 322-323.
162) M. A. Rogoff, *supra* note 151, p. 297.

ものと考えられる。もっとも、第18条の解釈上の問題点が、以上の指摘で明確にされつくしているわけではない。たとえば、オコンネルは、署名国が条約の当事国とならない意図を通告した後であっても、第18条に違反する行為がその通告以前に行われていた場合、その違反を問題にすることができるかどうか、第18条によれば明確ではないと指摘していた[163]。ほかにも、第18条の問題点に関する指摘は少なくない[164]。しかし、いずれにしても、第18条の解釈・適用上の問題点は、単に規定の文言の意味を抽象的に問うだけでは、決して十分には解明されないといわなければならない。重要なのは、義務の適用が問題となりうる状況が発生した場合、そこにおいて問題となる条約の目的や、その目的を失わせることになると主張される行為を、具体的に吟味しながら、義務の適用可能性を検討していくことであろう。この意味では、義務の適用が問題となる事例の検討が、いま少し積み重ねられる必要があるように思う[165]。

　チャーム(J. S. Charme)は、第18条について論じた最近の論文において、主としてトーマス・フランク(Thomas Franck)に依拠しながら、次のような指摘を行っている[166]。すなわち、国家がある規則に従うことを余儀なくされていると考えるかどうかは、当該規則の拘束的性質(の強弱)によるのではなく、当該規則を正当な規則であると認めているかどうかにかかっている。したがって、明晰性を有する規則であればよく遵守され、あいまいな規則であれば遵守されないというふうに、一般的にいうことはで

---

163) D. P. O'Connel, *supra* note 142, p. 224.
164) J. S. Charme, *supra* note 147, p. 103.
165) 前に引用したP. V. McDade論文(前掲注129)は、国連海洋法条約に署名した諸国の中で、深海底制度に関する規定に不満をもつ一部の先進国が、条約の枠外で一方的開発に乗り出す準備をしていた問題を取り上げ、そうした諸国の行動を義務との関連で考察し、結論的に、第18条に違反する行動である疑いが強いと指摘している。P. V. McDade, *supra* note 129, pp. 5-47. 同じ問題関心に基づく考察として、田中「前掲論文」(注1)参照。また、拙稿と同じテーマを扱った論稿として、T. Hassan, "Good Faith in Treaty Formation," *VJIL*, Vol.21, No.3 (1981), pp. 443-481 参照。
166) J. S. Charme, *supra* note 147, pp. 104-107.

きない。実際、条約法条約は、あいまいだとされる規則をいくつか含んでいるが、しかし、そのことが直ちに、そうした規則の不遵守につながり、その意義を弱めることにつながるわけでもない。第18条に関していえば、そこに定める義務の遵守を求めることが、諸国によって正当であるとみなされているかどうかが重要である。彼女は、このように述べた上で、判例・実行・起草過程での議論を見る限り、第18条に定める義務が定着する基盤はあるとの見方を示している。こうした指摘からも、義務が実際に援用される事例に注目していく必要があるといえよう。

第12章

慣習法の形成・認定過程の変容と国家の役割

1　はじめに
2　慣習法理論の性格と最近の特徴的議論
　(1) 伝統的な慣習法理論の歴史性とイデオロギー性
　(2) 慣習法理論からの決別を提起する最近の議論
3　判例の検討
　(1) 判例にみる慣習法の認定方法の多様性
　(2) 慣習法の形成・認定過程の変容の意味と背景
4　慣習法の形成・認定過程における国家の位置

1　はじめに

　本章は、「国際法の実現における国家の役割」という統一テーマを掲げて開催された、国際法学会2000年度秋季大会における報告に加筆修正したものである。20世紀最後の学会において、このような統一テーマが選ばれた理由は、次の点にあったと理解している。すなわち、1990年代に入り、しばらくの間、国民国家（主権国家）の「ゆらぎ」がさまざまのコンテクストで強調される傾向が強まったが[1]、こうした状況の中で国際法の

---

1) 国家の「ゆらぎ」を指摘する議論はさまざまな展開を見せたが、国際法に関連しては、たとえば、Oscar Schachter, "The Decline of the Nation-State and its Implications for International Law,"

今後の展開を見通すためには、いま一度、国際法の実現における国家の役割を見直すことが重要ではないかというものである。良きにつけ悪しきにつけ、国家はまだ消滅に向かっているわけではないから、国際法の実現のために国家が果たす役割を、その可能性と限界を含め、検証しておくことが重要ではないかという視点でもある。

　本章は、「国際法の実現」の一側面として、慣習法が形成され、その成立が認定される過程に着目する。やや具体的にいえば、裁判所による慣習法の認定過程（認定方法）の多様性を明らかにしながら、慣習法の形成・認定過程の変容の意味と背景を検討し、ついで、かかる過程の中にあって、国家は果たしてどのような位置を占めるようになっているのかについて分析を試みるものである。もちろん、こうした試みは、上の統一テーマのごく一部に照明を当てようとするものでしかない。慣習法の形成・認定過程に着目するといっても、検討の素材が裁判所における問題の取り扱いかただけであるはずはなく、裁判以外にも個々の具体的な国際法上の問題をめぐって展開された諸国の実行、あるいは、判例や国家実行の分析をも含む慣習法に関する理論研究の蓄積など、渉猟すべき諸資料は山積しているといわなければならない。また、より根本的には、上のような統一テーマに接近する場合の方法自体が、慎重な吟味の対象となる問題であるといえよう。

　それだけに、主たる検討素材を慣習法の形成・認定が問題となった判例に絞る理由について、ここで若干の弁明をしておく必要があろう。この点、端的にいうとすれば、種々の裁判所による一連の判断——慣習法の成立・不成立に関する判断——を通観することにより、上の学会の統一テーマに接近可能ではないかと考えたからである。というのは、学界レベルにおける慣習法理論研究の深まり、とりわけ、その理論の歴史性や内在的限界を指摘する批判的研究の深まりとは対照的に、世界の司法

CJTL, Vol.36, No. 1 (1997), p. 7 *et seq.* また、歴史学の分野からの議論であるが、歴史学研究会編『国民国家を問う』（青木書店、1994年）、ならびに、議論の総括的な整理として、望田幸男「『国民国家』論のバランスシート」『唯物論と現代』第21号（1998年）2頁以下参照。

機関には一定の共通した、しかも分析の対象に値する特徴が見られるように思われる。すなわち、一方で、裁判所は、慣習法の成立には国家の慣行と法的信念の二要件が必要であるという見方（以下、「二要件論」という場合もある）を共有しながらも、他方では、個々のケースでの慣習法の形成・認定に関する判断の仕方には、実に幅広い多様性を示している。その多様性とは、裁判所の判断の仕方における一貫性の欠如といってもよい。あるいは、裁判所の依拠する成立要件論と実際に示す判断の仕方との間に、著しい乖離が存在している状態と言い換えてもよい[2]。

　こうした特徴に関しては、さまざまな観点からの分析が可能であろうが、以下においては、こうした特徴がなぜ生じているのか、また、裁判所の判断の仕方に一貫性が見られないにもかかわらず、そのことがなぜ国家の側から問題にされようとはしないのか、という観点に立った検討を行い、本章の目的の達成に資する試みとしてみたい。そこで、本論の3および4に進む前に、まず、次の2において、本章の検討に関連すると思われる限りで、慣習法理論の歴史的な性格を確認しておくとともに、この理論をめぐる最近の特徴的な議論を概観しておくことにする。

2　慣習法理論の性格と最近の特徴的議論

(1) 伝統的な慣習法理論の歴史性とイデオロギー性

　慣習法理論が歴史的な性格とイデオロギー性を有していたという点に関しては、とりわけ1970年代から80年代にかけて、日本を含む世界的に活発化した法源論研究の中で、共通した指摘になっていったように思われる。すなわち、慣習法理論は、19世紀から20世紀にかけて法実証主義と深く結びついて登場した経緯があり、自然法などを軸とした一般理論に代わり、国際社会全体に妥当する一般国際法を説明するための理論

---

[2] 裁判所による慣習法の認定方法を分析し、類型化を試みた最近の研究として次を参照。O. A. Elias and C. L. Lim, *The Paradox of Consensualism in International Law* (Kluwer Law International, 1998), Chapter III and Chapter IV.

として国際社会に定着した[3]。

　慣習法理論には、それゆえ、歴史的な性格に起因する内在的な制約があるという指摘も、かなり一般的に行われている。たとえば、二つの要素を慣習法の成立要件とみる考え方は、19世紀の後半以降に徐々に確立したといわれるが、成立要件の中でもとりわけ法的信念といった要素には、本来的にフィクショナルな要素が内在しており、それらの二要素を成立要件にするという理論は、慣習法の成立の認定を行うにあたって、恣意的もしくは主観的な判断をともなわざるをえないといった指摘である[4]。

　慣習法理論が確立した19世紀から20世紀にかけての時代は、文明国とそうでない国が区別され、国際社会の不平等な構造が前提にされた時代であった。そうした時代において、慣習法理論は、当時、支配的な立場にあった国家の実行や見解を一般化する機能を果たした。慣習法理論は、実際には、当時の国際社会を主導した国家の実行、さらには大国の法意識に基づいた国際法のグローバル化を実現していく上で、重要なイデオロギー的役割を果たしたものでもあった[5]。

(2) 慣習法理論からの決別を提起する最近の議論

　慣習法理論の抱える問題性や限界をいかにすれば克服できるかというテーマは、国際法の中でも最も難解なテーマの一つである。ここでは、この問題を扱った比較的最近の議論の中から、米国のジョナサン・チャー

[3) 小森光夫「慣習国際法論の現代的特性」『法学教室』第38号 (1983年) 45頁以下、同「国際法の学説における慣習法概念の位置づけの変遷」『千葉大学法学論集』第5巻2号 (1990年) 42頁以下。

4) 二要素を成立要件とする伝統的な理論に対する批判として、たとえば観点はそれぞれ異なるが次がある。Anthony A. D'Amato, *The Concept of Custom in International Law* (Cornel University Press,1971); Maurice H. Mendelson, "The Formation of Customary International Law," *Recueil des Cours*, Tome 272 (1998), p. 155 *et seq.*

5) 藤田久一「現代国際法の法源」『現代法哲学第3巻・実定法の基礎理論』(東京大学出版会、1983年) 292頁以下。小森「前掲二論文」(注3)。なお、島田征夫「慣習国際法の形成と法的確信の要件」『二十一世紀の国際法 (宮崎繁樹教授還暦記念)』(成文堂、1986年) 95頁以下参照。

ニー (Jonathan I. Charney) の見解を紹介しておくことにする。

なぜ、チャーニーだけかという理由は、与えられた紙幅の制約という事情にもよるが、より実質的なそれは、彼はニカラグア事件判決が出された頃までは伝統的な慣習法理論の熱心な支持者であり、ニカラグア事件判決が示した慣習法の捉えかたを痛烈に批判していたが、その後見解を180度転換し、慣習法理論からの決別を提起する考えかたを明らかにした点で、検討に値すると考えるからである。

彼は、ニカラグア事件判決が出された直後に書いた論文では、その判決に見られる慣習法の認定の仕方がずさんであるとして、判決を厳しく批判していた[6]。当時の彼によれば、慣習法が普遍性を保ち、それがよく遵守されてきたのは、慣行と法的信念という二つの要素が、国際社会にしっかり根付いたものであったからだとされる。しかし、成立要件をルーズに解するとすれば、それは慣習法の粗製乱造につながり、粗製乱造されたルールは、実際には諸国によって尊重もされず、遵守もされないと指摘されていた[7]。

ところが、そうしたオーソドックスな見解をもっていた彼が、従来の慣習法の形成と認定のプロセスにおけるあいまいさを厳しく批判し始めたのである。彼の「普遍的国際法」と題する論文では、世界のほとんどすべての国が参加する、多国間フォーラムでの交渉を通じて生み出されるルールが、当該ルールへの個々の国家の同意の有無にかかわりなく、一般的な拘束性と妥当性をもちうるという理論が提起された[8]。多国間フォーラムは国際立法を行う権能を持つ機関ではないが、すべての諸国によってくりかえされる討議や交渉の中から、規範の内容が明確にされ、国際社会全体に適用する規範を定立しようとする諸国の意図が明白に示され、その規範を支持するコンセンサスが形成されるならば、当該規範

---

6) Jonathan I. Charney, "Customary International Law in the Nicaragua Case ― Judgement on the Merits," *HYIL*, Vol. 1(1989), p. 16 *et seq.*
7) *Ibid.*, pp. 23-24.
8) Jonathan I. Charney, "Universal International Law," *AJIL*, Vol. 87, No. 4(1993), p. 529 *et seq.*

の一般性を証明するにはそれで十分であると指摘される[9]。

　チャーニーは、国際法の形成過程を、多国間フォーラムでの交渉過程を軸にしながら見ていくほうが、慣習法形成過程の神秘性から逃れられるし、また、慣行ないし法的信念といった難解な概念にまつわる問題からも解放されると指摘し、多国間フォーラムにおいて形成される国際法を、慣習法ではなく、一般国際法というふうに呼ぶべきだと指摘している[10]。彼は、5年ほど前に「国際立法」の可能性をテーマにしてドイツで開催された国際シンポジウムにも招かれ、同じ趣旨の報告を行っている[11]。彼は、そこでは、国際司法裁判所（International Court of Justice, ICJ）規程第38条1項bに定める、「法として認められた一般慣行の証拠としての国際慣習」という規定は、一般国際法の法源に関する唯一の法典化条項と見るべきではないといった点を強調する議論も展開していた[12]。

　以上のような新しい一般国際法理論は、さらに検討を深めるに値する論点を提示しているところがあると思う。しかし他方で、なお不明瞭で未解決な点をいくつか抱えた議論だといわなければならないところもある。たとえば、彼のいう一般国際法として認められるルールと、そうとはいえないルールとの境界線は、必ずしも明確ではない。多国間フォーラムでの討議や交渉を通じて形成される一般国際法の認定は、ある場合には、一方的ないし恣意的になされる余地さえあるように見受けられる。また、多国間フォーラムを通じて形成された一般国際法の例示として、彼が5年前に挙げていたのは、国連海洋法条約に定められた排他的経済水域（Exclusive Economic Zone, EEZ）の制度である。しかし、EEZの制度の一般性を説明するために、わざわざ多国間フォーラムという観念を用いな

---

9) *Ibid.*, p. 542.
10) *Ibid.*, p. 546.
11) Jonathan I. Charney, "International Law Making — Article 38 of the ICJ Statute Reconsidered," in *New Trends in International Lawmaking- — International Legislation in the Public Interest: Proceedings of an International Symposium of the Kiel Walther-Schücking-Institute of International Law*, March 6 to 8, 1996, edited by Jost Delbrück, p. 171 *et seq.*
12) *Ibid.*, pp. 175-177.

ければならないものかどうか。

　慣習法理論に歴史性と内在的制約があることは、多くの研究がすでにさまざまなかたちで明らかにしているところだとしても、その理論との決別をチャーニーの提起するような議論を通じて行う基盤は、まだ国際社会には整っていないように思われる。ここで直ちに、チャーニーの議論に代わりうる別の理論を提起することはできないが、次節以降で行う判例の検討は、慣習法理論の今後を考える上で、さらにまた、その理論の変化・発展・消滅の契機を探る上でも、若干の関連性を有している。慣習法の形成と認定に関して裁判所が示す有権的な判断にどのような特徴があり、どのような変化の兆しが見られるのかを次に見てみよう。

3　判例の検討

(1) 判例にみる慣習法の認定方法の多様性

(i) 慣習法理論の形成に寄与した判例・同理論にのっとった判例

　いわゆる古典的なケースと呼ばれるものの中には、今日支配的な慣習法理論の形成に寄与した判例がいくつかある。また、慣習法の認定に当たって、判例を通じて徐々に確立した慣習法の理論にのっとり判断が行われているケースも、いうまでもなく相当の数にのぼる。ここでいう慣習法の理論にのっとった判例とは、慣習法の成立要件である一般的慣行と法的信念の二つの要件が整っているかどうかを、それなりに指摘しようとしたものをいう。もちろん、その論証の程度は判決によって差があるので、慣習法の理論にのっとっているかどうか自体、議論の対象になる場合が少なくない。また、一般的慣行とか法的信念といっても、それらの一義的な意味内容が当初より確立していたわけではなく、古典的なケースにおいては、そうした概念を使用していないものもある。さらに、一つの判決の中でも、ある規則の慣習法規性については二要件論にのっとったかたちで論証が試みられているが、別の規則についてはそうした論証が特に見られないという場合もある。

第 12 章　慣習法の形成・認定過程の変容と国家の役割　403

　したがって、判例の整理の仕方自体が、しばしば論議の的になることに注意が必要であるが、ここではとりあえず、スコチア号事件[13]、パケット・ハバナ号事件[14]、ロチュース号事件[15]、庇護事件[16]、インド領通行権事件[17] などの判決を、慣習法理論の形成に寄与したリーディングケースとしてあげておきたい。そして、北海大陸棚事件[18]、さらに、米国のフィラルティーガ事件[19] や日本のシベリア抑留事件[20] などの判決は、通説的な慣習法の理論に依拠しながら判断を示したものであり、とりわけ、北海大陸棚事件判決は自ら、慣習法の成立要件に関していくつかの新しい判断基準を付加したものでもあった。ただし、以上の判例だけに絞って見たとしても、それぞれが出された時代の相違をも反映して、判決が示した理論はいずれも同じ内容を持っていたわけではない。たとえば、19世紀半ば過ぎのスコチア号事件や、同世紀末期のパケット・ハバナ号事件などでは、判決の中には法的信念といった用語は登場していない。また、ロチュース号事件の判決も、国際法の拘束力の源を国家の意思に求めており、慣習法を国家の黙示の同意から導く立場に立っていると解されるなど、今日支配的な慣習法理論を当時すでに、明確に示していたというわけではなかった[21]。もっとも、そうした違いがあるとはいえ、スコチア号事件判決に始まる一連の判例は、今日通説的とされる二要件論を軸とする慣習法理論の形成に大きな影響を与えた点では共通している。

　スコチア号事件での争点は、1863 年の英国の海上衝突予防規則（灯火に関する規則）の性格であったが、米国連邦最高裁は、世界の 30 を超える諸

---

13) *The Scotia*, 81 U.S. 170 (1871).
14) *The Paquete Habana*, 175 U.S. 677 (1900).
15) *Affaire de Lotus* (France/Turekey), arrêt du 7 septembre 1927, *PCIJ Series A*, No 10, 1927, p. 2.
16) *Affaire de droit d'asile* (Columbia/Peru), arrêt du 20 novembre 1950, *ICJ Reports 1950*, p. 266.
17) *Case concerning Right of Passage over Indian Territory* (Portugal v. India), Judgement of 12 April 1960, *ICJ Reports 1960*, p. 6.
18) *North Sea Continental Shelf Cases* (Federal Republic of Germany/Denmark, Federal Republic of Germany/Netherlands), Judgement of 20 February 1969, *ICJ Reports 1969*, p. 3.
19) *Dolly M. E. Filatiga and Joel Filartiga* v. *Americo Norberto Pena-Irala*, 630 F.2d 876 (1980).
20) 1989 年 4 月 18 日、東京地裁判決、『判例時報』第 1329 号（1989 年）36 頁。
21) O. A. Elias and C.L. Lim, *supra* note 2, pp. 41-42.

国が同じ規則を制定しており、船舶の灯火に関する規則が「文明社会の共通の合意」により「一般的な義務」として受諾されていると判断した（1871年）[22]。この判決は、英国の国内法規則がその後の国家慣行の広がりにより、一般国際法になったと認定したのである。パケット・ハバナ号事件での争点は、沿岸海域で操業する漁船が戦時下で拿捕の対象となるかどうかであったが、米国連邦最高裁は拿捕の対象とはならないとする国際法の規則が「文明国の一般的同意」により確立したと判示した。判決は多年にわたる国家の慣行は国際法の一部になりうるとし、国際法学者の見解はかかる慣行の証拠になると述べていた（1900年）[23]。ロチュース号事件での争点は、公海上での船舶衝突事件に関する裁判管轄権は旗国のみが有するかであったが、常設国際司法裁判所（Permanent Court of International Justice, PCIJ）は、関係国は旗国以外の国の裁判所における刑事訴追に反対や抗議をしておらず、船舶衝突事件における刑事訴追は旗国によってのみ行いうるという国際判例もなければ、国内判例でもその点に関する判断は分かれているとして、一般的な慣行とそれにともなう義務意識の存否を基準に、上の争点に関して否定的な判断を下したのである（1927年）[24]。

他のケースについても整理すれば、庇護事件では、庇護国としてのコロンビアは、庇護の対象とする犯罪の性質を決定する権限をもつかが争点であったが、ICJは、かかる権限を認めた条約もなければ実行もないと判断し、地域的慣習に依拠するコロンビアは慣習法の二つの成立要件を論証しなければならないが、その論証は行われていないとした（1950年）[25]。インド領通行権事件でも、地域的慣習法の成立可能性が争点となったが、ICJは、私人・一般貨物の通行を認める慣行と法的信念はあるが、しかし、軍隊・武器弾薬の通行を認めるそれらは存在しないと判断した（1960年）[26]。隣接国間の大陸棚の境界画定に適用される国際法規則は何かが問われた

---

22) *Supra* note 13, p. 187.
23) *Supra* note 14, pp. 685-687.
24) *Supra* note 15, pp. 28-30.
25) *Supra* note 16, pp. 276-278.
26) *Supra* note 17, pp. 42-45.

北海大陸棚事件では、ICJ は、大陸棚の境界線を等距離方式にしたがって引く実行が法的信念に基づいて展開されているといえる証拠はないと判断し大陸棚条約第 6 条の等距離方式規則の慣習法性を否定した[27]。この判決は、二要件論を詳しく展開したリーディングケースとされる。もっとも、判決は一方で、大陸棚条約の第 1 条から第 3 条までは慣習法を表現したものであるとの判断を示していたが、その根拠とされたのは二要件論ではなくて、これらの 3 カ条には留保が禁止されているということであった (1969 年)[28]。

米国のフィラルティーガ事件では、拷問を禁止する規則が慣習国際法になっているかが争われた。米国控訴審裁判所は、世界人権宣言や拷問禁止宣言をはじめとして、拷問を禁止する多くの人権条約や国際文書が採択されていること、かかる条約や文書の採択を受けて、多数の諸国 (55 カ国) が国内法で拷問を禁止する実行を展開していること、拷問が人権侵害で違法だとする国内判例も確立していることなどを根拠に、拷問禁止規則が慣習国際法として確立していると判断した (1980 年)[29]。日本のシベリア抑留事件では、自国民捕虜に対する補償義務が 1949 年の捕虜条約発効以前に慣習法化していたかどうかが争点とされたが、東京地裁は、第 2 次世界大戦後、自国民捕虜に対する各種補償を定める国内法を制定した国の実行があることは認めたが、しかし、他方で、自国民捕虜補償原則にのっとってはいない実行も多数存在するとして一般慣行の存在を否認し、自国民捕虜に対する補償を行った諸国も、それが国際法上の義務であるとの観念の下に実行されたと認めるべき証拠はなく、日本政府のした支払いについても同様であると判断し、争点であった補償義務の慣習法性を否認した (1989 年)[30]。

---

27) *Supra* note 18, pp. 41-45, paras. 70-81.
28) *Ibid.*, pp. 38-41, paras. 62-69. 高林秀雄「大陸棚制度と慣習国際法」『龍谷法学』第 2 巻 2・3・4 号 (1970 年) 18 頁 (同『海洋開発の国際法』(有信堂高文社、1977 年) 所収、同書 132 頁)。
29) *Supra* note 19, pp. 880-884.
30) 前掲 (注 20) 55 頁。

(ⅱ) 認定方法に特徴のある判例

ところで、裁判所自身、判決の中で二要件論にのっとることを明言しながらも、しかし、実際の慣習法の認定・不認定の判断にあたっては、二要件の検証に特異性があるか、あるいはその検証自体を怠っているといえる判決、さらには、判断の根拠が一見して十分ではないのではないかと思われるものがある。これらの特徴をすべて備えている判決として、ここではニカラグア事件判決 (1986年) をあげておきたい[31]。他方、ニカラグア事件とは同じではないが、慣習法の認定方法に関して、現代的な傾向を典型的に示しているのではないかと思われる判決もある。その代表としてここでは旧ユーゴ国際刑事裁判所上訴裁判部におけるタジッチ事件判決 (1995年)[32] をあげてみたい。以下この二つの判決を中心に、慣習法の認定方法に特徴のある判決を見てみよう。

ニカラグア事件判決は、慣習法の成立には慣行と法的信念の二つの要件が整っていなければならないと述べ、改めて二要件論を確認した[33]。ただし、その判示部分からは特に新しい考え方を発見することはできない。判決は、それまでの時点で通説的とされる二要件論を述べたものと解される。その上で、判決は、米国の多数国間条約留保のために、適用法規としての慣習法を国際法の六つもの基本的な分野で認定した。ところが、それぞれの認定で用いられている方法に、必ずしも一貫性や統一性は見られない。そうした特徴は他の判決にも見られるのだから、ニカラグア事件判決だけに固有のものではないとの見方もありうるが、しかし、慣習法として認定された規則がいずれも国際法の基本的な分野に関係していることもあって、認定方法には注目すべき特徴があるように思われる。

まず、武力行使禁止規則について、判決は、この「禁止規則の拘束的性

---

31) *Case concerning Military and Paramilitary Activities in and against Nicaragua* (Nicaragua v. United States of America), Judgement of 27 June 1986, *ICJ Reports 1986*, p. 14.

32) *The Prosecutor v. Dusko Tadić a/k/a/ "Dule"*, in the Appeals Chamber of ICTY, 2 Oct. 1995, *ILM*, Vol. 35, No.1 (1996), p. 35.

33) *Supra* note 31, pp. 97-99, paras. 183-186.

質についての法的信念」は一定の総会決議、特に友好関係宣言に対する「両当事国の態度ならびに諸国家の態度から推論できる」と述べる。「これらの決議の文言に対する同意の効果」は、「当該決議により宣言された規則または諸規則の妥当性のそれらの国による受諾として理解することができ」、「上記の態度はこれらの規則に対する法的信念を表現していることは明らかである」とも述べる。判決はさらに、米国の態度つまり侵略を非難する第6回米州国際会議の決議に対する支持や、欧州安保協力会議参加国の相互関係を律する原則宣言（ヘルシンキ宣言）の受諾を根拠にして、米国を含む関係諸国に法的信念があると認定し、武力行使禁止規則に関して諸国が出した声明や公式見解が慣習法の証拠になると判断した[34]。このように、国家の声明や見解表明を含む国家の〈態度〉に慣習法の証拠を見出す方法、あるいは諸国の法的信念を見出す方法は、不干渉原則が慣習法として確立しているとの判断が示される際にも用いられた。判決は、「諸国家の法的信念において不干渉原則が存在することは、確立された多くの慣行によって裏付けられる」として、友好関係宣言のほかに不干渉原則を定めたいくつかの国際条約・国際機構の決議などの多くの国による受諾、特に米国による受諾に注目したのである[35]。

　一方、集団的自衛権に関しては、判決は、国連憲章第51条の文言や友好関係宣言などを通じて慣習法化していることを認めながらも、次のように述べることにより、集団的自衛権を行使する際には特別の要件が満たされなければならないと判示した。すなわち、「慣習国際法には、自らが武力攻撃の犠牲であるとみなす国家による要請がない場合に、集団的自衛権の行使を許容するような規則は存在しないと認定する。裁判所は、主張される攻撃の犠牲者たる国家が攻撃を受けたことを自ら宣言しておくべきだという要件に加えて、そのような国による要請という要件が追加されると結論する」[36]。ところが、判決は、そうしたいわば特別の要件

---

34) *Ibid.*, pp. 98-101. paras. 187-191.
35) *Ibid.*, pp. 106-107. paras. 202-204.
36) *Ibid.*, pp. 103-105. paras. 195-198.

が慣習法上確立しているとする根拠としては、1947年の全米相互援助条約第3条2項にかかる要件が規定されている事実をあげるだけで、その他には特に何も示さなかった。また、干渉への対抗措置に関しては、判決は、武力攻撃を構成しない行為に対して、国家は武力によって集団的に対応する権利は有しないと指摘し、慣習法上もこの規則が確立していると判示した。もっとも、判決は、その根拠については、米国が「かかる権利が存在していると主張していないことに、法的信念の現れとして注目する」と述べるに止まっている[37]。このように、判決がこれらの二つの規則の慣習法化を認定するにあたってあげた根拠は、米国が締約国になっている条約規定、ならびに米国の法的信念を示すとされる米国の言動（権利主張がないこと）であった。

あと二つの分野での慣習法の認定の仕方も見ておこう。一つは、領域主権と交通・貿易の自由についてである。判決は、国家主権尊重の原則に触れつつ、領空主権を認めるシカゴ条約と領海主権を認める国連海洋法条約などの規定が、「堅固に確立し」た慣習法であることに何らの疑いもないと述べ、さらに、国連海洋法条約第18条1項(b)が無害通航権に関する慣習法を法典化したものであるとも述べている[38]。これらに関しては特段の理由は示されてはいない。もう一つは、国際人道法に関するものである。判決は、ジュネーヴ諸条約共通第3条は、内戦で適用される規則を明確にしたものであるが、「それらの規則はまた明らかに、国際的武力紛争においても、国際紛争に適用される精緻な規則に加えて、最低限の基準を構成している。……これらは、1949年に裁判所が『人道の基本的考慮』と呼んだもの（コルフ海峡事件本案判決）を反映する規則である。したがって、裁判所は、これらを本件に適用可能な規則とみなすことができ」ると判示した[39]。そして、判決は、「ジュネーヴ諸条約第1条により、『すべての場合において』それらの条約を『尊重し』かつ『尊重を確保

---

37) *Ibid.*, pp. 110-111. para. 211.
38) *Ibid.*, pp. 111-112. para. 214.
39) *Ibid.*, pp. 113-114. para. 218.

する』義務が米国政府にあると考える。というのは、この義務は条約自身からだけでなく、人道法の一般原則からも導かれるものであ」るからだと判示した[40]。この最後の二つの分野における慣習法の認定にあたっては、慣行とか法的信念といった点には特に言及されていない。前者の場合は、関連する多数国間条約の規定が、特段の理由づけなしに、慣習法であるとの結論だけが述べられている。後者の場合は、「人道の基本的考慮」や「人道法の一般原則」といった国際法上の基本原則から、米国を拘束する慣習法上の義務を導いている。

つぎに、タジッチ事件での判決を見てみよう。この事件での争点の一つは、国内的武力紛争における国際人道法違反についても、個人の刑事責任を問いうるかということであった。判決は、この点を検討するための前提として、国際人道法の基本原則が内戦にも適用されるようになったかどうかを検討し、それを肯定した。裁判所は、人道法の基本原則が内戦にも適用されるという規則は、慣習法上確立していると判断した。その根拠は、内戦（スペイン、イエメン）において人道法を適用した合意と実行、人道法の遵守を約束した内戦当事者（コンゴ、ナイジェリア、エルサルバドル）の声明、内戦において人道法の適用と遵守を求めた国際機構の実行（赤十字国際委員会（International Commission of the Red Cross, ICRC）の態度・実行、国連総会決議「武力紛争における人権の尊重」の採択とそれを支持する国家の声明・態度、安保理決議（788、794、814、972、993、1001）の採択）、ヨーロッパ共同体（European Community, EC: 現ヨーロッパ連合（European Union, EU））による同趣旨の共同声明の発出、1977年の第2追加議定書の関連規定の慣習法化を認める国家の見解などがあることである[41]。

こうした前提に立って、裁判所は、内戦における国際人道法違反について、個人の刑事責任を問う規則が成立しているかどうかの検討に進み、そうした規則も今日では慣習法として成立しているとの判断を示した。裁判所は、その根拠を次のように説明した。第1に、第2次世界大戦後

---

40) *Ibid.*, pp. 114. para. 219.
41) *Supra* note 32, pp. 59-63, paras. 110-117.

のニュールンベルグ法廷が示したのは、個人を処罰するための条約上の規定が存在しない場合でも、戦争法の違反を犯罪にしようとする国家意思を示す実行(政府や国際機構の声明を含む)があれば、個人の刑事責任を問うことは可能であるとの判断であった[42]。本裁判所もこの判断基準に従うことが適切だと考える。第2に、国内的武力紛争における人道法違反を犯罪にしようとする国家意思を示す実行として、ナイジェリア内戦における裁判例、ジュネーヴ諸条約共通第3条違反を戦争犯罪とする軍事マニュアルの制定例(米国・英国など4カ国)、ジュネーヴ諸条約および追加議定書を実施するための国内法で国内的武力紛争における違反を処罰対象とする国の実行(旧ユーゴ、ベルギーの2カ国)がある。さらに、安保理決議794および814の中に、かかる国家意思を示す法的信念を見出すことができる[43]。

　ニカラグア事件とタジッチ事件の判決は、それぞれの事件での争点が異なるだけでなく、関係する国際法の分野も異なるため、類似点を見出すことは簡単ではない。しかし、慣習法の認定の仕方に関していえば、次のような共通の接点を見出すことは不可能ではないように思われる。第1に、いずれの判決も、いくつかの形態をとって現れる国家の態度、国家の声明、国家の見解などを非常に重視している。いい換えれば、国家意思がどのように表明されているかが重視されているということができる。もちろん、こうした特徴といえども、上の二つの判決にだけ特有のものではなく、他の判例でも慣習法の成立が認定される際に、しばしば見られることではある。ただし、ニカラグア事件判決ほど、国家意思(しかも特定国のそれ)に法的信念の証拠を求めた判決は、そう多くはないように思われる。また、タジッチ事件の判決のように、国家意思の表明や国際機構の声明あるいは決議を、国家の意思を示す国家実行の証拠として頻繁に援用した判例も、そう多くはないように思われる。しかも、国連の総会決議や安保理決議が援用される場合はともかく、2カ国や4カ国

---

42) *Ibid.*, p. 68. paras. 128-130.
43) *Ibid.*, pp. 69-71. paras. 132-136.

といったように、国の数でいえばわずかの国の実行でさえも、問題となった規則の慣習法的性格を示す有力な証拠として援用されており、注目される。要するに二つの判決で印象的な点は、ある規則に関して国家がどのように考え、どういう態度をとっているのか、いい換えれば、国際法に対する国家の意思がどうなっているかに深い関心が向けられ、国家の意思の状況の大勢に依拠しながら判断を下す傾向が読みとれることである。

　ところで、こうした二つの判決の特徴は、慣習法の認定が問題とされるケースにおいて見られる、ある種の現代的傾向を反映しているように思われる。すなわち、判例では、共通して、慣習法の成立には二つの要件が満たされる必要があると指摘されながらも、それぞれの成立要件の区別・区分は、ますますあいまいにされるか、または基本的に困難とされる傾向にあるのではないかということである。慣行とは何か、あるいは法的信念とはどういう形をとるかといった点は、従来からもきわめて難解な問題の一つとされてきた[44]。ところが、そうした問いに理論的な解答を与える責務を負っていない裁判所は、慣習法の認定が問われるケースにおいては、問題となる国際法規則に関する国家意思の大勢を判別することに関心を向け、何が慣行で何が法的信念かという点を厳格に示すことなく、総体的なあるいは結論的な判断だけを示すケースが増える傾向にあるように思われる[45]。たとえば、国家意思の表明や国際機構の声明・決議は、ニカラグア事件判決では、法的信念の証拠を構成するものとして扱われている。他方、タジッチ事件判決では、やや明確ではないとはいえ、それらは国家意思を示す国家実行の証拠として扱われているところがある。また、ニカラグア事件判決が集団的自衛権を行使する際の特別の要件や、干渉への対抗措置に関して下した判断に見られるように、ある特定の条約規定や特定の国家の態度などがほとんど唯一の根拠

---

[44] M. Akehurst, "Custom as a Source of International Law," *BYIL*, Vol. XLVII (1974-75), pp. 1-10.

[45] R Müllerson, "Final Report of the Committee on Formation of Customary (General) International Law," in ILA, *Report of the Sixty-Ninth Conference*, London, 2000, pp. 718-719.

にされながら、慣習法の判断が下されている場合もあり、そうした場合には、何が慣行で何が法的信念かが明確にされていないだけでなく、そもそも慣習法の成立要件の論証自体が行われていないといわざるをえない状況もある。両判決から汲み取れる特徴は、慣習法の形成・認定過程の変容の意味を考える上でも重要だと考えられる。

なお、付言すれば、慣習法の認定方法として最近目に付くようになっているのは、たとえば、慣行とか法的信念には特に言及することなく、多数国間条約の規定が慣習法を表現しているという、結論的な判断だけが下される場合である。ニカラグア事件判決の中にもそうした箇所があったが、最近の別の判決について見ると、たとえば、リビア・マルタ大陸棚事件(1985年)、あるいは、グリーンランド・ヤンマイエン海域境界画定事件(1993年)での判決がある。いずれも国連海洋法条約が関係しているが、前者の事件の判決では、傍論においてではあるが、EEZ の制度が慣習法化したとする判断が示され[46]、後者の事件の判決では、境界画定の「衡平な解決」を求める条約規定が慣習法を反映しているとの結論的な評価だけが示されている[47]。また、ガブチコボ・ナジマロシュ事件の判決(1997年)でも、国際法委員会で審議中の国家責任条文草案に規定されている、違法性阻却事由としての緊急事態が、特段の理由づけなしに慣習法規則であると判示された[48]。こうした特徴・傾向は、以前にもなかったわけではないが、最近になって特に顕著になってきているようにも思われる[49]。

(2) 慣習法の形成・認定過程の変容の意味と背景

---

46) *Case concerning the Continental Shelf* (Libyan Arab Jumahiriya/Malta), Judgement of 3 June 1985, *ICJ Reports 1985*, p. 33, paras. 33-34.
47) *Case concerning Maritime Delimitation in the Area between Greenland and Jan Mayen* (Denmark v. Norway), Judgement of 14 June 1997, *ICJ Reports 1993*, p. 59-60, paras. 49-50.
48) *Case concerning Gabtikovo-Nagymaros Projict* (Hungary/Slovakia), Judgement of 25 September 1997, *ICJ Reports 1997*, pp. 40-41, paras. 51-52
49) 村瀬信也「条約規定の慣習法的効力」寺沢・山本・波多野・筒井・大沼編『国際法学の再構築(上)』(東京大学出版会、1977年)3頁以下。

(i) 変容の意味

　以上において、慣習法の認定方法に特徴のある若干の判例を見てきたが、その結果、慣習法の形成・認定過程における何らかの変容現象を確認しうるかどうか。いうまでもなく、変容は最近見られるようになった現象ではない。19 世紀から 20 世紀にかけての時代における慣習法の形成過程と、20 世紀後半以降のそれとでは相当の違いがあることは、容易に想像しうる。田中耕太郎は、すでに今から 35 年ほど前に、南西アフリカ事件判決（1966 年）の反対意見において、慣習法の形成過程が大きく変容しつつあり、今後も一層変容せざるをえないことを次のように指摘していた。

　　「国際連盟や国際連合といった組織の登場は、……国際交渉の伝統的な個別的方法を『議会外交』の方法に代えたが、慣習国際法の生成の形態にも影響を及ぼさざるをえない。国家は、関係をもつ諸国に直接自らの見解を伝える代わりに、国際機構を媒介として、そのすべての構成国に対して、自らの立場を宣言する機会をもち、当該の問題に関する構成国の反応を直ちに知る機会をもっている。従来、慣習法の構成要素である慣行、その反復、および法的または必要信念は、数世紀にまたがるきわめて長期のかつ緩慢な過程を経て、相互に結び合わされた。高度に発達したコミュニケーションと情報の技術を有する今日においては、慣習法の形成は、国際機構を媒介として、大幅に促進され、加速されている。慣行の確立には、一世代より長い期間は要せず、場合によっては、その期間よりはるかに短い期間で足りる場合もある。……

　　もちろん、われわれは、個々の決議、宣言、判決、決定などが、国際機構の構成国に拘束力をもつことを認めることはできない。慣習国際法に必要なものは、同じ慣行のくりかえしである。したがって、同一または複数の組織における、同一の問題に関する決議や宣言などは、この場合くりかえして実現されなければならない。そうしたくりかえしや、個々の国家の集団的な意思の表明とみなしうる個々の決議や宣言を通じて、国際社会の意思の形成が、伝統的な規範（形成）過程の方法に比べ、より

迅速にかつより正確になされているのは確かである。この慣習の形成に関する集団的で累積的でかつ組織的なプロセスは、条約による立法と慣習の形成に関する伝統的なプロセスとの間にある段階と特徴づけることができ……る。」[50]

　田中耕太郎は、以上のように慣習法の形成過程の変容を見ながら、現代が国際立法の時代へと移り変わる過渡期にあることを、さらに次のように指摘した。「端的にいえば、慣習国際法の生成の仕方は、個別的過程から集団的過程への移行の段階にある。この現象は、伝統的な国際法の形成過程が組織化された国際社会の成長という現実に適応しようとするものだといえる。それは、社会学的観点から見れば、伝統的な慣習の形成から条約による国際立法へと移り変わる、過渡期の現象として捉えることができる。」[51]

　最近のいくつかの判例を見ながら改めて確認できるのは、変容に関する田中の指摘は巨視的には正しかったこと、また、その変容過程は今なお進行中であるということである。もっとも、現在では、田中の指摘にはなかったという意味で、新しい変容の現象が生じているように思う。それは、慣習法の構成要素とされる慣行と法的信念の区分が相対的に困難となり、両者の複合化とでも呼びうる現象が生じているのではないかということである。先に述べたように、元来、慣習法の二要素の区分やあるいは区分の基準などは、それ自体明確にされていたわけではなかった。しかし、ニカラグア事件やタジッチ事件の判決を見ると、二要素の区分の難しさあるいは二要素の複合化現象の進行といった印象をもたざるをえないところがある。先ほど触れた、国家や国際機構の声明の位置づけを田中耕太郎の意見に即してみると、それらの声明はくりかえしの必要な慣行の一部ととらえられており、田中意見とニカラグア事件判決とでは異なった位置づけが与えられていることがわかる。この点を学説

---

50) *South West Africa Cases* (Ethiopia v. South Africa; Liberia v. South Africa) Second Phase, Judgement of 18 July 1966, *ICJ Reports 1966*, pp. 291-292.

51) *Ibid.*, p. 294.

で見るならば、有力説は、国家や国際機構の声明は法的信念の側に位置づける見方であるように思われる[52]。そもそも何を法的信念の現れと見るか、あるいは、何をもって慣行の一部を構成すると見るのかは、元々はっきりしてはいなかったのである。

いま一つ、この点に関連していうならば、ニカラグア事件判決が示した、国家の慣行の捉えかた、特に作為ではなく武力行使禁止規則のような不作為の義務に関する慣行の捉えかたについての指摘が示唆的である。判決は次のように述べていた。ある規則が慣習法として確立するためには、それに対応する慣行が規則と絶対的に一致しなければならないわけではない。「慣習規則の存在を演繹するためには、国家の行動がその規則と一般的に一致しており、それらが一致しない場合には、そのことが新しい規則の承認の徴候としてではなく、当該規則の違反であると一般に扱われることで十分である」[53]。要するに、武力行使禁止規則に一致しない行動がとられている場合に、そのことが武力行使許容規則を承認する徴候とみなされるのではなく、禁止規則の違反として扱われているならば、不作為の規則に関する慣行の確立という要件は満たされるとの指摘である。この指摘は、慣行の意味を新たな表現で明らかにした部分と考えられる。ところが、こうした指摘の中にも、実は二要素の区分の相対的な難しさが暗示されている。というのは、不作為義務に違反する行為が「禁止規則の違反として扱われる」場合、その扱われかたは、国家の見解や意思の表明を通じて示されるのが普通であって、それゆえ、国家の見解や意思の表明と国家慣行とを区別する難しさが、ここでも示されているといえるからである。

(ⅱ) 変容の背景

それでは、変容の背景にはどのような要因があるのか。ここでは、社会的、外在的な要因と、慣習法理論に内在する要因とに分けて、整理し

---

52) M. Akehurst, *supra* note 44, pp. 4-8 and 36-37.
53) *Supra* note 31, p. 98, para. 186.

てみたい。まず、社会的、外在的な要因についていえば、現代国際社会においては、国家意思の発現形態の多様化・豊富化現象が日常的に見られるようになっており、しかも、そうした国家意思をきわめて容易に観察・確認できるようになってきていることが重要だと思われる。ここでいう国家意思とは、国際法に関する国家の態度・見解・声明、また、国際機構の決議や宣言に示される国家の見解、さらに、条約の交渉や締結を通じて示される国家の態度・見解などを総称するために用いる概念であって、慣習法の認定の際に裁判所が重視するようになっているものである。判例によっては、国内法の制定や国内判例の動向なども、関連する国際法規則に対する国家の見解を示すものとして重視するものがある。このような意味での国家意思を表明する手段・方法・機会・形態なども多様化し、豊富化している。

　国家意思の大方の合致が発見できる場合には、裁判所はそれを慣習法の証拠として重視する傾向にある。その場合、慣行と法的信念を区分して指摘することがないわけではないが、最近においては、そうした指摘を行わないか、あるいは、国家意思の全体を慣習法の証拠として重視する傾向が強まっているように思われる[54]。一方、争点となる国際法規則についての国家意思が、必ずしも容易に確認しえない場合であっても、関連する重要な多数国間条約もしくはそれに準じる重要な国際文書が定着していると見られるような場合には、そうした条約や国際文書に依拠する傾向が、以前と比べますます強まっているようにも見える。先ほど触れたグリーンランド・ヤンマイエン事件判決や、ガブチコボ・ナジマロシュ事件判決などは、その一例と見ることができる。他方、国家の意思や見解に基本的な一致が見られないような場合には、慣習法の成立は

---

[54] 裁判所がさまざまな形態をとって発現する「国家意思」を重視する傾向にあるといっても、そのことは、裁判所が慣習法の成立についていわゆる単一要素理論に立脚する方向にあるという趣旨の指摘を行おうとするものではない。裁判所が共通に依拠しているのは依然として二要件論であるといってよいと思われるが、裁判所の判断に見られる実態的な傾向として、二要件論に忠実に従った認定方法から離れる状況にあることに留意する必要があるのではないかという趣旨である。

認められないのが普通である。核兵器使用の合法違法性に関する事件の勧告的意見（1996年）では、核兵器使用の違法性に関する法的信念が確立していないことが指摘されたが、その理由とされたのは、核兵器使用違法説をとる諸国と使用合法説をとる諸国の間で、見解が一致していない事実であった[55]。ICJは、こうした状況の下では、法的信念の存在を見出すことはできないと指摘している。こうして、国家意思の状況がどのような状況にあるのかが、慣習法の成否の判断にあたり重要な考慮要因とされているが、これは、国家意思の状況を観察・判断するための方法・手段が、以前とは比べものにならないほど高度に発達し、かかる観察・判断が容易になしうるようになった結果にほかならない。情報通信手段の発達や会議外交の定着などが、そうした結果を生み出す要因になっていることも、すでに多くの指摘にあるとおりである[56]。

　つぎに、もう一つの変容の背景として、慣習法理論に内在する要因に着目する必要があると考えられる。すなわち、慣習法の理論自体、裁判所に対し、慣習法の認定を行うにあたり、広範な裁量の権限を認める理論にほかならない[57]。裁判所が慣習法の認定にあたって、二要件論の検証をどの程度まで厳格に行わねばならないのかについて、何らかの基準が設けられているわけではない。これは慣習法理論の難点と見れなくもない。もっとも、裁判所は、慣習法の二要件論に従う姿勢を示しておきさえすれば、判決の結論部分に対する評価が別れることはあるとしても、慣習法の認定を行うこと自体に対しては、何ら異議を差し挟まれずに現在に至っている。慣習法の認定方法が多様であることの原因の一つは、こうした慣習法の理論自体の中にあるということができるであろう。裁判所の認定方法に首尾一貫性が見られない原因の一つも、この点にある。

---

55) *Legality of the Threat or Use of Nuclear Weapons*, Advisory opinion of 8 July 1996, *ICJ Reports 1996*, pp. 253-254, paras. 64-65.

56) See, *supra* note 50, and also, for example, H. Mendelson, *supra* note 4, pp. 350-354.

57) V. D. Degan, *Sources of International Law* (Martinus Nijhoff Publishers, 1997), p. 147.

4 慣習法の形成・認定過程における国家の位置

　慣習法の形成・認定過程の変容が続く中で、国家は果たしてどういった位置にあるのか。この問題の検討を試みて、むすびにかえたい。

　まず、本章でいう国家意思の状況いかんによって、慣習法に関する裁判所の判断が大きく影響されるとすれば、個々の国家にとって重要なのは、自らの意思をいかにして国際社会における多数意思に高めるかであろう。自らの意思を多様な手段と多様な場で表明する国家は、そうした意思表明を通じて慣習法の形成に主体的に関与しうる[58]。多様な手段と多様な場での意思表明は、種々の形態をとることはもちろんである。たとえば、単独でのまたは諸国と共同しての態度・見解の表明および実践、国際機構における決議・声明の採択、多数国間条約の交渉参加・採択・批准、国内法の制定・条約の国内実施、さらには国内裁判所での判例の蓄積など、国家意思の表明の手段と場に限りはない。それらのいずれが慣行の一部を構成するものとして捉えられるか、それとも法的信念の表明として捉えられるかは、アプリオリに決定されるわけではなく、実際には、裁判所の判断に委ねられているかのようにも見える[59]。

　ところで、裁判所の慣習法の認定の仕方は多様である。二要件論に立脚するとされながらも、判決の中では二要件の立証がほとんど行われないか、あるいは二要件には触れずにある規則が慣習法化していると結論づけられる場合など、すでに見た判例からでもいくつかのパターンを確認しうる。このことに関してはいくつかの見方がありうるであろうが、裁判所が依拠する理論と裁判所の実際の認定の仕方との間には、整合性がないというべきところが少なくないように思う。そうした整合性の欠如は、とりわけ、裁判所が慣習法の成立を否認する場合にではなくその

---

[58] 本章の視角とは異なるが、現代の慣習法形成過程を国家の power（他国に働きかけその影響力を及ぼす意思と能力）を軸にして展開する過程ととらえる見方を示すものとして、Mickael Byers, *Custom, Power and the Power of Rules; International Relations and Customary International Law* (Cambridge University Press, 1999) 参照。

[59] V. D. Degan, *supra* note 57, pp. 147 and 157.

成立を認める場合にしばしば見られることのように思われる[60]。このことは、いうまでもなく、法源論としての慣習法理論に多くの重要課題を突きつけている。たとえば、裁判所が行う一般国際法の認定を、慣習法の概念の下で行い続けることが妥当かどうか、あるいは、慣習法の成立要件論は、一般国際法の成立を判断する場合の理論枠組たりうるかどうかなどの課題である[61]。

　法源論自体の検討を守備範囲とはしていない本章が、上の状況に関連して提起しておきたい分析課題は、慣習法の認定に関して裁判所が示す判断には、整合性の欠如あるいは場合によっては、矛盾とさえ映る判断の仕方が見られるにもかかわらず、国家はなぜそれを問題として取り上げ、検討しようとしないのかという点である。こうした問題の立て方には、いくつかの疑問が生じうるかも知れない。たとえば、ほとんどの国家にとって国際裁判はまれな経験でしかなく、裁判所による慣習法の認定方法が各国の利害に直接かかわることは、普通はありえないのではないかという疑問、あるいは、慣習法の認定方法といった理論的な問題に国家が関心を示さないのは、当然ではないかといった疑問などである。確かに、自らが関係しないケースにおける、裁判所のいわば論理の運び方とでもいえる問題を、国家が検討対象にする理由は見出し難いだけでなく、その機会もないのが現状だと見なければならないところはある。

　しかし、なおこだわってみたいと考えるのは、ICJ規程第38条にあるような裁判の基準を定め、それを修正する権能を有しているのは国家であり、また、国際法の法源を維持し、修正し、あるいは創設する権能をもつ第一次主体も、やはり国家だという点である[62]。もちろん、かかる

---

60) 小森光夫「条約の第三者効力と慣習法の理論（二）」『千葉大学法経研究』第10号（1981年）87-88頁。

61) 日本ではこの課題に関する研究として小森光夫の一連の論稿がある。前掲（注3）の2論文、前掲（注60）の論文（一）（二）（三完）『千葉大学法経研究』第9号、第10号、第12号（1980-82年）、および「一般国際法の法源の慣習法への限定とその理論的影響（一）、（二）」『千葉大学法学論集』第8巻3号、第9巻1号（1994年）など。ほかに、たとえば、G. Tunkin, "Is General International Law Customary Law Only?" *EJIL*, Vol. 4, No.4 (1993), pp. 534-541.

62) H. W. A. Thirlway, *International Customary Law and Codification* (A. W. Sijthoff, 1972), p. 37; Godefridus J. H.

権能が国家にあるとしても、その行使は容易ではないであろう。裁判基準や法源を議題にする外交会議の開催を提案するのも、至難の業であるに違いない。しかし、蓄積される国際法判例は、先例拘束性を有しないものであっても、その影響力は広くて大きい。とりわけ、一般国際法としての慣習法が争点となり、慣習法に関する何らかの判断が示された場合には、その判例はのちに、国際法研究のレベルではもとより、国際裁判での争点に何らかの関連性をもつ限り、また、国の外交政策を含む何らかの法政策に関連性をもつ限り、必要に応じ注意深く参照されるのが常である[63]。

国家は、自らが関与しない事件で裁判所が示す判断には、通常は関心をもつ理由がないけれども、慣習法の存否に関して示された裁判所の判断には、のちの機会に関心を示さざるをえなくなる場合が生じうる。そうである限り、国家は、裁判所の判断の仕方に不合理や疑義がないかどうか検討する動機を有していないのではなく、仮に何らかの不合理や疑義があると判断するならば、裁判所による慣習法の認定の仕方や裁判の基準それ自体に関心を向けることは、十分ありうることだといわなければならない。裁判基準を定める ICJ 規程第 38 条は、第 1 次世界大戦後の PCIJ の設立に合わせて制定されたものであって、それ自体が永久不変の規定ではない[64]。右にいう不合理や疑義が ICJ 規程第 38 条に向けられる事態も、可能性としてはありうることだというべきであろう[65]。こうした観点からすれば、裁判所が依拠し続けている慣習法の理論に対して、国家がどのような見方をしているのかを問うことは、あながち的はずれ

---

van Hoof, *Rethinking the Sources of International Law* (Kluwer, 1983), pp. 195-199.

63) R. St. J. Macdonald "The Role of the Legal Adviser of Ministries of Foreign Affairs," *Recueil des Courts*, Tome.156 (1977), p. 377 *et seq*; Ian Sinclair, "The Practice of International Law: The Foreign and Commonwealth Office," Bin Cheng ed., *International Law: Teaching and Practice* (Stevens & Sons, 1982), p. 123 *et seq*.

64) 第 38 条 1 項 b「法として認められた一般慣行の証拠としての国際慣習」の成立経緯および同条項をめぐる議論については次を参照。V. D. Degan, *supra* note 56, pp. 143-147. 小森「前掲論文(「国際法の学説における慣習法概念の位置づけの変遷」)(注 3) 75-80 頁。

65) Robert Jennings, "The Identification of International Law," Bin Cheng ed., *supra* note 63, pp. 8-9.

ともいえないように思われる。

　そこで、こうした問題設定が許されるとして、着目してみる必要があると思うのは、現在の国際社会において、裁判所が二要件論に依拠しながら、慣習法の形成を評価しその成否の認定を行っていることに対して、果たしてどれほどの諸国が批判的な見解をもっているかという点である。もちろん、この点については、事件ごとにあるいは判決ごとに、諸国の対応は流動的となる場合もあるから、過度に単純化した評価はもとより困難である。しかし、現状を見る限り、ICJ をはじめ多くの裁判所が二要件論に依拠しながら慣習法の成否を認定していることに対して、批判的な国は必ずしも多くはないように思われるのである。裁判所の依拠する二要件論と実際の認定の仕方との間に整合性がない場合があるとしても、そのことが直ちに国家による批判の対象となることは、現時点では十分には見られない。こうした事態は、裁判所が国家意思の状況を考慮しながら慣習法を認定している現状を、諸国は必ずしも不合理であるとは見ていないことを示唆していないであろうか。

　このような捉えかたは次のことを意味しない。すなわち、諸国の対応から見て、二要件論を軸とする慣習法の理論には矛盾がなく、その理論を維持することに合理性があるということをいわんとするものではない。そうではなく、伝統的な慣習法理論は、その歴史性にも制約されて、すでに現実の国際法現象と種々の点で乖離しており、同理論からの脱却を含めその修正・変更は早晩不可避であると考えるものである[66]。しかし、ある時点で歴史的な性格を身につけて誕生・確立した法の理論（概念）であっても、その後の国際社会の発展・変動の中で、その機能と性格を変化させつつ生き延びる局面のあること、あるいは場合によっては、普遍性さえ獲得する局面のあることを、われわれは経験的にも見てきた。たとえば、「人権」などはその典型例の一つであろう[67]。慣習法の理論につ

---

[66] Godefridus J. H. van Hoof, *supra* note 62, pp. 113-116.
[67] 東京大学社会科学研究所編『基本的人権 1 総論』（東京大学出版会、1968 年）参照。Imre Szabo, "Historical Foundations of Human Rights and Subsequent Developments," in Karel Vasak (General Editor), *The International Dimensions of Human Rights* (UNESCO, 1982), p. 11 *et seq*.

いても、それは 19 世紀以降の法実証主義と結びついて誕生したものであって、当時のヨーロッパ諸国の実行や見解を普遍化するための役割を担った歴史的な産物であった。

　しかし、現在、判例に見られるように、二要件論に忠実に従った慣習法の認定は困難になってきているにもかかわらず、実際には国家意思の状況把握を通じて、一般国際法たる慣習法の認定が行われている。このことに、多くの諸国は必ずしも不合理性や疑義を抱いていないところがあるように見える。この状況は、裁判所が依拠する慣習法の理論が、多数派の国家意思に照応した慣習法の認定を可能にする理論として機能しており、多くの諸国にとって不都合な理論とは映っていないことを示唆している。慣習法の理論は、理論面での矛盾にもかかわらず、今日の国際社会における多数派の国家意思を一般国際法化させる道具として機能しているとすれば、この事態は、慣習法の理論が新しい歴史的性格とイデオロギー性をまといつつある段階を示すものといえるのかもしれない[68]。

　慣習法の形成と認定に大きな影響を及ぼす国家意思を、国際社会において発現し、表明するのは国家である。慣習法を裁判の基準とし、法源としての慣習法を認め続けるかどうかを決定するのも国家である。判例の流れと現状がどうであれ、理論的に矛盾を抱えたままの二要件論が、そのままのかたちで存続していくとは考えにくい。その意味では、裁判基準および法源としての慣習法について、国家による変革の契機はないのかどうか、いま少し検討が重ねられてよいように思う。と同時に、国家意思がどのようにして形成されているか、その形成が実際には誰によって担われているかに関心が向けられる必要もある[69]。各国の市民の立場を真に代表する民主的な国家意思の形成[70]が促進されるかどうかが、慣

---

[68] 藤田「前掲論文」(注 5) 294-295 頁参照。

[69] この点では、田畑茂二郎が今からおよそ 30 年前に提起したいわゆる「主権の担い手論」(『公法研究』第 33 号 (1971 年) 13 頁) を忘れ去るにはまだ早すぎる。

[70] 松井芳郎「国際法解釈論批判」『マルクス主義法学講座 7 現代法学批判』(日本評論社、1977 年) 234-235 頁。

習法の理論を含む国際法の今後の動向を展望する上で重要だと考えられるからである。

第13章

現代国際法における法定立過程の「革新」
──深海底制度実施協定採択の方法と手続に関する理論的考察──

1 問題の所在
2 実施協定採択の方法と手続の特徴
3 実施協定採択の方法と手続の評価──ソーンとチャーニーの見解──
4 理論的考察

1 問題の所在

　国連海洋法条約の締約国数は 1996 年 6 月に 100 カ国を超えた。翌 7 月 28 日には、国連海洋法条約第 11 部実施協定（以下、「実施協定」という）も効力を発生した。1997 年 1 月 16 日現在、国連海洋法条約の締約国は 112 カ国〔現 167 カ国〕、実施協定の締約国は 73 カ国〔現 147 カ国〕となっている。いずれについても締約国は徐々に増加しており、その普遍性は次第に高まっていくものと見られている (428 頁以下の【参考一覧表】参照)。

　国連海洋法条約の寄託者である国連事務総長は、同条約第 319 条 2 項 (e) に基づく最初の締約国会議を条約の効力発生 (1994 年 11 月 16 日) の直後に招集し、条約の実施のために必要な課題を遂行するよう締約国に要請した。締約国会議は、まず最初に、国際海洋法裁判所の裁判官の選出と大陸棚の限界に関する委員会の設置についての審議を軸に、作業を開始し

た。前者に関しては、1996年8月に選挙が行われ、世界の各地域から21名の裁判官が選出されている。また、後者の設置に関しては、1997年3月に委員の選挙が行われる予定になっている。このほかには、国際海洋法裁判所の特権・免除に関する協定案づくりの作業などが、当面の大きな課題の一つとされている[1]。

深海底制度について見ると、国連海洋法条約の効力が発生した日に、国際海底機構 (International Seabed Authority：以下、「機構」という) の第1回総会が開催された。1967年のマルタ提案より27年を経過して、ようやく実施に移されることになったわけであるが、機構の総会はそれ以後年に2回のペースで開催され、必要な審議を進めている。たとえば、1996年3月には、機構の理事会の36の構成国の選出を行うとともに、機構の初代事務局長としてフィジーのナンダン (Satya N. Nandan) を選出した。また、同年夏の会期においては、法律・技術委員会の委員22名を選出するとともに、財政委員会の委員15名の選出も行った[2]。

ナンダンは、1996年7月に開催された第5回締約国会議の議長をつとめた際に、国連海洋法条約の締約国が100カ国を超えたことや、実施協定の効力が発生することが確定していることなどに触れつつ、実施協定の意義に関しては、それが国連海洋法条約への諸国の普遍的参加に道を開いた点にあると指摘し、さらに続けて次のように述べていた。すなわち、海洋において国家間の紛争がとだえたわけではないが、いまや問題は、海洋での国家の行動に適用される法はいったい何かという点にあるのではなく、すでに確立した法の適用と解釈をめぐる見解の違いに収斂しつつあることに着目する必要がある[3]。こうしたナンダンの表現に象徴されるように、現代の海洋法はその形成の時期を一応終えて、文字どおり実施の時期に入っているという指摘は、かなり一般的になってきているように思われる。

---

1) UN Doc., *Law of the Sea, Report of the Secretary-General*, A/51/645, 1 November 1996, para. 83.
2) *Ibid.*, paras. 56-64.
3) United Nations Convention on the Law of the Sea, *Report of the fifth Meeting of State Parties*, SPLOS/14, 20 September 1996, paras. 5-9 and 53.

ところで、それにもかかわらずというべきであるが、本章で考察の対象にしようとするのは、その実施にあたっての問題というよりは、むしろその実施の前提となる法の形成に関係する問題、やや具体的にいえば、実施協定の採択の方法と手続に関する問題である。もとより、すでに効力を発生している実施協定の採択方法や採択手続が、無効であるといったことを指摘しようとするものではない。そうではないが、実施協定はやはり、国連海洋法条約が効力を発生する直前に、同条約第11部を実質的に修正する目的をもって採択された異例の文書であって、その採択の方法や手続は前例を見ないユニークなケースであったといわなければならない。筆者は以前、実施協定の採択について論じたさいに、理論上、とりわけ条約法の観点からみた場合、実施協定の採択の方法や手続には論議の余地のある問題が伏在しており、今後は、現実に問題が顕在化するかどうかにかかわらず、実施協定の採択によって提起された問題を分析する必要性を意識しておくべきであるという趣旨の指摘をしたことがある[4]。そこで述べたのは、国連海洋法条約と実施協定は一応別個の文書であるから、実施協定が採択される以前に国連海洋法条約の締約国になっていた国は、実施協定の締約国になる義務を当然に負っているわけではなく、したがって、そうした国が実施協定の採択に異議を唱えたり、あるいは実施協定の締約国になることを拒否した場合、深海底制度をめぐる法律関係はいったいどのようになるのかという問題だった。

もっとも、すでに多くの共通した指摘があるように、実施協定の採択に異議を唱える国はないので、そうした問題が現実に生起する可能性は、まずないといってよい。しかし、分析する必要のある課題は、実施協定の採択はそうした問題が発生してもやむをえないようなかたちで行われたということにならないのかどうか。仮になるとすれば、そうした採択の方法や手続の国際法上の位置づけはどのようになるのかという点にあると思われる。【参考一覧表】は、1997年1月16日現在の国連海洋法条約

---

4) 田中則夫「国連海洋法条約第11部実施協定の採択」『世界法年報』第15号(1996年)19頁〔本書第6章209頁〕。

の締結状況を示したものである。右欄に批准・加入・承継した日付のある国が締約国であって、その数は112カ国となる。このうち、国名の下にアンダーラインが引いてある国は、国連海洋法条約の締約国ではあるが、まだ実施協定の締約国になっていない国を示す。その数は39カ国となる。そして、中欄に［未署名］と記載のあるものは、実施協定にまだ署名していない国(27カ国)を、［賛成］と記載のあるものは、実施協定の採択に賛成投票を行った国(22カ国)を、［諾］の記載のあるものは、実施協定の暫定的適用に同意した国(20カ国)を、［否］の記載のあるものは、その適用を行っていない国(2カ国)を示している。国連海洋法条約だけの締約国39カ国のうち、実施協定の表決に参加する機会がなく署名もしていない国は、【参考一覧表】からは17カ国となる。

　さて、国連海洋法条約の締約国ではあるが、実施協定の締約国にはならない国が出た場合、両方の締約国になっている諸国は、実施協定によって修正された深海底制度の下で行動し、他方、国連海洋法条約だけの締約国に止まる国については、修正される前の深海底制度が適用され、深海底には内容の異なる二重の制度が併存することになるのであろうか。国連海洋法条約は、海洋の問題は相互に密接に関連しているので、いずれの問題も個別的に単独で制度化することはできないという理由により、いわゆるパッケージディール方式で採択された。にもかかわらず、そうした二重の制度の併存を容認しうるのであろうか。国連海洋法条約の締約国が実施協定の締約国になることを拒否したとしても、そのことが直ちに、条約の締結に関する国際法の基本原則に反することになるとはいえないように思われる。そうだとすれば、実施協定の締約国になることを拒否する国が現れたとしても、その事実だけを理由としては、その国の態度を論難することはできないものと考えられる。果たせるかな、実施協定採択の方法と手続をどのように見ればよいのかという問題に目を向けた議論はきわめて少ないが、そうした中でも、米国の2人の国際法学者——ソーン (Louis B. Sohn) とチャーニー (Jonathan I. Charney) ——が法源論にも密接に関係した興味ある議論を、しかしにわかに賛同し難い議論

を提起している。そこで、以下においては、彼らの議論を紹介しながら、上述の問題について若干の考察を加えてみたいと思う。

参考一覧表：国連海洋法条約・実施協定の締結状況

(1997年1月16日現在：国連海洋法部より入手した資料により作成)

【注】
① 国連海洋法条約については、右の「批准、加入、承継」欄に日付のある国が締約国（合計112カ国）。
② 国名の下にアンダーラインが引いてある国は、国連海洋法条約の締約国であるが、まだ実施協定の締約国にはなっていない国（合計39カ国）。
③ 国連海洋法条約の締約国であって、国名の下にアンダーラインのない国は、実施協定の締約国でもある（合計73カ国）。
④ 中欄に［未署名］と記載のあるものは、実施協定に署名していない国（28カ国）。
⑤ 中欄に［賛成］と記載のあるものは、実施協定の未締結国であるが、実施協定の採択には賛成投票を行った国（22カ国）
⑥ 中欄に［諾］と記載のあるものは、実施協定の未締結国であるが、実施協定の暫定的適用には同意した国（20カ国）。
⑦ 中欄に［否］の記載のあるものは、実施協定の未締結国であり、実施協定の暫定的適用を行っていない国（2カ国）。

国または主体 （＊：国連海洋法条約署名国）		国連海洋法条約の批准、加入、承継の日付
Afghanistan *		
Albania		
Algeria *		11 June 1996
Andorra		
Angola *	［未署名］	5 December 1990
Antigua and Barbuda	［未署名］	2 February 1989
Argentina *		1 December 1995
Armenia		
Australia *		5 October 1994
Austria *		14 July 1995
Azerbaljan		
Bahamas *		29 July 1983
Bahrain *	［未署名］［賛成］［諾］	30 May 1985
Bangladesh *		
Barbados *		12 October 1993
Belarus *		
Belgium *		
Belize *		13 August 1983

第 13 章　現代国際法における法定立過程の「革新」　429

国または主体 （＊：国連海洋法条約署名国）				国連海洋法条約の批准、加入、承継の日付
Benin *				
Bhutan *				
Bolivia *				28 April 1995
Bosnia and Herzegovina	［未署名］			12 January 1994(s)
Botswana	［未署名］	［賛成］	［諾］	2 May 1990
Brazil	［賛成］	［否］		22 December 1988
Brunei Darussalam*				5 November 1996
Bulgaria *				15 May 1996
Burkina Faso *				
Burundi *				
Cambodia *				
Cameroon *	［賛成］	［諾］		19 November 1985
Canada *				
Cape Verde *	［賛成］	［諾］		10 August 1987
Central African Republic *				
Chad *				
Chile *				
China *				7 June 1996
Colombia *				
Comoros *	［未署名］			21 June 1994
Congo *				
Cook Islands * 1/				15 February 1995
Costa Rica *	［未署名］			21 September 1992
Cote d'Ivoire *				26 March 1984
Croatia				5 April 1995 (s)
Cuba *	［未署名］	［賛成］	［諾］	15 August 1984
Cyprus *				12 December 1988
Czech Republic *				21 June 1996
Democratic People's Republic of Korea *				
Denmark *				
Djibouti	［未署名］			8 October 1991
Dominica *	［未署名］			24 October 1991
Dominican Republic *				
Ecuador				
Egypt *	［賛成］	［諾］		26 August 1983
El Salvador *				
Equatorial Guinea *				
Eritrea				
Estonia				
Ethiopia *				
European Community * 2/				
Fiji *				10 December 1982
Finland *				21 June 1996
France *				11 April 1996

国または主体 （＊：国連海洋法条約署名国）		国連海洋法条約の批准、加入、承継の日付
Gabon *		
Gambia *	[未署名]	22 May 1984
Georgia		21 March 1996 (a)
Germany		14 October 1994 (a)
Ghana *		7 June 1983
Greece *		21 July 1995
Grenada *		25 April 1991
Guatemala *		
Guinea *		6 September 1985
Guinea-Bissau *	[未署名]	25 August 1986
Guyana *	[未署名] [賛成] [諾]	16 November 1993
Haiti *		31 July 1996
Holy See 1/		
Honduras *	[未署名] [賛成] [諾]	5 October 1993
Hungary *		
Iceland *		21 June 1985
India *		29 June 1995
Indonesia *	[賛成] [諾]	3 February 1986
Iran (Islamic Republic of) *		
Iraq *	[未署名] [賛成] [諾]	30 July 1985
Ireland *		21 June 1996
Israel		
Italy *		13 January 1995
Jamaica *		21 March 1983
Japan *		20 June 1996
Jordan		27 November 1995 (a)
Kazakhstan		
Kenya *		2 March 1989
Kiribati 1/		
Kuwait *	[未署名] [賛成] [諾]	2 May 1986
Kyrgyzstan		
Lao People's Democratic Republic *		
Latvia		
Lebanon *		5 January 1995
Lesotho *		
Liberia *		
Libyan Arab Jamahiriya *		
Liechtenstein *		
Lithuania		
Luxembourg *		
Madagascar *		
Malawi *		
Malaysia *		14 October 1996
Maldives *		

第13章　現代国際法における法定立過程の「革新」　431

国または主体 （＊：国連海洋法条約署名国）		国連海洋法条約の批准、加入、承継の日付
Mali *	［未署名］	16 July 1985
Malta *		20 May 1993
Marshall Islands	［未署名］［賛成］［諾］	9 August 1991 (a)
Mauritania *		17 July 1996
Mauritius *		4 November 1994
Mexico *	［未署名］［賛成］［否］	18 March 1983
Micronesia (Fed. States of)		29 April 1991 (a)
Monaco *		20 March 1996
Mongolia *		9 August 1996
Morocco *		
Mozambique *		
Myanmar *		21 May 1996
Namibia *		18 April 1983
Nauru * 1/		23 January 1996
Nepal *		
Netherlands *		28 June 1996
New Zealand *		19 July 1996
Nicaragua *		
Niger *		
Nigeria *		14 August 1986
Niue * 1/		
Norway *		24 June 1996
Oman *	［未署名］［賛成］［諾］	17 August 1989
Pakistan *		
Palau		30 September 1996 (a)
Panama *		1 July 1996
Papua New Guinea *		14 January 1997
Paraguay *		26 September 1986
Peru		
Philippine *	［賛成］［諾］	8 May 1984
Poland *		
Portugal *		
Qatar *		
Republic of Korea *		29 January 1996
Republic of Moldova		
Romania *		17 December 1996
Russian Federation *		
Rwanda *		
Saint Kitts and Nevis *	［未署名］	7 January 1993
Saint Lucia *	［未署名］	27 March 1985
Saint Vincent and the Grenadines *	［未署名］	1 October 1993
Samoa *		14 August 1995
San Marino		
Sao Tome and Principe *	［未署名］	3 November 1987

432　II　法源論

国または主体 （＊：国連海洋法条約署名国）		国連海洋法条約の批准、加入、承継の日付
Saudi Arabia *		24 April 1996
Senegal *		25 October 1984
Seychelles *		16 September 1991
Sierra Leone *		12 December 1994
Singapore *		17 November 1994
Slovakia *		8 May 1996
Slovenia		16 June 1995 (s)
Solomon Islands *		
Somalia *	［未署名］	24 July 1989
South Africa *		
Spain *		15 January 1996
Sri Lanka *		19 July 1994
Sudan *	［賛成］［諾］	23 January 1985
Suriname *		
Swaziland *		
Sweden *		25 June 1996
Switzerland * 1/		
Syrian Arab Republic		
Tajikistan		
Thailand *		
The former Yugoslav Republic of Macedonia		19 August 1994 (s)
Togo *		16 April 1985
Tonga 1/		2 August 1995 (a)
Trinidad and Tobago *		25 April 1986
Tunisia *	［賛成］［諾］	24 April 1985
Turkey		
Turkmenistan		
Tuvalu * 1/		
Uganda *		9 November 1990
Ukraine *		
United Arab Emirates *		
United Kingdom		
United Republic of Tanzania *	［賛成］［諾］	30 September 1985
United States of America		
Uruguay *	［賛成］［諾］	10 December 1992
Uzbekistan		
Vanuatu *		
Venezuela		
Viet Nam *	［未署名］［賛成］［諾］	25 July 1994
Yemen *	［未署名］	21 July 1987
Yugoslavia *		5 May 1986
Zaire *	［未署名］	17 February 1989
Zambia *		7 March 1983
Zimbabwe *		24 February 1993

注 1/ 国連非加盟国〔編注：これらのうち Holy See と Niue 以外の国はその後国連に加盟した。〕
　2/ 国連海洋法条約附属書Ⅸに定める国際機関〔現 European Union〕

2　実施協定採択の方法と手続の特徴

　実施協定採択の方法と手続に関する特徴をみる前に、実施協定の主要規定を確認しておく必要がある。以下での分析に特に関係するのは、次の諸規定である。
　実施協定の締約国は、実施協定にしたがって国連海洋法条約第11部の規定を実施することを約束する（第1条1項）。実施協定と第11部の規定は、単一の文書として一括して解釈・適用され、両者に抵触がある場合には、実施協定が優先する（第2条1項）。実施協定の採択後は、国連海洋法条約の批准書、正式確認書または加入書は、実施協定に拘束されることについての同意の表明とみなされ、いかなる国または主体も、条約に拘束されることについての同意をすでに確定しているか、または同時に確定しない限り、実施協定の締約国になることはできない（第4条1、2項）。実施協定は、効力が発生するまでの間、原則として、協定の採択に同意した国、協定に署名した国、書面による通告により暫定的適用に同意した国、または協定に加入する国により、その国内法令または内部の法令に従って、暫定的に適用される。暫定的適用は、協定の効力発生の日に終了するが、ただし、いかなる場合でも、1998年11月16日を超えて行われることはない（第7条1、2、3項）。ちなみに、実施協定には詳細な規定をもった附属書があり、この附属書こそ国連海洋法条約第11部を実質的に修正した部分にほかならない。附属書の基本的な特徴は、機構が強力な権限と広範な任務を有することになっていた仕組みを改め、生産制限や強制的な技術移転義務に関する条約規定を適用しないとするとともに、機構との契約者に課される財政上の負担を軽減することなどを通じて、先進

国による条約参加の条件を整備した点にあるといってよい[5]。

ふりかえってみると、実施協定の採択に向けての交渉は、1990年7月、当時のデクエヤル (Javier Pérez de Cuéllar) 国連事務総長の呼びかけに応じて始まった。国連海洋法条約の効力発生の要件が整ったのは93年11月であったから、その時点で、1年後の94年11月から条約の効力が発生することが確定した。実施協定は、条約の効力が発生する直前の94年7月に、国連総会において採択された。実施協定に関する交渉は終始非公式協議で進められ、交渉には米国や日本などの先進国をはじめ、国連海洋法条約の締約国以外の国も参加した。94年春の時点では、交渉参加国は90数カ国にのぼったといわれる[6]。こうして採択された実施協定については、その採択の方法・手続の特徴が次の諸点にあることに異論はないであろう。すなわち、第1に、国連海洋法条約の修正を目的とした交渉が、条約がまだ効力を発生していない段階で開始されたこと、第2に、そのことの裏返しとして当然ではあるが、国連海洋法条約を実質的に修正するための合意は、同条約に定める改正手続によらずに達成されたこと、第3に、国連海洋法条約の修正を目的とした交渉に同条約の締約国以外の国も参加したこと、第4に、国連海洋法条約第11部を実質的に修正する効果をもった実施協定は、同条約の効力発生の直前に採択され、両者は単一の文書として一括して解釈・適用されるものとされ、同条約が効力を発生する日から実施協定も暫定的に適用されたことなどである。

通常、国際条約の内容を変更する修正ないし改正のための手続は、当該の条約自体に定められているのが普通であって、修正ないし改正のための交渉は当該の条約締約国によって行われるものである。実施協定による国連海洋法条約の修正のための手続は、この点で異例であったが、しかし、実施協定の採択に類似しているケースとして、しばしば、1973年と78年に採択されたいわゆるMARPOL条約（MARPOL73年条約／78年

---

[5] Bernard H. Oxman, "The 1994 Agreement and the Convention," *AJIL*, Vol.88, No. 4 (1994), pp. 687-714.
[6] 交渉の経過については、高林秀雄『国連海洋法条約の成果と課題』（東信堂、1996年）64-72頁、林司宣「国連海洋法条約第一一部に関する事務総長協議と実施協定」『国際法外交雑誌』第93巻5号 (1994年) 57-63頁参照。

議定書）が挙げられることがある。すなわち、まず73年に「船舶による汚染の防止のための国際条約」が採択されたが、同条約はその附属書Ⅱで定めた種々の規制措置に対する反発が強く、そのため、効力発生に必要な15カ国の同意が得られなかった。そこで、78年になって、73年条約の附属書Ⅱの部分を主として改正した議定書が採択され、その議定書と73年条約を一体のものとして扱うことになったのである[7]。78年議定書の第1条1項は次のように規定する。「この議定書の締約国は、次の文書を実施することを約束する。(a) この議定書及びこの議定書の不可分の一部を成す附属書。(b) 1973年の船舶による汚染の防止のための国際条約……。た・だ・し・、・こ・の・議・定・書・に・お・け・る・条・約・の・修・正・及・び・追・加・の・条・件・に・従・う・こ・と・を・条・件・と・す・る・」（傍点筆者）。また、同条2は次のように規定する。「条約及びこの議定書は、単一の文書として一括して読まれ、かつ、解釈されるものとする」。この条文は、同条1項の但し書き（傍点）の部分を除けば、実施協定の規定（第1条・第2条）とほぼ同じ規定ぶりになっている[8]。その点はともかく、前に採択された未発効の条約を、あとで別の条約を採択して修正し、発効させたという点では、MARPOL条約には実施協定と類似の特徴があるということができる。

---

[7] MARPOL73/78条約については、G. J. Timagenis, *International Control of Marine Pollution*, 2 Vols. (Oceana, 1980); S. Mankabady, (ed.), *The International Maritime Organisation*, (Groom Helm, 1984), pp. 340-348 参照。

[8] 実施協定では、MARPOL78年議定書とは違って、国連海洋法条約の修正とか改正といった言葉は一切使われていない。実施協定の原案となった1993年のいわゆる「ボートペーパー」では、実施協定の締約国は、この協定とこの協定に定める修正および追加に従うことを条件として、条約の第11部を実施することを約束すると規定されていたが、最終的に採択された実施協定では、そうした表現は採用されなかった。この問題に関連しては、実施協定を採択した1994年7月の国連総会において、ブラジル代表が次のように指摘していた。すなわち、実施協定の採択は国連海洋法条約の正式な改正を意味するものではない。「実施」という言葉は偶然選ばれたものではなく、その表現は、条約のテキストを改正することが多くの国とりわけ条約を批准した国にとって、法律上および理論上むずかしい問題を惹起するということが自覚されていることのあらわれである。このブラジル代表の指摘に呼応して、イギリス代表も、実施協定の効果は、それが暫定的に適用され後に効力を発生した場合には、条約第11部の効果を修正することであって、そのことは、第11部をテキストの上で（textually）修正することではないと指摘していた。UN Doc., A/48/PV.100, 27 July 1994, p. 11 and p. 13. 田中「前掲論文」（注4) 10-11 頁〔本書第6章 199-201 頁〕。

しかしながら、実施協定とMARPOL条約とでは、次の点で重要な違いがあるといわなければならない。つまり、MARPOL条約の場合、73年の条約は結局それ自体としては効力を発生しなかった。そのため、73年条約と78年議定書という二つの制度が併存するといった事態を回避する必要は生じなかった。これに対して、実施協定の場合は、理論的には、国連海洋法条約のみを適用しようとする国と、実施協定によって実質的に修正された条約を適用しようとする国が、それぞれありうるわけで、したがって、そうした二つの制度の併存を回避するための仕組み＝実施協定の暫定的適用の制度を用意しなければならなかった。この点は、MARPOL条約にはなかった、実施協定の大きな特徴である[9]。

ところで、実施協定の採択に向けての交渉の終盤において、実施協定をどういった形式で採択するのか、とりわけ国連海洋法条約とどのような関係に立つ文書を採択すればよいのかについて、議論があった模様である。最終的に示された考え方は四つあったといわれる。第1案は、国連海洋法条約の改正議定書を採択してはどうかというもの、第2案は、条約の解釈・適用に関する協定を採択してはどうかというもの、第3案は、深海底制度の最終的な内容は、資源の商業的開発が可能になった段階で国際会議を開催して決めることとし、それまでは暫定制度を運用するためだけの組織を設立する協定を締結してはどうかというもの、そして第4案は、国連海洋法条約とは別に協定を採択し、国際海底機構が、条約の効力発生にともないなお未解決となっている問題の解決に取り組むことを定めてはどうかというものだった[10]。採択された実施協定を見ると、第4案がベースになっているように見えるが、実施協定に関する交渉に実際に関与した林司宣国連法務局海洋問題・海洋法部次長（当時）によれば、いずれの案をも部分的に取り入れながら、最終的な形式が決定され

---

9) 高林『前掲書』（注6）102頁。林「前掲論文」（注6）84-85頁。田中「前掲論文」（注4）9-10頁〔本書第6章197-199頁〕。

10) UN Doc., *Law of the Sea, Consultations of the Secretary-General on Outstanding Issues relating to the Deep Seabed Mining Provisions of the United Nations Convention on the Law of the Sea, Report of the Secretary-General*, A/48/950, 9 June 1994, pp. 3-4; See also, *Law of the Sea Bulletin*, Special Issue IV, 16 November 1994, p. 20.

たとされる[11]。

　なお、暫定的適用の制度について見ても、実施協定のそれは、通常の条約の場合とは異なる特徴を有している。実施協定に定める暫定的適用の制度は、国連海洋法条約の効力発生と同時に、実施協定に基づき修正された条約第11部を適用していくことを確保するために導入されたもので、暫定的適用を行う国は機構の暫定的構成国となり、実施協定が自国について効力を発生する前から、機構の活動に参加できるものとされた。このような制度を整えることを通じて、諸国に対して、機構の発足の当初より、その暫定的構成国の一員として、理事会を含む機構の意思決定へ参加することを可能にした。また、このような制度は、実施協定の効力発生が条約のそれよりも遅れることは間違いないと予測された状況の下で、条約の効力発生の時点から、深海底には一つの国際制度を適用するため、つまり、実施協定に基づいて条約第11部の規定を実施するという課題を達成するために、不可欠な制度であったということができる[12]。

　一般に、ある条約が効力を発生する前の段階で、その条約または条約の一部を暫定的に適用することについては、従来より一定の慣行が存在している。1969年の条約法に関するウィーン条約が、そうした慣行の存在に考慮を払い、暫定的適用に関する基本的な原則を明確化したことも（第25条）、周知の通りである。実施協定の暫定的適用は、従来の条約慣行の範囲内に収まる事例であるとみる見方が有力であるようにも思われるが[13]、ただ、実施協定の暫定適用に関しては、独自の特徴があることも見逃すことはできない。すなわち、通常、条約が暫定的に適用されるという場合には、当該の条約に関して、当該の条約の効力が発生するまでの間についてであるというふうに考えられてきたと思われる。ところが、実施協定の場合、暫定的に適用されるのは実施協定だけではなく、国連海洋法条約第11部についても、まさに同条約の効力発生とともに、

---

11) 林「前掲論文」(注6) 76-78頁。
12) 高林『前掲書』(注6) 106-111頁。
13) Louis B. Sohn, "International Law Implications of the 1994 Agreement," *AJIL*, Vol. 88, No. 4 (1994), p. 703.

実施協定の採択に賛成した国などにより、暫定的適用が行われてきた。ここに、実施協定が定めた暫定的適用の制度の特異性がある[14]。いずれにせよ、実施協定の効力はすでに発生した。したがって、実施協定附属書第1節12に基づき、まだ締約国になっていない米国などの諸国が引き続き暫定的適用を行っているが、しかし遅くとも、1998年11月16日にはその適用は終了することになっている。

3　実施協定採択の方法・手続の評価──ソーンとチャーニーの見解──

　以上に見たような先例のない特色を有する実施協定採択の方法・手続は、どのように評価されているのであろうか。この点に関しては、先にあげた米国の2人の国際法学者が類似の指摘を行っているので、ここでは彼らの議論を取り上げてみたい。
　まず、ソーンは、国際法定立過程の現代的特徴にも触れつつ、次のようにいう。実施協定採択の手続は、通常の多数国間条約の採択方法とは異なる点があることは確かである。しかし、多数国間条約を起草するための規則は柔軟であって、新しい事情に適応するために新たな合意を行うことは、国家の自由な権限内に属する事柄である。この柔軟性は、国際連盟と国際連合の時代を通じて、国際制度と多国間外交の果たす役割が著しく増大したことによる。つまり、それらの時代を通じて、数多くの国際会議が開催され、文字通り数千に及ぶ多数国間条約が採択されてきたのであるが、このプロセスは、国際法の法源と証拠の見方について変革をもたらしたというべきである。もはや、各国の外交文書を渉猟して各国の国家実行を調査する必要は大概の場合なくなっているし、いまや、国際裁判の判決を待たなければ国際法の規則について検討することができないといった状況にもない。今日では、国際法の定立に関して、ダイナミックなメカニズムが存在している。すなわち、粘り強い交渉と

---

14) 田中「前掲論文」(注4) 13頁〔本書第6章202-203頁〕。

第13章　現代国際法における法定立過程の「革新」　439

冷静な協議ならびに定立すべき法に関して合意するための時間をかけた討議によって、直接に新しい法を定立することができるようになっている。最終的な法の定立に関する決定はコンセンサスに基づく場合が多い。このメカニズムでは、多数が少数に命令することはできず、逆に少数が多数の意思をいつまでも妨害することもできない。この意味では各国の議会におけるよりも民主的な側面がある。実施協定の採択は、コンセンサスによるものではなかったが、上記のような最近一般的となっている方法に準拠して行われたもので、人類の意見を忠実に反映したものとなっており、国際法の定立の最良の形態の一つということができる[15]。

　見られるとおり、意外なほどの柔軟性をもって語られているところがあり、実施協定採択の方法・手続は問題を抱えているどころか、むしろ逆に、参考にすべき先例を提供した事例として評価されている。ところで、米国のもう1人の国際法学者チャーニーは、ソーンと同様の観点に立ちつつも、論点をいくつかに分けて検討しているので、次に彼の議論をみてみよう。

　第1に、国連海洋法条約をすでに批准している国は、実施協定によって拘束される義務はなく、また、実施協定の暫定的適用を受ける必要もないというふうに見る考え方がありうるが、しかし、彼によれば賛成できないとされる。その理由は、国際法が国家に義務を課す方法は多様であるという点にある。伝統的な慣習法理論では、慣行と法的信念の二つの要素が備わり慣習法規則が成立すれば、国家は当該規則に対して明示的な同意を与えていなくても、当該規則によって拘束されるものと考えられていた。これは、そうした新しい慣習法規則の形成に積極的に関与しなかった諸国については、かかる新しい規則に対して黙示の同意を与えたものとみなすというふうに、説明されることが多かった。したがって、実施協定についてみれば、国連海洋法条約の実質的な修正について特に反対しなかった国は、沈黙を守ることによって同条約を実質的に修正す

---

15) Louis B. Sohn, *supra* note 13, pp. 700-701.

る実施協定を容認したものとみなすことができるというのである[16]。

　第2に、国連海洋法条約の締約国および同条約の署名国は、実施協定に参加することによって同条約を修正することは、条約法条約第18条に定める「条約の趣旨及び目的を失わせる行為をしてはならい義務」（条約目的阻害行為禁止義務）に反することにならないかどうかという点が、論議の対象になりうるという。しかし、チャーニーによれば、実施協定は、国連海洋法条約に定められてはいない方法で同条約第11部を変更するものではあるが、その変更はかかる義務違反を構成しない。その理由は、条約法条約第18条に定める「条約の趣旨及び目的」というのはもともとあいまいである上に、実施協定で実質的に修正された国連海洋法条約第11部の規定は、必ずしも同条約の基本的な規定ではないからであるとされる。実施協定によって修正された規定は、テクニカルな性格の規定であって、条約全体の目的や趣旨を変更するものではなく、むしろ逆に、実施協定は条約への普遍的な参加を促進する効果をもっており、深海底制度を多数の諸国に受け入れられるものへと発展させるものであるから、条約の目的や趣旨そのものに合致しているとさえいってよいというふうに、彼は指摘している[17]。

　第3に、いわゆるダブルレジームの併存の可能性の問題が取り上げられている。国連海洋法条約第11部に基づく制度と、実施協定により修正された制度が併存する可能性は、国連海洋法条約の締約国が実施協定への参加を拒否する場合に現実のものとなるが、ただし、それはもっぱら理論上のレベルの問題に止まり、実際にはそうしたダブルレジームが併存する事態は起こりえないと指摘されている。その理由は、実施協定に

---

[16] Jonathan I. Charney, "Entry into Force of the 1982 Convention on the Law of the Sea," *VJIL*, Vol.35, No.2 (1995), pp. 395-397. なお、チャーニーはさらに、条約に対する留保の効果について条約法条約が定める規則、すなわち、留保の申し出があってから12カ月以内に異議を申し立てない場合には、その留保を許容したものと見なすという規則から類推的に考えると、実施協定についても、それに対して異議の申し立てが一定期間内に無い場合には、実施協定を許容したものとみなすことも可能であると指摘している。*Ibid.*, pp. 396-397.

[17] *Ibid.*, pp. 398-399.

反対する国は 77 カ国グループを含めてなかったからであり、また、実施協定の採択にあたって棄権した国も、実施協定に基づく深海底制度を支持する態度を表明しているからだとされる。たとえば、ロシアは、すでに実施協定の暫定的適用に同意しており、実施協定を支持する意向を示している。ダブルレジームがありうるとすれば、チャーニーは、米国が国連海洋法条約の批准に失敗する場合であると予測するが、しかし、深海底開発に携わる米国の企業が条約と実施協定の双方の締約国に米国がなることを強く要望しているため、米国が条約の批准に失敗することはまず考えられないと指摘している[18]。

ところで、チャーニーの現代国際法の定立過程に関する理論は、最近において 180 度の転換を示しており、実はそのことが、上記のような実施協定の評価の仕方にも直接反映しているように思われる。彼は、従来、北海大陸棚事件判決をはじめとする国際法判例でも示されて、広範な支持を得てきたオーソドックスな慣習国際法理論、すなわち、すべての国を拘束する一般国際法としての慣習国際法は、事実的要素としての慣行と心理的要素としての法的信念の存在が立証された場合に、その成立を認めることができるという理論を支持する論者であって、その立場から、たとえば、ニカラグア事件判決における慣習国際法の認定の仕方を痛烈に批判していた[19]。周知のように、ニカラグア事件判決は、米国のいわゆる多数国間条約留保のために国連憲章などを適用することができず、そのために結局、慣習国際法に依拠しながら判決を下すという手法をとったが、その場合、具体的には、武力行使禁止規則、集団的自衛権行使の要件、不干渉原則などに関して、国連総会を含む国際機構の決議や一般的な多数国間条約の規定などを主たる根拠としながら、慣習国際法の認定を行っ

---

18) *Ibid.*, pp. 399-400. なお、伊東喜昭「国連海洋法条約の発効」『平成 6 年度海洋問題講演会（講演集）』（日本海洋協会、1995 年）50-51 頁、近藤哲生「国際海底機構の活動——深海底資源開発の管理機関——」『海洋時報』第 81 号（1996 年）7 頁参照。

19) Jonathan I. Charney, "Customary International Law in the Nicaragua Case − Judgment on the merits," *HYIL*, Vol. I (1988), pp. 16-56.

た[20]。

　しかし、チャーニーによれば、ニカラグア事件判決は、国家の慣行と法的信念の二要素が慣習法の成立に必要であるとしながらも、実際には、認定の対象となった慣習法規則のそれぞれについて、国家の慣行やそれにともなう法的信念の存在について具体的な根拠を十分示さず、それらの認定をきわめてあいまいな形で行い、安易に慣習国際法＝一般国際法を認定したとされる[21]。彼は、慣習国際法の特質は現実の諸国家の利害をバランスさせた上に成立しているもので、国際法システムの安定性を確保する上で有用な役割を果たす点にあると指摘し、世界の主要な大国＝有力国の態度（慣行や法的信念）を見極めずに、不十分な根拠で慣習国際法を認定したとしても、国際法の実効性は担保しえず、むしろ、法の安定性と信頼性を損なうことになると警告していた[22]。これがチャーニーの基本的な見方であった。もとより、こうした見方は彼特有のものとはいえず、とりわけ欧米においては、多くの国際法学者が共有するものであったことはいうまでもない。

　ところが、チャーニーは、1995年の『米国国際法雑誌』に寄稿した「普遍的国際法（Universal International Law）」と題する論文において、上記の考え方を大きく変更した[23]。この論稿において、彼は、一方で、伝統的な慣習国際法の概念に依拠してその規則の適用や成立を論じることの限界を指摘するとともに、他方で、論文の表題に示された観念の確立を説いている。その要因となっているのは、現代国際法定立過程の特質の捉えかたについての変化である。この点に関しては、彼は要旨次のような指摘を行っている。まず、慣習国際法に依拠することが適切ではなくなってきているとされる理由は、今日、国家の数のみならず国際法の規律対象事項がともに飛躍的に増加した結果、国家の慣行と法的信念の所産とさ

---

20) *Case concerning Military and Paramilitary Activities in and against Nicaragua* (Nicaragua v. United States of America), Judgement of 27 June 1986, *ICJ Reports 1986*, pp. 101-103, paras. 183-186.
21) Jonathan I. Charney, *supra* note 19, pp. 18-21.
22) *Ibid.*, pp. 23-24.
23) Jonathan I. Charney, "Universal International Law," *AJIL*, Vol.87, No. 4 (1995), pp. 529-551.

れる慣習国際法の形成過程を正確に描くことがきわめて困難になってきたこと、したがって、ニカラグア事件判決に示されているように、慣行や法的信念の検証と認定は主観的にならざるをえなくなるということによる[24]。そこで、現代国際法定立過程において、慣習国際法に代わって重要な役割を演じるようになっているのは、多国間フォーラムおよびそこで定立される一般国際法であるとされる。ここでいう多国間フォーラムとは、国連の総会や安保理事会、地域的機関、常設もしくはアドホックの外交会議、ならびに、特定の問題を審議するために設立されている国際組織などをいう。現代国際法定立過程は、こうしたフォーラムにおいて行われる討議やそれに基づいて採択される条約などを通じて促進される仕組みになっており、そこにおいて、諸国の利害が周到な討議に基づいて調整され、採択される条約や規則が圧倒的多数の支持もしくはコンセンサスに基づいており、反対の意思表示もない場合には、そうした条約や規則はすべての国を拘束する国際法となりうるし、多国間フォーラムはそうした国際法を定立する権能をもっているものとして位置づけうるとされている[25]。

　チャーニーの論稿の正確な趣旨をおさえることは、一読するだけでは困難なところがあるが、注意すべきは、多国間フォーラムがいわゆる独立した国際立法機関になったと指摘されているわけではないことである。最近の法源論の中には、国連総会において、国際法の原則が決議の形で採択され、それがコンセンサスないしは満場一致で採択された場合には、新しい国際法の成立を認めることができるという議論があるが、彼の議論はそれと同じではない。彼の強調しているのは、多国間フォーラムで諸国に共通する問題解決を目的とした条約が、諸国の利害を調整しつつ周到な討議に基づいて採択されるようになっており、このような傾向が

---

24) *Ibid*., pp. 536-537, 542-543.
25) *Ibid*., pp. 547-549. なお、対照的な論稿として、たとえば次を参照。L. C. Green, "Is There a Universal International Law ?," *CYIL*, Vol. 23(1985), pp. 3-32; R. Y. Jennings, "Universal International Law in a Multicultural World," in, M. Boss & I. Brownlie, (eds.), *Liber Amicorum for The Rt. Hon. Lord Wilberforce* (Clarendon Press, 1987), pp. 39-51.

国際法定立過程を大きく変化させているということなのである[26]。そして、さらに、以下の諸点も強調される。すなわち、国際法の要請の多くは、当事国がそれに拘束されることに同意を表明する条約によって満たされるが、しかし、条約だけでは、現代世界のすべての国際的な法律問題を解決することはできない。条約は、しばしば、交渉、採択、効力発生という一連の経過にかなりの時間を必要とする。また、国際法のすべての問題について、一般多数国間条約を締結することは、実際上不可能である。また、一番重大なのは、条約への国家の参加が普遍的だとはいえない場合がほとんだという点であり、各国が条約を批准する国内法上の手続も、通常複雑で時間のかかるものが多い。しかし、それとは対象的に、一般国際法は、国家の同意もしくは黙認といったフォーマルな要件が完全にそろわなくても確立しうる場合がある。一般国際法を発案し、確立し、そして改善することについて、多国間フォーラムが重要な役割を果たしていると同時に、フォーマルな法定立過程を提供するようになっているからである。この新しい法定立過程は、広範な諸国の参加を確保しうるものであって、そこで生み出される法には、従来にはない正当性、特に慣習法形成過程で得られた正当性以上のものを付与しうる。今日、多国間フォーラムを通じて、すべての国は国際法定立過程に参加する機会が保障されている点が重要である[27]。

4　理論的考察

　2人の議論に共通しているのは、多国間外交ないし多国間フォーラムの役割を積極的に評価し、そこにおいてコンセンサスや圧倒的多数の支持により採択される一般多数国間条約については、重要な意義づけを与えようとしている点である。チャーニーは明言してはいないが、しかし、2人において明らかなのは、実施協定はそうした条約の一つとして位置

---

26) *Ibid.*, p. 547.
27) *Ibid.*, p. 551.

づけられていることである。多国間フォーラムの意義づけをアクティブに行うという点では、チャーニーの方がきわめて意欲的であるが、2人とも、国連海洋法条約に続く実施協定の採択のようなケースを見ているがゆえに、上述したような見解を打ち出すようになったのではないかとも思われる。

　ここでは、法源論としての彼らの議論を詳細かつ正確に吟味する余裕はないが、ただ一つだけ、興味ある点として指摘しておきたいのは、現代の国際法定立過程が国際関係の緊密化にともなって大きく変容し、形成されつつある国際法に対する国家の意思表明が自由にかつ鮮明に行われるようになっており、そうした中で、一般国際法の形成が促進される基盤が整ってきているという点を指摘していることである。これは、とりわけチャーニーによって強調されているところである。彼は、上では詳しく紹介できなかったが、今日の国際社会は本来的に、国際社会の構成メンバー相互の関係の安定性や予見可能性を支えるために、また、紛争や不正を防止し相互の協調的な関係を維持することによって自らの利益を確保するためにも、諸国に共通の利益を実現するための国際法規則を必要としており、ここに、国際法システムが諸国の利益を最大限に確保する規則を生み出そうとする必然性があると指摘している[28]。諸国が一致して遵守すべき国際法規則の成立について判断する場合、慣習国際法の形成を識別するために伝統的に依拠してきた理論によるだけでは限界があると指摘されるのも、こうした考慮が強く働いているからにほかならない。彼の議論を客観的かつ公平に論評するためには、法源論に立ち入った検討をしなければならないので、ここでは、あくまで暫定的なそれに止めなくてはならないが、それにしても、特にニカラグア事件判決を批判したチャーニーの論調からすると、その議論の進展の度合いに驚かされるところが多い。

　もとより、多国間外交ないし多国間フォーラムの役割の重要性が増しているという彼らの指摘には、なお不明な部分や実証性に欠ける部分が

---

28) *Ibid.*, pp. 532-533.

多々あることも否定はできないであろう。チャーニーのいう「普遍的国際法」という概念も、それ自体についての立ち入った説明はないし、彼らのいう一般国際法の成立要件がどのように提示されているのかという疑問を出すとすれば、議論は尽きないようにも思う。この意味で、彼らの議論は一つの問題の提起に止まっているところがあることには、留意しておくべきであろう。しかし、そうした問題点があるとしても、彼らが伝統的な慣習国際法理論の桎梏を指摘しようとしている点など、傾聴すべきところはいくつもあるように思う。

閑話休題。彼らの議論を通じて、法源論に関して深めるべき論点が提起されているとはいえ、他方で、実施協定採択の方法と手続については、彼らの議論をそのまま首肯することには、若干躊躇せざるをえない。その理由は、たとえ、実施協定の採択が多国間外交における成果であり、また、事実として、実施協定が反対を受けることなく、ほとんどすべての国の支持を得て採択されたものであるとしても、実施協定それ自体は一般の多数国間条約と変わらず、したがって、実施協定といえども、それに拘束されることに同意を与えた国について効力が及ぶのが原則であって、第三国にその効力は及ばないと見なければならない。ソーンやチャーニーは、国際法が国家に義務を課す方法は多様であるといい、また、多数国間条約の採択に関する規則は柔軟であると指摘する。そうした指摘に何らの間違いがないことも確かであろう。しかし、各国はあらかじめ、実施協定に拘束されることについて同意を事前に与えたわけでもなければ、当然にその同意を与える義務を負っているというふうにもいえない。チャーニーは、多国間フォーラムが、国家が同意を与えていなくても拘束されることになる一般国際法の定立権能をもつ方向に発展する可能性を示唆している[29]。しかし、彼は具体的に、実施協定がそのような一般国際法であるとは指摘していないし、ソーンでさえも、実施協定が、それへの参加の意思を国家が表明すると否とに拘わらず、すべての国に対

---

29) *Ibid.*, p. 551.

して拘束力をもちうる一般国際法であると述べてはいない[30]。もちろん、彼らの議論については、彼らがいうところの一般国際法が成立したといえる要件や基準を問うこと自体、その趣旨を理解していないとの反論を受ける余地が多分にあるが、いずれにしても、彼らでさえも、実施協定の効力が国家に及ぶためには、それに拘束されることについての同意の表明が当該国家によって行われなければならないことを認めているのである。

　このように見ることが許されるならば、しかし意外に、彼らの議論は単純にも見える。つまり、一方で、実施協定は、多国間外交ないし多国間フォーラムが有効に機能した結果、現代国際法定立過程を象徴する一般条約として採択されたものであることが強調されてはいるが、そしてまた、実施協定はすべての国の利害と立場を調整した上で採択されたものであって、それに対する反対は無いということが強調されてはいるが、しかし、他方で、実施協定自体が強行規範であるとか、あるいは、それへの同意の有無を確認することなく、当初から一般国際法としての性格を備えたものであるというふうには、いわれてはいない。したがって、この文脈で考察する限り、実施協定といえども、その効力が及ぶ範囲については、あくまでも国家の同意の有無を基準にして判断せざるをえないように思われるからである。もちろん、実施協定に対する反対が無く、その採択の当時に国連海洋法条約の締約国であった国がすべて実施協定の締約国にもなるとすれば——実際、そのようになるとの判断に十分な根拠があることも理解できる——、法的な問題が特に生じることはないであろう。しかし、条約採択の方法と手続という一般的な命題との関連で重要なのは、実施協定がどれほど多くの支持をえて採択されたかではなくて、国連海洋法条約の締約国と実施協定との関係をどのように見るべきなのかという問題であるように思われる。

　実施協定は、国連海洋法条約の締約国の間での合意に基づいて採択されたものでも、それらの諸国が集まる多国間フォーラムで採択されたも

---

[30] Louis B. Sohn, *supra* note 13, p. 702.

のでもない。また、実施協定は、国連海洋法条約の締約国に対して、実施協定に拘束されることについての同意を与える義務を課すものでもない。だからこそ、チャーニーやソーンでさえも、国連海洋法条約だけの締約国に止まる国が理論上はありうることを認めているのである。したがって、実施協定の採択が提起した問題は、いわば条約法の観点から見た場合、効力の発生が確定している条約を、その条約の締約国以外の国もが参加する交渉を通じて修正し、その修正された条約だけを適用することに切り替えることが、一般論として常に根拠をもちうるかどうかという点にあることは、否定できないように思われる。換言すれば、効力の発生が確定している条約をそうした方法ないし手続で実質的に修正することが、修正の協議に参加した国の間で反対なしで合意されるならば、どういった範囲の国が当該合意に参加したかどうかにかかわりなく、常に有効な条約採択の方式として是認しうるかどうかという点にあるように思われる。

　国連海洋法条約に即して仮説的ではあるが、やや具体的な状況を想定してみよう。たとえば、効力の発生を控えた国連海洋法条約の締約国の中に、条約第11部が定める技術移転や生産政策の制度の存在を、条約を批准する動機の一つにしていた国があったとしよう。実施協定によれば、そうした制度の主要規定は「適用しない」とされたのであるが、仮に条約第11部にそうした制度が当初から規定されていないならば、その国は条約を批准しない可能性があったかも知れない。しかし、その国は、条約を批准した動機が消滅してしまう効果をもつ修正が条約に加えられたと判断しても、そうした修正が加えられた実施協定についても、実施協定と国連海洋法条約が一体のものとして扱われていく以上、それに拘束されることについての同意を新たに与えなくてはならないのであろうか。たとえ理論上であっても、そのような同意を与える義務が国際法上導き出せないのであれば、国連海洋法条約にだけ拘束される国が残らないかどうかを見極めていくことが、少なくとも必要ではないのかどうか。このような仮説的な事態に類似の状況は、効力の発生を間近に控えた条約

を、その条約の枠外における交渉において修正し、修正した条約のみを適用していこうとする際に、常に生起しうるようにも思われる。一般に、新たに採択された条約の締約国になるかどうかの判断は、各国が主権に基づき自由に行うものであって、実施協定とて例外ではない。したがって、条約採択の方法ないし手続、あるいは、条約に拘束されることについての同意表明方法に関する原則に照らして見た場合[31]、実施協定の採択というのは、国連海洋法条約と実施協定の一体的適用を目指す上で、実は理論上はきわめて不安定な採択の方法と手続によっていたといわなければならないように思われる。

なお、チャーニーは、実施協定の採択が条約法条約第 18 条に定める条約目的阻害行為禁止義務に抵触しないかどうかを検討し、否定的な見解を述べていた。その際にいわれた「条約の趣旨及び目的」がそもそもあいまいだからという理由づけには必ずしも同意できず、また、実施協定によって修正された国連海洋法条約第 11 部の規定はテクニカルな性格の規定であるという見方にも若干の疑問がある。修正の対象となった生産政策や技術移転に関する規定は、深海底制度を通じて人類全体の利益を確保するために重要な役割を果たすべきものとして位置づけられていたからであって、その意味では、深海底活動を通じて人類全体の利益を実現するための方法には、かなり大きな修正が加えられたと見なければならないように思われる。しかし、条約法条約第 18 条との関連でいえば、結論的には、チャーニーの見方に筆者も同意することはできる。というのは、同条に定める「条約の趣旨及び目的を失わせることとなるような行為」とは、起草過程での議論をふりかえってみると、「条約がその行為により無意味なものとされ、その目的を失う」ような行為であると理解されており[32]、それに照らしてみると、深海底制度にはかなり大きな修正が加えられたといわなければならないとしても、深海底制度が無意味なものと

---

31) たとえば、Paul Reuter, *Introduction to the Law of Treaties* (Pinter Publishers, 1989), Chapter 2 参照。
32) 田中則夫「条約の効力発生前の条約目的阻害行為禁止義務——条約法条約第 18 条について——」『龍谷法学』第 27 巻 1 号(1994 年) 94-96 頁〔本書第 11 章 392-395 頁〕。

され、その創設の目的が失われてしまったとまでは、到底いえないように思うからである。

　この点に関連しては、次の諸点に留意しておく必要があろう。すなわち、第 1 に、実施協定によっても、深海底を規律する原則について定めた国連海洋法条約第 11 部第 2 節 (第 136 条～ 149 条) は、技術移転に関する第 144 条の規定を除いて修正されてはおらず、「人類の共同財産」の原則を定めた規定はもとより、人類の利益などに関して定められた諸規定は生きていること。第 2 に、実施協定の審議の過程では、再検討会議に関する同条約第 155 条について、その規定は「適用しない」という案が提起されたことがあるが、この案は最終的には受け入れられず、実施協定では、深海底制度の基本的な諸原則は再検討会議でも維持されると定める同条 2 項の規定は、そのまま適用されるものとされたこと。第 3 に、同じく、実施協定の審議の過程では、エンタープライズの廃止提案が示唆されたことがあるが、そこまで行う実質的な修正は、深海底制度の性格を変えてしまうということで、受け入れられなかったこと。これらの経緯には、深海底制度の基本的性格の変更につながるような修正までは行わないという諸国の意思を示唆するものとして、注目しておいてよいであろう[33]。

　ともあれ、実施協定の場合、その採択が世界の諸国の同意を得て促進されざるをえない種々の要因があったことは否定できず、したがって、理論上の危惧や不安定性をいくら指摘しても、ほとんど意味はないとの議論が支配的であることは、すでにくりかえし見てきた通りである。しかしながら、逆にまた、国連海洋法条約だけの締約国に止まる国があって、しかも、その国が国連海洋法条約第 11 部に基づいて正当に期待しえた利益を享受できなくなる場合があるとすれば、深海底制度をめぐる権利義務関係が一見して不透明な事態を招来するともいえるのであって、そうした可能性を残したかたちで実施協定が採択されたということは、実際にそうした事態が生起するか否かにかかわらず、その採択はやはり安定した方法と手続に基づいていたとはいえないように思うのである。し

---

33) 田中「前掲論文」(注 4) 18 頁〔本書第 6 章 208-209 頁〕。

がって、重要な問題は諸国の意思を見極めて、実施協定に対する同意の表明を確かめることであろう。特に重要なことは、実施協定の採択の当時に国連海洋法条約の締約国だった諸国がすべて、実施協定の締約国になることである。そうした状況が生まれるならば、実施協定に対して同意を与えるという諸国の実行を通して、不安定な採択の方法と手続の欠陥が、事実として是正されたといえるようになるであろう。ただし、そのような状況が生まれたとしてもなお、対処困難な事態を招く可能性を秘めた実施協定採択の方法と手続がどの程度先例的価値を有するのかは、条約の採択ならびに改正に関する方法や手続についての一般理論をいま少し詳細に吟味した上でないと、明確な結論は出しえないのではないかとも考えられる。ある条約に対して関係国がすべて合意を示すという結果が出たとしても、その結果だけに基づいて、当該条約採択の方法や手続が妥当性を有すると、常に断定しうるとは限らないからである。

田中則夫先生　略歴および主な業績

【略歴】

1949 年 9 月 13 日　高知市で生まれる
1974 年 3 月　龍谷大学法学部法律学科卒業
1976 年 3 月　龍谷大学大学院法学研究科修士課程修了（学位「法学修士」）
1981 年 3 月　龍谷大学大学院法学研究科博士後期課程満期修了退学
1981 年 4 月　龍谷大学法学部助教授（1990 年 3 月まで）
1990 年 4 月　龍谷大学法学部教授（2005 年 3 月まで）
2005 年 4 月　龍谷大学大学院法務研究科教授（2014 年 11 月まで）
2007 年 4 月　龍谷大学大学院法務研究科長（2011 年 3 月まで）
2011 年 4 月　龍谷大学副学長（2014 年 11 月まで）

　この間、ウェールズ大学法学部客員研究員（1984 年 4 月から 85 年 3 月）、龍谷大学社会科学研究所専任研究員（1989 年 4 月から 90 年 3 月）、日本海洋協会「新海洋法制に関する調査研究委員会」委員（1995 年 4 月から 98 年 3 月）、日本国際問題研究所「海洋法制研究会」委員（1998 年 4 月から 2001 年 3 月）、世界人権問題研究センター嘱託研究員（1998 年 4 月から 2007 年 3 月）、ハンブルグ大学国際問題研究所・海洋法研究所客員研究員（2001 年 1 月から 3 月）、外務省海洋室「海洋法及び海洋問題に関する研究会」委員（2002 年 4 月から 2006 年 3 月）、一般財団法人・日本水路協会「大陸棚延長に関する国際情報発信研究委員会」委員（2013 年 4 月から 14 年 3 月）

【学会役員等】

1992 年 4 月〜 2009 年 12 月　日本国際法律家協会理事
2002 年 5 月〜 2014 年 11 月　世界法学会理事

2003年10月〜2012年9月　国際法学会理事(2006年10月〜2012年9月同常務理事)

2003年11月〜2006年10月　日本学術会議国際関係法学研究連絡委員会委員

2005年3月〜2009年1月　文部科学省科学技術・学術審議会海洋開発分科会委員

2005年10月〜2009年3月　日本学術会議特任連携会員

2006年5月　日本国際法協会　研究企画委員会委員

2008年　国際法協会(International Law Association) Member of the Committee on Baselines under the International Law of the Sea

2008年7月〜2014年11月　アジア国際法学会日本協会理事

2008年10月〜2011年11月 民主主義科学者協会法律部会理事

2011年10月〜2014年11月　日本学術会議連携会員

2012年10月〜2014年11月　国際法学会(一般財団法人)評議員会副会長

2014年5月〜2014年11月　世界法学会理事長

【主要論文】

・「深海海底の法的地位――『人類の共同財産』概念の現代的意義――」『龍谷法学』第10巻3号(1978年)〔本書第4章収録〕

・「条約交渉における誠実の原則――深海海底制度をめぐる交渉に関連しての若干の考察――」『龍谷法学』第12巻4号(1980年)

・「新国際経済秩序と海洋法(上)・(下)」『法律時報』第54巻7、8号(1982年)〔富岡仁と共著〕

・「深海底制度と社会主義国――ソ連・東欧諸国を中心に――」『龍谷大学社会科学研究年報』第14号(1984年)

・「深海底の法的地位をめぐる国際法理論の検討(一)(二・完)」『国際法外交雑誌』第85巻5号、第86巻3号(1986年)〔本書第5章収録〕

・「慣習国際法の成立要件――再考(一)」『龍谷法学』第19巻4号(1987年)〔本書第10章収録〕

- 「人類の共同財産の原則について──一つの覚書──」『法と民主主義の現代的課題』(有斐閣、1989年)
- 「国際人権規約の高等教育無償化条項と私学助成」国庫助成に関する全国教授会連合・高等教育政策委員会『高等教育政策検討委員会年次報告：1989年』(1989年)
- 「国連海洋法条約にみられる海洋法思想の新展開──海洋自由の思想を超えて──」林久茂・山手治之・香西茂編『海洋法の新秩序(高林秀雄先生還暦記念論文集)』(東信堂、1993年)〔本書第1章収録〕
- 「冷戦後の国連の平和維持活動──カンボジア・UNTACの活動をどうみるか」「自衛隊の海外派兵と治安法に反対する市民連絡会」発行(1993年)
- 「条約の効力発生前の条約目的阻害行為禁止義務──条約法条約第一八条について──」『龍谷法学』第27巻1号(1994年)〔本書第11章収録〕
- 「冷戦後の国連における紛争の軍事的解決重視の傾向──その致命的欠陥と背後的要因──」『法の科学』第22号(1994年)
- 「国連の理念と現実──冷戦後の国連を考える──」『大阪経済法科大学法学研究所紀要』第21号(1995年)
- 「国連海洋法条約第11部実施協定の採択」『世界法年報』第15号(1996年)〔本書第6章収録〕
- 「日本の海域の区分と管理に関する一考察──港湾への外国軍艦の入港規制」『海洋法関係国内法制の比較研究』第2号(日本海洋協会、1996年)
- "Towards New Democratic International Law in the 21st Century ─ The United Nations, Democracy, Human Rights and Japan ─ ,"(co-editors), *Ryukoku Law Review,* Vo.23(3)(1996)
- 「深海底制度実施協定採択の方法と手続に関する理論的考察」『海洋法条約体制の進展と国内措置』第1号(日本海洋協会、1997年)〔本書13章収録〕
- 「平和主義の射程──国際法学の立場から」『法の科学』第27号(1998年)

- 「『核兵器・危険有害物質』積載船舶の領海通航と無害性基準」『海洋法条約体制の進展と国内措置』第 2 号（日本海洋協会、1998 年）
- 「Key Word　日韓漁業協定」『法学教室』第 211 号（1998 年）
- 「周辺事態法批判──国際法の観点から」『法学セミナー』第 536 号（1999 年）
- 「韓国漁船拿捕事件──日本の領海基線の変更と日韓漁業協定──」『龍谷法学』第 31 巻 4 号（1999 年）
- 「EEZ における科学的調査の停止・終了要求」海洋法制研究会編『海洋の科学的調査と海洋法上の問題点』（日本国際問題研究所、1999 年）
- 「非核三原則厳守・法制化の国際法的根拠」非核の政府を求める会編『日米核密約と新ガイドライン──核密約は日本をどこへ導くか』（2000 年）
- 「排他的経済水域における軍事演習の規制可能性」海洋法制研究会編『排他的経済水域における海洋法上の諸問題』（日本国際問題研究所、2000 年）
- 「深海底制度の設立・修正・実施」国際法学会編（杉原高嶺編集責任）『日本と国際法の 100 年第 3 巻──海』（三省堂、2001 年）〔本書第 7 章収録〕
- 「地域的漁業機関による非締約国漁船の活動規制」海洋法制研究会編『「海洋生物資源の保存及び管理」と「海洋秩序の多数国による執行」』（日本国際問題研究所、2001 年）
- 「慣習法の形成・認定過程の変容と国家の役割」『国際法外交雑誌』第 100 巻 4 号（2001 年）〔本書第 12 章収録〕
- 「米国同時多発テロ事件と国際法の立場──国際テロの防止と処罰、武力の行使を考える」『前衛』746 号（2001 年）
- "Some Observations on the Southern Bluefin Tuna Arbitration Award", *The Japanese Annual of International Law*, Vol.44（2001）
- 「被害者概念に関する規約人権委員会の判断基準」世界人権問題研究センター『研究紀要』第 7 号（2002 年）
- 「国際法から見た戦争協力拒否の根拠と方法──テロ対策特別措置法を批判する」非核の政府を求める会編『非核自治体問題シンポジウム

非核自治体運動の新たな発展を』(2002 年)
- 「みなみまぐろ事件」山手治之、香西茂編集代表『21 世紀国際社会における人権と平和：国際法の新しい発展をめざして (下巻) 現代国際法における人権と平和の保障』(東信堂、2003 年)
- 「みなみまぐろ事件をふりかえって」『海洋法及び海洋問題に関する研究会 (報告書)』(外務省経済局海洋室、2003 年)
- 「イギリス海洋法制調査」『「排他的経済水域における沿岸国の管轄権の限界」研究会報告書』(外務省条約局法規課、2003 年)
- 「公海上における海洋保護区設定」『平成 15 年度「海洋法及び海洋問題に関する研究会」報告書』(外務省経済局海洋室、2004 年)
- 「平和秩序形成に向けての国連」渡辺治・和田進編『平和秩序形成の課題 (戦争と現代・第 5 巻)』(大月書店、2004 年)
- 「科学的知見で外縁画定──国連・限界委の情報審査」『月刊　エネルギーレビュー』(2005 年 1 月)
- 「国際法からみた春暁ガス田開発問題」『世界』(2005 年 8 月)
- 「大陸棚限界委員会の勧告の法的地位」『平成 17 年度「海洋法及び海洋問題に関する研究会」報告書』(外務省経済局海洋室、2006 年)
- 「大陸棚の定義と限界画定の課題──トルーマン宣言から国連海洋法条約へ──」栗林忠男・杉原高嶺編『海洋法の主要事例とその影響』(有信堂高文社、2007 年)〔本書第 3 章収録〕
- 「国連の論理と『日本の道』──平和への指針」望田幸男、田中則夫ほか著『国際平和と「日本の道」──東アジア共同体と憲法九条』(昭和堂、2007 年)
- 「海洋遺伝資源の保護と利用」『平成 19 年度「海洋法及び海洋問題に関する研究会」報告書』(外務省経済局海洋室、2008 年)
- 「海洋の生物多様性の保全と海洋保護区」『ジュリスト』1365 号 (2008 年)
- 「国際法における海洋保護区の意義」中川淳司・寺谷広司編『国際法学の地平──歴史、理論、実証 (大沼保昭先生記念論文集)』(東信堂、2008 年)〔本書第 8 章収録〕

- 「国家管轄権の限界を超える海域における生物多様性保全の課題」松田竹男・薬師寺公夫・坂元茂樹・田中則夫編『現代国際法の思想と構造Ⅱ――環境、海洋、刑事、紛争、展望（松井芳郎先生古稀記念論文集）』（東信堂、2012年）〔本書第9章収録〕
- 「国連海洋法条約の成果と課題――条約採択30周年の地点に立って――」『国際法外交雑誌』第112巻2号（2013年）〔本書第2章収録〕

【資料・日本の国際法判例】

- 「日本の国際法判例(1)――1986（昭和61）年(1)」「日本の国際法判例」研究会〈共同執筆〉『国際法外交雑誌』第89巻5号（1990年）、以後、毎年各巻（発行号は異なる）、「日本の国際法判例(18)――2001（平成13）年」『国際法外交雑誌』第103巻3号（2004年）まで掲載。

【判例批評・翻訳資料】

- 「深海底資源の開発：発展途上国の利害（R. P. Anand）」『第3回国際海洋シンポジウム報告書』（日本海洋協会、1978年）
- 「深海海底重鉱物資源法案（下院マーフィー法案）」『日本の海洋政策』第2号（日本海洋協会、1979年）
- 「深海海底重鉱物資源法案」『日本の海洋政策』第3号（日本海洋協会、1980年）
- 「深海海底重鉱物資源法（米国）」『日本の海洋政策』第4号（日本海洋協会、1981年）
- 「深海底鉱物資源に関する国内法――米・英・西独・仏――」（共訳）『国際法外交雑誌』第81巻1号（1982年）
- 「深海底多金属性団塊に関する暫定協定」『季刊海洋時報』第28号（日本海洋協会、1983年）
- 「直線基線の設定により日本の新領海になった海域での韓国漁船の操業」『法学教室』236号（2000年）
- 「日本の新領海・新内水で操業した韓国漁船の拿捕と日韓漁業協定」

『ジュリスト平成11年度重要判例解説』(2000年)
・「軍艦の無害通航――コルフ海峡事件(本案)――」『国際法判例百選(別冊ジュリスト)』(2001年)
・「速やかな釈放手続――富丸事件」『国際法判例百選(第2版)(ジュリスト臨時増刊)』(2011年)

【書評】

・R. P. Anand, Legal Regime of the Sea-Bed and the Developing Countries, A. W. Sijthoff-Leiden, 1976『国際法外交雑誌』第77巻2号(1978年)
・T. G. Kronmiller, The Lawfulness of Deep Seabed Mining, 2 vols.,Oceana,1980」『龍谷法学』第13巻3号(1980年)
・Hanna Bokor-Szego, The Role of the United Nations in International Legislation, North Holland Pub., 1978『龍谷法学』第15巻4号(1983年)
・"Nihon to Kaiyouho (Japan and the Law of the Sea)" By Chiyuki Mizukami, Yushindo (Tokyo), 1995, (Book Review) *The Japanese Annual of International Law*, Vol.39(1996)
・"Ryokai Keibi no Hou Kouzou (The Legal Structure of the Defense of Territorial Waters)" By Rekizou Murakami, Tokyo: Chuohouki, 2005, (Book Review) *The Japanese Annual of International Law*, Vol.48(2005)
・"Predictability and Flexibility in the Law of Maritime Delimitation", by Yoshifumi Tanaka. Oxford and Portland, Oregon: Hart Publishing, 2006, (Book Review) *The Japanese Yearbook of International Law*, Vol.52(2010)
・村瀬信也・江藤淳一共編『海洋境界画定の国際法』(東信堂、2008年)『国際法外交雑誌』第109巻1号(2010年)

【書籍等出版物】

◆著書(共編著)
・『ベーシック条約集』各版(東信堂、1997年～2015年)
・『判例国際法』(東信堂、2000年、第2版は2006年)

- 『21世紀国際社会における人権と平和：国際法の新しい発展をめざして（上巻）国際社会の法構造──その歴史と現状』（東信堂、2003年）
- 『21世紀国際社会における人権と平和：国際法の新しい発展をめざして（下巻）現代国際法における人権と平和の保障』（東信堂、2003年）
- 『海洋保護区の国際法的検討』（平成15年度外務省経済局海洋室委託研究報告書）2004年
- 『地球温暖化防止の課題と展望』（法律文化社、2005年）
- 『ハンディ条約集』（東信堂、2009年）
- 『現代国際法の思想と構造Ⅰ──歴史、国家、機構、条約、人権』（東信堂、2012年）
- 『現代国際法の思想と構造Ⅱ──環境、海洋、刑事、紛争、展望』（東信堂、2012年）
- 『国際環境条約・資料集』（東信堂、2014年）

◆著書（共著）
- 『ケースブック国際法（新版）』（有信堂高文社、1987年）
- 『国際法（Ｓシリーズ）』（有斐閣、1988年（初版）～2008年（第5版）まで）
- 『宇宙・航空の時代を拓く』（パンリサーチ出版局、1988年）
- 『国際法Ⅰ』（東信堂、1990年）
- 『現代国際法入門』（法律文化社、1990年、改訂版は1996年）
- 『セミナー国際法』（東信堂、1992年）
- 『プラクティス国際法』（東信堂、1998年）
- 『国際法』（中国政法大学出版社、2004年）（辛崇陽訳）『国際法（第4版）』（有斐閣Ｓシリーズ・中国語版）
- 『国際法』（浅田正彦編）（東信堂、2011年、第2版は2013年）

あとがき

1　田中則夫（以下、「田中」と記す）の学問的・実践的関心は高く、その業績は質量ともに豊富なものであるが、本書では田中の中心的研究課題である海洋法と法源論に関する業績を収めた。

2　海洋法は、第1部「国連海洋法条約と海洋法の形成」、第2部「深海底制度の成立と展開」そして第3部「海洋生物多様性と海洋保護区」にわけて掲載した。第1部第1章「国連海洋法条約にみられる海洋法思想の新展開」は、田中の指導教授である高林秀雄の還暦を記念する論文集に掲載されたごく初期のものであるが、国連海洋法条約において規定された排他的経済水域や深海底制度などの諸制度を分析することから、そこに伝統的な海洋法の基本原則であった海洋自由の思想に対する批判が反映しており、海洋法思想の新しい発展の方向性が示されていることを指摘する。海洋法を歴史的・構造的に捉えようとするその後の田中の研究を貫く視点が明確に示された論文である。第2章「国連海洋法条約の成果と課題」は、第1章論文から20年後に発表されたものであるが、国連海洋法条約の下において発展してきた現代の海洋秩序の国際法的構造について、それを最も特徴的に表している漁業、環境、海洋境界画定、海上安全、船舶通航規制、さらに新しい問題である海洋生物多様性保全などを取りあげることにより全体的に明らかにする。そして、田中は、そこに現れている海洋自由の原則の転換は国際社会の構造変化を背景にした国連海洋法条約によるものであることをあらためて確認しており、その後に発生した新しい諸課題は、国連海洋法条約をベースにした海洋秩序の具体的な再編・強化の過程と捉えるべきであるとする。現代海洋法の発展過程に関する田中の研究視点・方法の確かさが証明されている論文であるといえよう。

3　第2部は、田中の一貫した研究対象であった深海底制度についての論考をとりあげる。第3章「大陸棚の定義と限界画定の課題」は、深海底区域の基点となる大陸棚の限界画定の問題を、トルーマン宣言から大陸棚条約そして国連海洋法条約について審議過程を含めて詳細に検討し、国連海洋法条約により大陸棚の定義に関する論争に終止符が打たれたことは貴重な成果であるとした上で、残された課題である大陸棚の限界画定について、紛争の存在との関係でなお問題が残されていることを、実際の大陸棚限界委員会の検討を通じて明らかにしている。大陸棚の定義および境界画定の問題についてその発生から現在までを長いパースペクティブで捉える貴重な論考である。第4章「深海底の法的地位」は、田中の修士論文を基にした処女論文であるが、深海底の法的地位について、伝統的国際法における公海海底の法的地位の詳細な検討をふまえて、深海底制度が「人類の共同財産」概念を基礎として成立しつつある背景とその現代的意義が示される。その後の制度の形成過程で実証されることになる深海底制度の基本的性格に対する田中の視点の確かさに驚かされる。第5章「深海底の法的地位をめぐる国際法理論の検討」は、深海底資源開発の許容性をめぐる先進国と途上国との対立を背景とする合法性・違法性の問題について、「人類の共同財産原則」をめぐる議論および資源開発における条約レジームの一般的拘束性をめぐる議論の双方から分析することにより、そのいずれにおいても慣習法理論の一層の明確化が必要であることを指摘するものであり、Ⅱの法源論における田中の問題関心とも重なる。きわめて丹念かつ緻密な国家実行や学説などの分析手法がとられていることが論文の説得力を高めている。第6章「国連海洋法条約第11部実施協定の採択」は、1995年の世界法学会における「人類の共通利益の追求」のテーマの下に行われた報告を基礎とするものであるが、実施協定の採択の背景、手続きや内容等を検討することにより、そのもたらすであろう理論上の問題や「人類の共同財産原則」からの評価を行ってい

る。実施協定を分析する数少ないわが国の論考として貴重である。第7章「深海底制度の設立・修正・実施」は、深海底制度の国連海洋法条約による設立、実施協定による修正そして制度の実施について、国連海洋法条約以前の海底制度の発展過程をも視野に置きつつ、総合的に俯瞰しており、第2部のまとめとしての位置を占めるものであるが、制度成立後の国際海底機構を中心とする活動の現状と問題点に言及していることが特徴的である。

4 田中は、深海底制度に関する優れた論考とともに、海洋法条約以後の海洋法をめぐる新しい発展に関する問題についても業績を残しており、第3部においてはそうした論考2点をとりあげる。第8章「国際法における海洋保護区の意義」は、特にわが国においては論文が発表された2008年の時点では国際法的検討がほとんどなされていなかった海洋保護区を対象として、条約や国家実行などのその国際法的基盤について、また、公海における海洋保護区設定の動向について、その先行事例や法的問題点とともに、きわめて丹念かつ実証的に検討するものである。田中は、同論文の最後に、海洋保護区の国際法的インパクトと題して、海洋保護区の主張が、海洋自由の思想に対する批判を新たな形で反映したものとして位置づけることができるとして、第1章論文に示した海洋法の発展過程の一つとして認識すべきであるとしており、田中の一貫した方法論を示して示唆的である。第9章「国家管轄権の限界を超える海域における生物多様性保全の課題」も、近年において注目されはじめた課題をとりあげるものであるが、国連を中心としてなされている議論状況について分析し、この問題がきわめて多様な問題を対象としてまた多種の組織体において検討されている過程にあることを明らかにし、国際法的な立場からの検討の必要性を示唆するものである。第3部のいずれの論考とも、海洋法における新しい問題についてのわが国における先駆的な業績であり、田中の研究関心と視野の広さを知ることができる。

5　以上に見てきた海洋法の分野が田中の業績の中心に位置し、また、もっとも実り多いものだったことはいうまでもないが、彼は広い意味での法源論についても重要な問題提起を含む優れた業績を残した。この分野における田中の業績の特徴は、それらが理論的な関心に発するというよりは、海洋法分野における研究に触発された優れて実践的な問題意識に基礎を置いたことである。すなわち、第11章「条約交渉における誠実の原則」は「条約の効力発生前の条約目的阻害行為禁止義務」を原題とする条約法条約第18条のコンメンタールであるが、問題意識はそのタイトルを編者が本章に流用した1980年の論文に端を発し、当時第3次国連海洋法会議が進行中であったにもかかわらず、伝統的な公海自由の原則を根拠に深海底資源の一方的開発に進もうとしていた先進国への批判の手がかりを探ろうとしたものである。また、第13章はその副題「深海底制度実施協定採択の方法と手続に関する理論的考察」を原題とし、第6章とともに同実施協定の採択手続の不自然さを条約法の観点から批判的に検討するが、その背後には田中がその研究生活の前半において心血を注いだ人類の共同財産の考えを同協定が浸食しかねないことへの危惧があった。

6　慣習法論に目を移せば、未完に終わった第10章「慣習国際法の成立要件」もまた、起草過程にあった国連海洋法条約の深海底制度などの慣習法化をめぐる議論に触発されたもので、慣習法論の歴史的性格を踏まえて慣習法の成立要件、とくにその「二要件」論の批判的検討の必要性を説く。おそらくはその続編の一部を意図したであろう第12章「慣習法の形成・認定過程の変容と国家の役割」では、国際司法裁判所を中心とする裁判所における慣習法認定の変容とそれに対する諸国の対応が検討され、また、第13章では伝統的な慣習法論によることなく一般国際法の定立を説明するチャーニーらの試みを批判的に検討する。このように田中の法源論はいずれも実践的な問題意識に発するものだったが、だからといって田中は国家実

行、判例などの克明な分析に基づく実証的な方法を踏み外すことは決してなく、こうした方法がもたらす結論が彼の意に沿わぬものだったとしてもそれを受け入れてその克服のための理論的課題を提起した。たとえばこの数年、国際法委員会では「慣習国際法の認定」がテーマとされ、その議論の中で田中の問題意識を展開するための新しい素材が提供されているが、それだけに一層彼の早世が惜しまれることである(「あとがき」では本書に収録した論文の特長を解説しているので、田中教授という敬称は付さず、田中と表記することにした)。

初出および原題一覧

I　海洋法

第1部　国連海洋法条約と海洋法の形成

第1章　国連海洋法条約にみられる海洋法思想の新展開——**海洋自由の思想を越えて**——

「国連海洋法条約にみられる海洋法思想の新展開——海洋自由の思想を越えて——」林久茂・山手治之・香西茂編『海洋法の新秩序（髙林秀雄先生還暦記念論文集）』（東信堂、1993年）39-69頁。

第2章　国連海洋法条約の成果と課題——**条約採択30周年の地点に立って**——

「国連海洋法条約の成果と課題——条約採択30周年の地点に立って——」『国際法外交雑誌』（特集 国連海洋法条約採択30周年）」第112巻2号（2013年）183-207頁。

第2部　深海底制度の成立と展開

第3章　大陸棚の定義と限界画定の課題——**トルーマン宣言から国連海洋法条約へ**——

「大陸棚の定義と限界画定の課題——トルーマン宣言から国連海洋法条約へ——」栗林忠男・杉原高嶺編『日本海洋法研究叢書現代海洋法の潮流第2巻　海洋法の主要事例とその影響』（有信堂高文社、2007年）212-238頁。

第4章　深海底の法的地位——**「人類の共同財産」概念の現代的意義**——

「深海底の法的地位——『人類の共同財産』概念の現代的意義——」『龍谷法学』第10巻3号（1978年）342-376頁。

第5章　深海底の法的地位をめぐる国際法理論の検討

「深海底の法的地位をめぐる国際法理論の検討（一）」『国際法外交雑誌』第85巻5号（1986年）447-472頁、「深海底の法的地位をめぐる国際法理論の検討（二・完）」『国際法外交雑誌』第86巻3号（1987年）243-280頁。

第6章　国連海洋法条約第11部実施協定の採択

「国連海洋法条約第11部実施協定の採択」『世界法年報』第15号（1996年）1-29頁。

第 7 章　深海底制度の設立・修正・実施
「深海底制度の設立・修正・実施」国際法学会編（杉原高嶺編集責任）『日本と国際法の 100 年第 3 巻——海』（三省堂、2001 年）188-214 頁。

第 3 部　海洋生物多様性と海洋保護区

第 8 章　国際法における海洋保護区の意義
「国際法における海洋保護区の意義」中川淳司・寺谷広司編『国際法学の地平——歴史、理論、実証（大沼保昭先生記念論文集）』（東信堂、2008 年）634-686 頁。

第 9 章　国家管轄権の限界を超える海域における生物多様性保全の課題
「国家管轄権の限界を超える海域における生物多様性保全の課題」松田竹男・薬師寺公夫・坂元茂樹・田中則夫編『現代国際法の思想と構造 II ——環境、海洋、刑事、紛争、展望——（松井芳郎先生古稀記念論文集）』（東信堂、2012 年）129-155 頁。

II　法源論

第 10 章　慣習国際法の成立要件——**再考**——
「慣習国際法の成立要件—再考（一）」『龍谷法学』第 19 巻 4 号（1987 年）51-64 頁。

第 11 章　条約交渉における誠実の原則——**条約法条約第 18 条について**——
「条約の効力発生前の条約目的阻害行為禁止義務——条約法条約第一八条について——」『龍谷法学』第 27 巻 1 号（1994 年）60-107 頁。

第 12 章　慣習法の形成・認定過程の変容と国家の役割
「慣習法の形成・認定過程の変容と国家の役割」『国際法外交雑誌』第 100 巻 4 号（2001 年）505-534 頁。

第 13 章　現代国際法のおける法定立過程の「革新」　——**深海底制度実施協定採択の方法と手続に関する理論的考察**——
「深海底制度実施協定採択の方法と手続に関する理論的考察」日本海洋協会『海洋法条約体制の進展と国内措置』第 1 号（1997 年）115-132 頁。

事項索引

アルファベット

CCAMLR → 南極海洋生物資源保存委員会
CCSBT → みなみまぐろ保存委員会
CEP → （南極議定書）環境保護委員会
CHM → 人類の共同の財産
CLCS → 大陸棚限界委員会
EEZ → 排他的経済水域
erga omnes 152, 154, 349, 389
FAO → 国連食糧農業機関
IATTC → 全米熱帯まぐろ類委員会
ICCAT → 大西洋まぐろ類保存委員会
ICJ → 国際司法裁判所
ILC → 国際法委員会
IMO → 国際海事機関
IOTC → インド洋まぐろ類委員会
ITLOS → 国際海洋法裁判所
IUCN → 国際自然保護連合
IUU 漁業 → 違法・無報告・無規制な漁業
IWC → 国際捕鯨委員会
jus cogens → 強行規範
lex ferenda 297, 298
lex lata 297, 298
MCPA → 海洋・沿岸保護区
MPA → 海洋保護区
NAFO → 北西大西洋漁業機関
NASCO → 北大西洋さけ保存機関
NEAFC → 北東大西洋漁業委員会
NGO 250, 289, 291
NIEO → 新国際経済秩序
PCIJ → 常設国際司法裁判所
PSSA → 特別敏感海域
res communis → 共有物
res nullius → 無主物
SEAFO → 南東大西洋漁業機関
SPRFMO → 南太平洋漁業管理機関
UNICPOLOS → 国連海洋法非公式協議締約国会合
WCPFC → 中西部太平洋まぐろ類委員会
WSSD → 持続可能な発展に関する世界サミット

ア行

一般国際法　132, 134, 136, 154, 163, 179, 184, 187, 227, 339, 349, 350, 358, 365, 388-392, 398, 401, 404, 419, 420, 422, 441-447
違法・無報告・無規制な漁業　45, 288, 296, 317, 321-323
インスタント慣習法理論　185, 186
インド洋まぐろ類委員会　46
エンタープライズ　23, 133, 136, 171, 192, 196, 209, 212, 214, 225, 226, 232, 233, 450

カ行

海賊　58-60, 175
海底平和利用委員会　81, 86, 101, 102, 127, 129, 139, 140, 142, 222
海洋遺伝資源　63-66, 316, 317, 321, 329-334
海洋・沿岸保護区　263, 266, 281-283, 313, 314
海洋汚染防止　11, 26, 29, 41, 48, 269
海洋の自由　7-12, 19, 20, 24, 26, 27, 29, 31-36, 68, 82, 297, 299-302
海洋法会議 → 第 3 次国連海洋法会議
海洋保護区　52-54, 63-65, 247-254, 258-268, 270-273, 275-295, 297-304, 311-319
科学的調査の自由　65, 117, 119, 332
慣行　160-163, 173, 174, 178-180, 185, 186, 202, 203, 280, 288, 312, 317, 318, 321, 339, 349, 350, 367, 370, 372, 373, 398, 400-402, 404-407, 409, 411-416, 437, 439, 441-443
慣習国際法　53, 65, 113, 132-137, 148, 152-158, 160-164, 166, 167, 170, 171, 175, 177-181, 184-187, 227, 292, 328, 339-351, 386, 387, 386-392
慣習国際法理論　398-402, 417, 419, 421, 439, 441, 446
慣習法 → 慣習国際法

索引　469

旗国主義　30-32, 296
北大西洋さけ保存機関　323
強行規範　136, 144, 154, 178, 181, 182, 349, 447
協調国レジーム　133, 165, 137, 146, 153-155, 169-172, 184
共有物　108, 110-112, 121, 122, 130, 155, 156, 221
近代国際法　340, 349
群島航路帯　28, 29, 342, 343
群島国家　26-29
群島水域　26-29, 342, 343
群島制度　11, 26-29, 35
群島理論　26-28
現代海洋国際法　101, 103, 131
現代国際法　35, 36, 148, 340, 347-349, 424, 441-443, 447
公海自由の原則　8, 9, 11, 20, 21, 24-26, 30, 31, 34, 65, 74, 81, 101, 104, 106, 108-111, 114, 116, 120, 121, 122, 124-130, 155-159, 161, 163, 167-171, 174, 176, 177, 179, 181, 219, 220-224, 227, 228, 282, 284, 285, 291, 293, 294, 296, 298-301, 304, 311, 314, 315
航行の自由　11, 31, 109, 114, 116, 175, 219, 293, 304
交渉参加国　358, 360-366, 434
高度回遊性魚種　14, 43, 46, 296
拷問禁止規則　405
国際海峡　28, 29, 342, 343
国際海事機関　47-49, 59, 248, 259-262, 269, 276, 277
国際海底機構　21-25, 38, 39, 65, 66, 133, 134, 141-146, 158, 159, 164, 171, 178, 183, 188, 192, 195-197, 202-205, 207, 208, 210-216, 218, 225, 226, 228-233, 235-243, 264, 331-334, 425, 433, 436, 437
国際海洋法裁判所　57, 58, 171, 228, 236, 238, 424, 425
国際コンソーシアム　172, 228, 234, 235, 238, 424, 425
国際自然保護連合　250, 265, 266, 279, 311
国際司法裁判所　55-58, 83, 178, 351, 357, 404, 405, 417, 421
国際社会の構造変化　12, 35, 68, 299, 340

国際人道法　343, 344, 408, 409
国際法委員会　78-81, 106, 111, 112, 115-120, 124, 168, 204, 219, 223, 341, 353-356, 358-364, 366-371, 374, 377-379, 381, 384-386, 389, 390, 410
国際法の漸進的発達　11, 363, 372, 373, 376, 386, 387, 390, 391
国際法の法典化　2, 36, 117, 341, 355, 386, 387, 389, 390, 401, 402
国際捕鯨委員会　252-254, 289
国際立法　116, 134, 341, 348, 400, 401, 414, 443
国連海洋法非公式協議締約国会合　64, 264, 284-286, 292, 315-317, 326, 329, 331
国連環境発展会議　264, 279, 307, 311
国連事務総長　40, 50, 88, 91, 93-95, 147, 190, 191, 229, 230, 241, 283, 287, 298, 314, 317, 319, 324, 388, 391, 424, 434
国連食糧農業機関　39, 44, 45, 285, 286, 296, 318, 321-323, 335
国連総会　20, 44, 60, 64, 65, 81, 100, 101, 129, 200, 208, 222, 230, 264, 283, 285, 286, 287, 294, 295, 315, 317, 318, 321, 322, 324, 341, 343, 346, 358, 360, 361, 388, 409, 434, 435, 443
国家管轄権外の海洋の生物多様性の保全/保存　65, 287, 288, 319, 320, 321, 324, 328
国家意思　165, 185, 410, 411, 416-418, 421, 422
コンセンサス（方式）　187, 196, 213, 216, 232, 272, 400, 439, 443, 444
コンチネンタル・マージン　→　大陸縁辺部
コンチネンタル・ライズ　87, 89

サ行

事業体　→　エンタープライズ
自決権　178, 340
時効説　109, 110, 114
自国民捕虜補償原則　405
自然の延長　55, 75, 83, 84, 87, 88, 90
自然法主義　349, 350
持続可能な発展　41, 42, 316
持続可能な発展に関する世界サミット　279-281, 285, 286, 294, 295, 312
持続可能な利用　41, 42, 63-65, 264, 265, 269, 278,

281-283, 285, 287, 288, 298, 304, 306, 308, 310, 312-314, 316, 319-322, 324, 325, 328, 329, 333-335
自由競争原理　35, 150, 151
集団的自衛権　407, 408, 411
主権的権利　8, 9, 12, 13, 15, 17, 22, 74, 75, 81, 82, 86, 112, 129, 134, 170, 177, 183, 220, 222, 346
常設国際司法裁判所　359, 380, 404, 420
条約目的阻害行為禁止義務　353, 354, 364, 380, 382, 383, 389, 391, 440
条約レジーム　132-136, 139, 146, 147, 149-158, 162, 167, 171, 172, 174, 177, 179, 181, 182, 183, 184, 343
条約法会議　352, 353, 367, 378, 381, 390, 392, 393
深海底活動　21-26, 35, 133-136, 139-146, 150, 151, 153, 154, 158, 171, 177, 183, 197, 207, 210-212, 241, 216, 222-228, 231, 233, 239, 240, 244, 449
深海底鉱区　21, 133, 135, 140, 156, 224, 228
深海底資源　19-24, 127, 129, 130, 132, 140-143, 153-158, 160, 163-169, 171-178, 181, 182, 190, 196, 197, 209, 210, 214, 223-225, 227, 229, 233, 236, 240, 244, 299, 343, 346, 389
深海底制度　9, 10, 19-25, 35, 38, 65, 66, 101-103, 122, 125-127, 130-132, 177, 194, 197, 206-210, 214, 217, 218, 222-234, 241, 243, 294, 311, 317, 329-334, 342, 346, 394, 424-427, 436, 440, 441, 449-451
新国際経済秩序　9, 144, 152, 207, 209, 343, 347
人類の共同財産　126-131, 134-158, 164, 169-171, 177-187, 197, 206-208, 214, 218, 222-224, 299, 311, 343, 450
ストラドリング魚類　43, 46
誠実の原則　352, 353, 357, 358, 360, 361, 364, 366, 369, 371-377, 385-391
生態系アプローチ　41, 42, 63, 265, 270, 280, 281, 288, 297, 312, 313, 316-318, 324, 325, 328
生物多様性の保全　40-42, 47, 49-51, 53, 63-68, 281, 282, 307-311, 313-324, 328, 329, 332-335
先行投資保護決議　133, 164, 171, 193, 195, 210, 228, 234, 236, 240
先占説　109, 110, 122, 128-130
船舶起因(による海洋)汚染　30-32, 48, 51, 260
全米熱帯まぐろ類委員会　46

ソフトロー　40, 347, 348

タ行

第1次海洋法会議　27, 80, 81, 113, 115, 119-121, 124, 138, 219, 222
第5福竜丸事件　301
第3次(国連)海洋法会議　19, 21, 28, 31, 35, 36, 81-83, 101-103, 139, 141, 172, 193, 207, 214, 223, 228, 342
大西洋まぐろ類保存国際委員会　46, 323
大陸縁辺部　74, 75, 83-90, 97, 99, 218
大陸棚　8, 10, 53, 55-57, 68, 73-101, 103-105, 111-122, 126, 129, 131, 160-163, 168, 218-222, 309, 311, 404-412, 424, 441
大陸棚限界委員会　86, 91-99
大陸棚資源　8, 75-78, 81, 105, 111-113, 129
大陸棚の外縁　84, 86, 91, 92-95, 97
大陸棚の境界画定　56, 83, 88, 99, 404
大陸棚の資源開発　10, 74, 116
大陸棚の定義　74, 75, 78-82, 87, 91, 97, 98, 168, 222
多国間フォーラム　400, 401, 443-447
中西部太平洋まぐろ委員会　46
通過通航権　28, 342. 348
伝統的海洋国際法　101, 103, 104, 116, 121, 125, 129
天然資源に対する主権的権利　17
等距離／特別事情原則　56
特別国際法　179, 339
特別敏感海域　49, 50, 248, 260-262, 269, 276, 277
トリー・キャニオン号事件　266
トルーマン宣言　8, 68, 74-79, 82, 83, 98, 104, 111

ナ行

77カ国グループ　143-146, 151, 154, 161, 162, 171-174, 176-179, 181, 441
南極海洋生物資源保存委員会　46, 254, 256
(南極環境議定書)環境保護委員会　255, 256
南極特別管理地区　255, 256
南極特別保護地区　255, 256, 289
南東大西洋漁業機関　46

二要件論　398, 402, 403, 405, 406, 416-418, 421, 422
二要素の複合化現象　419

ハ行
ハーヴァード条約法草案　354, 355, 383, 385, 386
排他的経済水域　9-19, 30, 31, 34, 35, 38, 43, 50, 52, 55-57, 81, 82, 98, 218, 249, 251, 252, 254, 262, 263, 269, 271, 274-277, 279, 284, 290, 294, 299, 303, 309, 311, 343, 401, 412
パラレル方式　141, 144, 149, 151, 225
不干渉原則　407, 441
武力行使禁止原則（規則）　153, 406, 407, 415, 441
法実証主義　349, 398, 422
法的信念　152, 160-163, 174, 177-179, 185, 186, 344-347, 349, 350, 398-412, 414-418, 439, 441-443
ボートペーパー　192, 193, 198, 200, 208, 210-216, 435
北西大西洋漁業機関　46, 323
北東大西洋漁業委員会　46, 323

マ行
マインニングコード　239, 241, 244
マルタ提案　101, 126, 128, 138, 425
マンガン団塊　74, 81, 102, 122-124, 222
南太平洋漁業管理機関　46, 323
みなみまぐろ保存委員会　46
無害通航権　28, 29, 62, 276, 302, 408
無主物　105, 108, 110-112, 121, 122, 128, 130, 155, 156, 221
黙示の合意　161-163, 403-439
モラトリアム決議　101, 157, 161

ヤ行
予防原則　52, 267, 296, 303, 317, 327
予防的アプローチ　42, 320, 324, 325, 328

ラ行
ライセンス方式　143
リオ+20　42
陸上起因汚染　52, 267, 327

判例索引

ア行

イグナシオ・トレス対合衆国事件(仲裁裁判所・1871年) 381-383
イロイロ請求事件(仲裁裁判所・1925年) 382, 383
インド領通行権事件(本案)(ICJ・1960年) 403, 404

カ行

核兵器使用の合法違法性に関する事件(ICJ・1996年) 417
カタールとバーレーン間の海洋境界画定事件(ICJ・2001年) 56
ガブチコボ・ナジマロシュ事件(ICJ・1997年) 412, 416
カメルーンとナイジェリア間の海域境界画定事件(本案)(ICJ・2002年) 56
グリーンランド・ヤンマイエン海域境界画定事件(ICJ・1993年) 55, 56, 412, 416
コルフ海峡事件(本案)(ICJ・1949年) 408

サ行

シベリア抑留事件(東京地裁・1989年) 403, 405
スコチア号事件(米国連邦最高裁・1872年) 403, 404

タ行

タジッチ事件(ICTY上訴審中間判決・1995年) 406, 409-411, 414
チュニジア・リビア大陸棚事件(ICJ・1982年) 55

ナ行

ナミビアに関する勧告的意見(ICJ・1971年) 178
南西アフリカ事件(ICJ・1966年) 413

ニカラグア・ホンジュラス間の領土・海洋紛争事件(ICJ・2007年) 56
ニカラグア事件(本案)(ICJ・1986年) 351, 400, 406, 410-412, 414, 415, 442, 443, 445
ノルウェー漁業事件(ICJ・1951年) 160, 174, 180, 181

ハ行

パケット・ハバナ号事件(米国連邦最高裁・1900年) 403, 404
バルバドス対トリニダード・トバゴ海域画定事件(仲裁裁判所・2006年) 55, 56
バングラデシュとミャンマーの海洋境界画定紛争(ITLOS・2012年) 57
庇護事件(ICJ・1950年) 403, 405
フィラルティーガ事件(米国連邦控訴裁・1980年) 403, 404
ベーリング海オットセイ事件(仲裁裁判所・1893年) 107
北海大陸棚事件(ICJ・1969年) 55, 83, 160-163, 180, 186, 344, 403, 405
ポーランド領上部シレジアにおけるドイツ権益事件(本案)(PCIJ・1926年) 359, 380-381

マ行

メイン湾海域画定事件(ICJ・1984年) 55
メガリディス対トルコ事件(仲裁裁判所・1928年) 355, 379, 383, 385

ラ行

リビア・マルタ大陸棚事件(本案)(ICJ・1985年) 55, 412
ルーマニアとウクライナの黒海海洋境界画定事件(ICJ・2009年) 57
ロチュース号事件(PCIJ・1927年) 159-162, 164, 166, 403, 404

条約・国際文書索引

アルファベット

MARPOL73 年条約　198, 218, 259, 260, 434-436
MARPOL78 年議定書　→　MARPOL73/78 条約
CBD　→　生物多様性条約
EC 条約　274
GATT　197
ICJ 規程　→　国際司法裁判所規程
IUU 漁業を防止し、抑制し、かつ除去するための寄港国の措置に関する協定　322
MARPOL73/78 条約　47, 197, 198, 259-261, 269, 435, 436
NAFTA　→　北米貿易自由協定
OSPAR 条約　→　北東大西洋の海洋環境保護に関する条約
SALT I 条約　388
SALT II 条約　392
SIOFA　→　南インド洋漁業協定
UNCLOS　→国連海洋法条約

ア行

アジェンダ 21　41, 43, 44, 279, 280, 311, 312
安全保障理事会決議
　[788]　409
　[794]　409, 410
　[814]　409, 410
　[972]　409
　[993]　409
　[1001]　409
ヴェルサイユ条約　380
欧州安保協力会議参加国の相互関係を律する原則宣言　407

カ行

海軍軍備の制限に関する条約　384
海底開発に起因する汚染防止の議定書　51
環境保護に関する南極条約議定書　255
北太平洋公海漁業資源の保存管理条約　46
漁業及び公海の生物資源の保存に関する条約　107
緊急時の協力に関する議定書　51
グアダループ・ヒダルゴ条約　381
原則宣言　178, 179, 180, 183, 223, 227
公海（に関する）条約　8, 18, 116, 117, 167, 174, 219, 220, 223
　第 2 条　124
拷問禁止宣言　405
国際司法裁判所規程　177, 339, 401, 419, 420
国際捕鯨取締条約　252, 254, 289
国連海洋法条約　7-10, 13, 15, 16, 18, 19, 22, 24-30, 32, 33, 35-45, 47, 48, 53, 54, 58, 60, 62- 68, 73, 75, 82, 84-88, 92, 94-98, 132, 133, 134, 138, 140, 146, 147, 150, 151, 154, 159, 171, 176, 181-183, 188-195, 197-203, 206, 208, 209-215, 217, 218, 223, 224, 229, 230, 234, 244, 250, 251, 262, 264, 266, 268, 275, 282-285, 287, 288, 293, 294, 297-299, 302, 303, 304, 307, 309-311, 314-320, 328-335, 342, 343, 346, 388, 389, 394, 401, 408, 424-441, 445, 447- 451
　第 1 条 1 項　218
　第 18 条 1 項（b）　408
　第 19 条　62
　第 23 条　62
　第 74 条　54
　第 76 条　87
　第 76 条 1 項　75, 84
　第 76 条 2 項　88
　第 76 条 3 項　86, 88
　第 76 条 4 項　75, 85, 89, 90
　第 76 条 5 項　85, 90
　第 76 条 6 項　86, 89, 90
　第 76 条 7 項　91
　第 76 条 8 項　91
　第 76 条 9 項　91
　第 76 条 10 項　91
　第 77 条　222

第 77 条 1 項、2 項　75
第 83 条　54
第 85 条　222
第 89 条　295
第 94 条　30
第 118 条　264
第 133 条　332
第 136 条 -149 条　450
第 137 条 3 項　295
第 140 条　225
第 143 条　333
第 145 条　66, 264, 331, 333
第 153 条　225
第 154 条　241
第 155 条　197
第 155 条 1　214
第 156-158 条　225
第 165 条 2 (n)　214
第 192 条　296
第 194 条　263, 296
第 194 条 5 項　63, 292, 309
第 197 条　264
第 204 条　325
第 209 条　333
第 211 条　263, 294
第 217 条　30
第 218 条　31
第 220 条　31
第 223 条 - 第 233 条　32
第 319 条 2 項 (c)　424
国連海洋法条約第 11 部実施協定　38, 39, 188-195, 197-215, 218, 226, 230, 231, 233, 235, 236, 241, 243, 244, 288, 424-428, 433-441, 445-451
　第 1 条　435
　第 1 条 1 項　194, 230, 433
　第 2 条　435
　第 2 条 1 項　194, 433
　第 4 条 1・2 項　194, 433
　第 4 条 3 項　194, 231
　第 5 条 1 項　194, 231
　第 6 条　194

　第 7 条 1・2・3 項　195, 231, 433
国連海洋法条約附属書Ⅱ　92
　第 2 条　92
国連海洋法条約附属書Ⅲ
国連海洋法条約附属書Ⅳ
国連憲章　139, 373, 407
国連総会決議
　217A (Ⅲ)　→　世界人権宣言
　1803 (ⅩⅦ)　→　天然の富と資源に対する永久的主権決議
　2340 (ⅩⅩⅡ)　101
　2467A (ⅩⅩⅢ)　101
　2574D (ⅩⅩⅣ)　102
　2625 (ⅩⅩⅤ)　→　友好関係宣言
　2749 (ⅩⅩⅤ)　→　深海底を律する原則宣言
　2750C (ⅩⅩⅤ)　102
　3067 (ⅩⅩⅧ)　102
　3201 (S-Ⅵ)　→　新国際経済秩序樹立宣言
　3281 (ⅩⅩⅨ)　→　国家の経済的権利義務憲章
　54/33　64, 264, 315
　57/141　294, 295, 317
　58/14　317
　8/240　317
　59/24　64, 287, 318
　59/25　→持続可能な漁業に関する決議
　60/31　321
　61/105　318, 326
国連公海漁業実施協定　39, 43, 294, 296
コンプライアンス協定　44

サ行

シカゴ条約　408
持続可能な漁業に関する決議　318, 321
実施協定　→　国連海洋法条約第 11 部実施協定
ジュネーヴ海洋法 4 条約　67
ジュネーヴ諸条約　408- 410
ジュネーヴ条約 (1922 年)　380
条約法に関するウィーン条約　13, 133, 182, 202, 203, 205, 352, 353, 363, 366, 369, 378, 382,

索 引　475

386-395, 449
　第 11 条　378
　第 13 条　378
　第 18 条　352-354, 378, 386-395, 440, 449
　第 18 条（a）　390, 393
　第 18 条（b）　390
　第 25 条　202-205, 437
　第 31 条　13
　第 34 条　133
　第 38 条　133
　第 53 条　182
諸国家の経済権利義務憲章（A/RES/3281（XXIX））　144
深海底（の）多金属性団塊に関する暫定協定　133, 228
深海底を律する原則宣言　20, 25, 65, 101, 128, 140, 142, 145, 157, 160, 161, 175, 177, 178, 209, 223, 346
深海底制度実施協定　→　国連海洋法条約第 11 部実施協定
深海底問題に関する暫定的了解　133, 158, 171, 228
新国際経済秩序樹立宣言（A/RES/3201(S-VI)）　144
ストックホルム人間環境宣言　→　人間環境宣言
生物多様性に関する条約　63, 64, 66, 67, 264-266, 281, 283, 285, 286, 287, 294-298, 307-310, 312-315, 319, 320, 326, 328, 330, 331, 334, 335
　第 2 条　264, 294, 307
　第 4 条　308
　第 4 条（a）　266, 294, 295
　第 4 条（b）　266
　第 8 条（a）　294
　第 8 条（a）・(b)・(c)　265
　第 14 条（d）　297
世界遺産保護条約　258, 259
世界人権宣言　405
先行投資保護決議　133, 164, 171, 193, 195, 210, 228, 234, 236, 240
船舶による汚染の防止のための国際条約　47, 49, 197, 198, 218, 260, 269, 434-436
全米相互援助条約　408

タ行

大陸棚条約　8, 74, 75, 78, 80, 82, 83, 88, 107, 113, 116, 219, 220, 221
　第 1 条　74, 80, 405
　第 2 条　74, 81, 405
　第 2 条 4 項　116, 222
　第 2 条 4 項　222
　第 3 条　81, 405
　第 6 条　405
　第 7 条　116
多金属性団塊に関する先行活動における先行投資の規律　171
多金属性の団塊に関する予備投資に関する決議　228
地中海汚染防止条約　51, 270
地中海において特別に保護される区域と生物多様性に関する議定書　291
地中海における海産哺乳動物の保護区の設定に関する協定　289
月協定　→　月その他の天体における国家活動を律する協定
月その他の天体における国家活動を律する協定　131, 134, 138, 147
天然の富と資源に対する永久的主権決議　343
投棄による汚染防止の議定書　51
統合的な沿岸海域管理のための議定書　51
特別保護区に関する議定書　51

ナ行

南極環境議定書　→　環境保護に関する南極条約議定書
南極条約　148, 254, 255
南極の海洋生物資源の保存に関する条約　254
人間環境宣言　40

ハ行

バラスト水管理条約　48, 49

バルセロナ条約　51, 248, 270, 271
バルチック海の海洋環境の保護に関する条約　268
武力紛争における人権の尊重　409
ベーリング公海漁業条約　46
ヘルシンキ条約　268
ヘルシンキ宣言　→　欧州安保協力会議参加国の相互関係を律する原則宣言
ベルリン議定書　355, 384
北東大西洋の海洋環境の保護に関する条約　52, 266-269, 326, 327
北米自由貿易協定（NAFTA）　277

マ行

南インド洋漁業協定　46
南太平洋公海漁業資源の保存管理条約　46

ヤ行

有害廃棄物による汚染防止の議定書　51
友好関係宣言　407
（ヨハネスブルグサミット）実施計画　41, 42, 280, 281, 285, 286, 294, 295, 312

ラ行

ラムサール条約　256, 258, 259
リオ宣言　41
陸上に起因する汚染防止の議定書　51
ローザンヌ条約　379

ワ行

ワシントン条約　355, 384
我らが望む未来　42

人名索引

ア行

アゴー（Roberto Ago）　360, 365, 366, 368
アナンド（Ram Prakash Anand）　150, 151, 154, 181
アマド（Gilberto Amado）　355, 360, 366
アレチャガ（Eduardo Jimenez de Arechaga）　366
アロー（Dennis W. Arrow）　159, 161-162, 164, 167
イェープス（Jesús María Yepes）　355, 359
位田隆一　347, 348
ウエストレイク（John Westlake）　108
ウォルドック（Sir Humphrey Waldock）　359, 360, 362, 366, 367, 374, 378, 392, 393
ウォルフラム（Rüdiger Wolfrum）　147, 150, 151, 153-154, 171
エライアス（Taslim Olawale Elias）　360, 367, 368, 387
エル・エリアン（Abdullah El-Erian）　360, 363-364, 366
大沼保昭　152, 165, 167
小川芳彦　387, 391
オコンネル（Daniel Patrick O'Connell）　108, 113, 385, 387, 394
小田滋　34, 110, 301-303
オッペンハイム（Lassa Francis Lawrence Oppenheim）　106, 109, 385

カ行

カヴァリエリ（Arrigo Cavaglieri）　384
カストレン（Erik Castrén）　360, 361, 363, 368
キス（Alexandre Kiss）　150, 154
キッシュ（John Kish）　120, 129
経塚作太郎　386
クランダール（Samuel B. Crandall）　384
グリーン（L. C. Green）　114
グロティウス（Hugo Grotius）　8, 33, 293, 300
クロンミラー（Theodore G. Kronmiller）　153, 154, 167-170, 176

クンツ（Josef. L. Kunz）　113
小森光夫　176, 345, 350
ゴルディ（Louis Frederick Edward Goldie）　113, 153
コルドヴァ（Roberto Córdova）　356
ゴロブ（Stephen Gorove）　147
コロンボス（Constantine John Colombos）　105, 109, 114
コンフォルティ（Benedetto Conforti）　154, 170, 171

サ行

サンドストレーム（A.E.F. Sandström）　355
ジデル（Gilbert Gidel）　106, 109
島田征夫　350
ジャーディ（Kristina Gjerde）　279, 311
ジョイナー（Christopher C. Joyner）　149-152
シンクレア（Ian Sinclair）　386
ズーレック（Jaroslav Žourek）　118
スピロプーロス（Jean Spiropoulos）　115, 355, 356
スミス（Herbert Arthur Smith）　106, 108
芹田健太郎　34, 301, 302
セル（Georges Scelle）　115, 118, 356
ソーン（Louis B. Sohn）　201, 202, 427, 438, 439, 446-448

タ行

ターナー（Robert F. Turner）　392
高林秀雄　7, 20, 33, 34, 300
田中耕太郎　413, 414
田畑茂二郎　34, 340, 390, 422
タビビ（Abdul Hakim Tabibi）　363, 366
チャーニー（Jonathan I. Charney）　399-402, 427, 439-450
チャーム（Joni S. Charme）　394
鶴岡千仭　360, 368
デクエヤル（Javier Pérez de Cuéllar）　147, 190, 229, 434

デュピュイ（René-Jean Dupuy） 149
デ・ルーナ（Antonio de Luna） 363
トゥンキン（Grigory I. Tunkin） 185, 366
トーマス・フランク（Thomas Franck） 394
富岡仁 9,
トルーマン（Harry S. Truman） 8, 68, 73-79, 82, 83, 98, 111

ナ行

ナンダン（Satya N. Nandan） 241, 425
ニソット（Joseph Nisot） 387
ネルヴォ（Luis Padilla Nervo） 360

ハ行

ハースト（Cecil Hurst） 108, 221
パオリーロ（Felipe H. Paolillo） 150
ハドソン（Manley O. Hudson） 112, 115
林司宣 188, 199, 436-437
バラット（Sir Francis Vallat） 205
パル（Radhabinod Pal） 364
パルド（Arvid Pardo） 81, 130, 138, 222
バルトシュ（Milan Bartoš） 360, 361, 363, 367, 368
ビッグス（Gonzalo Biggs） 174-175, 176, 179
ビリガー（Mark Eugen Villiger） 389, 392, 393
ビン・チェン（Bin Cheng） 150, 359, 385
フィッツモーリス（Sir Gerald Fitzmaurice） 357, 359
フェアドロス（Alfred Verdross） 360, 368
フォーシーユ（Paul Fauchille） 108, 355-356, 359, 383, 384
藤田久一 349
ブライアリ（James Leslie Brierly） 112, 354-355, 356, 357, 385
ブラウン（Edward Duncan Brown） 159, 167
ブラウンリー（Sir Ian Brownlie） 387

フランソワ（J.P.A. François） 78, 79-80, 106, 107, 117, 118, 120, 168
ブリッグズ（Herbert W. Briggs） 363
フルトン（Thomas Wemyss Fulton） 108
ブレナン（Bonnie C.Brennan） 150-151, 152
ベジャウイ（Mohammed Bedjaoui） 152
ヘンキン（Louis Henkin） 121,387
ボコール・ツェゴ（Hanna Bokor-Szego） 185
ホロウェイ（Kaye Holloway） 385

マ行

マクネア（Lord Arnold McNair） 359, 385
ムートン（Martinus Willem Mouton） 109
村瀬信也 348
モフチャン（Anatolii Petrovich Movchan） 150, 151
モルベイ（Werner Morvay） 385

ヤ行

ヤシーン（Mustafa Kamil Yasseen） 361, 363
ヤング（Richard Young） 113, 114
横田喜三郎 390-391

ラ行

ラックス（Manfred Lachs） 364, 368
ラルシャン（Bradley Larschan） 150-151, 152
リュアード（Evan Luard） 120
リンドレイ（Sir Mark FrankLindley） 106, 109
ルーズベルト（Franklin Delano Roosevelt） 77
ルーダ（José María Ruda） 363
ルテール（Paul Reuter） 364
ロー（Alan Vaughan Lowe） 9-10
ローターパクト（Sir Hersch Lauterpacht） 106, 109, 113, 114, 356-357, 359, 369, 385
ロゼンヌ（Shabtai Rosenne） 218,364, 365- 366, 389

著者紹介

田中　則夫（たなか　のりお）

1949年9月13日　高知市で生まれる
1974年3月　龍谷大学法学部法律学科卒業
1981年3月　龍谷大学大学院法学研究科博士後期課程満期修了退学
1981年4月　龍谷大学法学部助教授（1990年3月まで）
1990年4月　龍谷大学法学部教授（2005年3月まで）
2005年4月　龍谷大学大学院法務研究科教授（2014年11月まで）
2007年4月　龍谷大学大学院法務研究科長（2011年3月まで）
2011年4月　龍谷大学副学長（2014年11月まで）
2014年11月12日　逝去

国際海洋法の現代的形成

2015年11月12日　初　版第1刷発行

〔検印省略〕
定価はカバーに表示してあります。

著者Ⓒ田中則夫／発行者　下田勝司

印刷・製本／中央精版印刷

東京都文京区向丘1-20-6　郵便振替00110-6-37828
〒113-0023　TEL (03)3818-5521　FAX (03)3818-5514

発行所
株式会社　東信堂

Published by TOSHINDO PUBLISHING CO., LTD.
1-20-6, Mukougaoka, Bunkyo-ku, Tokyo, 113-0023, Japan
E-mail : tk203444@fsinet.or.jp　http://www.toshindo-pub.com

ISBN978-4-7989-1323-0　C3032　Ⓒ TANAKA, Norio

東信堂

国際法新講〔上〕〔下〕	田畑茂二郎	
ベーシック条約集 二〇一五年版	代表編集 田中・薬師寺・坂元	三八〇〇円
ハンディ条約集	代表編集 松井芳郎	一六〇〇円
国際環境条約・資料集	編集代表 松井・富岡・田中・薬師寺・坂元・薬師寺・西村	八六〇〇円
国際人権条約・宣言集	編集 松井・薬師寺・徳川	三八〇〇円
国際機構条約・資料集〔第3版〕	編集代表 香西・小畑・徳川	三三〇〇円
国際機構条約・資料集〔第2版〕	編集代表 安藤仁介	三八〇〇円
判例国際法〔第2版〕	編集代表 松井芳郎	三八〇〇円
国際環境法の基本原則	松井芳郎	三八〇〇円
国際民事訴訟法・国際私法論集	高桑昭	六五〇〇円
国際機構法の研究	中村道	八六〇〇円
国際海洋法の現代的形成	田中則夫	六八〇〇円
国際海峡	坂元茂樹編著	四六〇〇円
条約法の理論と実際	坂元茂樹	四二〇〇円
国際立法——国際法の法源論	村瀬信也	六八〇〇円
日中戦後賠償と国際法	浅田正彦	五二〇〇円
国際法〔第2版〕	浅田正彦編著	二九〇〇円
小田滋・回想の海洋法	小田滋	七六〇〇円
小田滋・回想の法学研究	小田滋	四八〇〇円
国際法と共に歩んだ六〇年——学者として裁判官として	小田滋	六八〇〇円
21世紀の国際法秩序——ポスト・ウェストファリアの展望	R.フォーク 川﨑孝子訳	三八〇〇円
国際法から世界を見る——市民のための国際法入門〔第3版〕	松井芳郎	二八〇〇円
国際法学の地平——歴史、理論、実証——はじめて学ぶ人のための〔新訂版〕	大沼保昭	三六〇〇円
核兵器のない世界へ——理想への現実的アプローチ	中川淳司 寺谷広司 編著	一二〇〇〇円
軍縮問題入門〔第4版〕	黒澤満	二三〇〇円
ワークアウト国際人権法	黒澤満編著	二五〇〇円
難民問題と『連帯』——EUのダブリン・システムと地域保護プログラム	中坂恵美子	三〇〇〇円
難民問題のグローバル・ガバナンス——人権を理解するために	W.ベネデック編 中坂・徳川編訳	二八〇〇円
	中山裕美	三三〇〇円

〒113-0023 東京都文京区向丘1-20-6　TEL 03-3818-5521　FAX 03-3818-5514　振替 00110-6-37
Email tk203444@fsinet.or.jp　URL:http://www.toshindo-pub

※定価：表示価格（本体）＋税